见识城邦

更新知识地图　拓展认知边界

不愿活下去的人

关于生死的特别报道

[加拿大] 凯蒂·恩格尔哈特——著

舍其——译

The Inevitable

Dispatches on the Right to Die

图书在版编目（CIP）数据

不愿活下去的人：关于生死的特别报道 /（加）凯蒂·恩格尔哈特著；舍其译. -- 北京：中信出版社，2023.8
书名原文：The Inevitable: Dispatches on the Right to Die
ISBN 978-7-5217-5741-5

I.①不… II.①凯…②舍… III.①生命哲学 IV.① B083

中国国家版本馆 CIP 数据核字（2023）第 088031 号

The Inevitable
Copyright © 2021 by Katie Engelhart
Published by arrangement with Georgina Capel Associates Ltd., through The Grayhawk Agency Ltd.
Simplified Chinese translation copyright © 2023 by CITIC Press Corporation
ALL RIGHTS RESERVED
本书仅限中国大陆地区发行销售

不愿活下去的人——关于生死的特别报道
著者：　　[加拿大] 凯蒂·恩格尔哈特
译者：　　舍　其
出版发行：中信出版集团股份有限公司
　　　　　（北京市朝阳区东三环北路 27 号嘉铭中心　邮编　100020）
承印者：　北京诚信伟业印刷有限公司

开本：787mm×1092mm　1/16　　印张：25.5　　字数：424 千字
版次：2023 年 8 月第 1 版　　　　印次：2023 年 8 月第 1 次印刷
京权图字：01-2023-3157　　　　　书号：ISBN 978-7-5217-5741-5
定价：78.00 元

版权所有·侵权必究
如有印刷、装订问题，本公司负责调换。
服务热线：400-600-8099
投稿邮箱：author@citicpub.com

献给我的父母

如果允许自杀,那任何事情就都可以允许了。如果有什么事情不应该允许,那自杀肯定有份。

——路德维希·维特根斯坦(Ludwig Wittgenstein)

1914—1916年笔记

理性怎么会不理性地憎恶和害怕理性的终结呢?

——朱利安·巴恩斯(Julian Barnes)

《没什么好怕的》,2008年

关于资料来源的说明

标星号的地方我用的是假名,有时还更改了一些可以确认身份的细节,以保护当事人的隐私。除了这些地方之外,书中所有人名和细节都是真实的。

目 录

引　言　　　　　　　　　1
第一章　现代医学　　　　23
第二章　年　纪　　　　　69
第三章　身　体　　　　　113
第四章　记　忆　　　　　161
第五章　心　灵　　　　　205
第六章　自　由　　　　　259
结　语　　　　　　　　　311

致　谢　　　　　　　　　327
大事记　　　　　　　　　331
注　释　　　　　　　　　335

引　言

　　贝蒂*说她要去墨西哥。她告诉大家："我打算这么做。"很多人都去了蒂华纳，但贝蒂选择了特卡特，那是联邦2号高速公路附近一座群山环抱的小城。她在网上的自杀手册中看到，墨西哥有一些宠物用品店可以让知情的外国人买到致命的药品。你只需要告诉店员，你的狗狗病得很厉害，需要让它永远睡去就行了——你去那儿是买安眠药的。"我正在干这件事。"在当地的一家商店外，贝蒂给她的朋友们发短信说。她有点儿害怕，但也没多害怕。她觉得警察不会针对一个70多岁的高龄妇女。她说："他们才不会找小老太太的麻烦。真有必要的话，我可以把小老太太的架势摆出来，我也可以撒泼打滚，号啕大哭，都没问题。"

　　回到曼哈顿，在动身去墨西哥之前，贝蒂买了几个看起来很贵的化妆品瓶子，并打印了标签贴在上面：仅适用于敏感皮肤。她想把从宠物用品店买到的药品装进"化妆品瓶子"里，然后开车越过美墨边境回到加利福尼亚州，再飞回家。这些药品将由她和她的两个最好的朋友共同拥有。她们会把这些药品悄悄藏在上西区各自的公寓里，直到有人生病。贝蒂说："我们有个约定，谁最先得阿尔茨海默病，就可以吃耐波他（Nembutal）。"这种速效巴比妥酸会让服用者慢慢而不突然地入睡。服用者睡着之后，其呼吸可能会逐渐变慢，经过15~20分钟之后才会完全停止。

见面没多久，贝蒂就告诉了我这些。那是在一场婚礼上，我是新娘的朋友，而贝蒂是新郎的母亲。刚开始我们在外面的草坪上聊，旁边有一只旧独木舟，上面放着正在融化的冰块和几瓶白葡萄酒。后来我去了她的公寓接着聊，那里的走廊挂着枝形吊灯，木镶板电梯跟患了风湿病一样嘎吱作响。贝蒂把老花镜用线绳挂在脖子上，我们聊天的时候，她一遍又一遍地戴上摘下，戴上摘下。我并不是专门去找她的，我们的相遇纯属偶然——但在我告诉贝蒂我正在写这本书之后，她笑了起来，说有个故事想讲给我听。而在我听到这个故事的时候，我已经采访了足够多的人，知道在美国各地，好多生了病、上了年纪的男男女女都在精心策划如何离世：有时会用到从墨西哥的宠物店买来的药品，或是从其他人那里买来的药粉；有时会用到从网上买来的煤气罐；有时还会需要陌生人施以援手。我也知道，虽然大部分关于所谓死亡权的报道最后都落在了法律的边缘，但还是有很多故事在法律边缘以外轮番上演。远离医疗机构、立法院、医院伦理委员会，以及彬彬有礼的会话。我知道，这就是我想让我的书开始的地方。

贝蒂最近突然发现，自己对变老或慢慢死去并没有多大兴趣。她的一位老朋友已经90多岁了，看到他还在"优哉游哉"，她觉得很郁闷。这位老朋友自己也觉得很郁闷。他很脆弱，也很无聊，他所有的朋友都已经谢世了。然而，他还在不同的治疗方式之间辗转，几乎完全是被动的，也几乎完全没有意义。这让生命的终结也变得很奇怪。贝蒂对这位老朋友的医生颇有微词，继而也对所有医生都有些不满。"他们接受的整个教育就是'救人！救人一命，胜造七级浮屠'，有时候他们都忘了，人们的境况有多么糟糕。"她认为，在医学的局限性面前，俯首称臣比拼命抗争要好得多。

贝蒂的丈夫就死得很快。他75岁，死于癌症。他还是遭受了很多痛苦，有时候会忍不住哭出来。在他最后的日子里，贝蒂设想过用枕头闷死他，既因为她觉得丈夫或许希望这样，也因为她受不了看到丈夫痛苦的样子。最后他变得烦躁不安，医生只好给他开了足够的镇痛药，让他昏迷过去。他在吗啡导致的恬静状态中度过了三天，然后去世了。贝蒂及其朋友们一致同意，永远都不会让自己到那个地步，也永远不要依赖医生的帮助，因为谁知道医生的恻隐之心能做到哪一步呢？

贝蒂是从网上的一本自杀手册《安宁药丸手册》上了解到墨西哥药品的事情的。出版这本手册的，是一个关注死亡权的边缘组织，叫作"解脱国际"。"你这辈子只会死一次，为什么不以最好的死法去死，而要勉强接受其他死法呢？"这本手册告诉贝蒂，她还有其他选择。她可以在想死的时候杀死自己，只不过如果最终目标是万无一失、干净利落、没有痛苦的话，那么这个过程并没有大部分人想象的那么简单。看完这本手册之后，贝蒂了解到，很多人尝试过结束自己的生命，但都失败了，要么因为他们的决心不够坚定，要么因为他们选择的毒药、工具、切开动脉的方法、高层的窗户有些毛病。他们也可能是吞食了一大把镇痛药，身体扭曲着在极度痛苦中死去。以前的结束生命的办法随着医学和科技的进步而变得越来越不切实际，尽管这个世界因此变得更加安全，但也让人们更难轻易死去了。汽车工业的环保法规所允许的一氧化碳排放水平降低了，于是通过旧的、以窒息结束生命的方式也变得更加困难：以前人们只需要在封闭的车库里把汽车打着，通过车窗把废气排进车里。煤气炉已经被天然气炉所取代，而后者远远没有前者那么容易致人死亡。第一代安眠药也已经被逐步淘汰，取而代之的是没那么容易过量服用的药物。就算医生满怀同情，也很难再像过去那样，小心翼翼地给奄奄一息的病人开出能让他们安然归西的药品，而且不把这些重要情形写入病历。贝蒂看的那本手册建议读者弄到几种药物中的一种并妥善保管，以备适当的时候派上用场。

　　贝蒂提醒她的朋友们，在执行计划的时候要小心，因为尽管自杀是合法的，但帮助别人自杀并不合法。另外，要是被不对路的人发现，她们这些老太太可能就会被当成精神病人锁起来，皮带和鞋带都会被没收，没有隐私可言，还会被监视好多个小时乃至好多天。她们会被盘问，被监控，被指责。贝蒂以前从没犯过法，也并没有特别想这么做。她更愿意把事情顺顺当当地做了：等到她快不行的时候，就开口要求自己的医生来这么一下。但是，医生协助死亡在纽约州并不合法。而且就算在美国那些协助死亡合法的州，法律也只针对身患绝症的病人，人们并不能仅仅因为年事已高，因为厌倦了在一副自己已经不想要、不想再与之有所关联的老朽躯体里活着，就有资格去死。

　　实际上，她感觉还挺不错。她每周都会练普拉提，会去剧院看戏，跟有趣的朋友见面，读一些烧脑的书。但总有一天，这些都会结束。到那一天，贝蒂希望自己能鼓足勇气自杀。她有时候觉得，自己应该选一个年龄，跟自己保证不要活过那个年龄。贝蒂告诉我："这个世界上有两种人，一种人想要直面死亡并能够自己有所把控，另一种人则不想考虑这个问题……我没法不去考虑这个问题。"

在即将寿终正寝时从庞大的医疗巨头和国家政府手中争夺身体控制权的斗争，已经在一个个故事中得以展现：通常都是白人女性，她们个人的临终悲剧先是成为家庭戏剧，接着成为病毒般传遍全国的闹剧，最后成为争取"病人自主权"的更大规模的政治运动中的谈资和转折点。这段现代史始于 1975 年，当时 21 岁的卡伦·安·昆兰（Karen Ann Quinlan）参加了新泽西州一家酒吧举办的派对，据说她用杜松子酒和汤力水吃了一些安定（地西泮），然后就不省人事了。在医院，医生给这个女孩上了呼吸机，但为时已晚。卡伦·安的大脑缺氧太久，受到的损伤不可修复。严格来讲，她没有死，但已经变成了"植物人"。她的体重从约 52 千克降到了不足 32 千克；她的眼睛可以开合，可以转动，但并非往同一个方向，也不是同步转动。她好像还能做鬼脸，但医生跟她的家人说，那不过是无意识的肌肉痉挛。过了几周，约瑟夫·昆兰和朱莉娅·昆兰要求医生关掉他们女儿的呼吸机，然而医生拒绝了。医院的管理层认为，移走呼吸机会让卡伦·安死亡，因此等于谋杀。

1975 年 9 月，昆兰夫妇提起诉讼。因为此时围绕年轻的卡伦·安的争执已经演变成全国电视竞相报道的昆兰事件。数十名记者涌进莫里斯敦的法庭，也有人在昆兰家外面彻夜值守。每当昆兰家有人进出，都会被前门的记者拍摄。这个无声的、轻如鸿毛的女孩身体仿佛在求助,很快,一群想要扮演救世主的人出现了。政客和牧师为救她脱离苦海而口若悬河,自封的信仰治疗师和先知也来到了新泽西州,有些人保证说会带来奇迹,只要允许他们把手放到这位"睡美人"身上。卡伦·安神秘莫测的"睡眠",每天都在新闻广播中以童话或伦理剧的形式出现。昆兰家的律师在法庭上称,卡伦·安应该"优雅而有尊严地"死去,但代表医院医生出庭的律师则将昆兰夫妇的请求比作纳粹在大屠杀期间的暴行,"就跟打开毒气室的毒气开关一样"。

1975年11月,昆兰夫妇输掉了这场官司,但他们很快上诉到新泽西州最高法院,结果最高法院推翻了下级法院的判决。法院裁定,卡伦·安的个人自由利益大于政府想让她活下去的利益,因为医生已经认定她"没有合情合理的可能性"会好转。按照法院的逻辑,医生如果关掉卡伦·安的生命维持系统,他们并不是在谋杀她,而只不过是允许她"出于已有的自然原因死亡"。新泽西州的法官把这种行为叫作"明智而审慎的忽视",不过也有人称之为"被动安乐死"。后来,在卡伦·安的葬礼上,一位名叫托马斯·特拉帕索的教区牧师发表了沉痛的布道词。他说,他祈愿这位年轻的女孩被拖得太久的辞世过程不会"让这个社会渐渐地不再关注人类生命的价值……只有时间能告诉我们,卡伦·安的生死对未来的道德实践究竟会产生多大的影响"。

1983年,25岁的南希·克鲁赞(Nancy Cruzan)在密苏里州的迦太基开车从附近一家奶酪厂下班回家时,汽车失控了。人们发现她脸朝下倒在一条水沟里,当时已经没有了气息。之后,医生宣布她成了植物人,给她上了生命维持系统。这个女孩的父母坚持认为，他们的女儿宁愿死也不愿成为植物人，要求医生拔掉她的饲管。医院的管理层也拒绝了。跟上一个案例一样，这个女孩只能躺在病床上，积日成月，积月成年：她的手脚以极不合理的角度向内扭曲，除了偶尔的眼球颤动、癫痫发作或呕吐之外，她的整个身体一动不动。只不过这一次，病人的命运交给了美国最高法院。1990年，美国最高法院首次对死亡权案件做出裁决。9名大法官以5:4的投票结果裁定，任何有能力的个人，无论他们的预后如何，也无论某种治疗方案会多么有效，都有权拒绝任何医疗。比如说，病人可以拒绝服用能救他一命的药物。此外，家庭成员和医疗代理人也可以代表没有能力的病人拒绝接受治疗，只要病人留下清晰的证据证明是自己的明确意愿。一些主张安乐死的人对这一裁决鼓与呼，但对很多美国人来说，最高法院的裁决中有一种让人后背发凉的感觉：大法官们确立的是一项很多人认为自己已经拥有且一直拥有的权利。

南希的饲管被拔掉之后，又过了12天，她才离开人世。据报道，她的嘴唇起了疱、裂了，后来还凸起。她的舌头肿了，眼皮也干了。一直关注她的美国人不禁想知道，把机器撤走，让人死于脱水，跟让医生打一针致命药物快速终结病人的性命比起来，到底有什么不同，究竟哪种做法更好。"在密苏里州，就连饿死一条狗都是违法的。"一位从亚特兰大赶来、站在医院外的牧师说。那时南希的身体已经失去了生机。就在同一年，26岁的特丽·夏沃（Terri Schiavo）在佛罗里达州的家里心脏停搏，引发了另一场围绕死亡权的斗争：这一次，让特丽的父母与丈夫反目成仇，他们都声称是在代表已经无法发声的特丽说话，然而特丽并没有留下任何有法律效力的遗嘱。在 15 年的时间里，特丽的饲管会被插进去，然后拔出来，然后（在某位法官的命令下）重新插进去，然后又拔出，然后（在佛罗里达州时任州长杰布·布什的命令下）重新插进去，直到 2005 年才永久移除。这就是特丽的饲管被移除的过程。

在这些女性的故事中，关于合法医疗限度的辩论变成了关于基本人权的更痛苦的对话，最后又演变成战役，进一步推动了"病人自主权"运动。1994 年，俄勒冈州选民通过了 16 号议案，让该州成为世界上第一个通过投票将协助自杀合法化的地方，但现在，为了跟"自杀"撇清关系，在政治游说者和患者的词典中，这种方式已经改称"临终医疗援助"（MAID）或"医生协助死亡"（PAD）。这项议案遇到了一连串法律挑战，罗马天主教会还斥资近 200 万美元，发起了废除这项议案的运动，但它还是于 1997 年生效。俄勒冈州《尊严死法》成为美国和世界的一个历史和伦理转折点：是让这个世界偏向还是偏离乌托邦了，取决于你对这类事情的看法。

一年后的 1998 年，波特兰一位 84 岁患有转移性乳腺癌的妇女成了美国第一个在医生帮助下合法死亡的人。这位妇女公布于众的名字叫海伦，她第一次告诉医生自己想死的时候，医生说不想被卷入其中。第二名医生建议她去住临终关怀医院，并在病历中提及，海伦可能患有抑郁症。海伦找了第三名医生；她第一次预约就诊时坐着轮椅，身上还连着一个供氧器。她说自己也曾十分享受生活，只是现在已经一天不如一天了。彼得·里根（Peter Reagan）医生把海伦送到精神科医生那里，后者花了 90 分钟评估海伦的情绪和能力，随后确定她实际上没有任何抑郁的迹象。接下来里根医生给海伦开了三种药：两种止吐药，还有一种属于巴比妥酸，叫作司可巴比妥。

里根告诉我,在俄勒冈州《尊严死法》通过之前,就已经"碰到过特别多的病人请我帮助他们死去。我都拒绝了,因为那不合法。我知道有这个需求,但这个需求让我觉得很难受,因为自己不能帮助他们而难受"。但里根知道,还是有些医生在医院里悄悄帮助了他们的病人。在1996年华盛顿州的一项调查中,12%的医生说他们碰到过"一两次或更多次明确请求医生协助死亡"的情形,4%的医生说自己收到过"一两个或更多个安乐死请求"。在提出这些请求的病人中,有1/4的病人得到了致命的处方。在1995年对密歇根州肿瘤医生的另一项研究中,22%的人承认曾经参与过"协助自杀"或"主动安乐死"。当然,还有杰克·凯沃尔基安(Jack Kevorkian)医生,他在1990年帮助一名54岁的俄勒冈妇女在他那破旧的面包车后座上自杀,这事儿后来尽人皆知,也让他臭名昭著。

俄勒冈州的法律要求患者自行服用致命药物,所以是海伦自己把那杯巴比妥酸液体拿起来送到嘴边的。她花了大概20秒才把这杯液体全都喝下去。这是一个晚上,她在自己家里,和自己的两个孩子在一起。喝完那杯巴比妥酸液体之后,她要了白兰地,但因为不习惯喝酒,在喝的时候还呛到了。她的女儿贝丝给她揉了揉脚。里根医生把她的小手握在自己的大手中,问她感觉怎么样。海伦的回答是她留在这世上的最后一句话:"累了。"

这个开始有点儿不祥的味道。里根医生告诉我:"事情就这么发生了。"他本来只是波特兰一名普通的家庭医生,在他答应帮助海伦的时候,并不知道她的死将是首例。接下来,海伦的故事见了报。《纽约时报》记者蒂莫西·伊根（Timothy Egan）写道："当医生、宗教领袖和政客还在就允许医生帮助患了绝症的病人自杀的伦理道德问题争论不休时，这个问题在今天从抽象讨论一下子变成了具体案例。"后来里根的名字也被泄露给了记者，里根开始担心接下来自己身上会发生什么。人们会往他家的窗户扔石头吗？人们会不会干出更出格的事情，就像他们对堕胎医生做的那样？但人们什么都没做。里根继续在行医。

那些反对医生协助死亡的人从一开始就担心，任何死亡权都可能会经由一点点积累起来的强制步骤演变成一种死亡的义务——对老人、弱者和残疾人来说。俄勒冈健康与科学大学的一位教授说的话就很直白："很多人都在担心老年人会开着房车在俄勒冈州边境排队。"但另一边的支持者认为，宪法赋予的生命权已经被现代医学的迫切需要扭曲了。对大多数美国人来说，就算是那些想要自行了断的人，生命权也已经成了一种可以强制执行的活下去的义务。

按照俄勒冈州《尊严死法》的规定，符合条件的病人必须身患绝症，预后剩余寿命不超过 6 个月。预后是一门模糊的科学，出了名的不准确，所以必须有 2 名独立的医生意见一致。病人必须年满 18 岁，是该州居民，精神上有提出这种要求的能力。医生如果怀疑病人判断力有问题，比方说认为病人精神错乱，就应该送他去做心理健康评估。病人还必须 2 次口头提出死亡请求，间隔至少 15 天，并向主治医生提交书面请求，签字时至少要有 2 名见证人在场。按照法律规定，病人的医生有义务说明，除了协助死亡之外，还有其他替代方案，比如疼痛管理和临终关怀，并要求病人不要在众目睽睽之下结束自己的生命。医生还应建议病人通知其家人，但这不是强制要求。这项法律的核心要求是自行服药，就是病人必须自己把药吃下去，因为允许的只是协助死亡（病人自行服用致命药物，通常是以服用散剂溶液的方式），而不是安乐死（医生给药，通常是以静脉注射的方式）。

《尊严死法》生效后，支持者希望俄勒冈州能给其他州提供道义上的帮助，让其他州也都通过类似法律。有些支持者将他们的运动看成另外一些伟大的进步运动——废除奴隶制、争取妇女选举权、废除种族隔离——合理的延续。这个理论认为，婴儿潮一代目睹了他们的父母死得有多难看，也看到了在医院里的死亡过程有多漫长，因此会想要另一种死法。但俄勒冈州《尊严死法》生效后的鼓与呼并没能完全展开。1995年，梵蒂冈称协助死亡"违反了神圣律法"。美国医学会也反对这项法律，因为"医生协助死亡跟医生作为疗愈者的角色背道而驰"，也违背了医生不造成伤害的庄严承诺。这种思路认为，疗愈，就意味着不可杀人。接下来，有数十个州就俄勒冈州性质的法令展开了激烈辩论，最后还是都被否决了。波特兰的好多医生都认为，协助死亡会成为"俄勒冈诸多怪事之一"。

1997年，美国最高法院裁决了2起分别来自华盛顿州和纽约州的协助死亡案件。在这2起案件中，大法官们一致决定不推翻州一级禁止医生协助死亡的法令。大法官们指出，医生协助死亡并不是美国宪法中规定的一项受到保护的权利。也就是说，并没有什么死亡权，也没有尊严死的权利，或者用桑德拉·戴·奥康纳（Sandra Day O'Connor）大法官的话来说，甚至也没有"普遍的'自杀权'"。最高法院把这个问题退回了"各州的实验室"。首席大法官威廉·伦奎斯特（William Rehnquist）在由他执笔的多数意见书中，强调了各州在"保护弱势群体——包括穷人和老弱病残——免受虐待、忽视和错误伤害"方面的权益。他也提到了已经成为世界各地反对死亡权思想支柱的滑坡论，即一旦承认有限的死亡权，就不可能对其加以控制，这项法律会势不可当地一再扩大，将越来越多的病人都包括进去：生了病但还没病入膏肓的人，精神上有病但身体上没病的人，老、弱、残。批评者警告说，最后一定会出现滥用，滥用在穷人、不情愿死去的人、妥协了的人、感到害怕的人身上，就连害了单相思的16岁男孩都可能会卷入其中。美国最高法院大法官本杰明·卡多佐（Benjamin Cardozo）就曾指出，任何给定的原则都有"扩大到自身能够推而广之的极限……的趋势"。

然而，在其他地方，立法者对神圣性有不同的看法。1995年，澳大利亚北领地拟将安乐死合法化。尽管该法律在2年后被联邦政府废除，但全球格局正在慢慢发生变化。1998年，来自世界各地的"自杀游客"开始在瑞士死亡。在那里，协助死亡已经合法化，苏黎世附近的一家新诊所开始接收外国病人。2002年，荷兰和比利时都将安乐死合法化了；后来，卢森堡也加入了这一行列。小小的比荷卢地区成为医生协助死亡的全球中心。

大约在同一时间，英国的一项法律挑战未能推翻该国对协助死亡的禁令。这个案子是由来自卢顿的43岁患有运动神经元疾病的戴安娜·普雷蒂（Diane Pretty）引起的。黛安娜说她想结束自己的生命，但她做不到，因为她脖子以下都瘫痪了。她说，这样一来，她无法自杀，而这是她的合法权利，法律剥夺了她尊严死的权利。

黛安娜想让她的丈夫杀了她——她想确保当他这么做时，他不会因为谋杀而入狱。她先向英国法院提出诉讼，然后又向位于斯特拉斯堡的欧洲人权法院提出诉讼。2002年4月，在最后一次上诉失败的那天，戴安娜在伦敦通过语音模拟器对一群记者说，"法律剥夺了我所有的权利"。一个月后，她在数天的极度痛苦中死去。《每日电讯报》报道，她"以她一直害怕的方式"死去。

美国最高法院大法官尼尔·戈萨奇（Neil Gorsuch）在其著作《协助自杀和安乐死的未来》中指出，允许协助死亡的法律只要存在，就会给伦理道德带来极大腐蚀，让我们一头冲向毫无价值的死亡和强制的杀戮。戈萨奇写道，没有比美国死亡权运动骇人听闻的早期历史更好的证据了。在19世纪末20世纪初，为"自愿安乐死"四处奔走的人，有些也同样支持优生学，支持强制"愚笨的人"绝育，支持社会达尔文主义，还秉持"种族改良"的思想。戈萨奇警告称，未来的道德败坏，只能通过维持"反对由私人有意剥夺他人生命的毫无例外的社会规范"来防止。生命必须保持神圣。

一直到2008年，才有第二个州跟上俄勒冈州的步伐，就是华盛顿州。随后是蒙大拿州（通过司法裁决，而不是立法）、佛蒙特州、科罗拉多州、加利福尼亚州、华盛顿特区、夏威夷州、缅因州和新泽西州。这些法律各有各的名称，各自采用了不同的委婉说法：《生命终点选择权法》（加州）、《"我的护理我做主"法》（夏威夷州）、《病人在生命终点的选择和控制法》（佛蒙特州）。今天，超过1/5的美国人生活在对绝症病人来说医生协助死亡合法的州，他们对此也乐见其成。2017年盖洛普的一项调查显示，73%的美国成年人认为，医生应当被允许"以某种无痛的方式"结束病人的生命，只要这是病人自己想要的，而且该病人"患有无法治愈的疾病"。不过，在问题变成"如果病人要求自杀"，是否应允许医生帮助病人时，这一支持率下降到67%。语言反映了思想，语言也影响了思想，"自杀"这个字眼仍然很有分量。

在俄勒冈州，这一数字仍然很小：大约每1000人中有3人以这种方式死亡。2019年，290名病人得到了致命的处方，188人通过摄入致命药物死亡。根据该州披露的数据，我们可以了解到关于这些人的一些事实。绝大多数人都患有癌症，而其他人则患有心脏病、肺部疾病和神经系统疾病，比如肌萎缩侧索硬化（ALS）。患者通常都是65岁及以上的白人中产阶级，已婚或是丧偶，受过一定程度的大学教育。他们在精神健康测量方面的得分都很低。他们基本上都有医疗保险，也基本上都已经住进了临终关怀病房。最近，精神科医生、学者琳达·甘齐尼（Linda Ganzini）在一次演讲中对一群公共卫生专家开了个玩笑："我一点儿也不知道，在医学当中，我们一直很担心的一种情况或者说情形原来是，风险因素一直是富有、白人和有医保。"甘齐尼指出，需要临终援助的病人已经习惯了他们的生活方式，所以"专注于控制"死亡。为此，他们在需要挑战穿着白大褂的医生时，在需要同根深蒂固的重重障碍折冲樽俎时从不退缩，他们有时间，有秉性，也有资本，可以想清楚自己要什么，并努力得到自己想要的。其他学者还提出了另外一些理论。他们指出，非裔美国人通常都不太可能在生命终点得到照护，比如姑息治疗和临终关怀，并推测这些差别也同样延展到了协助死亡方面。致命药物价格昂贵，一般医疗保险也不会包括这一项，所以有时候他们根本买不起。学者坚持认为，有些群体对老人的照护比其他群体更加周到，因此那些群体中想要自杀的老人估计会比别的群体少。他们把这些都归结为宗教信仰、集体归属感和道德价值观的差异。

在那些协助死亡合法的州，我们确实知道是什么促使病人选择早死。在查看俄勒冈州卫生部门发布的数据时，最让我惊讶的是，大部分要求死亡的人据说并没有处于可怕的疼痛之中，甚至也不是因为害怕未来会遭受怎样的痛苦。绝大部分人都声称，他们最关心的临终问题是"失去自主权"。也有一些人担心"失去尊严"，失去享受生活中的快乐的能力，以及"失去对身体机能的控制"。在将疼痛纳入考量时，他们说的都是害怕未来的疼痛，或是想要避免即将到来的疼痛，再不就是因为此时此地并不知道未来还会有多少痛苦到来而在精神上感到的苦痛。是能好好死去还是会不得好死？这个问题中的不确定性让它变得迫在眉睫。俄勒冈州的病人必须身患绝症才有资格申请协助死亡，但到最后他们选择死亡却更多的是跟生存有关的原因，是对现代医学既定边界之外的痛苦做出的回应。

本书融合了医学、法律、历史和哲学，但并不是一本关于论辩的书，也不是对美国或任何地方的死亡权运动的全面描述。实际上，本书主要是故事、对话和思想的集合。我的工作从2015年的伦敦开始，那时我还在维斯新闻（*VICE News*）当记者。那一年，英国议会要投票决定是否将医生协助死亡合法化。我就这个主题做了一些报道，还跟几个同事合拍了一部纪录片。我一直在关注这场全国性的辩论，很激烈，也可以预见。支持者说着"个人自主权"，讲述着病人和垂死之人因为受到的痛苦而被迫以可怕的方式结束自己的生命，那样的故事让人目不忍睹、耳不忍闻。反对者说着"生命之神圣"，警告说没有能够保护弱势群体的保障措施。到了投票那天，抗议者聚集在议会大楼外，互相冲着对方的脸尖叫，剑拔弩张。一边的牌子上写着，"给我比死亡更好的选择"。另一边的牌子上写的则是，"小心滑坡效应，不要伤害"。后来，议会投票否决了这个议案，而我在那之后还在继续自己的研究，先是在英国，后来也涉及协助死亡已经合法的地方：加拿大、比利时、荷兰和美国的一些地区。我想知道，立法规定一种全新的死亡方式究竟意味着什么。这似乎对我们如何理解生命的意义，以及理解我们觉得自己有义务遵守的社会契约，都至关重要。

  我在转而关注美国及其《尊严死法》时，发现能找到的数据比我预计的要少得多，让我很惊讶。在比利时和荷兰，安乐死监督委员会发布了年度报告，但几乎没有披露使用法律的个人相关信息。协助死亡合法的美国各州要求医生就每个完整的死亡案例提交一些书面文件，但这些文件都是医生填写的，而不是由将死的病人自己填写，病人自述的想法和情感从来没有被医疗系统记录下来。而且出于保密的考虑，并非所有州都会收集大量数据，更不是所有收集到的数据都会公布于众。有些研究人员因为永远都不可能知道所有跟那些不寻常的病人有关的情况而哀叹——他们的特定地理分布，他们的精神健康史，他们的家庭关系是什么样子，他们的银行账户在什么量级，等等。在整个世界，关于医生协助死亡的系统性研究也很少。甘齐尼博士在这个领域发表的文章挺多的，她告诉我："这是有原因的。这样的工作很难拿到资助。这是……怎么说呢，美国国家卫生研究院会保持警惕的那种研究。"我知道，我如果想了解这些病人，就需要找到他们，和他们一起度过他们用来策划自己如何死亡的生命片段。

但并不是这样就够了。随着我对类似俄勒冈州那种尊严死法律的了解越来越多，我发现这些法律从哲学角度来讲，并不像我之前所想象的那么激进。毕竟，这样的法律只适用于那些本来就会很快死去的病危患者。这些法律让那个不可避免的过程加快，但并没有加快很多，而且不会改变这个过程。我后来遇到了一些其他类型的病人：即使在医生协助死亡合法的地方也并不满足法定标准，但仍然想死的男男女女。他们说，他们都有绝对合情合理的原因。他们得了慢性病，他们很痛苦，他们年老体衰，他们正在变得精神错乱，他们不想活得像他们的父母那样久、病得那样厉害。这些人彼此之间大不相同，但他们似乎都在说着同样的话。在我们的交谈中，他们会说到"理性自杀"，这种终结生命的方式至少在理论上并非出于冲动，也并非由精神疾病所激发（后文有时候叫作"绝望自杀"，是自杀的绝大部分原因），而是在经过极其冷静、清醒的数学计算，做了成本效益分析之后的决定。在将一切都考虑进来之后，再行决定是活着还是死去。

很多人都跟我讲，他们遇到了法律的限制，于是只能在法律之外寻找解决方案，也确实找到了。有时候，他们得到的帮助来自亲友。也有时候，人们通过互联网得到一些小型但往往组织严密的秘密团体的救助，有些活动家称之为"地下安乐死"。我头一回知道这些网络的时候，觉得非常惊奇。我不是也读过在罗诉韦德案之前的那些年提供堕胎服务的地下女性团体的故事吗？我不是也知道，只要法律不到位，人们就会想别的办法吗？我决定让这些人成为我的报道焦点，成为本书的主人公。

4年间，跟我交谈过的有好几百人，他们跟协助死亡有各种各样的关联，有的在法律范围内，有的则在法律之外。我采访了病人、医生、护士、研究人员、坚持不懈的支持者、坚定不移的反对者，以及一个痛苦万分的母亲、一个义愤填膺的父亲，还有一个在我前去询问关于她孙子的一些事情时，把自己锁在地下室的老祖母。我接触过一个住在新墨西哥州沙漠里的萨满，接触过一个读过《老子》的墨西哥毒贩，接触过一些从网上订购致命药物的老年人。我还接触过一个在全美各地传授如何用气罐和塑料袋结束生命的人，他以前在某企业做高管。我跟他们在一起的时候，他们在考虑活下去的动力和死去的冲动，以及这些倾向互相影响的方式。我对政客在州议会唇枪舌剑的经历，以及出于神学立场反对安乐死的宗教人士都关注极少，因为他们的故事让人厌倦，也太一目了然。实际上，我重点关注的是六个人的故事，这些故事构成了本书的六章。其中两个人是医生：一个在加州，开了一家专门做协助死亡业务的诊所；还有一个是澳大利亚人，名叫菲利普·尼奇克（Philip Nitschke），因为在"自助死亡"研讨班上教人们如何"解脱"而被吊销了行医执照。尼奇克的组织"解脱国际"，还有他的自杀手册《安宁药丸手册》，都会在本书中经常出现。另外四章讲述的是那些告诉我自己想死的人的故事，因为他们都在遭受无法忍受的痛苦，痛苦源于上了年纪（年老）、慢性病、痴呆和精神疾病。

每天我都能读到关于医生协助死亡的新闻报道，讲述的故事整齐划一，无外乎俄勒冈州或加州或比利时的某人生了重病，在接受诊断结果后，作为对肿瘤、肺部疾病或是神经功能衰竭的直接回应，做出了痛苦但清醒的选择。然而我碰到的很多人，他们的故事都比这些新闻报道更复杂，也更缠夹不清。我碰到的那些人想死当然是因为他们生病了，但也同样因为精神上的痛苦、孤独、爱、羞愧、很久以前受到的创伤，或者渴望脸书上的粉丝认可自己。有些人的动机是因为钱，或者说因为缺钱。也就是说，我遇到的人都不是清一色的。他们并非都讨人喜欢，并非都容易相与，甚至感情上也并不总是清晰可辨。在面对死亡时，他们并非都很勇敢。他们所遭受的痛苦，并非都能给他们周围的世界带来有意义的经验教训。有时候，他们虽然极度痛苦，却毫无意义。

我的报道并不容易。在一些案例中，我知道那些人打算在实施医生协助死亡前就结束自己的生命——独自在家里，不要医生的帮助，也不需要知道该怎么做——而我没有干预。这件事情从伦理道德角度来讲非常棘手。我常常感到不安，感到不确定，无论是作为一名记者，还是作为一个人。随便哪个记者都知道，只要自己带着笔记本和录音设备出现，故事就会变化，无论自己有多低调，也无论自己在引导故事发展时有多小心翼翼。我永远不希望某个人的生命因为我的出现而被推向死亡，我不想让任何人因为一个故事而死，更不用说因为我的故事而死。我战战兢兢，如临深渊，如履薄冰。对于我要见的人，我精挑细选。如果有可能，我会跟他们的家人、朋友、医生、治疗师和照顾者都谈谈。我一遍又一遍地提醒他们，他们不欠我什么，我也并没有期待什么。他们想跟我聊多久就聊多久，聊完了告诉我一边待着去都行。他们可以直接不再理我，如果这样会让事情简单一些的话。确实有些人这么做了，我便没再找他们。

这些年来，我总是在晚宴上、在工作场合、在人满为患的酒吧里聊到这本书，然后就会有人来找我，私下招认一些事情。似乎每个人都有故事，也都迫不及待地想要讲出来。为什么？素昧平生的人描述了他们亲眼见过的生命如何结束的可怕场景：难以控制，十分缓慢，让人难堪。另一些人则跟我讲述了提前计划好的死亡。有位朋友说，他的祖父囤了好多心脏病药物，想用来自杀。还有一位朋友则描述了她姐姐怎么把镇痛药碾碎，掺入一位年事已高的姑姑的酸奶中。有位同事告诉我，他90多岁的老父亲选择做一个毫无必要且很有风险的手术，满心希望自己能死在手术台上。那位老人太虚弱了，没法自杀，于是寄希望于让医生杀死自己。

这些都在说明什么？在生命行将结束时，对绝对控制权——或者可能只是一丝丝控制权——的这种渴望，以及对有时用来维持毫无生机的一具躯壳的机器的这种反抗？这些都关系到免遭病痛折磨的渴望，关系到自主权。在美国的法律传统中，还关系到隐私权，以及不被干涉的消极权利。但对我遇到的大部分人来说，选择在计划好的时间去死，最主要的还是关乎"尊严"。

当然，尊严是一种非常复杂的情绪——有些哲学家对这个概念挑出了好多毛病。他们认为，尊严这个概念往好了说是多此一举，只不过是表示尊重选择、尊重自主权的另一种方式。也有些人对于把这个概念用在这场战斗中表示愤慨。他们问道：难道不是所有人都早就被赋予了与生俱来的尊严吗？以此推之，难道不是所有人在死去的时候都是有尊严的吗？临终医疗援助的支持者将这个词纳入囊中，放在语带委婉的口号"尊严死"里，并声称只有他们才能用这个词，但反对者也有自己的关乎尊严的诉求。2008年共和党的政治纲领中就有一个段落题为"让人类生命保持神圣和尊严"，其中写道："我们反对安乐死和协助自杀。"对另一些人来说，尊严并不在于逃避肉体上的痛苦，而在于面对痛苦时保持冷静、勇敢和自我克制。在他们看来，尊严体现在镇定中，并通过忍耐赢得。

我在为本书采访病人和垂死的人时，有时会问他们一些关于尊严的问题。我承认，我发现自己刚开始的时候期待能从他们那里得到某种超凡的智慧，就好像他们会因为特别接近死亡，而以一种我无法做到的方式去理解世事人情。我采访过的很多人都把尊严等同于控制括约肌。他们说，到他们把屎尿拉在裤子里，或是必须让别人来帮忙擦屁股的时候，他们的尊严也就丧失殆尽了。真的就这么简单。看来，就算人们难以准确定义尊严究竟是什么，在有什么事情让他们觉得有失尊严时，他们内心还是知道的。对他们来说，为死亡做个规划往往是为了避免失去尊严。他们认为，没了尊严会让他们感到羞愧、屈辱、无力、压抑、自私和丑恶，无法再举止端庄，经济开支也会高得离谱，还会觉得不堪重负、不合理或不真实。

"这事儿我该怎么说呢？我觉得对任何人来说，无论多大年纪，都几乎不可能想象自己会如何死亡。"贝蒂说。我们在她的餐厅里，坐在木椅上吃着水果沙拉。她刚跟我讲完她自己的墨西哥之旅、那些药品，还有她们关于自杀的约定。"曾经出现过的意在让人们加入基督教的各种想法中，复活算是最好的一个了。"但贝蒂并不相信复活。她能想到的最好的结果，也是唯一她能通过计划做到的，就是"平静地死去"，她希望能通过缩短生命的最后一程来实现。她宁愿在病得特别厉害，或者精神错乱到迷失自我之前就死掉。服用过量巴比妥酸带来的深度睡眠似乎能帮到她。

贝蒂想着，人类到生命终点时会被扔在那里受苦受难，而狗狗却可以通过打上一针来脱离苦海，真是奇怪得很。同样奇怪的是，让狗狗脱离苦海还会被看成一种仁慈。人还不如一条狗，真够奇怪的！死亡权支持者有一句口号在网上广为流传，贝蒂也很喜欢："我宁愿像狗那样死去。"

在我的新闻报道工作中，这句话我听了无数遍。我随时都能听到这句话。很多人跟我讲起，生了病的宠物会被好心的兽医实施安乐死。他们问道，为什么他们不能得到同样的机会？这就是我们，在一个人均医疗费用较高的国家，却在祈求自己能得到兽医的垂怜。

第一章

现代医学

伦尼·沙维尔森（Lonny Shavelson）医生走进房间后的第一印象是，这可不是个适合死的地方。这个房间很小，不怎么通风，椅子也不够多。他得重新安排一下。他打算先把床从墙边拉出来，这样在病人临死的时候，无论谁想接触病人，都很容易就能够到他的手或胳膊，或他柔软、裸露的脚。但首先，伦尼要跟亲友们打个招呼。他们都僵硬地站在门廊，伦尼轮流拥抱了一遍：三个成年子女、一个孙子、一个水肿的儿媳，还有一个敦实、沉默不语的朋友。随后，伦尼坐到病床边，低头看着躺在被子里的老人，温柔地叫了一声："布拉德肖！"布拉德肖眨了眨眼睛，茫然地看向医生。房间里散发着挥之不去的酸味，就像尿液挥发的味道。"你还不知道我是谁，因为你还没完全醒过来。"伦尼愉快地说，"我帮你回忆一下。你还记得不，我是来这儿帮助你死去的医生？"

老人又眨了眨眼睛。有人把他灰白的头发梳到了后面，让他露出了前额。他穿着一件棕色的棉质T恤，胳膊上有老年斑。布拉德肖最后说道："这是最后一站的序曲。"

伦尼身材瘦小，发际线很高，戴着一副金属框眼镜。那天早上9点，他离开他在伯克利家里的办公室，一只手拿着帆布药包，另一只手拿着一双黑色的正装皮鞋。他开车的时候总爱穿包跟拖鞋，因为舒服，但到了病人家里，他会换上一双更漂亮的鞋子。这是伦尼第90次实施协助死亡。人们都说，在加州，没有哪位医生协助死亡的病人比伦尼多。他会说，这并非因为他作为医生有什么特别的吸引力，而是因为实际上很多加州医生拒绝这么做，或是被他们供职的医院和临终关怀机构禁止实施协助死亡。伦尼说，有时候他会接到天主教卫生系统的医生朋友来电，他们会说："我有个病人，你能帮帮他吗？"

伦尼开车往北穿过伯克利住宅区，整洁的街道两旁是一排排平房和盛开的樱花树。随后他开过一段段不起眼的高速公路，高速公路两旁是得来速餐厅（汽车购餐车道餐厅）和中式自助餐厅。过了一会儿，城市的远郊变成了灌满水的稻田。伦尼喝了一小口水，试着记住病人及其子女的名字。我一直在考他，直到这些名字他能轻松说出口。病人名叫小布拉德肖·珀金斯（Bradshaw Perkins Jr.），得的是前列腺癌，生命垂危。

3年前，布拉德肖和自己的儿子马克、儿媳斯蒂芬妮还住在一起的时候，就曾试图在车库里用汽车尾气自杀。布拉德肖说，他在驾驶座上坐了1个小时等死，却什么都没发生。有些事情他没搞对。马克并不确定父亲那天是不是真的想死。他是来真的吗，还是为了引起关注而演的这一出？马克说："很难讲。父亲一直说自己从来没抑郁过，这不是抑郁的问题。他只不过是活累了，不想活了。"

3年来，癌细胞在布拉德肖身上扩散，从前列腺扩散到肺部，最后进入了骨髓。住在疗养院里的他曾经很开心——看电视，吃肯德基外卖，跟照顾他的护士打情骂俏——但时间长了以后，他开始变得焦躁、无聊甚至绝望。马克在去看父亲的时候，发现父亲会盯着墙看。布拉德肖的身体开始疼痛。他不是便秘就是拉稀，所以他总是感觉要么撑得不行，要么饥肠辘辘。尽管他一辈子连阿司匹林这样的药都拒绝服用，但到最后还是向临终关怀医生推荐的药方屈服了。吃了药之后，他觉得没那么疼了，但他开始头晕，起床撒尿的时候开始摔倒。他的胳膊上长出了一块块紫色的瘀斑，左腿也总是感觉有些不对劲。他摔倒的时候，护士们很难把他扶起来，他也很担心自己会伤到她们。他不再离开自己的病床。2018年5月，医生告诉布拉德肖，他的时间不多了，可能只剩下两三个月。医生说这话的时候，马克也在，他好像看到父亲笑了起来。布拉德肖说道："大家都想帮我，但我觉得我再也不需要什么帮助了。"

布拉德肖告诉马克，他这辈子活得挺好，但活了89年之后，糟糕的事情的糟糕程度要比美好的事情的美好程度更甚。他很怀念跑步，怀念修汽车，怀念对自己的身体充满信心的日子。"我想一命呜呼算了。"他说。

"好……吧。"马克说。就在那里，在父亲住的小小的疗养院公寓里，马克拿起手机，在谷歌上搜起了"协助死亡＋加州"。他找到一个描述加州《生命终点选择权法》的网页。这个议案于2015年通过，2016年生效，临终医疗援助在加州合法化了。他俩都认为布拉德肖似乎达到了标准：身患绝症，生命垂危，精神正常。

布拉德肖说，他已经两次要求护士加快他的死亡进程，但每次护士都说别提这事儿,因为这违背了其宗教信仰。马克给维塔斯疗养院打了电话,这是一家全国性的临终关怀机构,负责向离去世不到6个月的病人提供医保支付的所有护士服务、药品和设备,布拉德肖的护理工作就由其负责。一名社工在电话里跟马克解释说,尽管该机构尊重布拉德肖的决定,但其医生和员工不会参与这件事情。跟这个地区的很多临终关怀医院一样,也跟加州的好几十家天主教医院和医疗体系一样,维塔斯禁止医生给病人开协助死亡的药物,也禁止提供相关咨询服务。马克在电话里问那名社工,自己可以向谁咨询更多信息,社工表示这方面的帮助也是不允许的。(后来,维塔斯的首席医疗官在一封电子邮件中告诉我,维塔斯的工作人员其实可以"讨论和回答任何有关资格要求的问题",也可以帮忙把病人介绍给能开致命处方的医生。)

马克说,是临终关怀医院的牧师把他叫到一边,让他去找伦尼·沙维尔森医生的。马克搜伦尼医生的名字,发现这位医生开了一家叫作"湾区生命终点选择权"的诊所。这个医疗实体就算不是全国头一家,至少也是加州经营这类业务的头一个:专门从事协助死亡业务的一站式诊所。网上有文章对伦尼赞赏有加,说他是医学先驱。其他医生大都只是开一些致命药物让病人自行服用,但伦尼及其护士有所不同,每一个协助死亡的案例中都有他们的身影,这是他们的标准服务的一部分,也超出了法律的要求。不过,另一些文章对他们就没那么友好了。有些文章批评伦尼经营的是一家精品死亡诊所,他收费3000美元,而且不接受医保支付。如果有人改变主意,伦尼也退钱。我问起伦尼的收费标准时,他告诉我:"比一场葬礼花费少。"

马克做了点功课，发现无论是医疗保险，还是退役军人事务部，都不会为布拉德肖支付协助死亡的费用。1997年，国会在两党支持下通过了《协助自杀资金限制法》，禁止将联邦资金用于"导致或协助任何个人自杀、安乐死或无痛苦致命"的用途。这个举措得到了时任总统比尔·克林顿的支持，在第一次总统竞选期间，他就发誓要在全国范围内反对尊严死法。马克并不关心政治，他付得起这个钱。他给伦尼网站上提供的地址发了封电子邮件，说："我们愿意采用你在这方面提供的服务。"

2019年1月9日，布拉德肖正式要求协助死亡，加州规定的15天等待期也就从这一天开始算了。随后，伦尼的护士送来了文件。布拉德肖必须签署一份名为"请求使用安乐死药物，以人道而有尊严的方式结束我的生命"的加州表格，并保证自己是"精神正常的成年人"，"毫无保留"地提出这一请求，且"未遭胁迫"。布拉德肖告诉马克，他希望能把名字签得尽善尽美——每一笔每一画都工整极了——但签到一半，他的手就开始抖了，最后绕成了一团鬼画符般的字迹。

在伦尼看来，如果布拉德肖让癌细胞继续发展下去，他很可能也就只剩下几个星期好活了。很难说他会怎样死去，但最后他很可能会觉得有些疼，临终关怀护士会给他吃大量的镇痛药，很可能是吗啡。在赴死路上，他会经历一段医生称之为"临终烦躁"或"临终躁动"的时期，这会让他困惑、迷茫、失眠，变得暴躁易怒、偏执，还会令他产生幻觉。有些垂死之人会梦见自己身在水下，他们奋力游向水面想要告诉你什么，却怎么也到不了水面上。也有很多人梦见自己在旅行，在飞机上、火车上、大巴车上。垂死之人梦境中的象征意义很稚嫩，也一目了然。在旁人看来，神志不清还挺让人开心的：他们会在天花板上和墙上看到天使。苯二氮䓬类药物有助于缓解不安和焦虑。抗精神病药可以减少产生幻觉。无论是否服药，布拉德肖都很可能会陷入昏迷。也许他会那么一直昏迷下去，也许他会时不时地从昏迷中醒过来一阵。他会在几天后，也可能是几周后死去。他的死因严格来讲是脱水和肾衰竭，但死亡证明上会写癌症才是其致命元凶。布拉德肖的孩子们可能会守在他的病床边，但也有可能在布拉德肖咽下最后一口气时，他们正好回家过夜了，想好好睡一觉。死亡并不总是诗情画意的。人们也许会在护士正在调整他们的身体好减轻他们身上的褥疮的压力时死去，也许会在起床撒尿时死去。有个临终关怀护士告诉我，男人经常会在他们的妻子离开房间去吃口东西时驾鹤西去。

这家疗养院被漆成了淡黄色，看起来像真人大小的玩具小屋，挤在柑橘高地这座小城的郊区全是平房的一条街道上。疗养院的停车场车位已满，于是伦尼在隔壁基督徒团契教会的地方找了个停车位。他一边换鞋，一边轻快地说："我们就跟他们说，我们是来杀人的。"马克在外面等我们。马克是一位中年男子，膀大腰圆，戴着黑色方框眼镜。他眯着眼看向我们，有些不安。

布拉德肖的房间墙上挂了一些相框：子女和孙子孙女，还有一些最亲近的朋友和他们的孙辈。有一张证书，感谢布拉德肖服兵役。桌子上有几袋吃剩下一半的万圣节糖果，几瓶用了一半的洗手液，还有一顶塑料牛仔帽——可能是疗养院某个主题之夜留下来的。我想象着这顶帽子戴在一个更灵巧、更机敏的布拉德肖身上的样子。谢丽尔坐在父亲床边，穿着一件桃红色的毛衣，别看她哥哥粗壮，她的身材却很苗条。她说："爸爸，我们都在这儿。"谢丽尔从马里兰州飞过来，肖恩则是从华盛顿州过来的。马克和斯蒂芬妮从附近开车过来，他们的儿子也跟着来了。他们都专门请了假，安排了这个时间，来守候布拉德肖的死亡。

伦尼可以看出，布拉德肖比几天前更憔悴了。加州协助死亡法通过后，反对者认为有胆量的癌症病人很快就会挤破肿瘤医生的门槛，要求给他们开致命药物，但伦尼看到的并不是这个样子。他的大部分病人在结束自己的生命时基本上都已经只剩最后一口气了，他们非常虚弱，也会有点不大清醒。有时候，这是因为他们的主治医生拖拖拉拉，把这个过程耽误了好几周甚至好几个月。大概 1/3 的人没能挺过加州规定的 15 天等待期，要么因为他们在此期间就自然死亡或陷入昏迷了，要么因为在此期间变得太虚弱，都没法自己把那杯药液送到嘴边。再不就是因为，当这一天真正到来的时候，他们特别迷茫、特别困惑，无法许可他们的死亡程序继续进行。布拉德肖也游走在这种状况的边缘。

伦尼提醒布拉德肖的家人，最后可能会出现混乱："我们这么说吧，几乎所有人到真的马上要死的时候，都会精神错乱。"即便如此，伦尼也还要确信布拉德肖知道现在是在做什么。他不需要知道这是何年何月，也不用知道总统叫什么，但他必须记得他得的是什么病，他要求做什么，以及他现在仍然想这么做。伦尼说，有那么几次，他们都一路进行到坐在床边这一步了，但最后还是取消了死亡进程，因为病人神志不清，无法对任何事情表示同意。

"你是因为什么就快要死了的？"伦尼问道。随后，他又大声说了一遍。

"我觉得我自己知道就行了。"布拉德肖说。

"爸爸，您要严肃点。"马克说。病房里陷入沉寂。谢丽尔揉了揉布拉德肖凹陷下去的手背，仿佛这样能让父亲的心神集中起来。

我背靠着将这间公寓一分为二的小小隔板，努力屏住呼吸。从我站着的地方可以看到，壁橱里挂着几件 T 恤，下面有一堆成人纸尿裤。我也能看到布拉德肖双手向内弯曲，双脚水肿苍白。在我身后，他的孙子低头盯着手机。布拉德肖有一阵子什么都没说，随后才想起来是他的前列腺出了问题。

"好，"伦尼笑着说，"我们还有些文书工作要做。"

布拉德肖咕哝了一句："哦，天哪。"

伦尼拿出一份文件。"你也能想到的，加州可不打算让你死得这么轻松。这张小纸片叫作'最终证明'，加州要求你签署这份表格证明，说明你要服用的药物会让你死掉。"布拉德肖闭上了眼睛。

"爸爸，"马克急了，"爸爸，您得保持清醒啊，至少几分钟……爸，您得在这儿签字，对不对？"

谢丽尔说："爸爸，签上您的名字。"

布拉德肖努力睁开眼睛，在那份表格上签了字。伦尼说现在可以开始了。他告诉大家，他并不知道整个过程需要多久。有些病人不到 20 分钟就去世了，也有的病人 12 个小时后才撒手人世。他说他最近一直在改进他的用药方案，调整剂量和给药时间，已经成功地将病人的平均死亡时间缩短到 2 个小时。布拉德肖首先会和着苹果汁服下一个药引。半小时后，他会再喝下一杯混合药液，里面有跟呼吸和心脏有关的药物，还有芬太尼。这些药物会以不同方式起作用，送布拉德肖上路。呼吸抑制剂可能会率先起效，让他停止呼吸。如果这个药失败了，高剂量的心脏药物最后会让他的心脏停止跳动。不管哪种方式，对布拉德肖来说没什么两样，因为在喝下最后这杯药液之后要不了几分钟，他就会陷入昏迷。伦尼说，病人总是会找他要"药片"，但并没有魔法般的死亡药片。实际上，要快速、无痛地杀死一个人，是非常困难的。药物被发明出来并不是用来干这个的，在医学院也没人教你怎样才能做到。

伦尼在水槽边打开一个带锁的小盒子，里面装着价值700美元的药品。我站在他旁边，看着他把盒子打开。他指着一个绿色玻璃瓶，轻声说："这是芬太尼。"芬太尼是一种阿片受体激动剂，并非通常的用药方案的一部分，但伦尼把芬太尼加进了混合药液中，想看看能否加快病人的死亡过程。他的这个想法来自《纽约时报》的一篇文章，说是有个阿片成瘾的人提取了处方镇痛药里的芬太尼，在溶液通过其脸颊被吸收之后过量了。他于是想："哦，我们干吗不也来试试呢？"

伦尼把第一种药粉掺进一个装果汁的塑料瓶里，混匀后递给了布拉德肖，布拉德肖很快就喝完了。马克长出一口气。"好样儿的！"伦尼说，他注意到这会儿是中午。

病床边的所有人都在调笑，说布拉德肖上天堂后会去找哪些女的卿卿我我。肖恩说："我希望他把所有女孩子都亲一遍。"

"嗯，那是肯定的。"马克的妻子斯蒂芬妮说。她哭得停不下来。

布拉德肖喜欢跟人调情，这一直让他的家人非常尴尬。就是最近这几年，他也总在挑逗照护他的护士，大声对她们的身材评头论足。马克对我说，如果是在任何一个别的场合，如果布拉德肖不是这么昏昏欲睡，"我是说啊，他肯定会疯狂搭讪你的"。如今在他去世的这一天，昔日的耻辱已经成了让人心里五味杂陈的笑话。作家科里·泰勒（Cory Taylor）在《濒死回忆录》中写道："到你不久于人世的时候，就算是最不愉快的回忆，也会引发某种喜爱之情，就好像快乐并非只由好时光组成一样。"

"哦，爸爸，我爱您。这辈子能做您的女儿，我也很开心。"谢丽尔说，声音里听起来像掺了蜜，但也有几分犹疑。

布拉德肖的眼睛睁开了，睁得大大的。他的眼睛是淡蓝色的，整个早上，这双眼睛里第一次没有任何阴霾。我读到过，人们有时候会在临死前经历"回光返照"，我不知道现在看到的是不是这种情况。布拉德肖对谢丽尔说："我这辈子没有碰见过比你更可人的女孩子。你是这世上最光彩照人的女孩儿。"

"要是我的车又抛锚了，谁来帮我修啊？"马克说，他转过头去，也开始抹眼泪。"我知道咱们有时候相处得没那么好，但我也一直知道，您是爱我的。"

"我一直爱你，也会一直爱下去。"布拉德肖说。

"等您去了上面，要是有办法能让我知道的话，您一定告诉我啊。"

"我会的。"布拉德肖说。

"您脸上一直带着微笑呢。"肖恩说。

"哦天。"

布拉德肖拉扯大了三个孩子，但没有让他们信教。马克说，父亲从来不带他们去教堂，一次都没有。他们家的人是无神论者。然而，在这最后一程，所有人都在说死后再相聚的事情。也许布拉德肖的儿女们还是相信天堂的，至少有那么一点点信；也可能是因为他们想不出另一种方式来谈论眼下正在发生的事。有时候，就连最坚定的无神论者也会回归古老而神圣的仪式，并不是因为他们真的相信，而是因为他们感到疲惫和悲伤，需要这样一套程式来麻痹自己。谈起未来有一天我们会在天堂重逢，这至少也是一种道别的方式，一种不会悲伤到让人无法承受的方式。人类学家奈杰尔·巴利（Nigel Barley）写道："赴死路上铺满了让人耳朵起茧子的话。"

在病人的床边，伦尼也喜欢思考关于仪式的问题。他想到，医生协助死亡是一种全新的死亡方式，因此围绕这种死亡方式形成的任何仪式也都会是新的。所以我们会看到，每个人完成这件事情的方式都有所不同。有一次，有一家人在病人弥留之际点了一桌中餐。还有一次，有个拉丁裔家庭连着好多个小时什么都没吃，只是静静地站在那里守夜，每个人手里的念珠都在不断颤动。有个韩国家庭在病床前摆了一排排椅子，搞得这场死亡看起来像是一场奇观。因为病人的死亡是计划好的，所以也可以编排演练。亲友们都可以好好想想，最后那几句话该怎么说。家庭传统也可以挖掘出来再发挥。根据伦尼的经验，大部分家庭最终都能够振作起来，相对开心地陪在病床边。只有那么几次，有人给吓坏了。

伦尼搅拌着第二杯混合药液，这一杯看起来像浓稠的番茄汁。他说："这是最后一口啦。这里边的东西可重要了。"伦尼再次解释道。根据加州法律，布拉德肖必须自行喝下所有药，也就是说，他得自己举杯一饮而尽。如果他弄洒了，也没有备用的。"准备好上路了没？"

"准备好啦。"布拉德肖说。

"爸爸，您得再喝一杯。"马克说。

"我能做到的。"布拉德肖说。他喝了好几口才喝完。喝完之后他咳嗽了一阵，大拇指朝下比了比，因为味道很苦。

"这种药会让人有点儿飘飘欲仙的感觉。"伦尼说，"放轻松，好好享受吧。"伦尼把一个塑料脉搏血氧仪固定在布拉德肖的食指上，又把三个有黏合力的小型传感器贴在他胸口。这些设备会把这位老人的心跳和血氧水平等信息提供给一个小型的心脏监护仪。大部分医生都不会这么做，但伦尼喜欢准确追踪病人的身体在松弛下来时究竟会发生什么。

"到目前为止，都挺好的。"布拉德肖说。随后他闭上眼睛，前额也松弛下来。几分钟后，他的呼吸开始听起来有些刺耳，然后是汩汩的声音，就好像水从被头发堵住的水槽里冲下来一样。伦尼说，这些都很正常。死亡听起来就是这个样子的。我们什么都做不了。尽管我们可能会觉得，应该用拳头去捶击布拉德肖的胸口，就好像这样做能化开浓痰，让他再次安静下来。半个小时过去了，接着是一个小时。布拉德肖的嘴唇变成了浅褐色。谢丽尔俯下身去，想要抚平他身上棕色T恤的前襟。伦尼的一些病人会在死的时候好好打扮一番，穿上正式的服装，但大部分人不会这么做，他们穿着睡衣就死了。

"您做了件大好事。"斯蒂芬妮对伦尼说道。

马克问道："有多少个州允许这么做？"

伦尼说："有7个，还有华盛顿特区。"

"挺安宁的。"谢丽尔说。

马克说他父亲希望早点做这些。"他并不想生病。"

伦尼低头去看心脏监护仪，已经成了一条直线。过了一会儿，他说道："就这样吧。我给你们的死亡时间是下午 1 点 45 分。"

在外面的走廊里，伦尼坐在一张长凳上，背靠浅褐色的墙壁。前厅播放着轻柔的爵士乐，有个穿紫色丝绒连体裤的女人推着助行器，拖着脚走过。她对另一个住院病人说道："嘿，宝贝。"那个人正在安静地喝着什么。伦尼给殡仪馆打了电话，说有人去世了，是一起临终医疗援助死亡。殡仪馆的女人问道："这合法吗？"

伦尼告诉我，他必须在 30 天内向加州公共卫生部门提交一份"主治医生跟踪表格"。他会记下布拉德肖的死亡日期，以及他是花了多长时间死去的。他会勾一个选项，确认"没有并发症"。随后，他还要回答一系列问题，说清楚布拉德肖最后的动机。布拉德肖是担心"渐渐失去自主权"，还是担心"失去尊严"。伦尼觉得这份表格愚蠢透顶。他怎么可能真的知道布拉德肖究竟在想什么？随便哪个医生，怎么可能知道随便哪个病人究竟在想什么？文件上面的措辞也让他气不打一处来。有个问题是关于"持续、无法控制的疼痛和痛苦"的。伦尼说，这根本就没意义，因为"疼痛"和"痛苦"可不是一码事。

伦尼对马克说，建议他们都出去走走，出去吃个午饭，或开车上哪儿兜一圈，随便干点什么都行。但在殡仪馆的工作人员带着尸袋过来的时候，他们最好别在那里。

伦尼问起我对死亡的印象，就好像在问我对一幅画有什么看法一样。"你觉得怎么样？"这是几个小时之后的事儿了。我们坐在他宽大的后院里聊天。他把这里的一间小屋翻修成了办公室。墙上是一排排文件柜,透过滑动玻璃门往外看,可以看到一个巨大的鸟笼,里面有好多宠物鸽。伦尼说,有时候邻居家的一只猫会跑来坐在篱笆上,低头看着笼子里的鸽,眼神中带着杀气。但那些鸽太笨了,根本注意不到那只猫,更不会被吓到。

"那些声音。好可怕。"我急急忙忙地说。伦尼点点头,用手摸了摸额头。我试着又补了一句:"他们家好和睦,他们好像挺感激你的。"

伦尼在最早开始思考协助死亡这件事的时候,读到了美国哲学家玛格丽特·帕布斯特·巴廷(Margaret Pabst Battin)的著作。这位哲学家认为,如果有个病入膏肓的人想死,从道义上讲,医生有义务帮助他"尽一切可能轻轻松松地死去"。在巴廷看来,医生承诺不伤害他人不只是不给病人带来痛苦而已,还意味着要积极地想办法减轻病人的痛苦。这句誓言甚至可能意味着医生要未雨绸缪,采取行动让预料到会出现的痛苦消散于无形。巴廷写道:"死亡和疼痛,究竟哪个更邪恶?必须做出选择的,是病人。"

巴廷在著作中也谈到了在病人生命垂危时医生所起作用的演变。她写道,在中世纪的基督教家庭中,完全看不到医生在场;垂死之人最后的交流是留给上帝的,主要内容都是为死后的世界做准备;最后一刻是忏悔和救赎的最后机会。但是到了现代,在世俗世界的临终场景中,医生的角色就有所不同了;没有了上帝,生命的最后一段被改写,不再是通向永恒的大门,而是被视为生命本身的终点;其意义不再是救赎,而是解脱。巴廷写道,今天,生命的最后一刻"可以被看成如今已经求得圆满的一条生命的盖棺论定、圆满解决和走上巅峰。这也是为什么有些人选择直接结束自己的生命，这样他们就可以让自己的生命自行结束，在还可以思考、交流，或（对某些人来说）可以祈祷的时候结束，而不是被疼痛占据，或进入不省人事的状态"。现代医生可以利用自己的工具来帮助人们走到这个新的终点。

那天晚上，我一个人待在租来的爱彼迎房间里，回想着布拉德肖生命中的最后几个小时。对理想化的临终场景——至少是小说和电影里经常看到的那些，我已经免疫了。那些场景的主角似乎总是慈祥的老人或面带潮红的少妇，在至爱的围绕中说着寻章摘句的台词，再不就是在意味深长的凝视中，悄悄地含恨而终。这很庄严，也很有意味。但我知道，现实生活中的死亡往往不是这样的。最后时刻并非总能带来巨大改变。如果什么改变都没有带来，留下来的人也许会觉得失望透顶，觉得他们好像失败了，或是觉得自己被辜负了。就好像他们被人抢走了一些他们从未真正拥有，但应该拥有的东西。有没有可能，协助死亡在某种意义上与浪漫化的理想场景更为接近——因为协助死亡可以预料，所以能刻意安排？小布拉德肖·珀金斯生命的最后一幕又是怎样的呢？至少他死的时候，他的三个孩子都跟他在一起；在他的心脏停止跳动的时候，他们也都跟他心手相连。至少他知道最后的话应该在什么时候说，还能对女儿呢喃几句甜言蜜语。也许这就是美好的死亡。或者说，足够美好的死亡。或者，是能实现的最美好的死亡。

伦尼是在得知一次糟糕的死亡之后长大的。在伦尼成长的过程中，也一直受到另外的糟糕的死亡威胁。前面那次发生在他出生前2年，垂死之人是他才59岁的外婆。外婆因为第二次心脏病发作而活得一塌糊涂：卧床不起、得吸氧，甚至无法进食。有段时间，她不再说话了——家人觉得她是有意为之——除了有时候会用意第绪语大喊：救救我，救救我！后来她中风失明了。她会疯狂地舞动双臂，想找到并不在房间里的人。医生被叫来了，这位医生个子很高，站在床边认真观察病人。随后，他几乎一个字都没说，就拿出一支注射器刺进了这个垂死女人的身体。大概10分钟后，她的脉搏停了。伦尼的妈妈"像个疯子一样一直不停"地尖叫，人们只好把她从房间里拉出去。后来大家一致同意，这位医生的做法是出于恻隐之心，不过话说回来，并没有任何人要求他这么做。

而糟糕的死亡威胁是这样的：从伦尼记事的时候起，他患了克罗恩病（一种病因未明的肠道炎症）的妈妈就大部分时间都待在家里，而且总发烧——后来伦尼终于知道，妈妈也有抑郁症。伦尼从很小的时候起就一直记得，他长大了要当医生，找到能把妈妈所有的病都治好的办法。他如果做不到，就应该杀死妈妈，最好是通过静脉注射氯化钾的方式。妈妈第一次开口叫他杀死自己的时候，他才14岁。后来妈妈告诉他："我要是有足够的勇气，我当时就会从那扇窗户跳出去。但是我需要帮助——于情于理，你都是应该帮我去死的那个人。"

伦尼确实上了医学院，但1977年毕业时，他选择了当时正蓬勃发展的急诊医学领域。他喜欢这样的感觉：能够快速、精准地出手救人，到轮班结束的时候就事了拂衣去，把一切忘个干净。他刻意要求自己不要记住病人的名字。到后来，伦尼才开始考虑那些不希望自己得救的人。

1992年，一本自杀手册《最后解脱：给临终者的自我解脱和协助自杀实用指南》登上了《纽约时报》的畅销书排行榜，作者是德里克·汉弗莱（Derek Humphry）。书里描述了各式各样的自杀方法，还介绍了如何骗过医生，让他给你开致命药物。书里写满了名字、数字、剂量和药物组合。伦尼听说了这本手册，好奇为什么这么多美国人都想知道，如何以一种特定方式自杀。这究竟意味着什么？他到处找关于自杀的书，把能找到的全都读了一遍。他很喜欢《自杀之谜》。这本书出版于1991年，是一个名叫乔治·豪·科尔特（George Howe Colt）的记者写的。对于生命结束时受的苦难是最后一刻得到精神升华的机会这种看法，科尔特嗤之以鼻。他写道："虽然有些人可能会觉得，绝症病人的最后阶段在精神上是有益的，但伦理学家会质疑，是否仅仅因为别人坚持认为这种痛苦对病人有好处，病人就有责任继续活下去。"

　　差不多也是在那个时候，他读到了密歇根州一位名叫杰克·凯沃尔基安的医生的很多故事。1990年，他帮助一名痴呆病人在他那破旧的面包车后座上自杀，随后被起诉，再后来又被无罪释放了。接下来，他继续帮助100多人踏上了赴死之路，其中很多是伦尼在报纸上读到的。在伦尼看来，凯沃尔基安，这个从不对自己的所作所为遮遮掩掩的人，好像每天都在上新闻头条。人们为他痴狂，追着看他协助自杀的故事，就好像追肥皂剧一样。这些故事到处在传。伦尼和大家一样读到了这些文章，但他觉得很愤慨。他觉得，那些记者对凯沃尔基安其人其事太感兴趣，没有给他的"病人"——以及一个更宏大的问题，是什么驱使病人投身古怪"死神"的罗网——足够多的关注。

　　伦尼后来写道："我认识到，在全国各地昏暗的卧室里，成千上万的父母、孩子、丈夫、妻子、姐妹、兄弟、爱人和朋友，都在悄悄决定要不要帮助自己至爱的亲人去死。"伦尼想深入那些昏暗的卧室，去了解里面的人是如何受苦，又是如何秘密商议这些事情的。他开始联系旧金山的临终关怀医生和护士，请他们悄悄介绍自己的病人给他。

1995年，伦尼出版了《选定的死亡：垂死之人面对协助自杀》一书。在书中，他讲述了五个自杀者的故事，他分别陪这五个人度过了他们生命中的最后几周。有一章讲的是，一个残疾男人一次次试图饿死自己，到最后，他妈妈在他的坚持下终于同意给他服药，并把一个塑料袋罩在他头上。在另一章里，伦尼自述眼睁睁看着一名死亡权支持者让一个老人窒息而死，这个老人声称自己病得很厉害，但伦尼并不完全相信他的那些症状。书中有几页文字让人很揪心，伦尼描述了自己对于是否应该干预犹豫不决。他问自己，是否应该把那个女人从老人抽搐的身体上拉开。

书里有一章让人特别心碎。伦尼讲述了一个名叫皮埃尔·纳多（Pierre Nadeau）的高空杂技演员的故事。皮埃尔32岁，是个同性恋，患有艾滋病，还患有非常严重的抑郁症。伦尼从皮埃尔一路写到艾滋病患者的一个秘密网络。这些人"被拒绝他们的社会所孤立……如今要制定他们自己的规则"，并彼此帮助走向死亡。伦尼听说，艾滋病患者会把剩下的处方药赠给其他奄奄一息的艾滋病患者，用这些药，他们很容易就能按计划过量服用。记者兰迪·希尔茨在报道中称，男同性恋一看到皮肤上出现紫色瘀斑这样的不祥之兆，就会开始交流自杀混合药物的配方，"就像家庭主妇们交流巧克力曲奇饼干的配方一样随意"。在伦尼的描述中，这个网络很谨慎，也很自律，有自己的一套程序，也有自己的保障措施。尽管如此，这个办法有时候还是会让他们失望。有些协助死亡做得并不彻底，或是让他们很痛苦，或是花了好多个小时。有时候，惊慌失措的旁观者只能求助于枕头、刀具和枪支。

在伦尼看来，最早以这种方式被组织起来的人是艾滋病患者，倒也合情合理。旧金山到处都有年轻英俊的男人眼睁睁看着其他年轻英俊的男人陷入旷日持久的痛苦之中，他们染上病毒，日渐衰弱，极度疼痛，全身流血，肌肉萎缩，最后还会被肺炎等乘虚而入。他们的痛苦极为深重，他们的死亡极为缓慢，而他们的命运从感染上病毒的那一刻起就已经注定。然而，对他们很多人来说，只是拥有一种致命药物，或是仅仅知道他们如果在需要的时候能得到这样一种药物，似乎也会让他们感觉好很多。在伦尼看来，正确药物的组合本身就是一种解药，能让病人暂时忘却自己的病痛，继续正常生活一段时间。

在《选定的死亡：垂死之人面对协助自杀》出版20年后，加州通过了《生命终点选择权法》，成为美国第五个将临终医疗援助合法化的州。加州州长杰里·布朗，耶稣会神学院学生，他为这项立法究竟是否"有罪"而苦苦纠结的事情尽人皆知，据说最后打动他的诸多原因中就有南非前大主教、诺贝尔和平奖获得者德斯蒙德·图图（Desmond Tutu）的文字。这位大主教在85岁生日之际宣布，希望自己能选择协助死亡。2016年，191名加州人根据新法律得到了致命的处方。2017年，这个数字上升到577。加州发生的一切将对更广泛的运动起到决定性作用，协助死亡的支持者对此都心知肚明。加州是第一个将临终医疗援助合法化的大型多元化州。

如果该法在加州进展顺利,这里的例子就会鼓励其他强势州,比如纽约州的议员们,让其推出类似法。

2018年,我从网上买了一本二手的伦尼的书。书上还带着俄亥俄州一家公共图书馆的印章,据此可以推断,这本书已经不再流通了。我从头到尾读了一遍,然后给伦尼打了个电话,再然后飞到加州跟他在一块待了1个月。到2019年年初我们碰面时,伦尼开出的致命处方已经比加州任何人都多,也差不多是整个美国最多的,有几十例。他开的处方甚至可能比俄勒冈州那些已经开了几十年类似处方的医生都多。尽管如此,我们碰面的第一天,他却几乎都在跟我讲加州法律是如何被违反的。他坚持说,这个法"烂如屎"。伦尼说,死亡权游说者不愿意这么说,因为他们的目标是要让其他州也通过类似的法律——实际上,他们有时候还会因为他指出了其中的不合理之处而对他百般羞辱。在他看来,这是因为他的批评对他们的事业有百害而无一利。"他们想让新泽西州知道,这事儿挺容易。谁都能做到!效果可好了。通过这个法律吧!就像其他法律那样。没什么问题……只不过加州有个疯子认为这里面有些问题。"伦尼说,我只要亲眼看看就会了然。他指了指桌子旁边的一把小椅子说:"就在这儿坐着听听吧。"

要想好好地死,你得用对药,但药物方面有一些问题。《尊严死法》在俄勒冈州于1997年正式生效后,开处方的医生经常用戊巴比妥来做致命药物,这是一种速效巴比妥酸。病人拿到的是一种液体形式,叫作耐波他,病人可以直接喝下去;如果喝得足够多,他会很快睡着。当时正在开这种药的一位医生告诉我:"非常温和。"服下戊巴比妥的人几乎都会在5~10分钟之内睡着。睡着后不久，这种药物就会开始抑制大脑中控制呼吸的部分，让呼吸变慢，直至最后停止。这个过程通常不到30分钟，不过有时候也会需要更长时间。在俄勒冈州，有个病人就过了104个小时才终于解脱。

但是，到2011年之后，药剂师就很难再弄到这种药物了，部分原因是生产已经转移到海外，而欧洲的主要生产商——一家名叫灵北的丹麦制药公司，该公司销售由美国食品药品监督管理局（FDA）批准的用于防治癫痫发作的戊巴比妥——迫于刑事司法倡导者的压力，开始限制向美国销售这种药品。那些倡导者指出，这种药有时会流到监狱里，用来处决死刑犯。同一年，欧盟开始对这种药物实施出口禁令。随后，灵北在美国的合作伙伴，也是美国唯一一家获准生产供人类使用的戊巴比妥药品的生产商阿科恩制药公司，开始对戊巴比妥的非治疗用途加以限制，禁止药店将这种药物按协助死亡的用途出售。戊巴比妥液体的价格，从一剂约500美元涨到了1.5万美元。

很多美国医生因此改用司可巴比妥，这是另一种巴比妥酸。病人拿到的是一种胶囊，叫作"司可巴比妥"。这样一来，做法就有点儿复杂了：病人必须打开好几十粒胶囊，把里面的药粉倒出来，再掺到酸奶、苹果酱或者布丁里。不过，这么办还是能以类似的方式起到作用。但接下来，司可巴比妥的价格也开始涨了。在加州《生命终点选择法》生效后，一家名为威朗制药的加拿大公司（现在叫作"博施健康"）就买断了这种药品的生产权，把价格翻了一番。致命剂量的司可巴比妥几年前只需要两三百美元就能买到，现在却涨到了3000美元，有时候甚至更高。《美国医学会杂志·肿瘤学卷》上的一篇文章说,这次涨价是"制药公司通过销售老式利基药品赚取暴利的最让人痛苦的例子之一"。医疗保险不会为这种情况付费;有些州的医疗补助计划可以出钱,但其他州不会,而且就算出钱,也只针对一小部分收入最低的病人。想进行协助死亡的人大部分都必须私下提前付款,而很多人根本付不起。俄勒冈州的肿瘤医生德文·韦伯斯特(Devon Webster)告诉我,她见到过一些想死的病人,他们符合法律要求的条件,但是买不起药,有些人甚至付不起去药店的油钱。其中一个病人告诉她:"我觉得我会把枪拿出来,给自己来一枪。"协助死亡刚开始合法化时,有些反对者担心穷人会被迫早早惨死,但现在看起来似乎完全是反过来的。身无分文的病人有时候只能活下去,只有腰缠万贯的病人才能悠然归西。

说回加州,伦尼听说司可巴比妥的供应越来越少,也越来越难找到这种药物了。"我们现在可怎么办啊?"他问同事。华盛顿州有些医生认为,某种镇静剂只要剂量够,或许也能让人一命呜呼,于是开始开这样的处方,但有些病人汇报说服用后嘴巴和喉咙有灼烧感,于是只好停了下来。事实上,关于可以通过口服给药让患者无痛死去的药物的研究并不多,或者说其实没有任何相关研究。没有哪种成药被设计出来就是为了吃死人的。你也不可能拿那些即将死亡而且现在就想死的病人来做个双盲临床试验。

2016年6月,几位焦虑不安的医生——一名麻醉师、一名心脏病专家,还有两名内科医生——在西雅图的一间会议室里碰头,发誓要解决这个问题。坐定之后,他们还用免提电话接进来另外几个人:另一名麻醉师、一名药理学家、一名艾奥瓦州的毒理学家,还有一位经常给动物实施安乐死的兽医。这个小集体的目标是，找到一种能可靠地结束生命、完全无痛，而且价格低于500美元的药物。这种药物的组成成分要很容易能以粉末状的形式得到，这样方便专业药剂师进行调配。这样的复方药物有个特别的优势，就是不会受到美国食品药品监督管理局的监管，也就是说西雅图的医生如果发现了一种他们中意的配方，不用让这种药去经历多年的随机对照试验和州政府的监督，只需要自己开始测试效果就行了。会议室里的麻醉师卡罗尔·帕罗特（Carol Parrot）觉得这有点儿不可思议，这么重要的东西怎么就在华盛顿州的一间小小的会议室里匆忙地给想出来了。这也是这项法律带来的问题：一种新的死亡方式因之合法化，但并没有具体说明要怎么让人死，也没有明确指出该由谁来弄清楚这一点。

会议结束时，西雅图的几位医生决定采用一种由镇静麻醉剂和心脏药物结合起来的药。他们管这种复方药叫"地地吗普"（DDMP），它是由地西泮、地高辛、吗啡和普萘洛尔（心得安）混合而成的。他们一致同意，对这项发明要谨慎一点。他们并不想让人们认为发生在幕后的这些事情是一团乱麻，也不想让人们觉得医生不知道自己在做什么。卡罗尔给自己的10个病人开了这个药方，他们去世的时候，她都坐在床边记录数据。病人入睡的速度似乎跟服用司可巴比妥的人一样快；尽管他们死去用掉的时间各不相同，但他们全都死了。这种药管用。随后，卡罗尔和其他医生决定跟州内外的其他医生非正式地分享这个药方。他们找到愿意调配这种新复方药的药剂师，也告知了同行。

在伯克利，伦尼也听说了地地吗普，于是开始使用这种药物，但他的一些病人过了好长时间才过世,这让他觉得很意外。他给他的一些身体特别弱的小老太太病人开了剂量惊人的毒物,但她们仍然要过好多个小时才会死去。有时就连最脆弱的生命也会非常顽强。一些死得慢的病人对阿片耐受,因为他们接受过经年累月的疼痛治疗。还有一些人体重偏重,或者是在服用止吐药,好让自己的胃没那么容易排空,再不就是便秘得特别厉害,导致药品有点儿像是卡在他们的身体里了。伦尼发现,在一些罕见的情况下,无论用什么给药方案,协助死亡的药物都有可能会失败。病人会恶心、呕吐、无法入睡,或是睡着了,但最后又醒过来。在俄勒冈州,从1998年到2015年,有991名病人按照《尊严死法》赴死,但也有24人把药吐了出来,还有6人睡着后又醒了过来。其中一些患者又试了一遍,最后成功死亡,另一些人则没有继续赴死。据报道,有个醒过来的人放弃了死亡计划,后来还写了一部诗集。

伦尼知道,美国医生左右为难。在几乎所有其他医生协助死亡合法的地方,安乐死也是合法的。这就意味着符合条件的病人可以在两种死亡方式中选择:医生开的致命药液,或是打上一针。在加拿大和比利时,病人几乎都选择了注射。他们想让自己的医生来处理这件事情。而且注射这种方式又简单又快速,还总是会起效,病人不用面对把那些混合药液咽下去的压力;病人不可能吐,也不可能再醒过来。但这种方式在美国从来没有被批准。20世纪90年代,俄勒冈州的议员们增加了一项"自行服用"的要求,以此来赢得怀疑者的支持,因为那些怀疑者担心一旦《尊严死法》通过,恶棍医生和居心不善的家人可能会违背病人的意愿,让他们安乐死。他们的想法是,如果病人必须自己喝下致命药物,他们受到虐待和逼迫的可能性就会小一些。吞咽可以被当成病人同意去死的最后证明，因为这是一种自主选择的动作。美国其他将医生协助死亡合法化的州也全都遵循了同样的思路——欧洲和加拿大的一些医生对此表示强烈反感，他们认为既然有静脉注射这种更好的选择，还非逼着人们去喝混合药液，也太不合情理了。实际上，在其他国家，如果一名接受协助死亡的病人选择了喝下致命药物，法律会要求他的医生也在边上做注射准备，以防什么环节出了问题，或是病人过了好几个小时都还没死。在美国，根本不允许拿注射死亡来兜底。

伦尼希望自己至少能改进一下致命药物的配方。他以前从来没有搞过实验药理学或研究工作，甚至没涉足过姑息医学，但他还是开始了修修补补的工作：他会把地地吗普混合药物稍微修改一下，并用微型脉搏血氧仪和心电图仪来监测其对病人的影响。他会试着让病人先服用某种心脏药物，然后把剂量加倍，再加进去一种抗抑郁药物，因为这种药能"把心脏里乱七八糟的东西都清出去"。后来，他用了另一种药物来代替普萘洛尔。他小心翼翼地跟进自己的研究，但也很注意不要称之为"研究"。他知道，正规的医学研究要求有机构监督，有伦理委员会和正规的实验设计，而他一点儿都不想跟这些方面打交道。他设想着如果自己生活在别的时代——没有那么多五花八门的官僚作风的时代——他也许会成为划时代的科学家，就像20世纪20年代发现胰岛素的加拿大科学家一样：部分原因是他们用在街上捕获的流浪狗做实验。那些医生可没有去请求得到谁的许可。

加州有些医生在听说了伦尼的非专业手法之后深感不安。要是他弄错了怎么办？如果某种心脏药物起效太快，病人在昏迷之前就心脏病发作了怎么办？如果发生这样的情况，还要他死，就太暴力，也太可怕了。有位姑息治疗医生告诉我，在他看来，伦尼的搞法是"伪科学"：不精确，从学术上讲不够严谨，而且从根本上讲很危险。另一些人则对伦尼醉心于缩短病人的死亡时间感得困惑（这样就意味着用药方案更复杂，也让各个家庭更难自行遵循这套程式来操作）。病人反正都已经不省人事了，多几个小时少几个小时有什么关系？伦尼坚持认为，死亡速度至关重要。人们想速速赴死，这就是关键所在。

有一天，伦尼在后院办公室里告诉我："我们是第一个对临终医疗援助的死亡进行药理学研究的。以前没有人做过。现在我要给你看的数据，你也不可能见过类似的，因为还没有人这么研究过。"我们并肩坐在他的电脑前，看着一个Excel（电子表格）。伦尼的鼻梁上架了一副眼镜，还有另外一副眼镜塞在衬衫前面的口袋里。Excel上的图表用不同颜色做了标注，显示出从服药到死亡的时间。伦尼说，时间最短的通常都是肌萎缩侧索硬化患者。"我会跟肌萎缩侧索硬化患者开玩笑说：'得了这种病只有一个好处，就是你会死得很快。'"

我指着肌萎缩侧索硬化的一个时间较长的病例，问道："这个是怎么回事？"

"问得好。"伦尼说，"她患了肌萎缩侧索硬化，她讨厌变成残疾，于是决定早点去死。"他顿了顿。"她死的时候，都还能走路呢。"伦尼说，时间更长说明患者曾经是运动员，他们的心脏更为强劲，往往会跳动更长时间。"这个人以前是游泳的。"

伦尼说，他的目标是让病人很快死去，但又不要太快。"最佳时间大概是45分钟……这样的话,病人的家属可以完成他们要做的事情。病人处于深度昏迷状态,你会看到病人有多舒服。病人闭着眼睛。'3年来,我还是头一回看到约翰叔叔那么舒服。'其家属也能稍微观察观察……随后他们会爬上床,抱抱病人,然后一切就都结束了。大概45分钟后,我说:'他的心跳已经停了。'我们就完事儿了。"

但伦尼也知道,即使是完美的用药方案,也不能解决所有问题。随着他接的病人越来越多,他也开始遇到无法按照法律要求的方式("以肯定的、有意识的身体行为")自行服药的人。有些病人实在是太虚弱了,都没法把一杯药举到嘴边,或者就是消化系统被疾病破坏得太厉害。有些肌萎缩侧索硬化患者即便用吸管也没法把药液吸到嘴里。多年来,俄勒冈州和华盛顿州的很多医生都让这样的病人吃了闭门羹,尽管他们也会深表遗憾地提到美国法律的要求,但伦尼不想这么做。有人仅仅因为没法喝东西,或没法把杯子举起来就失去了一项合法权利,他对这样的做法深恶痛绝:这实际上就是说,患前列腺癌的男人也许比患食管癌的男人有更多权利,原因只不过是前者可以吞咽大量液体,而后者不能;或者是患乳腺癌的妇女可能比患脑瘤的妇女有更多权利,因为后者有肿瘤,四肢没法运动。这简直愚蠢透顶。

伦尼也查过加州法律的措辞。加州这份法律文件说的是,病人需要"自行服用"致命药物,也要自己"摄取"这种药物。(另一些州写的是,要求病人"服用"药物。)但"摄取"究竟是什么意思?伦尼给他认识的几个医生发了电子邮件进行咨询,但他们也不知道,于是其中一位给加州医学委员会发了封电子邮件。过了几天，委员会执行董事回信说，"摄取"是指任何跟消化系统有关的动作。伦尼跟他的医生朋友们说，他们应该更有创意一点。

没过多久，伦尼采用了这样的办法：如果病人在用饲管，他就会直接把药物送到饲管里让病人服用。他会把药物装进一支塑料注射器，把活塞柄交给病人，由病人来按下活塞，从而实现"自行服用"和"摄取"药物。有时候如果病人觉得没力气，伦尼会自己拿住活塞柄，把病人的手放在自己手上。他会说："如果我感觉到你在推我的手，我们就一起推。"这些人的死亡都很和美，也都是合法死亡。但在某种意义上，这么做非常荒谬。后来我在网上读到一个故事，说是俄勒冈州的一个肌萎缩侧索硬化患者实在是太虚弱了，就连塑料注射器都用不了，到最后她只能驾着自己的电动轮椅故意去撞墙，用冲击力把饲管的活塞柄压下去，以便给自己注入致命剂量的药。加州《生命终点选择权法》主要关注的是有可能带来的虐待和逼迫，却不太关注更抽象的得体与否的问题，也没怎么考虑一个躺在那里等死的人会认为得体的做法是什么。

后来，对肠道系统紊乱的病人，伦尼开始采用直肠给药的方式。他会往病人的直肠里插入一根导管，给末端的小气球充气，把导管封闭起来，然后把药物装进去，把活塞柄交给病人，由病人按压。我问伦尼是否觉得这些人的死亡是有尊严的，他很奇怪地看着我，好像我在说什么胡话一样。"完全不会有失尊严。"

一天上午晚些时候，伦尼坐在办公桌前，准备给一个病人打电话。他看了他的护士塔莉亚·德沃尔夫（Thalia DeWolf）写的关于这个病人的记录，边看边摇头。病人名叫克里斯汀[*]，75岁，是两个孩子的母亲，患有退行性血管疾病。她肠壁内的血管肿了，经常破裂。她失血特别厉害，已经到了贫血的地步，每隔几天就要输一次血。"折磨人的小血管。"伦尼喃喃自语。克里斯汀的医生曾灼烧过她的伤口，烧了数十条血管，好形成疤痕组织，阻止血液流动，但结肠还是流血不止。

"这样会死得很费劲吗？"我问伦尼。

"可能要很长时间。"他说。

克里斯汀问过自己的家庭医生有关协助死亡的问题，但家庭医生告诉她，这事儿得问她的血液科医生。她给血液科医生的办公室打了电话，但接电话的护士有些不好意思地告诉她，这位医生并不做协助死亡的业务。

克里斯汀细长脸，头发染成了黑色。她在电话里告诉伦尼，她的医生用了好多办法，而她就是不见好转。"医生已经无能为力了。"现在她每次去上厕所都会见血。血并非喷涌而出，但仍然在流。克里斯汀说，她对要去医院输血这事儿深恶痛绝。这事儿整个都糟糕透顶。开车，找停车位，医院里的灯光，噪声……在两次输血之间，克里斯汀的血红蛋白都会下降，让她很难下床，也很难对生活提起兴趣。她说："活下去的愿望跟人的精力是相辅相成的。"躺在床上的时候，克里斯汀想着自己会死在床上，缓慢而无精打采地走向死亡。"接下来我还会在床上拉屎尿尿。"克里斯汀说。她并没有多么想死，但是，"我想等到我足够痛苦的时候，我会去死的……好啊。为什么要让自己痛苦呢"？她可能会死在很糟糕的一天。

伦尼说："有些病人有明确的底线。你有吗？"

"我不想躺在床上死掉，不想在裤子里拉屎，不想被人拖去医院。"克里斯汀说，"不。不。不。不。我不想那样活着。"

伦尼问克里斯汀是否愿意正式申请协助死亡，开始15天倒计时，克里斯汀说她愿意。"但要是到了那一天，我感觉特别好，又不想死了呢？"

"没关系的。"伦尼说。

电话打完后，塔莉亚到后院办公室来看我们。她个子很高，很漂亮，高颧骨，手指细长。她总穿一身黑——除了出现在协助死亡现场的时候，因为在那种时候，黑色会显得特别不正常，所以她会穿深蓝或灰色的衣服。伦尼跟她讲了讲克里斯汀的这通电话。

我对塔莉亚说，我在《美国医学会杂志·内科卷》上读到过一篇学术论文，里面有对宾夕法尼亚州一家医院60岁及以上重症病人做的一些调查。绝大部分病人（68.9%）告诉研究人员，他们觉得大小便失禁"就和死亡一样糟糕，甚至比死亡还糟糕"。这篇论文让我非常压抑。我们究竟做了些什么，让他们这么羞赧？让他们宁愿一了百了也不愿穿纸尿裤？

塔莉亚点点头，说："确实有很多人对大小便都感觉有些怪异。"人们被自己的大便弄得尴尬万分，觉得自己被大便打回原形，被大便背叛了。"这真是一条很常见的界限：'到必须有人来给我换尿布的时候，我就不想活了。'"成年病人对由别人来给自己换尿布的感觉，比护工对于给他们换尿布这事儿的感觉还要糟糕。塔莉亚在执行协助死亡之前跟病人碰面时，病人经常会问，他们在死的时候，或死了之后，会不会排便。真的，这是他们问得最多的问题，远远超过其他问题。"所有人都想知道！我会说，'不会的，不太可能。但就算你真的拉屎了,我也会马上给你清理干净,别人根本注意不到。那些小东小西,我分分钟搞定'。"

离开办公室前,塔莉亚问伦尼,克里斯汀的血液科医生是谁。听到那位医生的名字,塔莉亚冷哼一声。"我保证,他会撬开棺材盖,尝试另一种疗法。"

我向伦尼询问其他病人的情况,想知道他们都是什么样子。他说,有些人跟克里斯汀的情况差不多,有钱,受过教育,白人,控制力强;俄勒冈州的研究人员总在说的,也是这样的人。但并非所有人都这样。有时候,来找伦尼的人很穷,付不起协助死亡的费用,而伦尼也会答应他们少交一些钱,甚至完全免费。有时候,还会有黑人或棕色人种,不过极为少见。尤其是那些年老的黑人患者,跟他们说话得特别小心。有的病人非常虔诚,他们的家人也仍然在等待奇迹。有时候,他们会在拒绝临终关怀之后给伦尼打电话,因为他们认为临终关怀可能是个骗局。部分原因是,他们还记得有那么一段时间,白人医生在黑人身上做过一些很可怕的不道德的实验,他们担心医生会为了平衡医保资金配额、节省系统费用而逼迫他们过早结束治疗。整体来讲,非裔美国病人进入临终关怀机构的可能性本来就很低,也很少会在生前留下遗嘱,得到某些类型的姑息治疗的人也不多。伦尼会试着对他们的恐惧感同身受,并尽量安抚他们的恐惧心理。

大部分人都会告诉伦尼,他们想要协助死亡,是因为不想死得太慢,但也有一些人的说法有所不同。有个男人已经到了癌症晚期,但是他说,他现在就想死,是出于经济原因。他说,他是越战老兵,无时无刻不在想着他们用橙剂攻击越南农民的事情。他想把全部积蓄都捐给越南受害者，而不是用来支付他需要住进去的什么狗屁疗养院的费用。还有些病人尝试过结束自己的生命：过量服用临终关怀护士落下的吗啡，却在几天后醒来，发现周围的人都跟疯了一样。

　　大多数情况下，伦尼在见到病人之后很快就能判断出这个病人是否满足加州法律的资格要求，但有时候碰到的人也会让他踌躇。这项法律设定的条件有些宽泛，允许医生就个别患者自行做出决定。有时候伦尼觉得，自己一边从事这项工作，一边也在改进那些规则。比如说，如果有个103岁的老人想死，但并没生什么病，也没有什么特殊状况的话，该怎么办？你能合理推定他只剩下6个月生命了吗？伦尼认为，当然可以让他去死，只要他在"脆弱指数"量表上得分足够高，或表现出医生所谓的"无法再活下去"的样子就行。再比如说，如果有个女的得了癌症，医生预计她还能活2年，但她拒绝饮食，发誓从此以后都不吃不喝了，那又该怎么办呢？到她饿得不行，脱水也非常厉害，只差几天就要死了的时候，能算作满足资格要求吗？她是90岁还是30岁会有关系吗？关于这个例子，伦尼想了很久，决定不能给把自己饿到弥留之际的病人做协助死亡。他要是做了，边界会在哪里呢？完全没有生病的人也有可能满足资格要求。年轻人、抑郁的人、厌食症患者……

　　有时候，病人会尝试让伦尼相信，他应该帮助他们死去，因为他们患有精神疾病。伦尼对我说："我们接到了好多抑郁症患者的电话。他们的逻辑是这样的，'我抑郁。因为我有抑郁症，我会杀了我自己，所以，我得的是绝症。因此，我满足临终医疗援助的要求'。"这倒也确实有点儿道理。"但是，我们当然只能拒绝。"任何时候他都没接过抑郁症患者。

"这事儿还挺有意思的。"伦尼往我这边靠了靠,说,"如果病人愿意停止治疗,而且这会让他们濒临死亡,比如关掉起搏器,我们并不会真的让他们这么做。"病人只需要声称他们打算关掉起搏器,伦尼就会认为他们符合条件。在他们有打算的那一刻起,他们就符合条件了。"法律中有没有这方面的明文规定?没有。我们在这儿即兴发挥,因为打从第一天开始,我们就在这么做……我们得自编自导,没有人见过足够多的情况,没有人能搞清楚这些。"伦尼顿了顿。"这是个发现新领域的绝佳机会,非常难得……没有拥有响当当的学位和大学背景的人来对我们指手画脚。我们正在闯入一个全新的医学领域。我可不是语出惊人。"他摇了摇头,"也没有谁想这么做。"

在加州《生命终点选择权法》通过前,旧金山北边的一位临终关怀医生萨莉·桑普尔(Sally Sample)就一直盼着这个法律通不过。她在东湾临终关怀中心工作,就在普莱森特希尔的一条高速公路边上。在办公室里,她对我说:"就是感觉不对劲。并不是因为我觉得人们没有权利选择。我觉得这事儿就像堕胎,但是……我只是希望我们没有这个选项。"法律通过后,萨莉认定正确的做法是克服自己的抗拒心理,成为一名开处方的医生。她开了一张又一张处方,但后来不得不停了下来。她说:"在我头几个病人身上,我感觉自己像在处决他们似的。"

"真的?"

"真的。"

"就因为这么做跟你一直以来在做的事情背道而驰吗？"

"我该怎么说呢？"萨莉皱起了眉头。她有一头黑发，戴着黑框眼镜，一条围巾叠在另一条围巾上。她说自己并不信教，但在她看来，死亡从根本上讲是一种重生。通过失去意识、逐渐死亡的过程——自然而然地发生，或者在镇痛药的帮助下完成——病人可以平和地面对自己的生活，面对挥之不去的未臻圆满的感觉。他们的亲友也是如此。萨莉说，错过这样一个过程，会让人遗憾。"我觉得这绝对不符合生命的轮回……尤其是人们在生命终了的时候，或者陷入昏迷的时候，也就是在我看来，有某种精神上的工作正在进行的时候。我说不上来这究竟是什么，它就在这件事到下一件事之间。"她说，她能在病人身上感到这个，一场关乎生死存亡的谈判。是跟宇宙吗？"很平静。通常都是，但并不总是。也会有人夺门而出，号啕大哭。"萨莉抬起头来看着我。"我也跟伦尼讲过这些，但他不同意我的看法。"

萨莉从临终关怀圈子里的小道消息听说了伦尼，便开始把自己的病人往他那儿送，这样她就可以充当病人备用的顾问医生，而不用给他们开致命处方。她很喜欢的一点是，伦尼针对药物做了很多研究。在病人死去的时候，伦尼会坐在他们身边，而不是像大部分医生那样把药物送到病人家里扔下完事儿，这一点她也很欣赏。其他医生的那种做法会让她抓狂。医生如果没在病床边守着，那么谁来确保加州的诸多法律要求都得到遵守，家人不会逼着拿不定主意的或是精神错乱的病人过早死亡？她认为伦尼是最安全的选择。在向伦尼推荐了10个左右病人之后，萨莉开始接受加州的法律了。她说："有这么个选项，能让人们轻松一些。甚至不需要真的拿到药物，而只是知道，'我能弄到这些药物'。"她觉得，伦尼这个人说到底是个怪人，她肯定完全没有搞懂他——但她很高兴有伦尼这样的人在。

但也有一些医生对伦尼等很警惕，对他和其他开致命处方的医生对病人的所作所为深感不安。他们说，医生协助死亡在道义上是错误的，绝无例外，而且这么做跟医生救死扶伤的天职水火不容。医生生来就不是要造成伤害的。还有一些人担心，协助死亡对具体实施的医生产生的影响。在他们的设想中，医生在道德上不再完美无缺，对存在的本质也会困惑不已。丹尼尔·苏尔马西（Daniel Sulmasy）医生2017年出版了一本书，叫作《安乐死与协助自杀》，他在书中问道："对医疗职业，我们有什么要求？"苏尔马西认为，在病人要求医生让他们加快死亡时，医生会感到一种自然、正确的"道德阻力"，但该阻力会随着时间推移和病人反复要求而被磨平，被征服。"一再重复本身也会成为证明这么做是合理的有效手段。"苏尔马西警告称，道德鸦雀无声很危险，这可能会让医生对自己曾经本能地感到苦恼的事情变得麻木不仁，而且这种危险还会呈指数增长，因为医生一旦麻木了，就更有可能看到越来越多各种类型的病人作为要求加快死亡的人选出现。苏尔马西写道："这就是所谓的心理滑坡。一旦跨过了道德障碍，原本觉得很难的事情就会变得简单了。"他引用了一位在荷兰给病人实施安乐死的医生的话："头一回实施安乐死的时候还挺艰难的，就像爬一座大山一样。"

另一群怀疑论者提出抗议的角度则是从临终关怀护理领域出发的。自20世纪70年代以来，临终关怀的目标一直是以一种整体性的方式引导病人在家里度过死亡过程：由医生、护士、社工和牧师组成跨界团队，携手减轻病人身体上的症状，并提供社会服务和精神引导。1982年，美国联邦政府同意开始为只剩下6个月或不到6个月生命的人提供资金，用于居家临终关怀护理，条件是他们放弃以治愈为目标的治疗，转而求助于疼痛管理。当协助死亡在加州合法化时，美国有4000多家临终关怀机构，照管着150万名病人，每年联邦医疗保险为此支付的费用高达178亿美元。然而，从一开始，临终关怀机构就跟死亡权运动势不两立。临终关怀的很多从业人员认为，这是对他们核心使命的侮辱。有些姑息治疗的医生根本不承认，美国人会死得很惨、很痛苦。他们声称，科学和医学上的进步让他们能够以前所未有的方式控制病人临终时的症状，这样一来，医生协助死亡也就变得毫无必要了。全国性的综合团体"临终关怀和姑息治疗组织"（NHPCO）就对医生协助死亡表示反对。临终关怀的目标仅仅是帮助病人安然度过死亡阶段，而不是加速自然死亡的进程。

但是到了20世纪90年代，反对医生协助死亡的意见越来越多。1993年，姑息治疗医生蒂莫西·奎尔（Timothy Quill）出版了一本名为《死亡与尊严》的书。他大力谴责自己的职业领域由科技支撑的过度自信。"那些亲眼见过临终关怀护理下的病人死得有多艰难的人，对于我们随随便便就断言我们始终知道如何让死亡变得可以忍受，感到不安……实际上，没有任何经验证据能够表明，所有与不治之症有关的身体上的苦痛都能得到有效缓解。"奎尔写道，"认为人们在死亡过程中不会遭受痛苦是一种错觉……我们这个行业不愿公开承认自身的局限性，这让我深感忧虑。"

圣马特奥的一位临终关怀医生加里·帕斯特纳克（Gary Pasternak）告诉我，刚开始他对加州法律也很担心，因为他认为，这项法律完全就是基于临终关怀的失败才出现的。"我感觉就像是，嗯，如果说病人真的需要这么做，那就是姑息治疗在某种程度上不知道怎么让他们失望了。我们没弄清楚他们精神上的痛苦究竟是怎么回事。我们没能成功应对他们身上的疼痛。我们甚至没有清清楚楚地看到他们的苦恼。我们做得还远远不够。"加里决定不把协助死亡纳入自己的业务范围。但是有一天，他的一个病人，一个患有转移性膀胱癌的先生，在自己小公寓的阳台上饮弹自尽了。在那之后，加里想，肯定还有别的办法来处理这个问题。

我和加里在圣马特奥一家有10张床位的临终关怀中心见了面，这里叫"使命临终关怀之家"。病人如果在家里不能自理，可以付费在这里住院。屋子里摆满了刚摘下来的鲜花。楼下的公共厨房里，有个志愿者正在给一个命不久矣的病人做金枪鱼三明治：这个病人最后还是决定吃半个三明治，只要不是火腿的就行。

加州的法律生效以后，加里决定尝试一下协助死亡，看看自己会感觉怎么样。他的第一个病人是90多岁的老太太，以前是个律师，得了肺癌，脾气很坏。加里去她家里看她的时候，她说："是这么个计划，你得帮我把这事儿办了。"

"成啊，"加里说，"我试试。"

在加里准备好致命药物之前，在这位老太太的儿孙都跟她道别之后，加里轻声问这位病人："你有金玉良言要说给我们听吗？"

"你在说啥？！"那女人说道，"快点儿给我办了完事儿。"她喝下药液，20分钟后就死了。加里认定，这在他见过的死亡中算得上是最平静的。后来加里对我说："多有趣啊，对我自己编造的神话，我也会觉得不舒服。"

不过，加里仍然认为，保守一点是他的本分，不能让病人轻易死去。有时候，人们会比自己以为的更加拿不定主意。最近他接了一个名叫伊莎贝尔*的癌症病人，她住在临终关怀医院，十分肯定自己想要协助死亡。在加里同意伊莎贝尔的协助死亡申请后，她就开始问加里，他认为她应该什么时候死。"你觉得那一天会是今天吗？"

加里会说："今天你过得足够好吗？好到让你想再多活一天？"伊莎贝尔回答："是的。"

最后加里只能说："每一天都挺好的。"伊莎贝尔最后是自然死亡的。在加里看来，除了"有一点精神失常、神志不清"外，这次死亡还挺美好的。

最近，反对临终关怀运动的声音也越来越多。今天也有很多医生承认，人们死得很糟糕，而他们的工作难辞其咎。姑息治疗医生、伦理学家艾拉·比奥克（Ira Byock）在 2018 年为医学杂志《医学统计学》（*Stat*）撰写的一篇文章中说："几个世纪以后，让我们这个时代留名的事迹当中有一件会是，糟糕的死亡泛滥成灾……这是现代医学原罪——我们相信我们能战胜死亡——带来的直接后果。"几十年来，医生总是屈服于自己的傲慢自大。他们承诺了很多无法兑现的事情：先是终结疾病，然后是终结凄惨老境，再然后是终结衰老。他们不停地治疗、治疗、过度治疗，直到他们延长寿命的使命变成了延长死亡过程的系统方法。尽管如此，还是有很多人坚持认为，帮助病人死亡并不是弥补这个历史罪愆的正确方法。实际上，医生应该致力于提升医疗水平。比奥克写道："把医生加速的死亡说成是一种自由，至少也是不够诚恳的。如果医生没有跟你交流过你的病情，没有倾听过你心里认为什么最重要，如果医生实在不擅长减轻你的痛苦，如果医药费正在让你家落得分文不剩，那么要求死快点可以说是合情合理的。就像歌里面唱的那样，'自由自在不过是一无所有的代名词'。"

伦尼被临终关怀机构的同行激怒了。他并不认为他们的做法有任何意义。毕竟他们例行公事般做的那一切，看起来就跟安乐死没区别，有些伦理学家甚至称之为"被动安乐死"。病人如果不想再接受治疗，他们会帮病人关停能拯救生命或延长生命的护理设施。对于昏迷不醒的病人，有些家人会希望关掉他们的生命维持系统，而医生也会建议他们这么做。也就是说，他们为死亡廓清了道路，有时候还会为加速死亡出一把力。伦尼说："我一般都是这样比较的。作为一名肿瘤医生，如果你说，你得了乳腺癌，不想再接受化疗了，决定停止治疗，我会跟你聊半个小时，然后我们把化疗停了。事情就是这么办的。这是个事关生死的决定。你决定去死。但是，如果你跟我说你想要临终医疗援助，那我就得差不多是，'哦，那你还得再来三次，而且……'"

有时候，一些医生的所作所为甚至比这些玩忽职守的行为更加过分：他们会给临终病人注射剂量特别高的吗啡，这样他们陷入昏迷之后，就再也不会醒过来了。1997年，美国最高法院裁定，宪法上并没有医生协助死亡的权利——但与此同时，高院也确认，垂死之人有权根据需要获得尽可能多的镇痛药，即使"会到导致昏迷、加速死亡的程度"。从那时起，一直躲在幕后的"姑息性镇静"就成了最主要的医疗干预手段。这种做法得到了临终关怀和姑息治疗组织的正式认可，允许"出于明确表达出来的压制病人对无法治愈也无法忍受的痛苦的感知之目的，用药物降低病人的知觉水平"。姑息性镇静只适用于濒临死亡的病人。医生应当逐渐给药，使用尽可能小的剂量。

很难说姑息性镇静在今天的使用率有多高。没有人统计全国范围的数据，而不同城市、不同医院之间的比例有很大差别。就连临终关怀和姑息治疗组织估计的数据都含糊得能让人笑掉大牙。该组织声称："用于绝症病人的姑息性镇静的使用率，据报告是在1%到52%之间。"也没有全国性的用药说明来建议医生究竟用什么药物，给药速度应该多快；也没有消费者指南来告诉病人，哪些医院的哪些医生能提供哪些姑息干预措施。没到那个地步，病人是绝对不可能知道。有些医生只把姑息性镇静用于缓解病人身体上的症状，而另一些医生则将其用于缓解焦躁不安、精神错乱乃至生存的痛苦。有些医生会问病人是否想要镇静剂，另一些医生直接就用了。圣马特奥的临终关怀医生帕斯特纳克这样对我说："我不认为姑息性镇静是必须征得病人知情同意的操作。从病人的症状来看，这真的是最合适的姑息治疗。"最有争议的情形是，虽然有些医生只会给病人一点点地逐步服用镇静剂——慢慢滴入药物并观察其效果——但另有一些医生对非常急迫的情形会乐意一次性注入大量药物，而且明确表示要让病人陷入昏迷。

对于躺在病床上等死的人来说，"通过姑息性镇静昏迷不醒"和直接安乐死之间的区别恐怕微乎其微。无论采用哪种方式，病人最后都死了：有可能是马上就死了，也有可能是在酣睡了好几天之后才死，而对这个世界来说，多睡几天跟已经死了也没什么分别。

但生物伦理学家认为，这里面存在很有意义的区别，可以用双重效应原则来解释。关于这个原则的思想可以追溯到意大利哲学家托马斯·阿奎那（Thomas Aquinas）及他写于 13 世纪的宗教著作《神学大全》。阿奎那认为，杀人如果是出于自卫，也并没有杀死袭击者的意图，那么也可以认为杀人是正当合理的。后来，双重效应原则走进军事院校，为军事战斗中意外杀害平民开脱。再后来，医学院也采用了这个原则，医学院老师将其用来证明，对于知情同意的病人用姑息性镇静来达到缩短生命的效果也是正当的。根据双重效应原则，重要的是医生的意图。如果医生仅仅打算用来减轻疼痛，没有想让病人昏迷和死亡，那么姑息性镇静就可以接受——就算这些医生其实早就可以预料到，他们的病人很有可能因此陷入昏迷，长眠不醒。如果满足这些条件，那么医生的做法在道德上就无可指摘，而且这么做也绝对不等于安乐死。

我问伦尼对双重效应原则的看法，他答道："鬼话连篇。"他认为整件事就是一种背叛，给了医生一个幌子，既能安抚他们良心上的不安，也让他们能遮遮掩掩地去做自认为正确的事情。"医生知道得最清楚。"在伦尼看来，大部分医生都忙于诊断法则和文书工作，从来没有停下来仔细想想这条分界线会带来的细微差别。病人为什么必须等到几乎只剩最后一口气了，受到可怕的病痛折磨的病人，有时候甚至都没法清楚表达自己想要什么——才能从医生那里得到解脱，这里面有什么道理？而且，就算医生答应让病人解脱，都还需要经历一套滴入吗啡的程序，装模作样一番，直到病人睡着，这又是为了哪般呢？病人为什么不能直接说自己想要什么，然后求仁得仁？在伦尼看来，这个制度被设计出来就是为了阻止病人和医生之间坦诚相见，以免任何一方说得太多，泄露了双重效应原则的天机。

不过，伦尼很快就对我的问题感到厌烦了。他和善地说："我完全没有要驳倒你的意思。我们不用讨论远在天边的形而上学问题，还是来聊聊现实吧。不说双重效应原则之类的，那些都是毫不相关的鬼话。我们在这里，是要接待病人的。"我需要理解的是，有一套规则规定了谁可以得到协助死亡，谁不可以，但有时候，这套规则完全不近人情。有时候，医生被捆住了手脚。

81岁的罗伯特*，跟比他小几十岁的伴侣奥利弗*一起坐在一张棕色沙发上。罗伯特看上去就是个标准的老人：松软、秃顶。奥利弗看起来酷酷的样子，留着时尚的小胡子。他们身后有一幅狮子画像，狮子的腿粗壮有力。罗伯特和奥利弗静静地坐在那里，一动不动。

伦尼说："法律的一部分规定是，必须有2名医生都认为你活不到6个月了。"伦尼声音很大，因为罗伯特有点耳背。"我跟你们到现在一起完成的工作就是，从头到尾检查了一遍你的医疗记录……对于身患多种疾病的老人来说，这件事情可能会相当复杂。"他放下手中的文件，抬起头说："罗伯特，你能告诉我你对癌症的了解吗？"

"我了解的不多。"罗伯特紧张地说，"我觉得我都不知道我得的是哪种癌症。"

"非霍奇金淋巴瘤。"奥利弗说。

伦尼点点头："我是不是可以这么说，罗伯特，你的记忆力有点问题了,所以你很难记住这是什么癌症?"

"对呀。"罗伯特说。

伦尼告诉罗伯特,他的癌症正处在缓解期。"我觉得这个肿瘤不会再伤害到你了。"

"但医生说,癌症也有可能会复发。"奥利弗说。

"对,但是你都已经有大概12年没复发了,所以复发的可能性不大。"伦尼转身继续看着罗伯特,"看起来癌症不会要了你的命,当然更不会在6个月之内……你在走动的时候有没有感觉到呼吸急促呢?"

"有那么点儿,"罗伯特说,"我会避免走动,所以这个问题对我的生活来说没有太大影响。"罗伯特说自己现在已经不开车了。奥利弗说,罗伯特现在也不去高尔夫球俱乐部看望老朋友了。

伦尼点点头。2009年,罗伯特被诊断出患有心脏病,但他的心脏科医生报告说,"从心脏的角度来讲很稳定",他的心脏跳动起来仍然强劲有力。伦尼说:"你有心脏病,但也不会要了你的命。"

"好吧。"罗伯特说。

"你的记忆发生了一些变化。我知道,在你现在经历的这些事情当中,这是最糟心的事儿。这么说没问题吧?"

"对。"罗伯特说,"一切都在走下坡路。"

伦尼说:"这么总结我觉得太到位了。一切都在走下坡路。是什么让你觉得你已经准备好去死了呢?"

"我真的不想活了。"罗伯特说,"我现在没法觉得活着很有意思。嗯……你知道的。所有事情都一天不如一天,没有什么好期待的了。"他顿了顿,"我无论如何都不想让别人不高兴。但是,我也不想让自己不高兴。我躺在床上的时间越来越多,努力让自己多睡觉,努力让自己睡着。如果我起身,会发生什么事情,不好说。"

"嗯。"

"我真的不想爬到一座桥上然后跳下去。我更愿意吃个药片啥的,然后就这么解脱。"

"我明白。"伦尼说,"你会用'抑郁'这个词来描述你的感觉呢,还是只不过有些伤感而已?"

"我觉得都是。"罗伯特说。

伦尼说:"你这么说我也同意。那这样,我们来总结一下。罗伯特,在我看来,你所有的疾病,只说身体上的这些,都不太可能会在6个月之内让你死掉。但这并不是说你一定还能再活6个月。我不知道你会不会突然心脏病发作或者来一次中风,但在我看来,没有任何迹象表明有这样的可能性。鉴于你只想吃个药片,不想去跳桥,那现在我要跟你讲的,对你来说可能是个坏消息。我当然同意你说的,不要去跳桥。嗯,我们就问个最简单的问题吧:你家里有任何武器吗?有没有枪?没有?嗯,那挺好。幸好你没有。枪很危险。那现在我们就说完了……很抱歉,目前我们不能帮助你合法死亡。"

罗伯特和奥利弗都没做声。伦尼对他们说,也许会有变化,也许会突然发生什么意外,让罗伯特一下子就满足条件了。伦尼说:"很有可能是这个样子,你不到3个月就患上了肺炎,然后,你一下子就符合条件了。所以,我并不是要放弃你。"伦尼觉得罗伯特应该去老年精神科医生那儿问诊,可以跟医生聊聊他的伤感情绪;

还应该去找理疗师,帮他解决一下走路的问题。

奥利弗插了句话,说找过理疗师。实际上,他们见过好几位,但罗伯特每次都拒绝做那些训练。

伦尼微微一笑,说:"是会让人心烦。因为没有人能让你还像以前一样正常走路了,你大概也不喜欢这个样子……你会变成一个又老、身子骨又弱的人。有时候呢,你还不得不勉强接受这一点。"

罗伯特说:"我可不想勉强接受那样的局面。我不想让这种局面出现。"

"我虽然是做协助死亡业务的医生,但现在还是没办法帮你结束你的生命。"

"好吧。"罗伯特说。

"还有别的问题吗,还是可以了?"

罗伯特慢慢说道:"如果你会给我开药片的话,这个药片叫什么?"

伦尼叹了口气。"其实并不是药片。"

第二章

年　纪

2016年4月，在埃芙丽尔·亨利（Avril Henry）计划去死的那天上午，她准备去楼下的浴室里把毒药拿出来。她走过芥末黄的窗帘和起居室的磨砂玻璃门，走过带软垫的摇椅。有时候，她会在那把摇椅上坐好几个小时，腿脚伸出去，抬得比头顶还高——她说，这是为了让肿胀的脚踝没那么痛。走进浴室，她靠着台面站稳后，然后才伸手去架子顶摸她藏在那里的几个玻璃瓶，就在洁厕剂和婴儿爽身粉后面。其中两个瓶子很小，标签上写着西班牙文，里面装着毒药。第三个瓶子装着橙味利口酒。埃芙丽尔看的自杀手册警告说，戊巴比妥比较苦，最好跟烈酒一起服用。

说起自己的药是怎么来的，埃芙丽尔说："这是非法进口的，非常容易，但风险也很大。"这里是英格兰西南部德文郡的一个小村庄，叫作布兰福德斯皮克，她的家就在这里。村子里住了大概300人，有一个叫作"癞蛤蟆"的酒吧、一个英格兰教会的教区教堂，还有个议会，埃芙丽尔在那儿当过议员，赢得了绝顶聪明、立场坚定，但有时也会毫无必要地发牢骚的名声。

埃芙丽尔已经80多岁了，她的审美没有什么体系：柔软的浅棕色毛衣、浅棕色皮肤、塑料拖鞋、助行器。她经常戴一副银耳环，有时还会涂涂口红。到她计划一死了之的时候，她的满头白发应该已经很长，差不多到腰那儿了。有些东西会缠在头发里，比如一些毛絮，或是花园里的小树枝什么的。每天早上，埃芙丽尔都要费好大劲把头发梳到后面，用皮筋和发夹把头发收拾得利索一点。但往往上午还没过完，就会有几缕头发挣脱束缚，从她的前额垂落下来。

埃芙丽尔像往常一样，弯着腰，紧紧抓着扶手，慢慢上楼。她几乎是在爬着走，这样就算摔了，也不会摔得很重。她的助行器在楼梯最上面，但她不需要用到。她只需要走到浴室就行了。她早就打算好了，死的时候要躺在浴缸里，衣衫整齐地死去。这几个星期，她一直在担心，她会不会在临死前拉肚子，把自己弄得污秽不堪，在房子里留下几个星期都散不掉的臭味。她想着，死在浴缸里，应该多少能让局面没那么不可收拾。以防万一，她还在毛巾架下面放了一瓶滴露清洁液，如果有人需要在她死后拖地的话也许能用到。这些安排她都写进了遗书。遗书上写道：我即将结束自己的生命。我孤身一人，自杀完全是我自己的决定……也经过了精心策划。

万事俱备之后，埃芙丽尔给她的网络服务商打了个电话解释，虽然她计划在晚上7点自杀，但她希望自己的网络之后也一直能用，以便遗产执行人有足够时间把跟房子有关的零碎事情都处理完。与她长期合作的律师威廉·米歇尔莫尔（William Michelmore）后来也承认，无论从哪个角度来看，这么做都还是太欠考虑了。不过那个时候，埃芙丽尔已经把这件事告诉了她的朋友、勤杂工、护工、园丁夫妇以及在村里的游泳池认识的人。她在一些网络论坛上读到，最好提前告诉人们你的死亡计划，这样大家才不会因为你自杀而觉得深受打击。而且也能让大家知道，这并不是你在一个感觉特别糟糕的日子里的一时冲动，而是真的想好了要去死，也只求一死。律师对埃芙丽尔的个性非常了解，所以在埃芙丽尔告知她想死时，他并不惊讶。后来他对我说："她的尊严被一种伤害她神经系统的疾病破坏殆尽。"就仿佛尊严是一种能被身体破坏的东西一样。

埃芙丽尔说，大部分人对这个消息的反应都还算好，但也有少数人反应很大。她以前在大学里的同事，甚至还跟她争辩了一番。他问埃芙丽尔："你考虑过这么做对你家人的影响吗？"

"这件事情的影响，我当然已经考虑得非常清楚了。"埃芙丽尔说。她接着告诉这位同事自己如何病痛缠身，病情恶化，大小便失禁也非常严重。随后，她兴高采烈地说："他吓坏了！看到他被吓成那个样子，我可开心了。"

埃芙丽尔的勤杂工杰夫注意到，最近几年，埃芙丽尔在花园里消磨的时间比以前少多了。埃芙丽尔和他聊起自己的打算时，他觉得整个谈话都有点"超现实主义"。他一边喝茶一边告诉埃芙丽尔，自己原则上不反对她的这个决定。他说："对此我没有任何道德上的疑虑。"尽管如此，他还是问道："疼得真有那么厉害吗？整件事是不是有点儿过激了？"埃芙丽尔没有理睬他。埃芙丽尔说，她要自杀的这番话是认真的，也是最后的结论，不是用来博取同情的，也不是想让谁来阻止她。

莫娜[*]对此处理得更好一些。当时她们正在社区中心游泳池旁边的女淋浴间里，埃芙丽尔突然说，她很快就要自杀了。莫娜是个慈祥的德国老太太，听到这个消息，她失声痛哭。不过，最后她还是想明白了。埃芙丽尔解释说，她已经活够了，也已经做好了离去的准备。在她的桑榆暮景中，病痛让快乐黯然失色。这事儿真的就这么简单。她这把老骨头，已经被生活磨得精疲力竭，了无生趣了。

3月的时候，埃芙丽尔和莫娜一起吃了顿午饭，讨论自杀计划的细节。埃芙丽尔盘问道："你不是打算来跟我辩论一番，然后跟我说，'别这么想了行不行'，对吧？"她俩坐在克雷迪顿社区中心的咖啡馆里，吃着用棕色纸盒装着的肉饼。她们每周会在这里见两次面。

莫娜摇了摇头，说："我觉得我要是也一直这么疼着，我会跟你做一样的事情。我也会这么做。我要用自己的方式去自杀。"

"小女孩儿才那么想！"埃芙丽尔说。她把脑袋往一边偏了偏。"你说要用自己的方式去自杀。你知不知道，大部分自杀都是以失败告终的？"莫娜耸了耸肩。埃芙丽尔说："不，你不知道，因为就没有人知道。人们不知道的是，那些因自杀未遂而变得失神、无助、四肢瘫痪的人，他们可不会把自杀失败的事情到处说。"

"但是我可以过量服药啊。"莫娜反对道。

"你做不到的。"

"我当然能做到。"

"你打算吃什么药？"

莫娜犹豫了一下，说："对乙酰氨基酚？"

埃芙丽尔说："那个药吃不死人。吃过量的对乙酰氨基酚，只会把你的肝脏毁了。"

她继续说道："人们以为上吊很容易，可能只需要3分钟就死了。但是如果你很不走运，只弄断了部分颈椎，最后你会高位截瘫。自杀非常困难，尤其如果你还是个残疾人的话。非常非常困难。实际上，我还列过一张单子，把我能在家里杀死自己的所有方式都列出来了。"埃芙丽尔告诉莫娜，这些方法各有各的缺陷。她如果从屋顶上跳下去，可能会摔不死。她如果把屋子里配电箱上的盖板拆下来去摸电门，最后可能会被活活烧死。有一阵，埃芙丽尔还正儿八经地考虑过吃长在她花园里的毒蘑菇。这个办法好的一面是目前还没有已知的解毒剂，但不好的一面是吃毒蘑菇可能会死得很慢、很凌乱、很痛苦。耐波他的效果会好一些。埃芙丽尔告诉莫娜，她在网上看到一个概念，叫作"人生圆满"。"就是你的人生已经定型、已经完成了的时候会有的那种感觉。而且在那之后的人生路向也都已经注定了。我的人生确实很圆满。这是一段精彩的人生。"

"我明白。"

"我不想那么消极。"

"那疼痛……"

"每天早上我都害怕醒来。"埃芙丽尔说，"那才是最糟糕的事情。"

莫娜放下叉子，说，埃芙丽尔服药的时候，她也想在场。这样她至少可以握着好朋友的手。"我会陪着你的。"

埃芙丽尔笑了，她把手放在莫娜的胳膊上，说："我可不想你坐牢。"

"太叫人难过了。"

"莫娜，这不是会让人难过的事儿。"

"我就想让你活着！"

"太自私啦！"埃芙丽尔咯咯笑了起来。已经到了该走的时候。"我想谢谢你做我的好朋友。你一直给我最大的帮助。"

莫娜看向一边，哭了起来。"别……"

我和同事们是在为我们那部纪录片做功课的时候发现埃芙丽尔这个人的，于是我们准备2016年2月坐火车从伦敦往西去找她。她告诉我们怎么找到她的家，那段介绍又长又复杂，然后还告诉我们要带拖鞋。"我会要求客人都把鞋脱了，因为我的地毯太破旧了。希望你们不会介意。"她穿着灰色高领毛衣，一边开门一边问道："您几位喝咖啡还是茶，还是白兰地？"在埃芙丽尔自己看来，她不会死于特定的某个因素，而是会在所有因素的共同作用下死去，也就是我们委婉地称之为"寿终正寝"的死法，也是现代临床医学之父威廉·奥斯勒（William Osler）在其经典著作《医学原则与实务》中提及的"渐渐衰败冷寂"。

几周前，埃芙丽尔写了篇文章，详细描述了自己身上的很多症状。她想把这篇文章当成一份"身体咨文"演讲稿，并要大声朗读出来，还提醒大家会很"枯燥""恶心"。随后她推了下鼻梁上的塑料框架眼镜，开始朗读起来。

她读道："我活了82年。现在，我的脊柱、脚、臀、周围神经系统、肠、膀胱、肘和手，都有些功能障碍。它们让我疼痛，还都不听使唤了。前途黯淡无光。"埃芙丽尔患有肩袖损伤、关节炎，背也一碰就疼。她的脚因为周围神经系统的问题火辣辣地疼。有位医生说自己能做手术解决这些问题，但手术难度很大，而且埃芙丽尔会一连好几周都不能下地。那样的话又有什么意义呢？"不切实际。"埃芙丽尔说。自己要想站直越来越困难了，要看清楚别人、听清楚别人说话也越来越困难了。很奇怪，她听元音还是能听得很清晰，但是辅音越来越不清楚。她说："叫我听啊，'粉红墙上画凤凰'就是'呜哇汪汪哇汪汪'。"

她的性格也变了。她变得不那么爱笑了，更加死板，心情不再大起大落。她心里操心的事也变得特别多。在勤杂工杰夫干活儿的时候，她会在旁边转来转去一直唠叨他，给他分派的荒唐可笑的工作也越来越多：把吸尘器塑料软管上一个打结的地方解开，把壁炉后面几乎看不见的裂缝填上。她也老去烦园丁。她读道："我变得牢骚满腹、故步自封、怒气冲冲，又好像总在害怕什么东西。以前我完全不是这个样子。"以前她是一名艺术家，一名知识分子，一个开开心心的人。

最糟糕的时候是晚上。因为身体各处都疼，几乎没法找到一个足够舒服的姿势让她入睡。她试过平躺，用橙色被子紧紧裹住她玫瑰色的睡衣。她试过用泡沫枕头把脖子垫起来。由于呼吸困难，埃芙丽尔睡觉时还得戴着氧气面罩。她可以这样躺上好几个小时，浑身上下痛苦满溢。她会想到，自己也许永远都得不到解脱。她的时间太多了，多到消磨时间仿佛都成了一种刑罚。

埃芙丽尔说，有时候她一晚上会因为"肚子闹别扭"和"要命的大小便失禁"醒来三四回。她走起路来摇摇晃晃的，所以很害怕在黑暗中走路，于是她在床下放了个白色便壶，就在便壶里解手。但这样到了早上，她的力气不够把沉重的便壶搬到厕所倒掉，于是她只能拿着便壶穿过房间，用一个长柄汤勺把尿舀进马桶。埃芙丽尔的护工对她非常好，护工每周过来两次，周二和周六，把埃芙丽尔白天穿的棉质尿布洗干净。然而，在护工没来的时候，一堆堆浸透了尿液的布还是会在卧室里堆积成山，让人掩鼻。她的身体就像是很容易变质的水果，已经酸了。也可以说身体是一台有了故障的机器，破破烂烂，不堪其苦。埃芙丽尔对自己的身体深感厌恶，也对自己那么尿频恼怒不已。但她更愿意实事求是，而不是顾影自怜。"我的身体听任我使唤已经80多年了。但现在，突然之间，所有方面再也不听使唤了，保修期也早就过了。"

朗读完这篇文章后，埃芙丽尔说："很抱歉，这篇文章会让人这么不舒服。但事情就是这个样子的。"她得意地笑了笑，又补充道，她打算把文章也寄给议员，"尤其是那些叫人难受的片段"。2015年，有一项旨在让一种要求很严格的协助死亡在英国合法化的法律被提交到了议会，尽管全国民调显示，绝大部分英国人都支持这项法律，但最后还是未予通过，这事儿到现在还是气得她不行。埃芙丽尔曾那么热切地盼着这项法律能够通过，虽然她也知道，按照那么严苛的标准，她并不符合协助死亡的要求——因为毕竟，并没有什么因素会让她马上死掉。她只不过是老了，而且一天比一天老。埃芙丽尔说："得了绝症的人多幸运，我想我要是被诊断出癌症就好了。"

美国医学史作家、耶鲁大学医学教授舍温·努兰（Sherwin Nuland）在1994年出版的畅销书《死亡之书》中指出，按照医院管理层的逻辑，以及卫生与公共服务部的指导原则，"死于年老的说法不合规则"。实际上，"所有死者都要有一个指定的真实死因"：癌症、心脏病发作、脑卒中或创伤性损伤。只是年老而寿终正寝——身体系统自然磨损，细胞寿命走到尽头，体内的平衡不能维持，等等——不能算成死亡原因，也从来都不是官方文件上可以勾选的选项。努兰写道："对于那些坚持要用在实验室里培育出来的微观病理学特征来满足他们从生物医学角度提出的强制要求的人，我跟他们并没有真正的分歧。我只不过觉得他们没抓住重点。"最后置人于死地的，还是年纪。在努兰看来，医学把重点放在特定的病理学特征上，等于"合法规避更伟大的自然规律"。医生"绝对不能让病人失去希望，就算他们很明显已经马上就要死了也不行"，这是到了20世纪才有的观念，只不过传了几代人而已。如果人们不会因为上了年纪死掉，总是还有更多的治疗方法可以尝试。

内科医生、作家阿图·葛文德（Atul Gawande）最近写道："年老并不是一种诊断结论。总会有一些最直接的死因被写在死亡证明上——呼吸衰竭、心脏停搏之类。但实际上，死亡并不是一种疾病就能导致的结果；在药物到处修修补补进行维修工作时，身体系统不断崩溃，才是致命元凶。"在葛文德医生工作的医院，医生们甚至还得规避关于衰老的陈旧过时的说法。像"老年医学"、"老年人"和"尊长"这样的词都已经不再受欢迎，现在工作人员说的都是"年长者的健康"。在医疗护理的提供者和他们的病人之间的对话中，会导致死亡的老去的过程与死亡的事实已经脱钩。

有些历史学家把这个现象跟一项更宏大的事业联系了起来。从20世纪初开始就有人在转换概念，把年老从生命的一个自然阶段变成患病的一个阶段，并进一步将其视为需要战胜的对象，而非需要体现出来或需要忍受的特征。1909年,"老年医学"(geriatrics)进入了医学词汇表。这个词是由两个希腊单词拼起来的,其中geros意为"老年人",iatros则意为"治疗者",放在一起就形成了一个新的医学领域,重点关注以前往往被忽视了的老年征象——一种与儿科学对应的临终医学。这个与众不同的词出现了,人们重新燃起了希望,希望能奇迹般地解决年老问题。20世纪初,肆无忌惮的外科医生四处兜售闻所未闻的新术式,比如睾丸液注射和睾丸移植,声称可以扭转年老体衰的趋势,让人返老还童。然而,到20世纪八九十年代,人们已经很清楚长生不老并不是指日可待的事情,医学界也不再那么激动地保证可以战胜衰老。大部分研究人员不再说解决年老,而是会说"压缩"年老:缩短真正死亡前痛不欲生、无行动能力和神志不清的自然阶段。现在的想法是,我们不必经历漫长的衰老阶段,而是动用科学和医学的力量,让我们能一直过着最好的生活,直到一命呜呼,迎接我们突如其来的生命终点。努兰写道:"有没有可能让死亡的前奏不再那么悲惨?对此,维多利亚时代的得体应对便是三缄其口。"

今天,就算是想缩短生病时间似乎也成了奢望。实际上,在人类寿命增加的同时,年老导致的没有行动能力的状态的年限也一直在增加。人们老去的过程在变慢,而不是在加速。尽管早就有证据证明我们做不到,人们还是对"压缩"年老这一承诺十分上头,幻想着总有一天能够做到。2014年,生物伦理学家、内科医生伊齐基尔·伊曼纽尔(Ezekiel Emanuel)在《大西洋月刊》上发表了一篇题为《为什么我想在75岁时死去》的文章,一时争相传阅。他在文中写道:"把生病的时间缩短是典型的美国理念,以为这样青春会源源不断，直到不断后退的死亡时间终于到来。正是这种梦想——或者说幻想——让美国人以为自己可以长生不老，也激发了他们对再生医学和替代器官的兴趣。"在个人恐惧、社会动力和营利性医疗保健行业的推动下，战胜年老的斗争已经成为社会传统。今天，大概有 1/5 的美国老人在生命的最后一个月里到医院做过外科手术，通常也是在亲朋好友的支持下，因为他们会竭尽全力，也认为只要还没有竭尽全力，就算是遗弃老人的行为，也会令人齿冷。

在感觉到自己快要死了之前，埃芙丽尔一直对自己很有信心。她高傲，不可战胜。她是家里的独生女，1935 年生于林肯郡，妈妈艾琳有些喜怒无常，爸爸罗伯特比妈妈年长，是个军人，埃芙丽尔很崇拜他。埃芙丽尔勤奋好学，也很严肃，她知道不能问为什么妈妈时不时地会离家出走好几天甚至好几个星期。刚开始爸爸会告诉她，妈妈去拜访住在林肯的姨妈们了，但过了一段时间，他就不再这样闪烁其词了。他说，妈妈有些"心神不安"，所以有时候需要去精神病院住一段时间。埃芙丽尔 8 岁时，就决定终身不嫁。她觉得自己很自私，不可能去照顾别的什么人。而且，她更喜欢成年人的陪伴。她一直有自己是个老处女的感觉。

15 岁的时候，埃芙丽尔有了上帝。她接触到上帝是通过一位耶稣会牧师，这个牧师给了埃芙丽尔一本《圣经》，让她通读一遍。埃芙丽尔细读了经文，被经文的力量迷住了。她告诉父母，她想信天主教，但父母并不赞成。埃芙丽尔说："他们大发雷霆。"他俩都没有特别信什么教，肯定都不是天主教徒。埃芙丽尔一意孤行，背着他们信了教。16岁时，温布尔登的一家教会接纳了她。

埃芙丽尔的父母发现后勃然大怒，但她并没有跟他们起争执，而是选择深更半夜离家出走，开始漂泊在外的新生活。她说："我有4年没回家了。"她在一所全是男生的预备学校找了份工作，除了数学，什么科目都教。随后，她学了艺术，开始当插画师，也开始跟一位小有名气的雕塑家同居，不过后来她声称自己不记得这个人的名字了。在学习艺术的过程中，埃芙丽尔对颜色有了新的感受力，于是开始用身体去感受自己对色彩、色调和阴影的反应。漂亮的颜色会让她颤抖。她也开始注意到以前从来没注意过的色彩，比如在一面以前她只能看出白色的墙上，现在能看出不同种类的米黄色。埃芙丽尔走在花园里，不时会停下来，对着兰花目瞪口呆。到了20岁，她不再信上帝，还告诉父母她很抱歉离家出走。他们重归于好。后来的日子里，她会说自己是坚定的无神论者。

埃芙丽尔静不下心来，于是决定去学校念书。她先读了个文科文凭，随后在牛津获得了学士和博士学位。她并不在意自己比其他学生年长，因为这意味着男人和各种刺激没那么容易让她分心。她唯一觉得遗憾的事情——她说，这也是她这辈子最遗憾的事情之一——就是没有好好探索一下牛津这座城市。她在那里生活了那么多年，却只是埋头工作而已。她说："这是缺乏冒险精神的表现。我很有毅力，锲而不舍，也努力让自己有条不紊，但就是没有冒险精神。"她的生活一直挺好，但从没有欣喜若狂的时候。

1985年，埃芙丽尔的父亲去世了。她对自己说，不会有什么事情比父亲离世更糟糕了，因为父亲是她最爱的人。"那是最糟糕的一天。永远不会再有这么一天。只会出现一次。"这个念头里，也有一点儿令人安慰的味道。埃芙丽尔把父亲火化了。拿到父亲的骨灰后没几天，她便开车上山，站在山顶打开骨灰盒托举出去，这样父亲就能消散在风中了。她一边这么做，一边想着这里面有什么浪漫之处。她回忆道："但是风又吹了回来，扑了我一身！爸爸要是看到，肯定会乐不可支的。"

埃芙丽尔在牛津和剑桥的多个学院担任过讲师，后来还在埃克塞特大学当过教授，专业方向是中世纪英语研究及基督教肖像学。她翻译了一些中世纪英文散文，就这些文章的格局和关联写了一些文章。她发现乔叟的一首诗第五节的韵律和押韵方式都不规则，有一篇文章就是描述这个发现的。在文章中，埃芙丽尔的思考即使算不上特别大胆，至少也可以说准确通透。对美学、形式以及美学和形式所揭示的事物的意义，她都饶有兴致。关于学术写作应该是什么样子，她也有极为严苛的想法。在她看来，学术文章应该返璞归真——朴实无华——她只要发现同事们的文章"废话连篇"，就会毫不犹豫地一一指出。

在工作之外，埃芙丽尔就平易近人多了。她跟一位名叫卡伦·爱德华（Karen Edwards）的美国教授交好。这位教授教文艺复兴文学，觉得埃芙丽尔是自己认识的最有意思的人。有时候，她俩会在花园里散步，卡伦一直观察埃芙丽尔。卡伦对我说："埃芙丽尔对颜色的反应非常强烈。埃芙丽尔热爱生命。"在天气暖和的那几个月，埃芙丽尔一周会有三次起早，在离家不远的荒野上训练一位朋友的马匹。到了晚上，她会在自家花园里办派对，用一篮篮埃克塞特最好的面包和奶酪招待来宾。整个一年当中，她都会如饥似渴地读书，去了解万事万物。一年又一年就这样过去了。

埃芙丽尔说，如果父亲还活着，她也不会想自杀，但父亲已经去世很久了。她的妈妈，七大姑八大姨之类的亲人，还有她的两只猫，也都早就去了另一个世界。有一些表亲还在，他们也都有各自的家庭。她说："我很爱他们，但这丝毫不影响我的决定。他们跟我的生活，关系没那么大。"他们跟她，相互之间都没有任何依赖关系。埃芙丽尔觉得跟房子道别反而更难一些，虽说这么想会有点儿尴尬。"房子和花园对我来说比任何人都重要。"她有些惭愧地说。

到 2015 年的时候，埃芙丽尔的生活圈子已经变得很小了。她说，她最大的乐趣就是每天在本地社区中心游泳。她的医生也很高兴看到她去游泳，因为这能让她的关节放松。埃芙丽尔喜欢游泳是因为，漂浮在泳池里是她身上最不疼的时候。一开始她练仰泳，后来换成了蛙泳。多年以前，埃芙丽尔 1 个小时还能游 25 个来回，但后来降到了 20 个来回（1 千米），现在只能游 15 个来回，有时候连 15 个都不到。每次划水后，她都要喘一口气。后来，埃芙丽尔开始记不清自己究竟游了多少个来回，注意力没法集中，这让她很恼火。

去游一趟泳要花好几个小时，占掉了她一天当中的大部分时间。首先她要开车，在绵延起伏的英国原野上，那儿散落着美如画的小木屋。接下来她要将自己的身体挪到车外，从后座上把助行器拿出来，拿起背包，一步一步挪向前门，这个过程通常要花半个小时。走进大厅后，她也许会喃喃自语："好啦，最难的一段已经过去啦。"在更衣室穿上游泳衣也需要半小时，如果碰到朋友会聊天，则更久。埃芙丽尔虽然自己费费劲也能戴上泳镜、泳帽和定制的耳塞，但需要有人帮忙收紧泳衣背上的扣子。有一次，埃芙丽尔请一个名叫珍妮的女人帮她把扣子扣上，随后两人就聊起天来。珍妮正在上一门讲莎士比亚的课。在几周的时间里，埃芙丽尔给她讲解了这位剧作家早期一些有点难度的剧作，其中有一出叫《爱的徒劳》。但很快，埃芙丽尔就知道，她们这段友谊即将结束，因为不久后，她就没法开车了。然后怎么办呢？不过，无论如何，到最后这些也都无关紧要了。埃芙丽尔自问：“游泳会让我感觉很好，好到让我想继续活下去吗？”答案脱口而出：“没这回事儿。我倒希望有这回事儿呢。”

美国小说家菲利普·罗斯（Philip Roth）说，年老就是"一场大屠杀"。让·阿莫瑞（Jean Améry）是一名记者，也是大屠杀幸存者，他说年老甚至比奥斯维辛还要可怕。另一些人则觉得年老很无聊。西子捧心能令美人增色，老妪呻吟则只会让人闭目塞听。西子在遭受病痛折磨，老妪不但抱病还咕哝有声，给人的观感完全不同，这也挺有意思的。恻隐之心从来都不会偏向老人。埃芙丽尔在想到自己的身体状况时，有时也会想起那位让她信天主教的善良的耶稣会牧师，是他让埃芙丽尔知道，"地狱是因为失去而感到的痛苦"：不是一个去处，而是一个条件。

不过，她应该在变老之前死去的念头，是在几年前的一场危机达到最高峰的时候出现在脑海中的。那天，埃芙丽尔去埃克塞特的一家药店买东西，在自动扶梯上滑了一跤，背朝后摔倒了。她在扶梯上翻了个底朝天，身体往下坠落，然而左腿还在被扶梯带着上行，等于这扶梯想把她撕开，就像破开竹子一样。埃芙丽尔的头倒在金属楼梯上，她听到一声尖叫，那是她自己发出来的声音，随即她觉得这声惨叫十分丑陋,让人无比痛苦。一名工作人员冲过来按了紧急停止按钮,还有人叫了救护车。等救护车的时候,埃芙丽尔脑子里浮现出艾略特(T. S. Eliot)的一句诗:"那压根儿不是我的意思。不是我的意思,压根儿不是。"

救护车来了,急救人员冲到埃芙丽尔身边,问道:"能听见我说话吗?"

"能。"

"疼吗?"

"跟平时一样疼。"

2009年12月10日,在联合国工作过30多年的英国医生迈克尔·欧文(Michael Irwin)成立了老年理性自杀协会(SOARS)。欧文医生白发稀疏,嗓音听起来很悦耳,待人谦和。他说自己曾是自愿安乐死协会(后来改名为尊严死协会)的一员,但后来,因为这个协会只关注得了绝症的人,所以越来越觉得处处掣肘。他写道:"现在并没有哪种特定的疾病,病情严重到让我痛苦不堪,但说不定我身上已经有了很多会越来越烦人的健康问题。到活下去的负担超过活着的快乐时,我也会来到想死的临界点……当然,最后的这个决定应该是由我来做,而不是其他任何人。"欧文设想了这样一个世界:耄耋之年的老人相信"他们的人生已经圆满"这句话中的每个字,而这个世界也会给他们提供医生,帮助他们去死。

后来欧文对我说,这个协会的名字之所以这么起,就是为了语不惊人死不休。到那时,"自杀"这个词在积极倡导死亡权的活跃人士圈子里实际上已经禁止使用——病人会觉得被这个词冒犯了,支持死亡权的政治家也希望他们的活动不会跟这个词沾边——但欧文说,他想"重申","如果精神健全但垂垂老矣的个人谨慎考虑过继续活下去的主要利弊",那么自杀也是一种"理性、积极的行为"。他说,协会名称的缩写SOARS也很容易让人记住,因为很多生了病的老人都深受褥疮(bedsore)之苦。实事求是地说,这个协会确实经常召开会议,并力图游说政府官员。欧文会去参加死亡权会议,还会在动辄唇枪舌剑的电视新闻频道上露面。很快,老年理性自杀协会就有了600名付费会员。欧文说大部分都是有严重健康问题的老人,"没有真正能让他们活下去的动力"。

欧文在自己的作品中努力将他这份事业跟更久远的历史传统联系起来,一直追溯到古希腊和古罗马,指出千百年来一直都有"理性自杀"的证据。他说,伊壁鸠鲁派就认为,如果生活变得再也无法忍受,那么自杀也合乎情理。斯多葛派对此也表示赞同。聪明绝顶的塞内加(Seneca)就有这样一句名言:"如果到年老的时候,我仍然完好无损,我最好的部分也完好无损,那我也不会背弃年老;但如果年老会粉碎我的思想,把我身体的各种官能都撕成碎片……那我也会从这栋摇摇晃晃的房子里夺路而出。"在欧文梳理的历史记录中,是无趣的基督教神学家让常识偏离了这个合情合理的立场,因为他们坚持认为自杀就是自我谋杀,所以自杀是一种谋杀,是一种罪过。尽管如此,还是有一些勇敢的思想家秉持不同的观点。托马斯·莫尔在1516年出版的著作《乌托邦》中写道,在一个真正的乌托邦世界里,一个"患不治之症的病者……不但无从治好,而且痛苦缠绵",一个"已不能履行人生的任何义务,拖累自己,烦扰别人"的病人,就"应该怀着热切的希望,从苦难的今生求得解脱"。如果他这么做了,那么这不但"将是明智的",而且将是"虔诚圣洁的行为"。

老年理性自杀协会成立后的那些年,欧文在英格兰南部举办了一些小型会议,还给当地报纸投稿。他想,至少会有那么一段时间,他会被归入可被接受的游说组织这个很狭窄的类别。很快,欧文就开始在团体之外听到老年理性自杀协会所秉承思想的回声。2010年,英国小说家马丁·埃米斯(Martin Amis)告诉《星期日泰晤士报》,英国应该为老年人设立自杀雅座。"会有一群老朽不堪、精神错乱的老人,就像入侵的移民一样可怕,让餐厅、咖啡馆和商店里都弥漫着恶臭……应该在各个角落都设置雅座,在那里自杀还能得到一杯马提尼和一枚奖章。"在舆论哗然之后,埃米斯声称他说这些是意在"讽刺"。尽管如此,埃米斯并没有退缩。他说:"我们需要认识到,某些人,那些仅剩下的快乐远远无法抵消病痛的人,他们的生活会陷入消极之中。我们已经允许老年医学接管这一切,而老年医学也真的是在庄重地大声疾呼,要求进行某种更正。"在埃米斯看来,医学妨碍了一个更简单的运算:快乐与痛苦孰轻孰重。

不过,最大的回声要等到5年以后,而且来自大洋彼岸,那是在2015年3月美国老年精神病学协会的年会上。在新奥尔良的一个会议中心,该协会举办了一场名为"老年人理性自杀:是精神疾病还是个人选择?"的特别会议,这种类型的会议在美国是首次。在会议上,精神病学家和研究人员对"无明显严重精神疾病的病人表现出自杀愿望"的案例进行了研究。有个案例研究描述了一位开朗的83岁老妇人,她在过去十年做了好多次手术,再也不想做更多手术了。她说:"我觉得已经受够啦。"接下来,老太太弄到了致命的巴比妥酸。

主讲人名叫罗伯特·麦丘(Robert McCue),是纽约大学医学院的精神病学教授。他确认,在自杀而死的人当中,90%左右都患有经临床诊断的精神障碍。但也有些人没有这样的问题。"这给我们带来了压力,让我们想着该如何治疗本身可能没有患病的人。我们怎么才能接触到这样的人呢?"麦丘说,他希望能展开讨论,还希望推动制定新的临床指南。"精神病学界对理性自杀的可能性讨论得并不多。病人也许了解一些相关信息,也许也有一些看法,但我们医生完全没有接受过任何相关训练。"医生只能靠自己,一边摸索一边前行。

演讲结束后,在场的医生有不同意见。有位医生指出,他的一些病人拒绝接受治疗,"因为他们想一了百了"。另一位则认为,老年理性自杀这个想法,"把医生要面对的事情弄得太复杂了"。埃莉萨·科尔瓦(Elissa Kolva)医生是一位年轻的临床心理学家,她的病人都是癌症患者。她想问的是,如果有人年老多病、身体虚弱,那么他想死的愿望是否算得上"适应能力很强",是"心理健康的标志"。科尔瓦有时候遇到的癌症患者会觉得自己出了很大的问题,原因只不过是他们有时候会想到死亡,或设想停止治疗就这么死掉会是什么感觉。通常科尔瓦会告诉他们,大部分癌症患者都有类似的想法,这样能让他们打消疑虑,感觉好一些。他们怎么能不想到这些呢?科尔瓦接待过的一个病人在输液的时候对护士说,也许有一天他会吞下所有药片,一了百了。她告诉我:"这个病人后来被留观了8个小时。我们拿走了该病人的鞋带和皮带……他仿佛在说：'我可不想因为说出了我的感受就被关起来。'"

严格来讲，并没有理性自杀这回事。精神病学领域最权威的指南《精神疾病诊断和统计手册》在提到自杀时，将其描述为精神疾病的一种症状。在会议上，有些医生在思考，寻求解决方案的第一步是不是改变用词。他们说，指南可以更新一下，把单纯的自杀，或者说自杀的意念，与一种经慎重考虑、合情合理及跟个人长期以来的价值观相符的自杀想法区分开来。与此同时，研究人员和老年医学专家可以利用现有的诊断工具，帮助他们更好地识别和了解理性自杀想法。这些工具包括患者自行汇报的"对加快死亡的态度一览表"，以及临床医生评定的"死亡欲望评定量表"。有病人健康问卷抑郁症筛查量表（PHQ-9），关注的是抑郁有多严重，还有"矢志量表"，关注的是病人的意志有多消沉。有20世纪70年代开发出来的"贝克绝望量表"，用来衡量人们对未来的看法有多负面，还有针对特定年龄的"老年绝望量表"。精神科医生还可以参考"慢性病治疗功能评估-疲劳量表"及其子量表"意义与平和"。这些量表可靠程度不一，通过综合使用这些工具，医生和研究人员可以从理论上分辨出"理性"自杀和非理性自杀。当然，所有这一切也有可能徒劳无功：再多的测试也无法量化那些本来就无法量化的特征，比如人性、尊严、个人对生命意义的理解等，甚至那些心急火燎想了解、评估这些特征的精神科医生，都无法借助这些工具看得更清楚一点。而且，所有这些测试都无法回答显而易见的下一个问题：然后呢？

会议结束后，麦丘博士和米拉·巴拉苏布拉马尼亚姆（Meera Balasubramaniam，纽约大学老年精神病学系主任）博士出版了一部题为《老年人的理性自杀》的单卷本专著。他们问道："有理性自杀这回事吗？我们怎么知道是不是理性自杀？如果是，我们又该做些什么？"两位作者观察到，老年人给出的想死的理由往往跟那些在协助死亡合法的州寻求医生协助死亡的绝症病人列出的理由如出一辙：失去自主权，无法进行愉悦身心的活动，害怕要依赖别人，害怕成为亲友的负担。然而，在俄勒冈州等地，只有病人患了绝症、预后诊断表明剩下的生命不超过6个月了，病人想死的愿望才会被认为是理性的。同样的愿望在剩余寿命未知的老人那里，就算其身体上的痛楚跟绝症病人大致一样，也会被认为是非理性的。也就是说，只有病人距离自然死亡不到6个月的时候，才允许他的精神科医生后退一步，考虑病人自杀愿望的具体原因：将自杀愿望据其自身因素加以评估，而不是将其解释为精神疾病，或动用政府权力来横加阻拦。

一个由精神病学家和研究人员组成的小团队，在2018年发表于《临床精神病学杂志》上的一篇文章中，提出了一个向前推进的办法。该团队指出，如果病人患有"限制寿命的身体疾病"，但并没有精神障碍，然后有很长一段时间一直想死，那么精神科医生也许最好不要尝试动用一切手段去阻止他，甚至应该"在（病人）做出尽快死亡的决定时与之合作"。精神科医生不会积极参与协助自杀，但也不会干预、阻止病人。他们甚至可以参与病人的死亡计划，帮助他们得到解脱和平静。这个过程，我们可以称之为"医生未阻止的死亡"，或者"医生认可的死亡"。该团队提醒读者，对这个话题的进一步讨论非常重要，也有实际意义，因为不少病人已经在从国外购买致命药物了。

但有些医生也对这些新的寻求理性自杀的人感到忧虑，对精神病学能不能帮到他们缺乏信心。就连 2018 年那篇文章的作者之一、精神科医生琳达·甘齐尼都告诉我，如果病人并没有严重的健康问题，想死只是因为年事已高且身上有好多不大不小的慢性病，她会拒绝认可医生未阻止的死亡这种模式。甘齐尼说，至少，这些病人中有一些可能会声称自己是理性的，但实际上有隐藏的、可治疗和缓解的抑郁症。如果精神科医生信以为真——也许是在他们自身从政治角度支持协助死亡的态度的影响下——那么治好这些病人的机会就一去不复返了。她说："问题是，在生命即将结束的时候，抑郁症很难被诊断出来。模棱两可的地方太多了。怎么才能确定究竟是临床意义上的抑郁症，还是在生命尽头感到悲伤、忧郁，不过是正常的感伤而已？"实际上，老年精神病学领域存在巨大的认识论鸿沟。医生并非真的完全清楚，看到年老病人有多抑郁和绝望算是正常，毕竟他剩下的日子也许掰着指头就能数清了。

甘齐尼还考虑了年龄歧视的问题。她说："只要说针对不同年龄有不同标准，就是年龄歧视。"年龄歧视会形成这样一种制度，会让有轻生念头的年轻人被看成生病了，于是得到紧急救护，而上了年纪的人会被认为是理性的，于是未能得到救命的干预，仅仅因为他们年纪大而已。年轻人的自杀会被干预，而老年人的不会。这样的风险确实存在。实际上，老年病医生还担心，年轻医生会将他们对年龄的个人看法投射到老年病人身上：他们害怕老去，他们认为年老体衰会让生活变得不堪忍受——甚至心底可能还有他们没认识到的对老弱之躯的厌恶。甘齐尼说："我们费了好大劲，来教初级保健医生不要只是说，'这个，要是我也 90 岁了，我也会又悲伤，又忧郁，又压抑'。这太不正规了！如果你是个35岁的医生，你大概会这么想。但老年病医生会说，'这个看法可能会带来严重后果。你不会碰到多少抑郁症患者的，更别提治疗了'。"现在，全球老年人自杀率比其他任何年龄层都高。

还有一些对医生未阻止的死亡这种模式持怀疑态度的人，更多的是受到了精神科医生办公室以外一些力量的影响。他们指出，事实证明，美国无论是在社会上还是经济上，都完全没有准备好应对老龄化。药品贵得离谱，医疗账单让病人一夜返贫。有将近10%的65岁及以上的美国人生活在贫困中。联邦医疗保险没有覆盖辅助老人生活的设施以及大部分家庭护理，逼着有些人不得不住进成人护理机构或国家补贴的疗养院，而几乎所有人都视之为畏途。刺眼的黄色灯光。工资不高、工作繁重的护理骨干。食堂大锅饭。如果一个老人只是因为不想住进那样一个悲惨、孤单的地方而想死，能算理性自杀吗？也许算吧。但也有可能，理性自杀只是我们在社会和经济上忽视老人，却还要伪装成符合道义的选择的一种症状。

进一步讲，随着医疗保险的预算渐渐枯竭——随着人口日益老龄化，随着我们常挂在嘴边的"灰色海啸"席卷美国——美国人也许会开始认为，老年人的理性自杀，那些认识到自己正在耗尽系统资源、让年轻人失去机会的老人选择这么做，是一种社会责任行为：有这个可能吗？现在，我们每年有1/4左右的医疗保险费直接用在病人生命的最后一年上。考虑到这些，我们是否会像哲学家保罗·门泽尔（Paul Menzel）说的那样，创造出一种"死得廉价点的责任"，至少是含蓄、无意的？每一位老人，都会因为只是活着而必须回答——就算不是为我们其他人，至少也是为自己回答——"你怎么还活着？"

2019年年初，迈克尔·欧文医生创建了一个名叫"90+"的组织：一个讨论小组。他建这个小组的初衷是，认为任何人只要到了90岁，就应该自动获得医生协助死亡的权利。欧文当时88岁，他告诉我，把年龄线选在90岁其实比较随意。"恐怕我没有什么充分理由，只不过看起来像是个很好的目标而已。"他说，到了那个年纪，基本上可以肯定你会遭受病痛折磨。就欧文来说，他过得还算不错。他后背有些疼，腿脚麻木，这让他行走困难，他也在吃降血压的药，但除了这些，没啥大毛病。他说，最难搞的是精力大不如前了。欧文注意到，如果他期待已久的社交活动取消了，就算是他一直都很想参加的活动，他也会感到高兴。因为这意味着他可以待在家里好好休息，不用"非得跟不怎么认识的人谈天说地，比如聊聊他们的孙辈或是英国脱欧什么的"。但转念一想，好好想想这种感觉也是有用的。因为如果什么事情都会让人精疲力竭，那活着还有什么意义？他问我："我为什么必须忍受病痛折磨？我为什么要拖拖拉拉地不肯去死？"

目前，欧洲有三个国家的安乐死法律在确定病人是否符合条件时，将病人的年龄也纳入了考量。比利时、荷兰和卢森堡都允许患有"多发性慢性疾病"或"一系列症状"（像失聪、视力下降和大小便失禁等症状）的老年病人申请协助死亡，只要这些疾病总体上已经让他们的生活没法忍受。比利时安乐死评估委员会主席维姆·迪斯特尔曼斯（Wim Distelmans）医生告诉我，老年多发性慢性疾病患者占该国安乐死的 10% 左右。我去他位于布鲁塞尔的办公室拜访他时，他说："我对多发性慢性疾病并没有什么意见。如果你 80 岁了，看也看不见，听也听不见，又没法看电视，又没法看书，吃饭都要人喂，大部分时间你都只能躺在床上……那么在我看来，你这生活没法忍受。"

荷兰的安乐死是在 2002 年合法化的。有些立法者认为法律应该更进一步，让所有超过某个年龄的人都可以接受医生协助死亡，就算他们根本没有病痛缠身。2016 年，荷兰卫生部长埃迪特·席佩斯（Edith Schippers）提出了一项政策，允许"经深思熟虑认为自己人生已经圆满"的老人申请安乐死。她在向议会发表的一份陈述中说，这个政策能够帮助"那些不可能继续活得很有意义的老人，那些因为不得不依赖他人、行动不便的老人，部分因为失去了诸多亲友而觉得孤独的老人，以及承受着常见的疲倦、身体机能退化之苦，个人尊严也在丧失的老人"。

好几个党派的议员都对卫生部长的提案表示赞同，只有种族主义者、反移民的民粹主义政治家海尔特·维尔德斯（Geert Wilders）跳出来螳臂当车，想捍卫社会责任和社交风度。维尔德斯告诉荷兰报纸《人民报》："我们不能允许需要帮助、孤独的人被人劝着去死。战胜孤独，赋予尊严，关心我们的老人，这些永远是最好的选择。"

卫生部长的努力最后搁浅了，但 2019 年 9 月，有个名叫皮娅·戴克斯特拉（Pia Dijkstra）的议员宣布将推动一项法律，让"人生圆满"的老年人能够满足协助死亡的要求。我问戴克斯特拉这么做是出于什么动机，她的回答里透着典型荷兰式的无动于衷："我们觉得人们有权自己认定自己的人生什么时候达到了圆满。要是他们不得不采取让人难受的行动，比如说把塑料袋套在头上好窒息而死，那就太不应该了。"

  人生圆满的这套逻辑令人欣慰。这套逻辑告诉我们，我们能长寿，能因为自己的存在而产生满足感，而当我们感觉到人生已经饱和时，也能够意识到自己所处的境况，并放弃生命含笑而终。但我猜，自然生命的终点是要在回溯中才更容易确定。2016年，几名荷兰学者在一份同行评议医学期刊《英国医学杂志》（开放版）上发表了一项研究，题为《夹在意图和行动之间：考虑自主选择死亡的老人》。研究人员考察了25名荷兰人，他们平均年龄82岁，"都在考虑自主选择死亡，因为他们认为自己的人生已经不值得继续过下去了"。这些人全都："（1）认为他们的人生已经'圆满'；（2）一想到还要活下去就痛苦不堪；（3）现在很想死；（4）年龄至少70岁；（5）没有身患绝症；（6）认为自己精神正常；（7）认为他们想死的愿望合情合理。"他们都承认，自己的选择让自己"很撕裂"。在访谈中，他们用到了"困境"、"挣扎"和"怀疑"这些词。有位老妇人在积极筹划结束自己生命的同时，也在认真考虑做一个髋关节置换手术。另一位老妇人说她觉得自己应该去死，部分原因是全球能源储备正在耗尽，医疗预算也在缩水。她说："古时候，要是哪个老奶奶对整个氏族来说已经没有用处了，有人就会说，'奶奶啊，老而不死是为贼啊'。"被考察者都认为自杀是"合理""理性"的选择，与他们有时候更情绪化的继续活下去的冲动形成了鲜明对比。

  不过我还是碰到了一些人，他们渴望得到荷兰人梦寐以求的那种人生圆满后的保障。我在伦敦的时候,有一天坐地铁去南边,也就是泰晤士河那边,去见一位名叫托尼的 75 岁老人,他觉得自己的人生已经近于圆满了。托尼经常沿着泰晤士河及绕着巨大的国家剧院散步。查尔斯王子把那座剧院比作核电站,因为整个就是一大堆混凝土。他会在那儿看看演出预告的海报,做出高雅的选择。他一般每个月去两次剧院,也就是说,任何时候他都知道剧院里在演什么。然而,突然之间,他对那些剧目一下子失去了兴致,甚至是自己最喜欢的莎士比亚。一个想法浮现出来:我已经看够了哈姆雷特。我已经看够了李尔王。

托尼一个人住在一间小公寓里。公寓的墙被刷成了绿色,房间里有一张绿色沙发、一把绿色扶手椅,还有一些绿色植物。我们碰面的那天,他全身上下都穿成了栗色。他个子很小,头发花白、弯曲,耳垂肉乎乎的。我们握手的时候,他说:"我路都走不稳啦,耳朵也有点儿背。这倒是一点儿也不意外。"托尼的书架上摆着弗洛伊德、荣格和格式塔疗法的书。他出生在曼彻斯特的一个犹太家庭,但后来成了"一个离经叛道的基督徒、佛教徒和贵格会教徒……我走到了另一端,成了存在主义者"。

他说,这并不是说他对自己变老耿耿于怀。他对老年人的身份很满意。他会坐在绿色扶手椅上,一连听好几个小时的英国广播公司的广播。他甚至可以忍受偶尔出现的"白发时刻",也就是脑子里空空如也,或是困惑万分的时候。不过,用不了多久,也许 5 年吧,他就会准备好离开人世。他这么做,最大的原因是想要逃避。托尼想要避开"大小便失禁、臭气熏天、厌烦透顶、垂垂老矣。我太喜欢这个词了!垂垂老矣。一点点地老去,每况愈下……"他也不想最后住进养老院，那里的护士会对他柔声细语，她们的脸上会挂着一成不变的怪诞的微笑，催着他去加入别人的行列。让他去玩棋盘游戏，去跟着音乐一起拍手。"别这样，托尼先生！来跟我们一块儿！拍手！"他说，对像他这样性格内向的人来说，养老院就是地狱。至少会很无聊，而托尼最害怕的就是无聊。他告诉我，他每天都写日记，最近他发现自己日复一日写下的都是一样的内容，这把他吓坏了。他说："我要是对我自己都感到厌倦了，我就会自杀。"

我们的谈话快要结束的时候，托尼问我想不想看看他的卧室。他在床边放了一个装满纯氦的气罐，还有一个用很厚的塑料袋做的面罩。他把这些都摆在很显眼的地方，这样他随时都能看到，好让自己放心。"什么时候我会觉得自己已经活够了呢？到时候我会强迫自己打开氦气罐，把袋子罩到头上吗？"他顿了顿，"我对'不再存在'的哲学概念很感兴趣。"以前有那么一次，那还是20多岁的时候，他有过自杀的念头。那时候是跟一个女人有关系。他吃了药，但过了几个小时一边呕吐一边醒了过来。他说，这回就不一样啦。这回是一了百了。托尼抬头看了我一眼。我想，我脸上一定是暴露了什么，因为他很快又低下了头。随后他说，你太年轻了，还没到思考死亡这回事儿的时候。

埃芙丽尔说，2015年的时候，她就找过医生，想让医生帮帮她。她很直白，真的是太直来直去了。她说："我的人生已经不值得继续过下去了——不过，我并不抑郁。"医生能不能行行好，给她"一大把巴比妥酸"呢？

"不行。"医生说。

埃芙丽尔说,她也问了另外几个人,包括之前她看过的一名外科医生。"他们都回复说,'我真希望自己能帮上忙,但我不能那么做呀'。"

一天晚上,其中一位医生来到她家门口。她把这位医生迎进门的时候,医生说他一直在想一些事情,想好好解释一下自己的想法。随后他大哭起来。埃芙丽尔说,她带医生来到客厅,让医生坐到沙发上,她自己则坐到了扶手椅上,腿脚抬得比头顶还高。在2个小时的时间里,医生告诉埃芙丽尔,他一直在找能帮到她的办法。他甚至自己出钱咨询过一位医学律师,想看看自己能做点什么,但律师说他什么都做不了。医生告诉埃芙丽尔,自己对她钦敬有加,能为她治疗自己也觉得很开心。他也给埃芙丽尔讲了自己朋友的故事,这个朋友打算用煤气自杀,结果却把房子炸了。那位医生又哭了起来。

他起身走的时候说:"我很担心,你也会试图自杀。"

"对。"埃芙丽尔说。后来她告诉那些医生不要再联系她了。她说,她剩下的时间不多了,而对方只不过在浪费她的时间而已。

埃芙丽尔在网上发现了死亡权组织"解脱国际"。她坐在电脑前,对着屏幕举起放大镜,从头到尾浏览了一遍"解脱国际"网站。网站上写道:"死亡并不是医学过程。因此,你未必需要有人穿着白大褂站在你床边。'解脱国际'的目标是确保所有理性的成年人获得最应该获得的信息,这样对于自己何时死亡、如何死亡,能做出知情的决定。"网站看起来非常专业,有粉色和紫色的绘画作品,还有新闻文章的链接。这个组织的创始人是澳大利亚一位如假包换的医生,名叫菲利普·尼奇克。埃芙丽尔读到,"解脱国际"的成员平均年龄75岁,还读到只要花185美元就能成为该组织的年度会员,并得到一本电子版的尼奇克医生的《安宁药丸手册》,书中介绍了所有可靠、平和的结束生命的方法。埃芙丽尔交了钱,提交了一份申请表,然后通过了。她马上打开那本手册,手册上写道:"近年来,一个新的趋势出现了。我们遇到了一些(就他们的年纪来说)身体挺好的老人,但对他们来说,生活已经变得越来越不堪重负。"

这本书看起来像是一本教科书,它给人的感觉很奇怪。它根据可靠性、平和性、对他人的安全性、保质期和死后可检测性对致命方法进行了评级。书中的一些章节讲述了煤气罐、氰化物和汽车尾气。埃芙丽尔在客厅旁边的小办公室里读完了这本手册。她身边放着很厚一沓文件,贴着好多便签,还有个档案盒,上面标着"给买家的重要信息",里面都是埃芙丽尔要求律师在她死后交给买下这栋房子的人的文件。读完手册后,只有一种自杀方式让她感兴趣,就是手册中描述的最好的一种:服用耐波他。这种巴比妥酸似乎很快就能起作用,但又不会太快。而且,这种药物带来的死亡看起来很像自然死亡。手册上写道:"这是在旁观者看来最平和的死亡方式。服用耐波他之后,你会在睡梦中死去。"唯一有点儿难办的是,这种药液必须很快喝下去,最好是两三大口就全吞下去,要不然就昏迷了。埃芙丽尔不知道自己能否做到。她也担心,自己患有关节炎的颤抖的手,也许会很难拧开一瓶毒药。

手册中介绍了弄到这种药物的好几种方式。埃芙丽尔可以从墨西哥的一家兽医用品商店订购,那里出售的是药液,用于在手术前麻醉动物。墨西哥商店里卖的耐波他是标准剂量，"解脱国际"建议会员想死的话买 2 瓶。另一个选择是黑市化学品经销商，在那里可以买到这种药的粉剂，再自己溶进水里。手册提供了药贩子的电子邮件地址。埃芙丽尔决定选墨西哥。对于这么重要的事情，她可不想靠什么运气，要谨慎些。埃芙丽尔也考虑了一下，自己是否介意违法，然后觉得自己并不介意，因为法律"愚蠢透顶"。按照手册上的建议，埃芙丽尔新设了一个邮件地址，使用一种叫作 Riseup 的加密服务，用于她跟死亡计划有关的所有通信。

墨西哥那边的药贩子叫亚历杭德罗，埃芙丽尔给他电汇了 460 英镑。这感觉极为平常，要不然，她真会有天翻地覆的感觉。亚历杭德罗写了好几封彬彬有礼的电子邮件，对如何电汇给出了明确指导。发货后，他把包裹单号发给了埃芙丽尔。埃芙丽尔在一封邮件中写道："我开始感觉好多了。"不过，在包裹抵达布兰福德斯皮克之后，她才想起来自己只买了 1 瓶耐波他，而不是她需要的 2 瓶。她把这瓶耐波他放在浴室柜里，然后在另一个药贩子那里下了第二个订单，买了 2 瓶耐波他，花了 600 英镑。新的 2 瓶药到了之后，她把它们放在了洗脸池上方的白色壁柜后面，如释重负。

那一年，我也在另外一些地方接触到一些从网上买了耐波他的人。其中一些是老年人，买这种药是作为预防措施，以防万一。另一些人病得很厉害，有服用这种药物的明确计划。有个名叫杰伊·富兰克林的澳大利亚人，将近不惑之年，有先天性肠道疾病，他在 YouTube（优兔）的一段视频里请求谁能给他点耐波他，然后真有陌生人给他寄了。还有个英国老人叫比尔，患有帕金森病，买了耐波他药粉藏在自己的衣柜里，这样他的儿子就不会发现了。我用 Skype（即时通信软件）跟一个名叫巴林特的 27 岁匈牙利人通了话。他对我说，他身体很好，对自己的生活和女友总体上也都很满意，不过他还是想要耐波他，因为他"对这个世界的发展方向非常担心"。他说，匈牙利政府不够进步，公民自由受到的限制越来越多。谁知道接下来会发生什么呢？除此之外，还有全球人口过剩、资源枯竭、气候变化和战争等更重大的问题。"我就是觉得我可能必须做点什么才好。我想确保，就算我出了什么事……我还能有条出路。"

"你女朋友知道吗？"我问。

他说："不知道。她要是知道了，还不得疯了。"

埃芙丽尔开始完善她的计划。因为她的左手有些麻，她担心在最后一刻自己会把耐波他洒了，于是她买了个塑料托盘，架在浴缸边上。她也找到了一位朋友，该朋友愿意在计划好的时间来"发现"她的尸体，这样她就不用独自在房子里躺太久。埃芙丽尔说："天哪，我得跟你说，这事儿太奇怪了，但真的是这样，没那么疼了。"只不过因为药物在手，做好了计划，就让她感觉好了不少。在"解脱国际"论坛上，她读到，有时候人们就是会有这种感觉。

埃芙丽尔对自己马上就要不复存在并没有太多焦虑，倒是很关心自己的房子和花园，想着在自己死后，房子和花园会变成什么样子。3 月下旬的一天，她走到外面，好好看了看自己的地产。她慢慢走着，沿着弯弯曲曲的小径，走过一簇簇蓝铃花，一棵棵苹果树。她长长的白发没有扎起来，散落在背上。她恳求道："哦天，别看那棵无花果树。今年的无花果收成很不好，我也不知道为什么会这样。"她的墓碑在后面,在花园的棚子里。埃芙丽尔从德文郡北海岸采购了这块光滑、粉红色的石头,请了一位本地的艺术家把自己的名字龙飞凤舞地写在了上面:埃芙丽尔·凯·亨利。是不是挺棒的?当然,埋在自家后院可不怎么常见,但埃芙丽尔做了点功课,发现只要本地环保部门批准,就可以埋在自家院子里。环保部门需要检查这块地产,确定这个地方不会离水源太近。埃芙丽尔的房子并不在水源附近,所以得到了批准。她会被埋得非常深,獾没办法把她挖出来吃掉。埃芙丽尔老气横秋地说:"我不介意獾来吃我,但估计邻居们不会想看到我的尸体散落一地!"她已经预付了自己葬礼的费用,还给参加葬礼的人留下了清晰的说明。乌尔苏拉·勒吉恩会朗读一篇文章。任何人都不能穿黑色的衣服。葬礼结束后,他们会一起喝一杯。

埃芙丽尔说:"到了4月,我们就完全进入春天了。我估计你会这么想,花园那么漂亮,我又那么热爱这个地方,为什么不想再多晃悠一阵子,多活一年呢?嗯,这个很难解释……现在这个时候,我确实差不多很享受,但也确实很疼。"她往四周看了看。"如果我继续待在这里,花园也会变得越来越糟糕的,就跟我一样。"

"你觉得你会再次看到花园里开满鲜花吗?"

埃芙丽尔抬头看天,过了一会儿又扬起了眉毛。"你是想让我哭出来,是不是?"

2016年4月15日,星期五,这时候距离我和埃芙丽尔头一次电子邮件往来已经有2个月了。这天晚上8点45分,埃芙丽尔听到电话铃响了。她吓了一跳,因为电话从来没在晚上响过。那时候，埃芙丽尔正坐在办公室的电脑前。电话另一头是个男的，声音很陌生，也很难听懂他在讲什么——特别是辅音。埃芙丽尔告诉那个陌生的声音，自己耳朵不大好，请他说慢一点。她恳求道："您就一字一句，每个音节都停顿一下。"那个男人告诉埃芙丽尔自己是警察，他注意到埃芙丽尔正在计划结束自己的生命。埃芙丽尔告诉他，你说对啦。警察便问，是否可以派几个同事去她家里和她谈谈。埃芙丽尔拒绝了，"你们别来"。天黑了，天黑之后她是不会开门迎宾的。

晚上9点15分，附近的希维特里路警局派来的两个警察打碎了埃芙丽尔家的前门玻璃，闯进了她的门厅。后来他们说自己按过门铃，但埃芙丽尔说他们没按。"我的天！"听到玻璃破碎的声音时，她大声尖叫起来。两个警察发现了缩成一团的埃芙丽尔，便告诉埃芙丽尔有一个市民报警说她想自杀，于是他们前来做一下"身心健康检查"。随后，警察又说自己是国际刑警组织派来的云云，并要求埃芙丽尔交出药品。

埃芙丽尔平静下来，开始奚落那两个笨手笨脚的警察，他们似乎并不知道自己究竟要找什么东西。是药粉、药液还是药丸？埃芙丽尔说，她家里的很多东西理论上都可以用来自杀。比如说厨房里有一把电动雕刻刀，她也知道关键的几条动脉在什么位置。而且她还想过怎么触电自杀。在埃芙丽尔的书房里，有名警察在一个文件夹里发现了她的遗书，还有一篇文章，写的是她决定自杀的事儿。埃芙丽尔说，那名警察告诉她自杀不合法，然而，埃芙丽尔告诉警察，不是这么回事。自杀完全是合法行为，而且几十年来一直都是。警察问埃芙丽尔为什么要自杀，埃芙丽尔则叫他别多管闲事。

埃芙丽尔还问能不能给她的护工希瑟*打个电话，让她来帮忙，警察说可以。希瑟来了之后，埃芙丽尔叫她去楼下的浴室，说浴室柜里头有一个纸盒，里面是从墨西哥买来的药。希瑟去了楼下浴室，找到纸盒，交给了警察。

午夜前后，警察给一名顾问医生打了电话。12 点 07 分，这位医生也赶到了现场。警察告诉医生，国际刑警组织"截获了一些跟来自墨西哥的化学品有关的信息"，根据信息一路顺藤摸瓜，就找到了埃芙丽尔这里。这时候，埃芙丽尔已经很累了，但她还是坐在医生身边，告诉医生自己有哪些问题：背疼，行动不便，耳背，大小便失禁。她说自己没得抑郁症，也没得精神病。有一段时间，她确实很沮丧，不过那是在她父亲去世后，所以也许只是因为悲伤？埃芙丽尔说，她已经计划自杀 18 个月了，还说了跟耐波他有关的一些事情，说这种药有多贵。她说她把自己的所有事情都安排得井井有条，她的尸体会在某个周一早上由她的一位朋友来发现。希瑟听着埃芙丽尔说话，觉得她十足像个在一大群人面前讲课的教授。要换了别人肯定早就崩溃了，但埃芙丽尔镇定自若。

晚些时候，警察又叫来一名社工和一名精神科医生，对埃芙丽尔进行精神健康评估。埃芙丽尔把他们带到自己的卧室，给他们看自己每天都要垫的尿布。她也给他们看了床下的尿壶，说有时候一个晚上就能尿满。埃芙丽尔感觉那名社工好像挺尴尬的。她也给那些医生看了她的朋友们写给她的告别信，有位基督徒朋友甚至在卡片上写了"一路顺风"——就好像埃芙丽尔是要去国外旅行一样。埃芙丽尔后来说，那位精神科医生似乎对她脱离天主教很好奇。她想知道埃芙丽尔为什么离开教会。"会带来什么效果？你会怕死吗？"那位医生在当晚的记录中写道，埃芙丽尔是一位"非常聪慧的退休教授，有很多健康问题"，并将她的情况描述为"难搞得很"。

两位医生和那名社工告诉埃芙丽尔，他们需要私下商量一下。埃芙丽尔问她能否自己在书房里坐一会儿。他们在外面待了半个小时。他们回到书房时，埃芙丽尔看了出来："你们做出决定挺难的吧。"

他们的结论还算不错。三位专家表示，他们认为埃芙丽尔精神状态良好。根据这一事实，他们不能按"精神健康法"——认定她的行为有多"不明智"——让她住院观察。医生在报告中写道："没有任何抑郁症的证据。"他问埃芙丽尔有没有打算在接下来的24小时内自杀。

"没有。"

之后呢？

"做得到的话，我会自杀的。"

于是医生写道："全体工作人员一致认为，她的身体已满负荷运转，因此无法将她转移到安全的地方。全体工作人员也一致不愿将这位……很可能会自杀的女士一个人留下。

"长时间讨论后，全体工作人员一致同意，我们不能将药物还给她（不伤害）。"

医生收拾东西准备离开时告诉埃芙丽尔，她的家庭医生也会很快联系她，给她安排更正式的精神健康评估。埃芙丽尔对他愿意听自己说那么多表示了感谢。最后，到凌晨4点28分，医生、社工和警察终于从玻璃碎了一地的前门离开了。半个小时后，希瑟也走了。之后，埃芙丽尔长出了一口气。他们不知道——警察也没有发现——她还有另外的 2 瓶耐波他，就是她在发现自己最早订购的耐波他剂量不够之后追加的。那 2 瓶药藏在白色壁柜后面。埃芙丽尔轻声自语道："我赢啦。"随后她又恼火起来，因为这些闯进来的人没关书房里的灯，洗手间里的马桶盖也没放下去。

后来，我还听说了另外几起警察突击搜查的事情。在伦敦，我采访了一位专业护理员，她的病人是位 80 多岁的老太太，名叫芭芭拉*，患有慢性疲劳综合征，她的前门也被警察砸破了。跟埃芙丽尔的遭遇一样，警察问芭芭拉是否有一种从墨西哥买来的能结束生命的东西。警察说是自己的线人通风报信的，该线人提供了一份"名单"。他们说，芭芭拉不会有麻烦，但是得把药品交出来。

芭芭拉跟警察也说不了多少话，因为她身体虚弱，需要扩音器才能让人听到她的声音。她说对，她很久以前订购过耐波他，但没多久就扔了。警察变得不耐烦，没多会儿就走了。芭芭拉的护工知道芭芭拉非法购买这种药物的所有内情，后来这个护工登录"解脱国际"网站留了个帖子，提醒其他买家留意这个神秘的线人及其手里的名单。几个星期之内，就有多名会员向"解脱国际"报告，他们在牛津郡和布赖顿遭到了警察类似的盘查。随后，这种盘查在外国也出现了。

2016 年 5 月，加拿大温哥华一个名叫贾尼丝（Janice）的妇女给"解脱国际"的创始人写了封电子邮件，说想谈谈"温哥华两名警察不期而至的一次拜访"。贾尼丝告诉尼奇克，这两名警察穿着便衣，告诉她不要慌张。据她回忆，警察告诉她，他们是在做一项"以美国为中心的国际调查"，正在调查"网上协助自杀"——他们知道她从墨西哥买了药品。贾尼丝问他们有没有搜查令，他们说没有。贾尼丝便告诉他们不能进来。后来我打电话给温哥华警察局以及加拿大皇家骑警，问这是什么情况，温哥华警察局发言人告诉我局里没有任何这类登门拜访的记录，加拿大皇家骑警则干脆拒绝接受采访。

没过几周，北卡罗来纳州一个名叫萨拉（Sarah）的女子登录"解脱国际"网站，发帖写道，警察也去了她家，带走了她的耐波他。萨拉无病无灾，但她以前身边有年纪非常大的人，他们的经历让她深感不安，甚至声称自己永远也不要变得那么老。萨拉是在65岁生日的时候订购的耐波他，作为给自己的生日礼物。"我最近才清清楚楚地认识到，年华老去是什么意思。我不想这么说……但我就是没有勇气！"

萨拉说，警察是在上午10点半左右来的。他们先是按响了门铃，但萨拉一开始没理睬，因为她还没起床，而且没想着会有客人。但门铃过后是敲门，再接着就是砸门了。萨拉打开门，看到三名年纪轻轻的警察盯着她。她一开始以为是因为自己没有修剪草坪，让花园变得很难看，才又惹上了麻烦，便问道："你们是因为我的院子才来的吗？抱歉啊，我没怎么割草，杂草长得是有点儿高了。"萨拉告诉警察，他们可以进来，但请他们在厨房里稍等一下，让她去卫生间漱漱口。

萨拉回到厨房后，警察便问她是不是从墨西哥买过什么东西，随后还说起了国土安全部的什么事儿。萨拉试图把话题岔开，在那儿顾左右而言他，想到什么就说什么。她觉得他们看起来挺和善的，对这事儿好像特尴尬，也特紧张。但他们一直盯着她看。萨拉问道："我不交给你们，你们是不会走的，对不对？"三名警察沉默不语。萨拉问他们最近有没有看新闻，有没有看到世界上正在发生那么多烂事。也许他们可以想一想，把时间花在追捕更让人担心、更重要的罪犯上是不是更好。最后她打开冰箱，拿出一个小小的购物袋，扔在桌子上。"别了，耐波他！"

警察临走前，萨拉问他们都多大年纪了。他们看起来三四十岁的样子。萨拉告诉他们，到他们年老体衰的时候，应该好好回想一下今天，回想一下他们从她这里把药品夺走的决定。他们应该好好想想，这么做究竟对不对。一名男警察告诉萨拉，等自己老了，他打算喝着啤酒躺在海滩上，好好享受享受。萨拉说："对你来说也算不错啊。"

过了几年，也就是2019年的时候，北卡罗来纳州康科德警察局的基思·尤里（Keith Eury）告诉我，他的同僚那天确实去萨拉家里检查过。他说，他们去萨拉家是代表国土安全部或者缉毒局——他不知道究竟是哪个联邦机构提出的要求，当时负责的警察也不记得了。尤里也没找到任何记录这起事件的文件。他还记得的是，联邦部门要求达勒姆警方没收并销毁在萨拉家里能找到的所有药品，但不用逮捕萨拉。他说，其目的并不是要惩罚萨拉，"他们"是想"钓大鱼"。

"解脱国际"对警方突击搜查的事情没做回应。有些会员想知道，"解脱国际"推荐的墨西哥药贩子是不是被警察抓了、收买了，或者是在安全问题上太不小心了。2016年，澳大利亚的一个"解脱国际"会员订购了一本精装的《安宁药丸手册》，6月他收到澳大利亚边防部队的一封信，说是有关部门根据1901年澳大利亚海关法的203B(2)条款没收了这本书。边防官员在总结战利品时写道：

"一本详细描述如何自杀的书。"这年秋天,新西兰也有了警察突击搜查的行动,而且情节变得越来越稀奇古怪。2016年10月,"解脱国际"的一些会员在新西兰惠灵顿地区的哈特河谷参加了一个集体小组研习会,并自带饮食聚餐,大部分都是老年妇女。随后开车回家时,其中好几个人都遇到了警方设置的路障,警方把一条主干道的车流完全截住了。警察检查了这些人的身份证,还做了呼气酒精测试,似乎是抓酒驾的随机检查。但没过多久,这些"解脱国际"会员中大概15名都有警察跑到他们家里去了。76岁的威廉明娜·欧文(Wilhelmina Irving)告诉记者,有个警察旁敲侧击地打听那次研习会的各种细节:"他跟我说,他完全知道都有谁在那儿,大家都说了啥,所有一切他都知道,我还能说什么呢?"

新西兰记者最后的报道后来也被法官证实了:警方设置路障只是个障眼法,是为了识别参加"解脱国际"研习会的人。警方将其行动命名为"粉刷匠行动",在此过程中还窃听了一位67岁的"解脱国际"协调员、已经退休的小学老师苏茜·奥斯汀(Suzy Austen)的家。苏茜热衷园艺,她为阿尔茨海默病的慈善机构、强奸危机项目和国际仁人家园项目提供过志愿服务。2016年10月,警方看到她在车里分配戊巴比妥,便逮捕了她。经过两周的刑事听证会,她被判"协助自杀"罪名不成立,但两项非法进口罪名成立。她说:"我觉得我被人当成了炮灰。"毕竟,新西兰还有很多人也都在订购同样的药品。随后,关于警察突然来访进行可疑的"身心健康检查"的报道也在一段时间内销声匿迹了,就跟这些事情开始出现的时候一样突然。

过了几年,英国大都会警察局的一位发言人证实,在2016年的突击搜查中，该警局的一个"特别调查组"在调查"解脱国际"及其创始人菲利普·尼奇克医生，因为有个忧心忡忡的公民告发了他。最后这位发言人告诉我，他们开通了"无数个调查热线"，但"没有采取任何行动"。

警察离开埃芙丽尔家几个小时后，埃芙丽尔慢慢打开前门，走到外面去看了看。她的眼睛看起来有些肿，打量着台阶上淡蓝色的玻璃碎片，以及警察钉在破洞上的木板。她一直没睡。她说："今天我状态奇差。早上做饭的时候差点儿把房子烧了……我好像失了魂一样。我是真的被吓坏了，被击垮了。"她还在发抖。埃芙丽尔想着，警察会不会在她房子里装了监听设备，好继续监视她。她觉得他们很可能装了。毕竟，他们除了"砸开小老太太的门"之外，再没什么事儿好做了！

还有好些事情要做。接下来的几天，埃芙丽尔给律师打了电话，叫他向当地警方提出申诉。她希望警察向她道歉，并保证绝对不会再来打扰她。更重要的是，她希望他们来把前门换了——不是随便换一扇门，而是换成跟她原来装的完全一样的门，上面有一模一样的高档玻璃。埃芙丽尔也给好几家本地供应商打过电话，确认换门的开支大概为185英镑（含税），完成整个工作一共要花222英镑。埃芙丽尔也把自己的通信录给了律师，上面写有她所有联系人的名字和电话。通信录用不同颜色做了标记，代表她的家人和朋友收到她的死亡通知的顺序。她要把自己的车送给长期维修这辆车的技工。她还给未来买这栋房子的人写了封信，敦请他们雇用自己的勤杂工杰夫，因为杰夫非常可靠，知道各种事应该怎么办。随后,她拿出一份早已准备好的遗书,上面写道:我孤身一人,自杀完全是我自己的决定……我不希望进行验尸,因为有证据清晰表明这里没有发生任何谋杀。

也许,以后会有人把埃芙丽尔的遗书看成她情感贫乏的表现。也许我就是这么看的。留给世界的最后一封信怎么会这么冷淡,这么未经审视,这么合乎逻辑?不说别的,为什么要说到浴缸,说她害怕把浴缸弄脏呢?为什么还要说到清洁液?埃芙丽尔写道:又及,如果我在死的时候把浴缸弄脏了,恳请您能好心清洗干净,我也准备了滴露。但遗书也可以是这个样子。20世纪90年代,研究遗书的学者发现,大部分遗书都很平淡,言简意赅。也许到最后,就不可能是别的样子。到那时,这一切对埃芙丽尔来说也非常显而易见。她没什么可说的了。

她计划在4月20日吃过午饭后赴死。屋子里没什么可以吃的了。因为预计自己会在这周死去,整个星期埃芙丽尔都没去杂货店买东西,现在只剩下一点儿冷冻食品了。连饼干都没了。不过,她还是觉得,在迈出走向二楼浴缸的缓慢步伐之前,还是吃点东西为好。

但那天早上,埃芙丽尔的医生办公室打来电话,说警方一直想联系她。她真的打算在那天晚上结束自己的生命吗?负责调查埃芙丽尔自杀事件的当地验尸官在随后提交的一份报告中指出,在埃芙丽尔打电话给网络服务商,告诉电话那头的客服她很快就要死了之后,该客服给警察打了电话,接着警察又给埃芙丽尔的医生打了电话,医生则叫自己的前台接待员打给了埃芙丽尔——也许还带着一丝恼怒。因为,就算所有人都知道埃芙丽尔打算做什么,他们又能做什么呢？

埃芙丽尔叫那位前台接待员"一边儿凉快去"，让她一个人待着就行了。随后她挂了电话，来到电脑跟前。

在一封题为"旅途愉快"的电子邮件中，她写道："我最好还是别惦记午饭了，直接去浴缸里得了。"

埃芙丽尔用浴室里的小修发剪打开了那2瓶耐波他。这2个瓶子都很难打开，因为玻璃瓶口沿上有需要弄破的金属边。埃芙丽尔必须小心翼翼，才不会把液体洒出来。弄完后，她把打开的瓶子放在了新买的塑料托盘上。然后，她30年来第一次踏进了浴缸。

埃芙丽尔的律师在那天下午6点40分发现她死了，并确认她的尸体很干净、很清爽，就像她生前希望的那样。

几周前，埃芙丽尔就曾经想过，到她躺在浴缸里的时候，她会有什么感觉。她觉得她会"尽可能地不去感觉。我想极力避免的，正是去花园里看最后一眼，或是久久凝视着我那些美丽的陶器。这么做只会让这事儿更加困难，只会带来伤害，不会有任何好处"。埃芙丽尔说她会提醒自己，不管怎么说，人固有一死。她觉得到时候不会害怕。她问道："要是我都已经不在了，我还怎么害怕呢？多么简单的道理啊。我会什么都不知道。死去万事成空，什么都不存在了。"

第三章

身　体

　　马娅·卡洛韦（Maia Calloway）曾经是一名电影制作人，她有时候会想象一部关于她生命终结的纪录片会是什么样子。第一个镜头会是她在户外的场景，她坐在轮椅里，以最快的速度向里奥格兰德峡谷冲去。地上会有些雪，雪在泥泞的小路两边呈现夹道之势，低矮的沙漠灌木丛则会是层次各异的干枯的棕色。马娅又长又直的头发会随风飘动，她看起来比实际年龄 39 岁要年轻，她目光清澈，脸色红润。

　　特维（Tevye）以前是她的情人，但现在更像是她的兄长（在不同的日子里，还可以是她的朋友、她的"母亲"，或她的照料者）。他会在马娅身边，和她一起走着。他会戴着那顶宽檐帽，口袋里装着一根新鲜的大麻烟卷，尽情享受着新墨西哥州的大好阳光。但是过一会儿，特维会走出画面，因为这毕竟是马娅的电影。此时，响起的马娅的声音，盖过了轮子在泥土上嘎吱作响的声音。马娅会说："我在地狱里。让我出去！"

　　这个镜头结束的时候，她会来到峡谷边上，她如果感觉自己能做到的话，也许还会从轮椅上站起来，拖着腿脚朝峡谷边走上几步，去俯瞰峡谷。马娅承认，整个场景的象征意味也许有点儿过于浓厚了：垂死的女人凝视着真正的深渊。但人之将死，人们总会对老掉牙的表达多些宽容，不是吗？在纽约市的电影学校就读时，马娅读过约瑟夫·坎贝尔（Joseph Campbell）的著作，这是一位研究"英雄旅程"故事的神话学家。坎贝尔认为，英雄故事总能分成这样几个相同的组成部分：英雄冒险进入那个世界；英雄遭遇了千奇百怪的超自然的事情；赎罪；与父亲这个角色和解；最后，获得自由。马娅希望她的故事也用这种方式来讲述。她说："这绝对是一段英雄旅程。我在征服的对象之一就是恐惧，还有，负罪感。"当然，她追寻的并不是像坎贝尔的"公式"里所说的活着的自由，而是死去的自由。

要让影片显得足够真实，也要展现出糟糕的一面。也许镜头可以捕捉到峡谷场景的后续：轮椅上的马娅在用尽全身力气之后，眼眶湿润、茫然的样子。另一个镜头可以拍她凌晨3点就起了床（她经常这样），在黑暗中一瘸一拐地走过狭窄的走廊，瘦弱的胳膊撑在墙上。随后，她一边在冰箱的黄光中眨巴眼睛，一边找镇痛药。影片还可以展现一下她和特维出于天知道的什么原因在厨房里大打出手的情景。所有的尖叫呐喊，所有的闷闷不乐。马娅还可以用另一段画外音解释一下多发性硬化在细胞水平上对她身体造成的影响：她的免疫系统出了故障，导致她的身体对中枢神经系统大动干戈。多发性硬化也侵蚀了她的脑神经和脊髓神经周围的脂肪保护层，让神经末梢像松果的鳞片一样在外栉风沐雨，暴露在损伤和毁灭中。

最后一个场景的剧本很容易写。这一幕会发生在瑞士巴塞尔"生命周期"诊所的一间小公寓里。那里是瑞士眼下最有名的安乐死诊所之一，外国人也可以在瑞士医生的帮助下从容赴死。马娅觉得，在生命的最后时刻，她需要说服自己继续前进，告诉自己早点死比慢慢死于这种疾病要好得多。她对我说："我可不能像个小孩子一样，结结巴巴地说，'啊别，我怕死，我怕死'。我不能那么做……我必须鼓足勇气。"

马娅说她很快就要死了。很快，她就会选定一个日子。瑞士安乐死诊所的管理人员已经为马娅做好了准备，她也已经预付了部分费用：3300美元，另外还有7000美元在她死的时候交给他们，用来支付医疗护理、药物和火化的费用。她只需要订张机票，然后登上飞机就行了。为什么这个想法看起来那么奇怪？2018年3月，马娅曾告诉我："到现在我已经取消过两个航班了。我发现自己还在犹豫不决。"

2016年1月，马娅所在的科罗拉多州有位议员在州议会提出了一项法律——科罗拉多州生命终点选择权法，想让协助死亡在该州合法化。马娅在新闻中听到了这个提案，于是上网找到草案文本，仔仔细细地读了一遍。她马上看出来，很明显，自己并不符合这项法律的资格要求。马娅觉得自己已经奄奄一息，但在这项正在审议中的法律看来，她还不够奄奄一息——或者说，至少她离死亡还不够近。这项法律规定，病人必须满足自然生命剩余不到6个月这一条件，但马娅的医生告诉她，她还能活好几年甚至几十年，而她的身体会在这个过程中慢慢走向瘫痪。

马娅开始在网上找资料，并做起了研究。不久，她发现了英国广播公司的一部纪录片，名叫《选择死亡》，讲了英国一位71岁的酒店老板彼得·斯梅德利（Peter Smedley）的故事。他患有运动神经元疾病，于是从英国去了苏黎世，找到一家名为"尊严死"的诊所，接受瑞士当局所谓的协助自愿死亡（AVD）。她想："这个我也行啊。"马娅了解到，协助死亡从20世纪40年代开始就在瑞士因为某种意义上的立法疏漏而合法了。根据瑞士联邦刑法第115条的规定，只有在提供帮助的人出于"自私动机"的时候，协助自杀才是违法的。从逻辑上可以推知，如果出于无私动机，协助死亡就是允许发生的了。刑法并没有明确定义究竟什么是自私动机，什么是无私动机，但瑞士政府从那时起就将该法条解释为，只要协助自杀的人不会因病人死亡在经济上获利，那么协助这个病人自杀就没问题。

这些年来，瑞士开设了多家非营利性安乐死诊所，各家诊所实施的资格标准都比措辞含糊的瑞士法律范围更宽泛。诊所要求前来寻求安乐死的病人在遭受痛苦，对自己的选择经过了深思熟虑，没有受到胁迫，在死亡的时候对一切都心知肚明，而且也要有能力自行服用致命药物。但是，这些诊所并不要求病人患有绝症。跟其他协助死亡已经合法的司法管辖区有所不同，瑞士政府不要求对方公民身份或居留状态。也就是说，外国人可以直接飞到苏黎世，让瑞士医生检查一下，再在几天之后死亡。

一直到2016年，每年都有世界各地的人前往瑞士接受安乐死。因为太习以为常，当地人甚至开始语带戏谑地说起"自杀观光"产业来。苏黎世大学的一项研究显示，2008年到2012年，共有611

名"游客"前往瑞士寻求协助死亡，每年的数字很可能还在增加。在瑞士，人们理所当然地认为协助死亡是一项人权，马娅认同这个看法。她说："这还挺有意思的，因为在美国，我们会把被判死刑的人杀死，但很多州都不允许人们安静平和地死去……这两种思维方式真是背道而驰。"

从纪录片中看到人们在瑞士从容赴死的过程，业已成为一种全球流行的消遣。2011年，英国有160万人收看了英国广播公司《选择死亡》的首播，占英国全部电视观众的7%。从那时候起，各种版本的"爷爷去'尊严死'安乐死诊所"电影出现在多个国家的全国性电视网络中，还被上传到YouTube。这些电影形成了一种新的纪录片类型，有自己的叙事走向：确诊；治疗失败；病人沉痛地认识到，必须前往瑞士才能得到他想要的有尊严的死亡；痛苦的抉择；家人对此听天由命，但他们还是会想着，他们是不是应该做点别的什么；最后的话；未曾见过的外国诊所里，未曾见过的死亡方式。在马娅看来，这些电影都是按照"英雄旅程"的套路来表达的。不过，这里面有些不太真实的地方。影片里的角色给人的感觉很勇敢、很可爱，但同时也是自我剪辑过的形象。他们似乎并没有像她那样苦苦挣扎。

马娅读了一些关于"尊严死"诊所的新闻报道。她很喜欢这家诊所的口号："活得有尊严，死得有尊严。"该诊所的创始人路德维希·米内利（Ludwig Minelli）称安乐死为"最后的人权"。马娅也很喜欢这个提法。但还有一些事情困扰着她。马娅觉得，米内利在电视上给人的感觉是超脱于情感的，也有点儿太自以为是。她还读到，他对骨灰的处置很不恰当。在当地人抱怨有骨灰冲上苏黎世湖岸之后，瑞士政府也为此严惩了他。马娅更喜欢另一家位于巴塞尔的名叫"生命周期"的诊所。"'生命周期'致力于维护人类的尊严。"网站上写着，有了协助自愿死亡，"没有人会感到孤单，你不是一个人"。该诊所创始人埃丽卡·普雷西格（Erika Preisig）医生说，她也会接收那些并不是马上就要死，但"生活质量因为医疗问题而低下到无法忍受"的外国病人。马娅决定向这家诊所提出申请，如果通过了，就用母亲留下的一小笔遗产买一张去瑞士的机票，在欧洲各地走一走看一看，然后去"生命周期"赴死。

2016年2月，马娅给这家诊所写了一封信："我正式提出'有尊严的协助自愿死亡'的请求。"

> 我患有严重的多发性硬化，我的脊髓和脑干都承受着这种疾病的重压……我每天都要经历的痛苦包括：躯干和双腿失去控制；严重的顽固性疼痛，疼得好像我的器官全都沦陷了一样；极度疲劳；功能丧失；小便失禁；自主神经系统严重功能障碍；活动呼吸时肌肉会感到疼痛；还有一系列记忆和认知方面的问题，让我曾经拥有的聪明才智都离我而去……更让我伤心的是，能让人摆脱严重残疾的，涉及髓鞘修复和干细胞移植的治疗方法，还需要好些年才有可能用于临床。

这封信的结尾她写得很诚恳："作为一个有宗教信仰并相信灵魂的人，我也相信，灵魂希望从这个监狱，从这个曾经是我的身体的监狱中解脱出来，并继续前行。我已经跟这种毁灭性的疾病坚持不懈地斗争了15年，而现在，我也想得到解脱。"

随后，马娅也把医疗记录发给了诊所，并跟诊所负责人在 Skype 上通了话。她以为这个过程会需要一段时间，但其实并没有。没过几周，"生命周期"诊所就正式通过了她的申请。随后，她订了一张从丹佛到苏黎世的单程票。那时候，马娅和父亲拉里不怎么说话，不过，她给拉里发了封电子邮件，说她要搬去新墨西哥州，因为那里的东西便宜点——所以估计拉里会有一段时间见不到她。她很难回忆起，那时候为什么要对父亲撒谎。是因为想要回避这个话题吗？她觉得父亲会像往常一样批评、羞辱她，然后她就会因此失去勇气吗？无论父亲会怎么说，马娅都没兴趣听。在科罗拉多州的小屋子里，马娅收拾出一个手提箱，里面装了些衣物，还有已经过世的母亲家里的一些纪念品。随后，她叫护工开车送她去机场。她在头等舱座位上向空姐要了杯香槟，心里想着，哇，这才真叫旅行呢。

鲁埃迪·哈贝格（Ruedi Habegger）是"生命周期"的一个兄弟组织"灵魂永恒"的协调员，留着一把大胡子。他在机场接到马娅的时候，还有一只拳师犬在他脚边蹦来蹦去。他开车带马娅去了苏黎世的一家酒店。在酒店房间里，马娅躺在一张硬板床上，一位 80 多岁、彬彬有礼的医生给她做了检查。鲁埃迪说，这位老先生是批准马娅的协助自愿死亡请求的两位瑞士医生中的一位。躺在那张陌生的床上，周围的人触摸着她，说着她听不懂的语言，马娅想，好梦幻啊。体检完成后，鲁埃迪把她送到了精神科医生办公室。"生命周期"诊所的普雷西格医生已经从马娅的医疗记录中看到，她正在接受焦虑症和抑郁症的治疗，好几年前还有一位医生诊断出她患有人格障碍。普雷西格说，需要让专业人士来确认马娅的心智是否正常,从而验证马娅对自己的选择是否经过了理性考虑。这项工作很快就做完了。马娅说,瑞士精神科医生跟她说的事情她早就知道:她确实患有抑郁症,但并不是无边无际、没有理性的那种。马娅告诉我:"这是一种反应性抑郁症。"这是一种由她的疾病和处境引发的悲伤情绪。"我想死,并不是因为任何心理扭曲。"

马娅在"生命周期"诊所见到了普雷西格医生。她个子不高,但是很好看,浓密的花白头发编成一个发髻。普雷西格告诉马娅,在马娅去世那天,各事项会怎么安排。协助自愿死亡会在巴塞尔郊外的一间公寓里进行。他们会要求马娅说出自己的姓名、出生日期、籍贯以及为什么想死。随后,普雷西格医生会在她的手臂上插入静脉输液管。整个过程会被拍成视频,作为有关部门要求的证据,证明马娅的死是自愿的。马娅准备好了之后,就可以打开输液管上的一个阀门,让致命药物流入自己的身体。要不了1分钟,她就会睡着。在她的心脏停止跳动后,诊所会打电话给警察局,报告这里有一起"异常死亡"。然后会有一两名警官过来审查文件,之后这个案例就彻底结束了。所有事项都交割清楚后,诊所会给殡仪馆打电话,安排火化。骨灰可以被送回科罗拉多州。

马娅很喜欢普雷西格医生。她身材娇小,很利落的样子,而且看起来"非常勇敢"。在谈话结束时,普雷西格的身子往马娅那边靠了靠,问道:"要离开这个世界还挺难的,对吧?"

马娅说:"对。离开这个世界太难了。"

因为这时候她还没有做好去死的准备——她还想在欧洲走一走看一看——鲁埃迪在靠近意大利边境的提契诺给她找了一个护工。那里的湖边有一栋石头砌的小房子,从窗口望出去,瑞士的群山尽收眼底。马娅看到这栋小房子的时候并没有觉得有什么打动她的地方，但还是觉得这里是"赴死的绝佳场所"。她答应每个月付给这个护工 6000 美元，支付房子、食品和照护她的费用。接下来几周，马娅和这个护工去了罗马和威尼斯观光。她们会在提契诺慢悠悠地散步（马娅拄着拐杖），也会驱车穿过群山，感受那里潮湿、厚重的空气。有一次，马娅向当地的牧师忏悔，她对牧师说："我的内心并不祥和宁静。我不想带着这些怒火死去。"牧师让马娅去读《圣经》，读读《哥林多前书》《哥林多后书》里那些关于爱和宽恕的诗句。马娅说她会去读的，但并不觉得这样会对自己有什么帮助。她并不擅长让往事随风飘散。有时候，她会在脸书上查看老朋友们的状态，让自己沉湎于间接的怀旧情绪中。对她从未拥有但仍然怀念的生活，她有一种痛苦而近乎疯狂的渴望。也有可能这就是嫉妒？对所有曾经错待自己的人，以及他们错待自己的方式，马娅心中有数。老朋友们。老搭档。父亲。那些不再打电话来的人。那些本应在她病入膏肓之前找到办法帮助她的医生。这些年来，她感到自己变得暴躁易怒、满腔怨恨，沉湎于回想过去自己也许应该做什么、本来会变成什么样子而不能自拔。

有时候，马娅会设想，如果父亲知道了自己在哪儿，会对她说什么。他也许会说："哦，你打算离开我了。"他会以她第一次生病的时候看她的样子看她，那种满脸不相信的神情，觉得自己这个蓝色眼眸的女儿怕是要疯了。

马娅则会抗议说："不是这样的！"并不是说她要自己杀死自己。她是在被什么东西杀死。谋杀就是这样一点点展开的。这么说在某种意义上有些骇人听闻，但比起跟一种她无法战胜的疾病继续斗争下去，这么做不是更自然吗？

马娅从小由妈妈作为天主教徒一手带大，有时候马娅会担心，在上帝赐予她的时刻来临之前就结束自己的生命是有罪的。也有些时候，她的负罪感更接近佛教徒，因为父亲拉里研习过佛教，也向女儿传授过佛教教义。马娅想知道，多发性硬化是不是自己的报应，也就是因为前世的一些罪孽而得到的惩罚。她上辈子是个坏人吗？她几乎无时不刻不在因为留下父亲独自一人，使他不再有孩子陪伴而感到内疚。对自己即将到来的死亡，马娅说："我想我的决心是很坚定的。然后我就跑题了。"她开始梦见自己吞下致命药物，然后又大吐特吐。

马娅开始焦躁不安。有时候，她会跟鲁埃迪打电话。有一天，她轻声告诉鲁埃迪，她很想念留在科罗拉多州的小猫，多希望能再见到它。就这样，鲁埃迪明白了，马娅还没有做好准备赴死。马娅自己也感觉到了。在提契诺的小房里，心理上未臻圆满的感觉淹没了她，她觉得自己还欠这个宇宙一个受苦受难的过程，这个过程她还没有完成。她对自己说："你遭受的磨难还不够。你必须回去承受更多的痛苦，为自己赢得这样从容赴死的权利。"当然，如果她花更多时间去遭受痛苦，她也许会弄清楚多发性硬化是怎么回事。这不可能是随机的，只是因为遗传上运气不好而已；只会让人痛苦、意义含混不清的一派胡言。她遭受的痛苦必定有其意义，至少也有其原因。

马娅买了一张回科罗拉多州的机票。她告诉鲁埃迪，自己会很快回来，她很快就能准备好。这一次，马娅坐的是经济舱，因为她在瑞士花了不少钱，已经有点囊中羞涩了。她没有点香槟。她闭上眼睛，一遍又一遍地对自己说，回家是对的。在瑞士，她一直想着拉里，想着要是自己还没有原谅他就死了，那会多么悲伤啊。在马娅推崇的"英雄旅途"故事原型中，那些英雄总是会跟他们的父亲和好如初。

马娅还是个小孩子的时候就很一本正经，严格控制着其家里的情感氛围。她的情绪很不稳定。她如果开心，就会允许大家都开开心心的。她要是不高兴了，就得整个世界都陪着她一起不高兴。她在新墨西哥州首府圣菲长大，她和姐姐劳拉天天看电影，一遍遍看重播，看了无数遍《人猿星球》。马娅的父亲拉里是记者，一晚上能喝半打啤酒。母亲托娃是假释官，总是风风火火地跑出去，把什么人从监狱里捞出来。后来，托娃去了危地马拉、萨尔瓦多和秘鲁做某个国际组织的志愿者，每次都会离开马娅和劳拉好几个星期，然后带回堆成山的照片，给她们看她亲眼看见的那些可怕的事情。马娅很聪明、很敏感，也很喜欢给什么事情都找出责任归属。她4岁的一天，拉里带她去散步，告诉她，她的狗狗死了。马娅对父亲说："我才4岁，我这辈子什么坏事都没干过呀。为什么会这样？"拉里觉得，这个小女儿对宇宙中的不公正之处理解得太早了。

她在艾奥瓦州学了创意写作，之后又去纽约上电影学校。完成学业后，她搬去洛杉矶，开始做研究，也开始自己拍片子。马娅发现这个庞大无匹的城市没什么人情味，很排外，但她很喜欢影视圈的工作，也梦想着能将自己最喜欢的小说改编成好莱坞大片，比如科马克·麦卡锡（Cormac McCarthy）的《血色子午线》这样的重量级作品。到了晚上，马娅会为了挣钱接一些枯燥的活，比如在一档真人秀节目里做质量控制，确保脏话都会被嘟嘟声盖过，并把不小心露点的地方从镜头里剪掉。然后到了 2012 年，马娅发现自己的左腿不听使唤了。

至少十年前，她就已经知道有些不对劲。2002 年的一天，马娅早上醒来时发现左眼看不见东西了。拉里带她去看医生，医生给她做了脊椎穿刺和磁共振成像。脊椎穿刺看起来很正常，磁共振成像显示有个小病灶，但医生告诉她，这并不是确凿的证据。她可能得了多发性硬化，也可能没有。左眼失明的问题很快就好了，有个医生认为可能只是前不久鼻窦炎的后遗症。看了几次病后，马娅和拉里讨论了一下选择：等等看病情会怎么发展，或者马娅可以开始定期注射干扰素（IFN），这是医生用来治疗第一阶段多发性硬化的方法。拉里觉得那些药听起来很危险，说不定有毒，这么做可能会让马娅走上一条她本不该走的路。他也担心，如果马娅被正式诊断出患有严重疾病，以后可能就没法得到良好的医疗保险了，这样一来她会陷入什么境地？拉里认为，女儿应该就这样继续生活下去。她现在感觉挺正常的对不对？马娅拒绝了医生的治疗方案。搬到纽约去读硕士后，她也想过再去看几位专家，再做几次磁共振成像，但都没有付诸行动，因为她从事自由职业，没有医保。做磁共振成像很贵，而如果没有保险，医院会要求你预先把现金给够。她感觉还好，拉里也觉得她没事。她不想变成病号。

症状消失了一段时间，但接着又回来了。有一次，她左手麻木了，手臂也失去了知觉。还有一次，她靠在男友肩膀上时，她腿上的一块肌肉开始剧烈抽搐，甚至都能看到那块肌肉在她苍白的皮肤下面跳动。男友问道："天！那是啥啊？"但马娅也不知道。有时候她感觉自己在接受电刑，有时候还会感觉自己的躯干消失了。马娅在纽约看了一些医生，接着又在洛杉矶看了一些医生。她花了好多个小时给以前的医生打电话，要求他们把一沓沓厚厚的病历寄给她的新医生。有时候如果吓坏了，她会去医院的急诊室，还有的时候，她会对着急诊室的医生大喊大叫。她说自己无法呼吸，也无法行走。她快要窒息了，也已经是个残废。马娅觉得自己像是个19世纪的疯婆子，无能为力又歇斯底里。这些年来，她积累了好些诊断结果：抑郁症、焦虑症、5-羟色胺综合征、B型人格障碍、纤维肌痛综合征。有个医生把拉里拉到一边，对他说，他女儿"这些病都是从网上看来的"。拉里肯定相信这个医生的说法，因为马娅所谓的症状正在变得越来越荒诞。与此同时，马娅也在服用怡诺思、立普能、倍思乐和百忧解等抗抑郁的药物。2012年，她觉得特别累，有时候几乎都无法自己下床去洗手间。她会把房间里电视的音量开大，然后俯卧在地板上。

那年，马娅的腿开始不听使唤之后，她在洛杉矶的朋友开车送她去了附近一家医院，但医院没有收她，因为她没有保险。随后他们去了一家非营利性质的医院，那里同意收治她。那里的医生很和蔼，他们告诉马娅，她绝对是得了多发性硬化。她大脑里有多发性硬化病变，上脊髓和下脊髓也都有。她很可能十几岁最多二十出头的时候就得了这个病。奇怪的刺痛感和瘫痪，都是这个病的症状。还有她极度疲惫和抑郁，研究人员认为这也跟多发性硬化引发的炎症有关。马娅了解到，大部分患有多发性硬化的人都有缓解和复发的时候。医生说，这就解释了她有些年份会感觉差不多见好了，但接下来又会有短暂的急性残疾和疼痛时期。部分多发性硬化患者的寿命跟正常人差不多，医生希望药物能让这种疾病的病程发展得慢一些，但没有什么能阻止或逆转。马娅说，她打电话告诉父亲这个消息的时候——跟他说这么多年过去了，事实证明我一直是对的——父亲说："别跟我来这套。"

马娅退掉了在洛杉矶租的公寓，把自己的财物都存到了仓库里。她说她需要一个仓库，因为她很快会回来。她会回到洛杉矶，回来工作。她用了一辈子的时间来积累自己的潜能，结果却以这种方式结束，不可能是这样子的。随后她飞去科罗拉多州，驱车前往拉里在克雷斯通的家。拉里在开始信佛、跟马娅的妈妈托娃分居后就搬到了这个小镇，他把圣菲的房子留给了托娃。克雷斯通坐落在桑格雷-德克里斯托山脉脚下，太阳落山的时候，山上会闪现出红色的光辉，因此朝圣者众，也以此而闻名于世。这个小镇虽然只有几百名本地人，却有好几个宗教中心（包括一连串佛教寺庙、一个印度教修行处、一个禅宗中心、一个加尔默罗会修道院、一个美洲印第安人的圣所），还有一些"新时代"宗教的治疗师。住在这儿的人有时候会说："随便扔块砖头都能砸到灵媒。"拉里给马娅在这儿租了一间小房子，这让她觉得自己仿佛生活在旧西部。马娅觉得自己似乎应该对这间小房子表示感恩，但因为是拉里付的钱，她又觉得怨愤。几个月过去了，马娅走起路来成了医生所谓的"横摇直摆的步态"，不得不开始使用拐杖，再后来用上了助行器。她觉得身上疼得越来越厉害了。每一天，她都要说服自己向疾病投降，让自己逐渐不再需要这具肉身，这样她就不会受到肉身的威胁。拉里在镇子的另一头看着自己的女儿放慢步伐，他觉得奇怪，为什么马娅有时候走起来很滑稽，有时候又似乎走得像模像样。

那年晚些时候，克雷斯通的医生把马娅送到丹佛做了更多检查。马娅告诉医生，她身体的各个部位都正在失去知觉。四肢一个接一个地变成了死肢。为什么她的病情恶化得这么厉害、这么快？科罗拉多大学医院的专家收治了她，给她开了些药，也做了几次磁共振成像。他们问了很多问题。有位年轻医生说，他觉得马娅可能得的是躯体化障碍，这是一种精神障碍，会导致身体疼痛。她很确定自己没有得这种病——这些疼痛可不是她脑子里凭空想出来的——但这位医生还是把这个结论写在了她的病历本上。检查结束后，马娅回到拉里付钱给她订的很不错的酒店房间。她给妈妈打电话说，这事儿整个都已经毫无希望了。她的四肢仍然是全毁掉的状态。她说："我连洗澡的时候想自己站着好洗洗头都不行。"

马娅挂了电话没几分钟，就有一位和蔼可亲的女警官敲响了马娅的房门。她说马娅的妈妈被女儿的绝望情绪吓坏了，于是给卫生中心打了电话，接电话的护士则认定马娅有自杀风险。女警问她，想不想去行为保健中心待一段时间？后来马娅告诉我："我对自己究竟处于什么状态太困惑了。我想着，等等，我抑郁了吗？"她同意入院。"现在好了，我周围都是自焚的人，脖子和手腕上有自残印记的人，患有严重双相情感障碍的人。我可不属于这样的地方。到了晚上，护士会走进来，就像《飞越疯人院》里那样，你必须吃抗抑郁药……他们会拿手电照你的舌头上下，确保你吃下去了。"一个星期后，马娅出院了。在回克雷斯通的大巴车上，她深信自己没有精神疾病，这是一种新感觉。他们试图让她相信她有，但他们错了。她对自己说："现在我非常清楚。"

马娅的妈妈托娃 2014 年死于与阿片成瘾有关的并发症。她生前就一直在服用治疗头痛的药片，停不下来，这些年跟两个女儿也越来越疏远了。马娅的姐姐劳拉——她的"如糖似蜜的姐姐"——一年后也在准备艺术学校的考试时死于一种未确诊的心脏病。拉里在葬礼上致了悼词，但他没有说劳拉的名字，而是一不小心说成了小女儿的名字。他在前来送葬的人面前说道："马娅去世的时候……"拉里觉得马娅可能会自杀，因为她有时候就是这么说的。他告诉马娅，自己不希望另一个女儿也没了，他说他可不想白发人送黑发人。

"那就别送。"马娅说。

马娅不再和朋友们说话了。也有可能是朋友们不再和她说话了。很难说究竟是怎么回事，真的。马娅想，健康的人和生病的人待在一起会很累吧。健康的人在她面前似乎很泄气，就好像她在吸走他们的生命一样。也许他们在看着她的时候，会想到死亡，所以他们也许只是不想看着她。马娅在克雷斯通一家比萨店见到特维时马上就被他吸引了，部分原因是特维似乎并不害怕待在马娅身边。特维年纪大一些，五十上下，一条长长的、乱蓬蓬的马尾辫扎在衬衣领子后面，戴着金属框眼镜，镜片下的小眼睛总是眯着。马娅和特维很快坠入爱河，开始一起生活。后来他们不再是爱侣了，但仍然彼此深爱着对方。

马娅申请残疾人社保结果被拒了，便请了一名律师上诉。她说，在听证会上，律师们对她轮番盘问，并指控她试图从社保中揩油。她说，这是"我经历过的最让人泄气的事情"。在等待判决结果的时候，她每个月都要从拉里那里拿钱，这让她感觉自己是个失败者。她闭门不出，在网上读了好多文章，都在讲多发性硬化这种病生不起，会让人破产。据估计，美国有40万多发性硬化患者，他们当中有很多人无法工作，而接受治疗每年要花数万美元。根据美国人口普查数据，多发性硬化患者比普通美国人贫困的可能性高出50%左右。马娅设想着自己永远过着穷日子会是什么样子，一想到这些，她就觉得生不如死。

文章说，有时候保险公司会阻止医生给病人开最新也最贵的治疗多发性硬化的药物，除非旧的、没那么有效的药物试过也全都没起作用。也就是说，最好的治疗方法经常没法及时用到病人身上。马娅找了一些相关文章发给我，于是我打电话采访了加州大学旧金山分校的神经学家、多发性硬化专家道格拉斯·古丁（Douglas Goodin）医生。他在电话里告诉我："对我们来说，保险是个大的问题。真是蠢死了。"古丁说，除了治疗病人，他还花了大量时间跟保险公司斗智斗勇，好让病人能用上他认为对他们最有用的药物。在斗智斗勇的同时，他只能眼睁睁地看着他的病人旧病复发，残疾越发严重。古丁说，保险公司甚至根本不想了解这种疾病。他的一些病人因为极度疲劳而无法工作，这是多发性硬化的症状之一。但如果他们尝试申请伤残补助金，保险公司就会派私家侦探到他们家里盯梢，只要他们费尽千辛万苦从床上爬起来去办点事，就会被拍下来。古丁在电话里对代理律师说："真是荒唐！病人都已经让疲劳压垮了。但疲劳是看不见的。"

马娅终于申请到残疾人社保之后才惊讶万分地发现，所有的钱加一块儿原来也只有那么点：大概一个月750美元，还有一些食品券。因为她年纪轻轻，几十年来也没有往社保里交过钱，所以她能拿到的钱比年纪更大的病人要少。马娅用这笔钱支付了她和特维合租的一间小房子的租金，现在特维不分白天黑夜，全天候照顾她。特维发现，马娅有些时候看起来很敏锐，"像个博士那么聪明"，但其他时候几乎全都是脑子不清不楚的样子，语无伦次，也好像有点儿心不在焉。特维没法知道，她究竟是因为疼痛而分心，还是因为服药而神志不清，又或者只是失去了头绪。有时候，马娅看起来天真无邪，十分敏感，周围的世界仿佛很容易就能浸透她，就像个小女孩一样。从她最早生病的时候开始，从情感方面来说，时间在她身上就好像冻结了一样。

马娅想读一读与多发性硬化相关的文章，但发现那些文章里的乐观令人作呕。"在他们给你看的照片里，所有人都坐着轮椅，面带微笑，坦然面对自己的人生。"每一张照片似乎都在奚落她："你看谁谁比你还糟糕，可人家就能找到生命的意义。"她更喜欢读多发性硬化会以哪些方式杀死她的文章。到未来某个时候，她会再也起不了床，体重减轻，更容易因为皮肤破裂而感染，或者得尿路感染。她的免疫系统已经受损，所以这些情况都可能会引发医生有时候会称之为"故障级联"的现象：身体系统中的某个节点出了故障，进而导致另一个地方也出现故障，就这样环环相扣。她读到褥疮感染会让皮肤溃烂，一直烂到露出组织、肌肉、肌腱、骨头。另一种可能性是吞咽会有困难，最后可能会死于吸入性肺炎。

有时候，马娅会跟特维说，她想早点结束自己的生命——比如说现在——但不知道怎么做最合适。她也跟拉里说过一样的话。但对拉里说这些似乎不像是一个计划，而更像是责怪，像是拿捏，是将她的满腔愤怒和悔恨发泄到别人而不是自己身上的一种方式。拉里说："她一定会在什么时候责怪一下谁的。"

拉里觉得马娅在夸大自己的诊断结果。他告诉马娅："别老想着未来了……趁你还健康，好好享受你的生活吧。我们都会死的，但是别老想着这个。"她还能四下走动，还能看书，还可以跟人聊天，跟人建立联系。医生不是说过，一些多发性硬化患者的寿命跟正常人差不多吗？拉里一遍遍把吉米·厄加（Jimmie Heuga）的故事讲给马娅听。这是一位美国滑雪运动员，也是奥运会运动员，在确诊多发性硬化之后，反而因为他积极进取的态度而声名大噪。厄加每天都会给自己设定一些生理和心理上的小目标，并一一实现。拉里对马娅说，他对厄加的乐观心态钦佩不已。但马娅认为厄加的积极进取很滑稽，而且不实在。为什么她不应沉湎于自己的疾病，想着可以早死早超生，来让这种病有个头呢？她都没有一直抓狂尖叫，这已经是奇迹了好吗！但就连马娅的医生都认为她过度警觉——她不断检查自己的身体，寻找虚弱和疼痛的迹象——有时候会让多发性硬化看起来比实际情况还要糟糕。多位医生在马娅的病历上写道，马娅需要多运动。

大概就是在这个时候，我开始跟马娅联系——打电话，发电子邮件，发短信，在 Skype 上通话，有时候一聊就是好几个小时。交谈间隙，她会给我发文章链接，有一些讲的是慢性病会花多少钱，还有一篇是《纽约时报》的报道，讲一个独居的人死在自己的公寓里，过了好几天才被发现，是他的邻居在楼道里"闻到一股恶臭"打电话报的警。"一篇好文章啊。"她写道。我知道，马娅既渴望一个人结束自己的生命，又认为孤零零地死去太可怕了。在电话里，她问我有没有跟其他像她这样的人聊过。她想知道："你有没有看到，有那么多病人都得不到帮助？你听说过别的类似的事情吗？他们也是年轻人吗？"不过她最想谈论的，是关于死亡权的辩论。她说，她对这个话题很痴迷。"为什么我不能直接给我的家庭医生打电话说，'嘿，我觉得时候到啦'。你知道的，对不？"

马娅在网上寻找相关信息时，会发现自己出现在小型残疾人权利组织的网站和博客上。近几十年来，这类组织已经成为美国协助死亡合法化最强烈的反对者，大声疾呼的劲儿甚至比天主教会还大。有些网站讲述了美国死亡权运动的早期历史。马娅了解到，从20世纪初到中叶，支持安乐死和支持优生学往往很难区分开来。有些活动人士支持死亡权，跟他们呼吁出于仁慈杀死"低级基因"想法的出发点是一样的；对于让数千名患有精神疾病和身体残疾的美国人强制绝育的活动，他们也赞赏有加。有些残疾人权利活跃人士警告称，这两个运动命中注定纠缠不清，协助死亡合法化对非典型身体的人来说是一场灾难，就算这些法律理论上只适用于得了绝症的人。

马娅开始跟脸书上的一些活跃人士发消息，读他们写的文章。我们都读了"还没死"的成员写的文章。这是一个反对医生协助死亡的全国性残疾人权利组织。有些作者观察到，在协助死亡合法的州，病人选择协助死亡的原因往往跟身体上的病痛没什么关系。他们想死是因为他们害怕失去自主权，不想在生理上依赖他人——他们害怕会有那么一天，需要配偶、孩子或者付费的专业护理人员来帮他们上厕所，他们觉得这样会有失尊严。但是，这些事情在残疾人中间不是全都司空见惯吗？从这个角度考虑，像在俄勒冈州这样的地方，不就真的是在帮助人们死亡，好让他们不会变成残疾人吗？

我在跟马娅聊过之后，联系了"还没死"的区域主管约翰·凯利（John Kelly）。他告诉我："这类法律一直就是一张针对残疾人的拘捕令。残疾人被困在在医院里，在绝境中。有很多人认为我们还是死了的好，死了才是最好的结局。这样的故事太多太多了。"在凯利看来，尊严死法律就是对"死了也比残疾好"的观念表示认可并言之成文，还招募医生参与进来。实际上，这些法律隐含着对残疾人的质问：为什么你们还在这儿？你们还活着，不是给我们增加负担吗？凯利对我说，随着协助死亡变得越来越普遍，现在死亡只是一个选择，慢慢就会变成一种义务：即便不是通过法律强制，也会通过医疗中的期望、资源稀缺和社会上的鄙视造成的压力来实现。全国残疾人委员会一直反对临终医疗援助。在2019年的一份报告中，残疾人委员会表达了大致相同的观点："协助自杀在美国的医疗保健体系中一经合法化，马上就成了最惠而不费的治疗方法。不需要直接强迫。如果保险公司拒绝批准所费不赀的维持生命的疗法，甚至只是拖延一下，病人都可能会被诱导着走向加速死亡的方向。"残疾人群体变成了尊严死的陪葬品。

凯利补充道："你如果为自己成了负担的感觉创造了一种治疗方法，就不可能将其限制在一个随意定义的人群中。"任何人都可以声称自己有什么什么感觉，而法律也不得不扩大范围，好把这些人也容纳进去。凯利说，如果人们是因为他们的身体状况而想要自杀，那他不会试图阻止他们。但他会一以贯之地反对医疗体系的正式干预。

临终援助的支持者一般来讲对在公开场合跟倡导残疾人权利的活跃人士打嘴仗并不感兴趣。不过最近这些年，他们也在努力消除这样的忧虑。他们重申，这种法律只会用在剩余寿命不到6个月的绝症患者身上。他们指出，每一例协助死亡都会有多名医生参与，他们的工作就是确保法律的限制得到贯彻。在2007年《医学伦理学杂志》上发表的一项同行评议研究中，研究人员利用俄勒冈州的数据得出结论："目前没有证据表明，合法的医生协助自杀或安乐死会对弱势群体的病人产生超出比例的影响。"2016年，俄勒冈州残疾人权利组织声称，从来没有收到过"关于在应用俄勒冈州《尊严死法》时残疾人遭剥削、胁迫的投诉"。我向约翰·凯利提出了这些反面意见，他对此不屑一顾。他说，从历史上看，医生、法院和保险公司是一丘之貉，其虽然是残疾人的保护者，却一直不值得信任。

马娅读到了"还没死"网站上的文章，哭了。那时候，她已经开始自视为残疾人。她也注意到，人们似乎被她的拐杖和走起路来东倒西歪的样子给吓坏了。她告诉我："有些歧视非常可怕，也让我产生了负罪感。"

"就好像你是个连自己都讨厌自己的残疾人一样？"我问道。

她说："对。我有点儿担心的是，加入协助死亡的队伍就好像是在说，残疾人应该少一点。我为此还哭过。我完全不是那种感觉。"马娅说，最后她不得不一遍遍问自己，"确保我想解脱并不是因为我不想变成残疾人"。她认为不是这么回事。无论如何，马娅觉得自己的多发性硬化跟残疾还是有所不同的。并没有特定的某种残疾需要她去适应，只有一种诡计多端的疾病，它造成的毁灭还在不断扩大。

马娅了解到瑞士的那些诊所之后，就对特维说想在其中一家死去。她说，这比她在自己家里结束生命要好多了，因为会有医生帮她，不会出什么差错。后来特维很迷惑，不知道马娅对瑞士的迷恋是不是实际上反映了他做得不够好。"我不会那么自大，认为她这么做都是因为我。我如果真的做得很好，一直让她舒舒服服的，那她就不会那么想，而她要是真的去自杀，我是不是本来还能做得更好一些之类的。但总还是有那么一点点感觉。"特维说，是马娅觉得需要特维帮助她吃饭穿衣乃至最后上厕所太不合适了，特维自己并不这么认为——他觉得一点儿也不麻烦。他以前做过专业护工，病人是多发性硬化晚期，有时候病人便秘了，他还会用手指帮病人疏通。他也可以为马娅这么做，只要这么做能让马娅继续活下去，他做多少遍都行。他很坚强，受得了这些。尽管如此，马娅还是说她宁愿死，也不愿意让特维做这些。那样多古怪啊？！她宁愿死，部分原因也是想让特维解脱，尽管特维心甘情愿。马娅觉得自己应该感谢特维，这位曾经的爱人，现在就像哥哥一样天天烦着她。马娅想，别的病人大概对万事万物更有感恩戴德之心，但马娅不想需要特维。

马娅跟我说起这些的时候，我也想起了生物伦理学家伊齐基尔·伊曼纽尔于1997年发表在《大西洋月刊》上的一篇文章。该文章指出，在推动医生协助死亡合法化之前，"美国应三思而后行"。伊曼纽尔在文中提出的关于病痛的观点，一直萦绕在我的脑海中。他写道："医生协助自杀和安乐死的广泛合法化会带来互相矛盾的结果，仿佛要让病人为自己的病痛负起责任来一般。病人不再主要被看成疾病造成的疼痛和痛苦的受害者，而是会被视为有能力通过接受注射或服用药片来结束自己的痛苦的人。如果拒绝这么做，就等于遭受痛苦是病人自己的决定，是病人自己造成的。"这样看来，有选择就必然会给任何可以这么选的人带来压力——让他们觉得是自己选择了受苦受难，因为他们没有选择避开苦难。对马娅来说，瑞士在向她遥遥致意。

2016 年 11 月，科罗拉多州选民以 2 比 1 的优势通过了《生命终点选择权法》，医生协助死亡在整个科罗拉多州都合法了。马娅的医生告诉她，她并不满足这项法律的资格要求，她也早就知道。因为多发性硬化患者通常都死于感染，医生在某个特定时刻很难肯定地说病人只剩下 6 个月生命了。有些人在俄勒冈州等地确实因为神经系统疾病而满足了协助死亡的条件，但他们得的是肌萎缩侧索硬化。这种病的发展比多发性硬化快得多，病程也更容易预测。马娅得出结论，她可能最多"在我基本上只剩下一口气的时候"用到这项法律，但她可不想活到只剩下一口气的时候，她想"解脱"。

马娅读到，如果是在加拿大，她的情形会有所不同。按照加拿大的 C-14 法，接受协助死亡的病人并不需要身患直接意义上的绝症，只要他们遭受的病痛"极为严重、无法挽回"，而且可以"合理预见"他们会死亡就行。如果病人病情严重，无法治愈，病痛也到了无法忍受的地步，而且没有病人可以接受的治疗方法，那么这个病人就可以认为是在遭受"极为严重、无法挽回"的病痛。这项法律没有明确定义"合理预见"是什么意思，而是留给了医生去判断。根据判例，这个词可以指 10 年乃至更久以后才会到来的死亡。后来，在 2019 年，加拿大一家省级法院裁定，就算是这个期限，也是违宪的，要求联邦政府废除这个期限。

然而，在美国，多发性硬化患者只有在他们的病已经到晚期的时候才能满足法律要求。至于说究竟有多少人满足条件，很难找到准确数据。只有部分州会公布详细记录，披露接受协助死亡的患者最根本的病因。俄勒冈州的数据显示，2019年，在188名根据《尊严死法》服用致命药物的病人中，有19人患有肌萎缩侧索硬化，另有7人患有其他神经系统疾病。同年，在科罗拉多州，根据《生命终点选择权法》得到处方药的共有170名病人，其中只有1人患有多发性硬化。很多医生都告诉我，得了多发性硬化的人几乎从来都没法满足法律要求。也有人告诉我，考虑到跟多发性硬化相关的抑郁症风险越来越高，就连想一想这样的病人都会让他感到焦虑。

不过，一些美国医生偶尔会批准一些处于这种疾病晚期的病人，德文·韦伯斯特（Devon Webster）医生就是其中一位。她是俄勒冈州的肿瘤科医生，工作地点在西海岸附近。2019年3月，韦伯斯特前往一个年近古稀的老妇家，这个老妇人想按照《尊严死法》赴死，请韦伯斯特做她这个病例的第二位顾问医生。老妇人住在喀斯喀特山脉旁边的"甜蜜之家"，卧室里很昏暗，散发着香烟的恶臭。韦伯斯特走进去时，看到这个病人静静地躺着，"俏唇"牌唇膏、护肤液和药瓶堆在床头柜上。她床边放着一个套了塑料袋的垃圾桶，她正拿来当烟灰缸使。看到韦伯斯特进来，老妇人笑了，打招呼的声音因为多发性硬化数十年的摧残而含糊不清。

韦伯斯特花了一个半小时检查病人，她的丈夫和儿子则在门外的走道上踱来踱去。病人极为消瘦，这一点从她手上最容易看出来：她的肌肉几乎全都没了，手指之间的皮肤凹陷下去，骨头架成了山岭。这双手看起来更像是鸟兽的爪子，而不是人体的一部分。

在掀起盖在病人身上的被单后，韦伯斯特看见其右脚像芭蕾舞演员一样绷得笔直，是因为肌肉痉挛而僵住了。老妇人也在吃缓解痉挛的药物，但她的腿仍然保持这个样子。老妇人的脚后跟、背上和臀部都有褥疮，吞咽困难，还经常被噎住。韦伯斯特可以看出来，她没有摄入足够的热量来让身体维持得更久一点。褥疮很快就会造成感染，让她一命呜呼。韦伯斯特同意签署协助死亡的文件。离开前，韦伯斯特提醒老妇人，俄勒冈州的法律要求她自行服用药物，她必须尽快采取行动，免得连吞咽能力都没有了。

这次看病之后，韦伯斯特告诉我，如果这位老妇人"得到充分的医疗干预"——插胃管，静脉输液，医院护士给她包扎褥疮，每2个小时给她翻个身——就有可能，甚至是非常有可能继续活不止6个月。但如果没有这些，她就没法活超过6个月了。韦伯斯特说，6个月的判断要根据病人身在何处来衡量，而不是理论上生命维持技术能让她撑到的极限。她还告诉我，这位老妇人对她自己来说也是个很重要的病例，因为她也患有多发性硬化，由于种种症状，她很快就当不了医生了。"所以，我对尊重每个人的自主权的想法非常敏感。"告辞的时候，我挺想问她，到她自己面对自己疾病的最后阶段时会有什么打算，但还是没有勇气问出口。

2016年，马娅从瑞士回来后，就开始梦见旅行的情景。"我被带上飞机，我说：'不行，我还没准备好。我还没准备好。'下飞机穿过廊桥的象征意义，你知道的，对不？"梦里的某个时候，飞行员会转身对她说："没关系的，这次旅途会很开心的。"她告诉特维，是时候离开克雷斯通了。这个小镇挤满了婴儿潮一代的嬉皮士和腰缠万贯的朝圣者,现在一切价格都在水涨船高。她也需要改变。而且她想一个人待着。镇上有些人知道她去过巴塞尔,关于马娅曾有什么打算结果却没那么做的闲言碎语也传播开来。她的父亲惊慌失措,也觉得蒙羞。

马娅看着特维收拾好房子,也收拾好了两只猫和一条狗。他们沿着285号公路往南开,穿过圣路易斯山谷,越过州界进入新墨西哥州。来到陶斯后,他们在一条长长的土路尽头找到了一座红色的小房子,土路两边都是光秃秃的树木。在把马娅的美洲原住民海报和笑面佛像,以及特维的俗气的描绘犹太宗教场景的油画放进去屋子里之后,屋子似乎就被填满了。孟春时节,这个地方看起来像被遗忘了一样。在一楼的新卧室里,马娅能听到郊狼的叫声。在她癫痫发作颤抖不止的时候,在她服完药躺下来等着身体平静下来的时候,她会聆听郊狼的叫声。如果特维也在,他会试图按住马娅的手脚,这样她就不会伤害自己了,但也会因此变得疯狂而愤怒。她会抓特维的脸,扯他的头发,或者是把口水流在被单上。

马娅对我说:"每一天消失之后,都会变成第二天。就好像《土拨鼠之日》一样,日复一日。"上午,特维会在10点左右叫醒她。他会站在楼梯顶上喊:"宝贝,醒醒,醒醒。"在她慢慢清醒过来迎接早晨的时候,特维会给她泡茶,切一些水果,还会喂猫。她会躺一小会儿,特维可能会用枕头把她垫起来,这样她就可以睁着惺忪睡眼,在笔记本电脑上看纪录片。有一段时间,马娅只看美国公共广播公司(PBS)的"前线"新闻影片,不过最近她一直在看跟耶稣有关的历史节目。她想从耶稣的苦难中学到点什么,好好想想"为什么上帝会在我这么年轻的时候就用多发性硬化来惩罚我"。有时候，马娅也会读书。她读了大屠杀幸存者维克多·弗兰克尔（Viktor Frankl）的回忆录《活出生命的意义》，觉得这部著作非常出色。弗兰克尔写道："人类做好了受苦受难的准备，只要他所受的苦难最终有意义。"

到了穿衣服的时候，特维会帮马娅挑一件毛衣，用扁平的木梳把马娅棕色的长发梳得整整齐齐。马娅会自己洗脸，虽然因为脖子疼，洗脸已经越来越困难了。她会稍稍朝洗脸池弯下腰，用手捧起一些水浇在额头和脸颊上。最后，特维会把她放在硬木地板上，这样就能给她舒展一下胳膊腿，也舒展一下臀部。有时候，特维会用手机播放一些丛林里的声音，让房间里充满人造的鸟鸣和蟋蟀叫。马娅会盯着天花板出神。接下来就是早饭了。马娅吃完水果，亲过挂在厨房柜子上的圣安东尼小画像之后，特维会问她，今天想做点什么：可以跟小狗贝拉一起散散步；也可以到镇上走走，看看那些土坯房门面，从那些店里买大豆蜡烛和捕梦网之类的东西；还可以去咖啡馆里喝一杯热巧克力（那里有个收银员曾经问过马娅怎么了）。有一次，特维说："我们也可以去桥上看看，只要你答应不跳下去。"

2018年1月的一天早上，我和马娅坐在他们的起居室里，特维正在剪花，放进小花瓶里。马娅问道："这些花能开多久啊？"

"只要我一直照看着，这些花就能永远开下去。"特维说。

马娅把目光移开，皱起了眉头。她说，在陶斯很无聊。她这样说，就好像从克雷斯通搬走一开始不是她自己的主意一样；就好像这样流亡更像是出奔，而不是出于自我选择。我问她现在有多疼，如果用1到10来衡量的话会到哪一级，她说是8。那要不我们这会儿先不聊了？她说不用，她还行。马娅说，大多数日子里，她都"没有活下去的欲望。我的灵魂已经死了"。随后她咯咯笑了笑，满怀期待地抬头看我，她说了什么郑重其事的话之后经常这样。

特维离开房间后，马娅告诉我，她越来越不知道该拿特维怎么办了。在他们的新居，特维住了楼上的卧室，把楼下的留给马娅。马娅说，特维的脾气反复无常。他有时候很冲动，有时候闷闷不乐，还有的时候兴高采烈。最近他强迫马娅吃素，现在都不许她吃肉了，就连马娅馋肉馋得不行的时候，就连在餐馆里，都不行。他的关心让马娅很困惑。马娅说，对特维来说，把时间和精力都花在一段将会因为她早逝而结束的关系上根本没意义。她说："这是他人生中很珍贵的一段时间，应该用来跟有未来的人好好培养感情。你也可以说，我把他的这段时光偷走了。"有时候，马娅会冷冰冰地说，他们在一起生活是不平等交易，或者是一项不会给特维带来回报的很糟糕的投资。特维应该得到自由。我话里话外在暗示特维很爱她，结果她看起来好像受到了侮辱。她说，特维从她这里也是有所得的。她让特维有钱花、有地方住，让他有了一种使命感。如果没有马娅，这些他不会有。他也不是圣人。有时候，他会因为他们蚂蚁般的生活感到压抑，会对马娅大张挞伐。马娅说，他们相互对对方的要求和限制，把一切都搞砸了。

在新墨西哥州他们的房子里，我有一种很僵的感觉——马娅和特维相处时那种矫揉造作的感觉。就好像他们都在表现出最好的一面。也许是因为有我在场，我在观察他们，也因为他们都不想发脾气，虽说他俩都指责对方喜欢使性子。不过也有可能是因为，他们各自被赋予的角色本来就很僵：体贴入微的照顾者，痛苦不堪的病人。有了这些因素,他们不会表现出自己最真实的一面。我想跟特维单独谈谈。

  初冬的一天傍晚,我问特维能不能在棉白杨树下聊一聊。他坐在一张棕色木头长椅上,我坐在他对面一块光滑的灰色石头上。他看起来很疲惫,几缕又粗又硬的头发从他的长辫上支棱出来。我们聊天的时候,特维手里揉搓着一根小树枝。他小心翼翼地说:"马娅越来越年轻啦。"他以前在年纪大得多的人身上也看到过这种样子,在老年人一生当中最后那几年。那些老人对外部世界的感觉会慢慢变柔和、迟钝,与此同时,有时候也会变得越来越孩子气。他们也会越来越自私。特维觉得,马娅的心智正在退化,也在跟周遭世界失去关联。他说,过去几个月,他们的对话慢慢有了时差。有时候特维评论了一句什么或是讲了个笑话,看到马娅要过 5 到 10 秒才能跟上。他说:"就好像她身在别的什么地方一样。她不在这儿,要不就是她失去了在这里的根基。"她是因为病痛和恐惧而分神了吗?是多发性硬化病变造成的破坏吗?美国多发性硬化学会的网站上写道:"多发性硬化患者—多半会出现认知问题。"常见症状包括记忆力减退、注意力分散、很难做出规划、很难分出轻重缓急、很难"处理信息"。

  我们聊着天,夜色降临,最后我只能看到灰色天空下特维身体的轮廓了。他对我说,我看起来很冷,问是不是回屋,但我说我们还是在外面再多待几分钟吧。特维说,他过得还好,这些事情基本上都还过得去。但是做到这样也很艰难的,因为他曾经还想另外找份工作,比如说在镇上的某个美术馆做点事,但实际情况是,他没法去找。他们的钱不够请一个全职护工来代替他,而马娅又害怕一个人待着。讲老实话，他感觉很不安。实际上，他非常焦躁。大部分时候，特维都觉得，马娅不会真的再去瑞士。

医生说马娅的多发性硬化已经恶化了。马娅的病情看来已经过了复发-缓解交替的时期，进入了第二进展期，大多数多发性硬化患者最后都会走到这一步。这意味着她的病情不再是间隔着长时间缓解的急性发作，而是会持续不断地恶化。之前的免疫攻击造成的神经损伤，已经达到了临界点，形成了自己破坏自己的势头。早期的损伤会引发新损伤，新损伤又会带来更新的损伤。一位曾治疗马娅的医生告诉我："一旦跨过了这道门槛，我们就很难让她的神经系统继续起作用了。"她可能会失去行动能力。多发性硬化已经让她感觉自己的身体正在被切成碎片，或被太用力的拥抱挤碎，或溺水。

马娅在服用治疗痉挛和疼痛的药物，每6个月输一次液，尽管并不知道输液对第二进展期能有多大帮助。马娅说："实际上，它们在对免疫系统进行地毯式轰炸。太搞笑了。"很难知道情势分崩离析的速度会有多快。磁共振成像并非总能起到很好的预测作用。对马娅来说，等待中的悲伤和沉重开始变得一样了。就像刘易斯（C. S. Lewis）说的那样："我开始明白，为什么悲伤感觉像悬念。"在特维看来，马娅的病情进展就好像达尔文进化论在倒带：每经过一次治疗，她强壮、笔直的身体就会变得更加佝偻，让她更像野兽。

在新墨西哥州医生的坚持下，马娅同意服用抗抑郁药，虽然她很讨厌精神病药物。她想，既然自己很快就又要去瑞士了——也许就在几个月之内——那让自己在这段时间里感觉好一点也挺好。马娅觉得其他得了多发性硬化的人也许能把各种事情都处理得更好，"他们在经历这一切时，也许比我更有风度"。

"为什么这么说？"我问。

"因为身体不能动弹，我经常哀叫、哭喊，我会踩我的手，我会大发脾气。我可能真的就像个小孩子一样。有些女的半点都动弹不得，却没有哭喊、没有尖叫，只是安静地待着。"

"说不定你只是不知道而已。"我说。

"对。"马娅表示同意。但别的病人总是看起来好勇敢的样子。

"你觉得你自己有……不勇敢吗？"

"有。"但会变的，因为她很快就会选定一个日子去死。会是在2018年。

马娅承认，有些关于时间的问题要由钱来回答，然而她现在钱不多了。那一年，她终于有资格享受联邦医疗保险了，原本所有美国人只要开始领取残疾人社保就会自动享有的资格，但她等了2年。就算这样，也不是说不用花钱了。单是她的多发性硬化药物一年就要花大约6.5万美元，尽管保险会支付大部分，但她有时候一个月还是要交好几百美元的保险金和共同给付额。她打电话给美国多发性硬化学会，问自己是不是哪里做得不对，是不是没搞明白保险公司的某些花招，但回复说没有。年轻人要是生病了都会这样。2007年的一项研究表明，尽管美国有90%的多发性硬化患者都有保险，但70%的人仍然难以支付医疗费用，还有21%的人说由于医疗方面的开支，他们在食品、暖气和生活必需品上的支出也减少了。到最后，马娅的存款不足2000美元。她也有资格享受联邦医疗补助了，这是政府针对"有需要的人"设立的一个项目。

但就算这样，也还是要花钱。联邦医疗补助每周只补贴几个小时的居家护理，而且大部分都是由几乎没受过任何训练、拿着最低工资的人做的，他们也许会好心好意，但经常迟到，而且看起来满不在乎。了解到这些，马娅惊讶万分。

马娅在一个名叫"去筹款"（GoGetFunding）的网站上发起了众筹，并将其命名为"马娅的医疗基金"。在主页上，她列出的筹款目标是10万美元，还贴了一些自己穿着棕色毛衣、撑着助行器的照片。她写道："我想继续加紧前行并保持一定的生活质量，但我必须为我的医疗护理（药、输液、保健食品、照护工作和特制轮椅）筹集资金……对我的基金，以及我与多发性硬化的抗争，你们的任何帮助，不论大小，都会非常有价值。祝福你们。"马娅指望这个众筹活动能够星火燎原，但并没有如愿。她只筹到了120美元。

我与巴里·塔伦特（Bari Talente）聊了聊。她是美国多发性硬化学会的一名患者权益倡导者。她告诉我，马娅这种情况很普遍。最早能够治疗多发性硬化的疗法于1993年被推出，价格为1.15万美元。如今，同样的药物价格已经上升到将近10万美元。塔伦特说，这要归咎于制药公司，使药价每年都在涨。现在，因为药物太贵了，很多私营保险公司都把这类药物列入特别等级，向投保人按比例收取费用，有时会达到20%乃至40%，而不是像大部分其他药品一样只收取固定的共同给付额。这意味着，多发性硬化患者每个月仅仅为自己可能需要的多种药物中的一种，就要支付好几百美元甚至好几千美元。近年来更是雪上加霜，因为很多大型公司都转向了高免赔额保险计划，投保人必须在保险费用启动之前先自掏腰包付一大笔钱。今天，一些患者在一年的头几个月就能收到1万多美元的账单。即使是在享受联邦医疗保险的老年人，也可能会面临天价的自付费用。

对马娅来说，如果没有家人来照顾她，也没有钱请专业的护工，她最后似乎就只能住进疗养院，躺在联邦医疗补助的病床上。她觉得这个结局非常可怕，因为那里其他人都比她老得多。她说："我知道这个系统就是要把我搁到那儿去，但是我不想去。"马娅想象着自己坐在轮椅上，盯着墙一连看上好几个小时，脑子敏锐得很，但身体动弹不得。推出去吃早饭。推出去吃午饭。推出去吃晚饭。推出去逛园子。她对我说："这确实是我想解脱的原因之一。这就是赤裸裸的多发性硬化社会经济学。这非常让人沮丧。我也不想这么说，但我还是直说了吧。我选择在什么时候自我了断，取决于我手上的资源什么时候完全枯竭。"

马娅读到，有些疗养院的住院病人在生命行将走到终点，身体已经非常虚弱的时候会选择禁食，好让生命终点来得更快一些。这种做法甚至还有个医学术语：自愿停止饮食（VSED）。这让马娅出离愤怒。医生和护士可以合法地帮助她用好几周的时间饿死自己——小心翼翼地把镇痛贴用在她身上，监测她的生命体征，把冰片放在她干裂的嘴唇上，但就是不给她能马上结束这一切的药物。一想到这些，她就气不打一处来。她设想过活活饿死会是什么样子。啊，不要。她不能那样。

在翻阅马娅的一个文件夹时——有收入补助申请、联邦医疗补助的拒信以及对她日益严重的残疾的描述——我不禁想到，钱款的考量是否在这中间有很大关系，比那些支持协助死亡的人不愿承认甚至不了解的更大。2016 年，有个名叫"同情与选择"的游说组织出了本小册子，里面谈到了经济问题，尤其是"追求利润的健康保险公司和医疗保健组织会鼓励临终医疗援助以节省开支"的"坊间传言"。小册子上写道："向病人施压的经济动因并不存在……俄勒冈州选择临终医疗援助的病人中，有92%都住在临终关怀中心，并没有接受昂贵的加强治疗方案，这个事实可以更好地打破这样的坊间传言。也就是说，没有经济动因鼓励病人加速死亡。"这样评价保险公司的动机貌似合理，但这里并没有谈到经济压力会以多种方式把病人逼到绝境。

就算大部分接受协助死亡的人在享受国家出资的临终关怀照护，这也不能作为板上钉钉的证据说明任何问题。这个事实，跟人们在满足临终关怀法律要求的不到6个月的预期剩余寿命之前就做出的选择没什么关系。比如说，病人可能在刚生病的时候拒绝了昂贵的治疗方式，也许是因为钱的问题，或者是因为想给家里省点钱——而这样一来，他的病情就更严重了。也有可能他病得这么厉害，根本就是因为多年来没享受过更好的治疗方法。在美国，很多关于医疗保健的决定都受到钱款的制约，所以为什么会对此毫无影响？区别只不过在于选择的面有多大而已。"同情与选择"组织出版的那本小册子的结论是："在累计30年的临终医疗援助实际案例中，没有出现过一起强迫或虐待事件。"也许确实如此。但华盛顿特区的那些游说者或州立机构怎么可能知道，尤其当"强迫"并非针对个人，也看不见摸不着的时候。那是一种不显山不露水的力量，表现出来的是长期贫困，经济上的困难和不幸也越来越多。

在驳斥对钱款问题的考虑时，很多支持协助死亡的人都会用俄勒冈州的例子来说话。他们指出，在俄勒冈州，选择协助死亡的大都是有钱、受过教育的白人，而不是政府需要特别关照的边缘群体。根据俄勒冈州卫生部发布的 2019 年"尊严死"数据，7.4%的协助死亡病人在申请死亡时会考虑"治疗的经济影响"，相比 1998 年到 2017 年之间的平均 3.7% 有所提高。但即使是这个数字，可能也并未反映全貌。毕竟，7.4% 这个数并非来自病人访谈或调查，而是来自医生填写的文件，有时候甚至是病人死亡好几个星期之后才填写的，而有时负责填写的医生对病人几乎一无所知。对有些病例，医生填写的内容以跟病人的谈话为基础，但对有些病例不过是最有可能的猜测——由那些很可能从来没有跟病人好好聊过经济问题的医生给出，因为这些问题太微妙了，有时会让人难堪。谁会跟医生聊这些呢？

分配给马娅的家庭保健护士名叫乔纳森（Jonathan）。这是个 40 多岁的壮汉，他觉得马娅应该多看看事情积极的一面。他来马娅家的时候穿着一件灰色 T 恤，脖子上挂着听诊器。他的脸很光滑，只是在下巴底留了一小撮胡子。乔纳森说，除了干护士的活，他也在写一本以宾夕法尼亚州为背景的科幻小说。乔纳森告诉马娅，他来这里是为了监测她的健康状况，给她补充处方药，同时也是为了帮助她弄清楚系统内部的情形。乔纳森说，有些病人可能要花好几年才能了解到所有情况：他们有权享受哪些福利，以及怎样才能享受到这些福利。

乔纳森问马娅最近有没有跌倒过（没有），有没有头晕目眩过（有），吃的东西够不够多（够，但她不太吃那些食物），鼻塞不塞（塞），"排便"有没有问题（有），身上疼不疼（疼，厉害着呢），还有她的呼吸怎么样（有点儿微弱）。马娅跟乔纳森讲自己前一天癫痫发作的事儿，以及特维想帮她的时候，她大发雷霆。她的头撞在柜子上，把猫吓坏了。是因为多发性硬化吗？还是只是因为她在生气？乔纳森告诉马娅，她的癫痫会因为压力而加剧。马娅和特维可能需要想个"安全代码"，一旦马娅看起来像要爆发了，他俩就都可以用这个词来提醒马娅平静下来，深呼吸。乔纳森推荐了"金橘"。乔纳森说，马娅这么生气，他可以理解。"病情发展得太快，我感觉在此期间人们的自我和人生目标都会开始崩溃。他们觉得自己的人生就此中断了……他们有梦想，有抱负，然而现在似乎一切都被斩断，都不能再使用了。"马娅需要找到一种自我反思的方式。

马娅让乔纳森跟她讲讲他照顾的其他病人。有没有虽然身患绝症，但仍然"以积极和令人鼓舞的方式坚持活下去"的人？乔纳森说，有的。比如，他有个病人管自己的恶性肿瘤叫"我的老师"，因为是肿瘤教会她忍耐生活中的不确定性，并对事物的本来面目泰然处之。乔纳森说，感恩是关键，因为如果你情绪低落，没有表现出感恩的样子，可能会让你的人际关系变得很紧张。缺乏感激之情可能会给人你认为一切都理所当然的印象，继而与关心照顾你的人产生问题，让他们不再那么愿意关心你。他再次强调："感恩的态度非常重要。"马娅点了点头。

她对父亲没有任何感激之情。在拉里生日那天，马娅并没有去看他，他也没有请马娅去。她只寄了张贺卡。拉里得肺炎的时候也是同样的情形。大多数时候，他们根本不联系，不过有时候马娅会感觉无能为力，这时她会给拉里发长篇的电子邮件，虽然她也尽力在控制。马娅的信里总是充满了怒气，指责拉里在帮她的时候很抠门，还因为她而觉得难堪。这些信会让拉里想起，马娅最早生病的时候，他根本就不相信马娅的那些症状。马娅对我说："到最后，我也没吃那些药，我的医生也没给我开处方。但是，他在这里面起到了一些作用，只是他才不会承认。我感觉我是不会原谅他了。"有时候，马娅会在电子邮件里附上一些链接，都是关于在瑞士死去的人的电视报道和纪录片。拉里的女友跟他说别理马娅了，她觉得马娅在欺负拉里，快40岁的女人了，还不能自己做决定。拉里年纪太大了，没法承受那样的愤怒。

　　马娅一直在想瑞士的事情。她对自己说："你得拿出勇气来，继续往前走。因为，能力和尊严，只会丧失得越来越多。"有时候她会告诉特维自己的想法，但大多数时候什么也没说。"特维威胁我说，我要是开始收拾行李准备动身，他就会跑到林子里。他说，他没法道别。不行，不行。他会跑到荒野，待上一周。他这么个搞法，很不成熟呀。"

　　我在纽约跟马娅用 Skype 通话时，有时候会想起英国作家朱利安·巴恩斯的话。他说，人们往往要么害怕死亡的过程，要么害怕死去的状态，而且"几乎所有人都只是害怕其中一种而不及其余，就好像他们脑子里没有足够的空间来把这两种害怕都容纳进去一样"。巴恩斯害怕的是死去的状态，我也是。但他认为，大部分人害怕的都是前者，他们害怕生命逐渐消失的漫长过程，但没怎么费神去想，不再存在究竟意味着什么。这似乎也是在说马娅，她会反反复复地想自己未来体弱多病的种种细节，但如果我问她，她觉得在那之后还会发生什么的话，那会是什么，她就想不清楚了。她说："我现在并不是真的很害怕。"但我还是想知道。马娅对我说，

不愿活下去的人

她有时候半夜会被自己的尖叫弄醒。

马娅又开始跟瑞士"生命周期"诊所的管理人员接触了。鲁埃迪告诉马娅，她不用为任何事情感到歉疚。死亡是她的权利，也是她的选择，她不需要拉里批准。鲁埃迪还告诉马娅，如果特维不肯跟她一起过来，他可以飞去美国接她。他说，有时候碰上没有亲友的病人，他也会这么做。

有一次，我问鲁埃迪："你有没有担心过，马娅太优柔寡断了？"

他说："她很典型。我们会跟她说，'你一定要怎么想就怎么做，犹豫不决也没关系的'。"

马娅说，只有一件事会让她改变计划，就是美国的法律出现变化。2018年7月，马娅发给我一个链接，是《华盛顿邮报》的一篇文章，标题是《俄勒冈州推动赋予退行性疾病患者死亡权》。这篇文章谈到有些人在推动立法，想将该州尊严死法律覆盖范围扩大，把阿尔茨海默病、帕金森病、亨廷顿病、多发性硬化和大量其他退行性疾病的患者都包括进来。活动人士希望该州能去掉预期剩余生命不足6个月的要求，并重新定义"绝症"。马娅觉得这些努力很可能会失败，但万一成功了呢？如果法律通过，她和特维就可以收拾一下搬去俄勒冈州，她接受协助死亡的时候，也就不会有犯禁和古怪的感觉了。马娅说："我还是会沉醉于这样的理想，就是能死在自己的祖国。"无论怎样，她都会很快死去，要么是在2018年，要么是在2019年年初。对于这一点，她非常肯定。她说，在新年前夜打开电视，看着有线电视新闻网的主持人安德森·库珀（Anderson Cooper）倒数计时，知道自己再也不会看到下一个新年的到来，也是颇让人如释重负的一件事。那里面，会有一种甜蜜感。

我在陶斯的时候，有一天马娅问我，想不想跟她一块儿去看一个人。那是她在分类广告网站"克雷格列表"上认识的一个萨满，名叫卡莉（Carly）。我知道，马娅总是能吸引一些自由职业的治疗师和"圣贤"。在科罗拉多州曾经有一个已经退休的病理学家；在陶斯有一个基督教牧师；在洛杉矶有一个"送死员"（对应出生这头的"接生员"），也是个卖"狗皮膏药"的女郎中；还有一个澳大利亚的"送死员"，马娅有时候会用Skype跟他通话。在那之前，还有一个高中同学的妈妈，她觉得马娅严重受损，不过仍可以抢救。这些人对她得的病及其意义都有各不相同的理解。关于她遭受的苦痛，他们都有不同的说法。马娅觉得到处求神拜佛有点儿跌份，但在某些时刻，她觉得那些是真的。她在展现自己的虔诚，展现出自己做好了纵身一跃的准备。

我们驱车出城，穿过陶斯的市中心和郊区，经过几家门可罗雀的墨西哥餐厅、一家果汁吧和一家电子烟咖啡馆，随后继续往前开，直到一切都变成了棕色，死气沉沉，四野阒然。我们开进一条土路，经过了一辆抛锚的校车和一尊绿色的大象雕塑。卡莉在她的圆锥形帐篷外面等着我们。她高挑优雅，金色马尾辫有些凌乱，戴着一顶棕色的旧牛仔帽，穿着宽松的红色涤纶裤子。尽管外面有些冷，她还是光着脚，还有一只长得像狼的狗跟在她身旁。

她的屋子里闻起来有一股刺鼻的臭味。天花板上挂着植物标本和一串串贝壳。柜子上有几罐蓖麻油、一套来自拉丁美洲的邦戈鼓、一支刻了圣母马利亚像的蜡烛，还有一摞书：荣格、尼采、迪帕克·乔普拉（Deepak Chopra）。卡莉和马娅面对面坐在一张地毯上，地毯上有图案，也沾了好多狗毛。她们聊了一阵，主要在聊马娅的妈妈，聊马娅有多想她，虽然托娃的阿片成瘾让她们在一起的最后几年过得很艰难。马娅觉得很抱歉，那时候她们吵了很多架。她很抱歉，妈妈那时候那么痛苦，因为阿片类药物，也因为对其他所有人的痛苦都感同身受，她却一点儿都没有发现。托娃去世后，马娅去清理她的公寓，发现盒子里的剪报都已经泛黄了。那些剪报上的内容，都是发生在异国他乡的暴行。中美洲的原住民被杀害。性工作者从街角消失。美丽的村庄被贪婪的商业利益集团摧毁。我以前没怎么听过马娅聊起她妈妈。卡莉告诉马娅，人们身上会带着祖先的毁伤，也就是一代代先人未能解决的耻辱感和负罪感。这样的毁伤潜藏在他们心里，把他们压得喘不过气来。也许马娅继承了根本不属于她的负罪感。有时候，负罪感会伪装成耻辱感。

她们聊完后，卡莉扶着马娅躺到那柔软的沙发上，马娅穿着袜子的脚压在扶手上。她们要清理空间，让能量动起来。卡莉说，能量并无好坏之分，只是要么运动，要么静止，而我们会希望能量动起来。马娅闭上双眼，卡莉的一只手放在她的锁骨位置，手指按在她胸口的肌肤上，就像陶工在揉搓泥土。卡莉拍打了一阵马娅的小腿和大腿，对着她的脸吹了口气，把一架小鼓举在她头上，反复敲击。这一整套动作完成之后，马娅看起来昏昏沉沉的。她悄声说道："宣泄一下。"马娅跟卡莉讲了个故事，那时候她还是个小女孩，和父亲一起在夏威夷度假。她去海滩上游泳，"大海把我拽了回来，扔在地上"。马娅逆着潮水，拼命挣扎才游到岸边。回到岸上的马娅又冷又湿也吓坏了，她告诉了拉里刚才发生的事情。"结果，他还是不相信我。"

卡莉说："专注于这种感觉。"

马娅说:"我觉得我知道自己错在哪儿了。我应该相信我自己就好了。"

2018年夏天,马娅给我发了条短信:"嗨,凯蒂,我真的就像一支蜡烛快要熔化了。"有时候在杂货店里,她的双腿会突然之间不听使唤,有时候她会没办法控制自己的膀胱。特维或者卡莉开车送她去镇上时,她需要穿上身体支架,就算这样,路上随便颠簸一下也会让她感觉自己的脊椎要断掉了。医生在马娅的病历上写道,她的颈椎显示出"相当严重的椎间盘退化"。他们给她开了芬太尼贴片,能缓解病情,但也会让她身体虚弱,让她便秘。他们也给她开了镇痛药物曲马多来缓解她的脖子疼痛。马娅问过所有医生同一个问题:她的多发性硬化现在病情这么严重,是不是因为没有及早诊断和治疗,因为那么多人一开始都不相信她?他们总是说也许是的,但没有谁说得准。

马娅说,她的日常生活在很大程度上已经缩减为两点一线:从床到沙发之间的缓慢移动。她会一连看好多个小时的电视。她说:"我不喜欢阴谋论,但我也开始相信,这一切都是为了让疾病保持慢性病的状态,这样就可以继续赚钱,但是又永远不会治愈任何疾病。"有那么多价格不菲的药物还是治不好她,怎么会有这样的事呢?马娅决定再也不去看医生了。每年去输两次液,但再也不跟什么专家打交道了。马娅说:"大药厂,整个医疗产业的大帝国……挣的钱越来越多,但没有任何人好起来。就是这么回事。"她拒绝认为还有任何希望。"别拿这些屁话来糊弄我。'哦,还有什么什么药物即将上市。还有干细胞。'这些希望都是假的,我们也都上钩了……干细胞？他们还在拿老鼠做试验呢！"

她见到拉里的时候会把这一切都跟他说清楚。这年春天，马娅和父亲又开始说话了，那是在马娅给他发了一些视频的链接之后。视频里讲的是一个名叫黛比·珀迪（Debbie Purdy）的英国女人，她也是年纪轻轻就得了多发性硬化，也被瑞士的诊所接收成为安乐死病人。2008年，黛比向英国政府及其1961年的自杀法发起了法律挑战，从而在英国成了名人。具体来讲，黛比希望议会说明，根据该法律，她的丈夫是否会因为把她带到瑞士而被起诉——是否会仅仅因为帮助她登上飞机，就构成"协助、教唆、劝告或促成他人自杀"，这种罪名最高可判处14年监禁。

在新闻采访中，黛比说，如果她的丈夫可能会因为陪她去瑞士而受到指控，那她就一个人去。但是，如果她不得不一个人上路，那她就得早一点去死，比她自己想要的时间更早，趁她身体条件还允许出远门的时候。黛比的律师指责，政府没有明确阐述自杀法及其强制执行的适用范围，侵犯了黛比的人权。2009年，黛比赢了这场官司，英国也发布了新的指导方针，声称是否起诉家庭成员的决定将把"当事人的动机"也纳入考量。也就是说，配偶和子女出于爱意不太可能面临指控——尽管一切都仍有可能。在判决下来后的一次采访中，黛比眉开眼笑地说，想"完完整整地享受我的人生，但我也并不想承受不必要的苦痛"。

拉里觉得黛比·珀迪的视频还挺不错。马娅发给他的其他报道里的人，会让他觉得"有一点自杀倾向"，也都有些自视甚高。但黛比不一样。她很聪明，调整得很好，也很爱她的丈夫——为了好好生活，她已经用尽全力。那种自我毁灭的冲动，那种马娅高看一眼的其他病人身上让他觉得恼火的冲动，黛比就没有。拉里看了视频，也考虑了很多事情。最后他答应去陶斯看看马娅，也答应和马娅一起去看心理医生。

我问马娅对这次会面有什么期待，还说："这挺难的，就好像，你积累了一些什么，期待着能宣泄一下……"

马娅表示同意："对，我们觉得就像电影里一样。你会找到一个解决办法。但有时候你找不到。"

第一次来看马娅的时候，拉里待了三天。看心理医生花的一个半小时，是这三天里最难熬的一段时间。他和马娅并排坐在两把巨大的扶手椅上，办公室里到处都是来自南亚的宗教饰品和小摆设，还有一些小泰迪熊，是心理医生给儿童病人准备的。马娅死死地盯着一幅画，画上的美洲原住民坐在熊熊燃烧的火堆前，似乎是在冥想。她回想起这些年来自己经常在指责的事情：年轻时父亲对她的症状不屑一顾，不相信诊断结果，一开始建议她不要接受治疗，对她的症状轻描淡写。拉里一再说，他记得并非如此。"我能记起来的并不是这个样子。"看完心理医生，他们去了陶斯一家很不错的餐厅，边吃边聊宗教、负罪感和死亡。马娅觉得，拉里对这次谈话不够投入。拉里则希望不要谈到她就要死了这个话题，别的什么都可以。为什么他们就不能平平常常地聊一聊？为什么总要回到最根本的问题上去？他为女儿的痛苦感到自责，也因为她的情感需求而感觉身体被掏空。马娅要求周围的人都能对她有同情心，强迫人们以特定的方式一直为她感到难过，这些都让拉里不堪其苦。拉里告诉马娅，他也很喜欢跟她在一起，他会再来陶斯。在此期间，他还会帮她解决一些房租问题。但他提醒马娅，自己永远不可能把所有时间都用来照顾她。他年纪太大了，做不到。就在离开陶斯开车回家前，拉里告诉卡莉，他的女儿是个"让人很难去爱的人"。

很快，拉里就每隔几周来一次陶斯。他也会继续去心理医生的办公室，马娅觉得挺好，不过有时候她也觉得，他们的治疗似乎在变得越来越困难，而不是越来越容易。有时候，马娅会当着心理医生的面对父亲大发雷霆。她说，要是拉里做过更多的事情来帮助她，"说不定我现在还能继续在媒体做兼职"。马娅想让拉里说出来，她这么年轻就没有了自己的生活，对她来说一定很艰难吧。她希望拉里深感悔恨，低头道歉。不过，她最想要的是拉里能够可怜她，因为如果这样，怜悯本身就是在证明，马娅是对的。但拉里只会一遍又一遍地重复："我能记起来的并不是这个样子。"有一次，拉里告诉心理医生，他不想跟马娅一块儿去瑞士的安乐死诊所，跟他当记者的时候不肯负责死囚的新闻，原因是一样的：他没有兴趣去看行刑。

另一些时候，坐在巨大扶手椅上的马娅会打量拉里，他80多岁的面容看上去极为苍老，苍白清瘦，皱皱巴巴，就像放久了的葡萄干，让她大感惊讶。她想着，哦天哪，我不能这么对他……我得为爸爸继续活下去。我得活得久一点。

有一次，我问她："马娅，你有没有跟他说过为什么你从瑞士回来了？跟他有关系吗？"

她说："没有，我没跟他讲过。"

在我认识马娅差不多2年后，拉里终于同意跟我在电话里谈谈。他很有礼貌，但我们的谈话简短而严肃。拉里想知道，我找马娅谈这些有什么目的。他当过几十年记者，知道这些都是怎么回

第三章 身体

事。我会从什么角度切入？拉里对我说，马娅"可不能觉得她必须死掉，才能让你有个故事好讲。那样会有一种悄无声息的、隐含的压力"。我同意他的看法，可能会有这样的压力，但我希望不会有。拉里说："我不想让她当烈士，为这项事业献身。"

过了几个月，我们又交谈了一次。拉里坐在家里的客厅里，房间很明亮，墙壁和天花板都是黄色的木头。他戴着一副金属框眼镜，国字脸跟他的女儿很像。拉里说，心理治疗让他知道了一些事情，比如说他知道了，之前不该怀疑马娅。无论什么事情，他都应该相信她，而不是医生。心理治疗也让他明白，"寻求临终医疗援助的人并不是有自杀倾向"。然而，他还是不知道，自己现在应该如何面对女儿。他对我说："这个问题非常难解。像马娅这样得了多发性硬化的人会非常绝望，在他们看来，未来除了更多病痛，再也没有任何好期待了。如果你吃这一套……如果你跟他们看法一样，那就是在助长他们的痛苦。但如果你表示反对，说：'不，没那么糟！还没到那个地步呢！'你就是不支持自己的孩子。这个矛盾我一直没办法解决。"他顿了顿。"我才不信受苦受难是一种福报。我不相信原罪，实际上也可以这么说，基督教那一套全是在讲要受苦受难。我才不信呢。"但如果这样的话，又怎么解释他的这种感觉，这种也许非常微弱、很不明晰的感觉：对于某种程度的痛苦，应该去忍受，而不是逃之夭夭？怎么面对马娅病得还没有那么厉害的局面？

正是如此，我想。父女两人都有各自的理由相信，马娅遭受的痛苦还不够。她这段痛苦的旅程还没有完成，这是她欠什么人，什么东西，或欠她自己的。我想知道，在各自颤颤巍巍的结论中，他们是否找到了节奏。

拉里问我有没有听说过那几匹马,我说没有。他告诉我,几个月前,马娅发现有几匹马站在她家附近的路边,看起来快要饿死了。它们皮肤斑驳,肚子瘪瘪的,肋骨在下面支棱着。拉里说:"她突然决定要把这几匹马救下来。"马娅从邻居们那里筹了些钱,买了燕麦和干草,晚上就用这些草料喂它们。她还找到了马的主人,了解到他没法再照料它们了,因为他买不起草料。马娅打电话给州里的警察,让他们把马带去动物收容所。拉里说:"马没事儿了,马娅很高兴。我想,有自杀倾向的人可不会这么做。"

过40岁生日的时候,马娅和卡莉开车去了新墨西哥州。这段路开得很艰难。马娅很累,医生觉得她也许有睡眠呼吸暂停综合征,而且每次在休息区或加油站站起来的时候,她的心脏都跳得特别快。她总是要么很冷,要么太热。在路上,卡莉问马娅有没有什么好后悔的。马娅说,她希望自己生病后没有就此跟这个世界分道扬镳,希望自己对自己的病没那么难为情,没什么大不了的。

"你现在就算后悔、遗憾,也不妨碍你成为一个美丽的人。两者并不泾渭分明。"卡莉对马娅说,就算在死去之前没有解决所有的负罪感和痛苦,也没关系。并不是所有事情都能得到解决。卡莉说,重要的是到死的那天,马娅还能想着要唱什么歌。马娅曾告诉卡莉,在瑞士的"生命周期"诊所,每个人在死的时候都会选一首歌。

2019年年初,马娅发短信告诉我,一项提交给新墨西哥州议会审议的安乐死法没有通过。俄勒冈州提出要扩大标准范围,如果成功的话,可能会把多发性硬化早期病人也包括进去,但结果也失败了。马娅说,她听到这个消息时大哭了一场。她说,人们不明白,

"有些病得了以后，会比死掉还惨。我的病就是这样"。现在只剩下瑞士一条路了。到最后，她心目中的英雄旅程没法像她曾希望的那样，讲述的是击败多发性硬化，或者帮助修改法律的故事，她英雄般的追寻，结果就是接受事物的本来面目。她说："我这一生当中，曾经有个时候，我谁都想起诉。"但现在，她只想要宁静祥和。这个故事让人悲伤，原因只不过是她用尽所有力气，只想让这个故事变成另一个样子。马娅说她很快就会再去瑞士，过去3年，几乎每个月她都这么说。她只需要买张机票就行了。

与此同时，马娅的心理医生觉得她应该开始为赴死做准备了。她应该开始思考灵魂问题，以及会不会有来世之类。她应该开始摆脱对生命的依赖。但要做到这些很困难。马娅承认，这些天，她好多时间都在狂听广播，狂看电视：关于俄罗斯大选和穆勒报告的新闻。她笑了一下，对我说："我看了好多个小时关于穆勒报告的节目。"她觉得特朗普的政治顾问罗杰·斯通（Roger Stone）会疯掉，还觉得特朗普会在遭弹劾之前辞职。她希望自己能活到特朗普因为自己的罪行而受到指控的那一天。"我的心理医生就好像在说：'你不会是想最后这几个月就光用来看关于穆勒报告的那些报道吧！'"马娅答应不看了，但话说回来，她为什么应该停下来呢？这里面是苦痛，是死亡。到最后，这一切不会有任何意义。要么意味着一切，要么毫无意义，毫无意义。这段时间，马娅也一直想从自己的痛苦中找意义。但是，"没有意义，只有日子，无穷无尽的日子"。

第四章

记 忆

德布拉·库斯德（Debra Koosed）开始准备报税的时候是2018年1月初，要不就是1月中旬，反正是1月，她知道的。她知道自己会弄得一团糟，会需要更多时间才能完成，甚至说不定得好几个月。很快，德布拉每天要花几个小时处理一大堆文书工作。她柔软的身体坐在沉重的轮椅上，停在厨房的大圆桌前，从这里望出去，下面就是俄勒冈州的海岸线。

布赖恩（Brian）是德布拉的"解脱引路人"。他知道德布拉打算做什么，所以他也觉得奇怪，为什么德布拉还一门心思要报税呢？

因为她想让自己的事情都井井有条，也不想事情没做完就算了。她说："我想把那些乱七八糟的事情都捋清楚。"德布拉低头去看报税表格，觉得那些页面仿佛都没有了边框，上面的文字在舞动着散开。

她的小房子里很安静，只有已经去世的丈夫大卫留下的手机时不时会发出哔哔声或者震动起来。大卫的手机上设了好些闹钟，提醒她什么时候该吃饭，什么时候该吃药，什么时候该浇花。早上和晚上会分别有闹钟提醒她拉开或者拉上客厅的窗帘，一天当中也每隔一段时间就会有闹钟提醒她该去洗手间了，因为她并非总能记得要上厕所，这样有时候会出点小事故。德布拉把大卫的手机当成大卫，想象大卫去世一年后转世变成了这部手机，照料着她日渐衰弱的身体和精神。她喜欢说："以前我是一辆玛莎拉蒂，现在就是个老牛拉破车了。"

然而，神经心理学医生对此另有说法，就是"痴呆"。几个月前，德布拉去看医生的时候，这位神经心理学医生告诉她，有些事情不大对劲，而她自己也早就知道了。磁共振成像显示德布拉大脑额叶和顶叶已经萎缩，还会继续萎缩。萎缩已经发展到中期。这次跟医生会面时，德布拉还能背出字母表，数数也能一直数到20，但她想不起来今天是星期几，也不知道自己究竟在哪里。她65岁。医生在告诉她这个消息时，她显得有些无动于衷。医生说："这是你的检查结果。"

看完医生，德布拉开始设想住在疗养院里的生活，神志不清、心烦意乱的生活。医生们会对她视而不见，护士们不知道该让她以什么姿势待着，她才会没那么疼。她会慢慢忘记如何思考、如何咀嚼、如何吞咽。别的住院病人会哭哭叫叫，哼哼唧唧，互相把别人逼到更加歇斯底里、精神错乱的地步。这个地方不会有多好，因为德布拉也花不起那么多钱去好地方。在德布拉的想象中，晚上的情形会更糟。"会有陌生人在我身上摸来摸去……对我动手动脚。"如果这样的事情发生在一家重门深锁的疗养院里，她能知道自己正在承受苦痛吗？

德布拉说，如果她是一只狗，很久以前就有人把她弄死了。德布拉以前把自己生病的狗送去安乐死了，是她喜欢的狗。还是个小孩子的时候，她就已经知道，这么做是出于怜悯之心。"我想着，真不错啊，我能减轻我深爱的狗狗所遭受的痛。"但在亲眼看见自己的奶奶是怎么去世的之后，她开始想："我希望我们能为人类做点什么。"

有时候问题在于能否这么做，不过大多数时候问题在于什么时候做。德布拉说，她会在完全失去自我之前杀死自己。她会尽可能等得久一点，因为她不想死，但也不会等太久。她对我说："我必须意识到这一点才能做到。"布赖恩会展示给她看她需要知道的情况，但不能帮忙。"谁都不能帮我，因为帮了我就等于谋杀。这件事我必须自己来做，所以我必须在我仍然觉得自己知道在做什么的时候去把这事儿给办了。"就现在来说，有好日子，也有很糟糕的日子。然而过不了多久，日子就会一直很糟糕，到那时，她就该消失了。

布赖恩·鲁德在自己波特兰的家里细读了一遍这份申请文件。他以前也跟这样的委托人打过交道，都是刚刚确诊为痴呆的人，但从来没见过这么年轻的。申请人德布拉·库斯德在介绍自己的信中写道："我写这封信是请求得到'最后解脱网络'的服务，加快我的死亡过程。我希望您能帮助我……在我的大脑让我所有的尊严都荡然无存之前。"并非所有潜在客户都像她这样深思熟虑过。有些人在请求帮助时会变得好斗，会说"如果你不帮我，我就打爆我自己的脑袋"之类的话。

布赖恩今年77岁，出生在堪萨斯州的一个德国天主教家庭。他从小就对上帝敬畏有加，相信自己结束自己的生命是滔天大罪，是彻头彻尾的堕落，这在他看来是不可能得到宽恕的行为。但随着年龄增长，布赖恩放弃了自己的信仰，取而代之的是严格信奉个人独立自主的世俗信条，尤其在涉及生命终点这个问题时。他对我说："我没法让医生来决定我应该什么时候死。"现在他已经失去了自己的上帝，痛苦中再也找不到救赎，病痛中再也看不到超脱。痛苦没有了任何意义。"我不相信受苦受难。"布赖恩从波特兰的一家公司辞职，之后便开始在"同情与选择"当志愿者。这是个全国性的非营利组织，致力于游说各州议会，使其通过立法将医生协助死亡合法化。

但是，在布赖恩做志愿者的时候，听到很多关于俄勒冈州尊严死法律没有涉及的病人的信息。那些得了多发性硬化，还能活很多年，但自己并不想活下去的人。有慢性疼痛，但并没绝症的人。得了痴呆的人。布赖恩了解到，到痴呆病人只剩下不到6个月就要死了的时候，该病人很有可能已经痴呆得特别厉害，对几乎任何事情都无法做到知情同意——因此也不符合法律的要求。布赖恩认为这项法律太狭隘了，活动人士应该努力扩大其适用范围，但"同情与选择"的那帮人似乎并不这么看。"他们对推动事态发展并不怎么感兴趣。"2015年，布赖恩在网上做功课时发现了"最后解脱网络"。这也是一个志愿者组织，会教人们如何自杀，而且在人们自杀时陪在他们身边，让他们不用孤孤单单地死去。他以前从来没听说过这样的事儿。

布赖恩读到，"最后解脱网络"由"毒芹协会"发展而来，而后者是一个 1980 年在加州成立的、主张死亡权的组织。"毒芹"这个名字来自古代雅典的苏格拉底在挥泪如雨的学生面前喝下的毒药。这个组织的创始人名叫德里克·汉弗莱，一位有些另类的英国报社记者。1975 年，他 42 岁的妻子琼确诊晚期乳腺癌，于是他采购了巴比妥类安眠药，跟咖啡、糖、可待因混成一大杯，帮助妻子自杀。汉弗莱希望自己的新组织能够推动主流政治变革。通过"毒芹协会"及其政治分支"反对人类受苦的美国人"，布赖恩及其追随者筹集资金，在多个目标州资助了推动"尊严死法"立法提案程序。是他们让这类法律得以通过的。在一篇题为《面对孤孤单单、无依无靠的老年生活，有些老年人宁愿选择自杀》的文章中，汉弗莱告诉《纽约时报》的记者，在理想情况下，新法律不会一边回应"认为对奄奄一息的人实施经慎重考虑、有计划、合乎情理的自愿安乐死的时候到了的汹涌舆情"，一边允许"对老年人和有智力缺陷的人施行希特勒式的强制安乐死"。

1980 年 7 月，在"毒芹协会"成立的会议上，协会最早的成员之一曾感叹："我的天，他们往支持堕胎者的屋子里扔燃烧弹……你觉得他们会对我们做什么？"

十年后，毒芹协会宣布已经有 90 个地方分会，5 万付费成员，由 13 名带薪员工居间担任协调员。尽管如此，在此期间，毒芹协会的所有政治上的立法提案程序都没有取得任何成功。医生协助死亡在任何地方都仍然属于非法。而汉弗莱自己也开始对自己创立的组织失去耐心。并不只是因为毒芹协会在政治方面毫无建树，也因为该组织的志向，也就是汉弗莱本人一直以来的志向，似乎与该组织普通成员的志向不大相符。各地方分会的会议多在普救一位神教教会狭小的地下室举办，表面上人们聚在一起是为了讨论毒芹协会即将做出的推动立法的努力，但实际上他们问的很多问题都是怎么死更好。他们想知道，垂死是什么感觉，以及怎么跟他们的医生谈这件事情，怎么确保他们不会到头来变成毫无知觉的植物人，要靠医院的各种仪器才能维持生命。另外，他们也想知道怎么说服医生给他们开足够多的安眠药，好让他们服用过量，一了百了。尤其是艾滋病患者特别希望能具体说明：什么药？开多少？

因应他们的需求，汉弗莱在1991年自费出版了一本书，作为对他们的直接回应。这本书叫作《最后解脱：给临终者的自我解脱和协助自杀实用指南》，实际上是它一本手把手教你如何去死的手册。汉弗莱只能自己掏钱印书，因为没有任何一家出版机构愿意出版。这本书探讨了不同的自杀方式，并声称清楚地"介绍了完美的死亡方式，不会一塌糊涂，不会有人验尸，尸体也不会被解剖"。有一章讲述如何用药片和塑料袋自杀，还有一章讲的是怎么饿死自己，怎么渴死自己，另一些章节则涉及"氰化物谜团"和"人寿保险"。汉弗莱还在书中提出了热切的恳求，督促该书读者睁开眼睛，直面人固有一死的必然性。他写道："你身患绝症，所有可用的医疗手段都已用尽，各种各样的痛苦让你无法忍受。这种困境太可怕了。但我们必须面对。你是不是应该继续战斗下去，忍受着痛苦，忍受着没有尊严的生活，等待必然的，但可能要在好多天、好多个星期、甚至好多个月之后才会到来的结局？或者就是，你是否应该自己控制局面……？"用汉弗莱的话说，用物理手段让自己安然死亡并不只是个人的精明选择，而且在道义上也是值得尊崇的。能牢牢控制自己的生命终点，本身也是一种英雄主义。

一开始并没有多少人对这本书感兴趣，汉弗莱只能在毒芹协会举办的活动中向朋友们及外围的活跃分子免费派送。但后来，出乎所有人意料，这本书竟然开始大卖——卖得相当好，甚至在《纽约时报》畅销书排行榜上停留了14周。《纽约时报》称之为"出版史上最不可能成功的案例之一"，还提到"大量好莱坞制片人甚至在寻求购买此书的电影版权——他们显然没有费心读过这本没有任何人物、场景或对白的作品"。杰出的生物伦理学家阿瑟·卡普兰（Arthur Caplan）说，这本书是"一番警告"，"对于医学怎么处理绝症和垂死病人，这是最响亮的抗议，也是最有力的声明"。

这本书出版后没多久，汉弗莱就离开了毒芹协会。当时也是他的第二任妻子安·威基特（Ann Wickett）用巴比妥酸结束自己的生命之后没多久。他的妻子也在毒芹协会，是汉弗莱的合作者。她在自杀时留下了一封遗书，指控汉弗莱在她确诊癌症后竭力劝她自杀。她在遗书中写道：这就是你想要的结果。毒芹协会在汉弗莱离开后仍在运转，但工作重心有所改变。1998年，该组织设立了一个名叫"关爱之友"的项目，由一位来自加拿大的医生运营。在这个项目中，志愿者会受训成为"送死员"，也就是一种引路人，设法帮助病入膏肓的毒芹协会成员弄到一批足够的致命药物，之后在病人吞下这些药物的时候，他们也会陪在病人身边。人们对协助死亡的需求非常迫切，客户很快就出现了。有一个全球保险业高管，她在吃下一碗掺了巴比妥酸的苹果酱时，她的狗就静静躺在脚边。有一个30多岁、患有运动神经元疾病的女孩子，长得很漂亮，她的家人专程从欧洲飞来送她最后一程。他们一粒一粒轮流给她喂药，直到她把药片全都吃完。还有一个人得了神经系统疾病，这个人简直满腔怒火,毒芹协会的引路人坚持把他的死亡程序推迟了好几个月,让他跟自己的弟弟把一些问题解决掉,好最后走得安详一些。有些死亡过程还挺有趣的。有个老妇人在喝巴比妥酸液体时大喊道:"真的好苦啊!但就算苦死我,我也要全都喝完。"她顿了顿,然后自顾自地笑得乐不可支。她又说了一遍,这回是对着毒芹协会的引路人说:"就算苦死我。"随后她才把药液全都喝完,沉睡了过去。

21世纪初,毒芹协会与另外几个死亡权团体合并,之后又经历了分裂。大部分成员后来加入了总部设在华盛顿特区的游说组织"同情与选择",完全投身于明面上的游说工作,而少得多的另一部分人重组为"最后解脱网络"。到布赖恩·鲁德加入时,"最后解脱网络"已经演变为一个有些独特的组织。这个组织有一个"脸书"页面,一个破破烂烂的网站,有正式的等级制度,据称还有数千名付费会员。这是个根据501(c)(3)条款[①]注册的非营利性组织,向其捐款可以抵税。根据网站提供的说法,该组织"为推进基本的人的自主权做出了贡献"。但是,这个组织的志愿者只能在不为人知的地方工作,没有公众或管理机构的监督。布赖恩跟这个组织取得了联系,受邀进行培训,成为"解脱引路人"。

2016年,在圣何塞的一个为期两天的研习班上,布赖恩按照"最后解脱网络"的方案接受了培训。他了解到,虽然"引路人"会在协助自杀的现场提供帮助,但并不能是字面意义上的帮助。协

---

① 美国《国内税收法典》(Internal Revenue Code)的501(c)条款列出了20多种享受联邦所得税减免的非营利性组织,其中第三种即501(c)(3),包括宗教、教育、慈善、科学、文学、公共安全测试、促进业余体育竞争和防止虐待儿童或动物等组织。——译者注

助自杀在大部分州都是非法的，即便医生协助自杀合法的州也同样如此——即使是在并没有明文规定的地方，"解脱引路人"也很容易受到刑事指控。因此，"最后解脱网络"必须绕开法律。该组织领导层制定的规则是，"解脱引路人"可以给出指导和建议，可以陪服务对象坐在一起，但绝对不能跟他们有身体接触。他们希望能通过这条规则，让自己免遭起诉。"最后解脱网络"的律师罗伯特·里瓦斯（Robert Rivas）在向新受训人员做介绍时说到了这一点。里瓦斯对我说："很多人的第一反应是：'对，你就是对我们眨眼了而已。'如果没有别人在房间里，我们就会给他一些有实际接触的帮助。我们把手放在什么东西上面，我们打开阀门，我们帮他接上管子，诸如此类。我们从一开始就必须消除他们认为我们在眨眼、点头的想法。"无论什么情况，"解脱引路人"都不可以"帮忙"。为避免混淆，在讨论"最后解脱网络"的工作时，最好完全不要用这个词。

罗伯特仔细研究过这个问题，发现大概40个州有明文规定，将协助自杀定性为刑事犯罪，尽管这些法律彼此有很大差别。有些州，必须做出"有身体接触的协助行为"才会被起诉，而另一些州，只是嘴上说说鼓励别人去死就够定罪了。还有少数几个州，仅仅是告诉别人怎么自杀就有可能被起诉，而这些州对"最后解脱网络"来说也是最危险的地方。实际上，"最后解脱网络"已经成为多州联合的一项卧底行动的目标，该组织的志愿者在三个不同的案子中被起诉过。其中一个案子是在一个名叫范沃里斯的58岁女性去世后被起诉的，结果证明这个女的根本没有身体不适，而是在申请"最后解脱网络"的服务时捏造了病情，因为她患有抑郁症和妄想症，觉得有虫子正在啃食她的躯体。范沃里斯的妹妹后来说，如果"最后解脱网络"没有把范沃里斯描述的病情当真，如果该组织的"引路人"没有放任她沉迷在抑郁症幻想中，她绝对不会自杀。

2015年，"最后解脱网络"在明尼苏达州被判重罪，因为其协助一个有慢性疼痛的57岁妇女自杀。此前该州最高法院曾在另一起案件中，把使自杀成为可能的话语也纳入了"协助"一词的定义中。"最后解脱网络"被罚款3.3万美元。该组织对这一判决提出上诉，指出"引路人"分享的信息在图书中和互联网上也很容易找到。该组织律师辩称，按照明尼苏达州最高法院的解释，就连图书馆管理员都可以被判有罪，如果他曾给一名读者讲自杀的书，而这名读者后来自杀了的话。结果上诉被驳回。

在研习班上，布赖恩和其他受训人员也观看了"最后解脱网络"的自杀方法操作演示，就是用一个结实的塑料袋和一罐纯氮使人窒息而死。"同情与选择"的主席芭芭拉·库姆斯·李（Barbara Coombs Lee）曾经说"最后解脱网络"的塑料袋面罩相当于"衣架在生命终点的等价物"，因为衣架不过用来让衣物保持形状。布赖恩也认为，这样自杀"并非很有尊严"。但是，比起药物，"最后解脱网络"还是更推荐窒息而死的方式，因为这些东西很容易找到，自己去买也不犯法。而且，据说也不会有痛苦。布赖恩了解到，"最后解脱网络"的主要目标不是改变法律，而是帮助那些在法律之外遭受痛苦的人，因为他们生活在协助死亡不合法的州，或因为他们的症状不符合法律制定的标准。按照"最后解脱网络"的规定，当事人不需要身患绝症，甚至不需要奄奄一息，只要他们在遭受

"无法忍受"的痛苦，只要在将塑料袋拉下来罩住自己脑袋并打开氮气罐开关的时候精神正常就行了。

跟布赖恩一起接受培训的志愿者有15人左右，布赖恩很喜欢他们。他们大都比布赖恩年轻，四五十岁的样子，但布赖恩与他们相处融洽。有一个人叫彼得，他的姐姐在他很小的时候自杀了。还有一个人叫约翰，是圣公会牧师，但已经弃绝了有组织的信仰。"最后解脱网络"的很多志愿者都相信自由意志，在他们看来，自由意志近乎教条，很多人是在目睹了让人胆战心惊的死亡过程后加入这个组织的。在他们描述的死亡案例中，有些属于血溅当场，场面很吓人，但其他案例就只是司空见惯的可怕情形了：十分缓慢，也十分复杂。有些志愿者一直在寻找类似"最后解脱网络"这样的组织，而他们在网上发现了它之后如释重负。就是它了。在6个月的培训期间，布赖恩也完成了他的第一次"解脱"。他的服务对象是一名男子，该男子与爱人亲吻、拥抱之后让他离开了房间，因为他不忍心看着爱人在场。

一开始接触这个组织并开始跟"引路人"碰面时，我就想起了"简氏集体"这一群人。在罗诉韦德案之前的那些岁月里，这个地下妇女服务组织在芝加哥为很多女性提供了服务，为她们做当时仍然违法的堕胎手术。据估计，从1969年到1973年，匿名的"简"帮助终止了1万多例妊娠。在我看来，"最后解脱网络"之于生命终点，就如这些"简"之于堕胎的意义。但我也了解到，有些"最后解脱网络"的成员更喜欢跟历史上更重要的事例相比较，其中一个类比让我肃然起敬。有一次，我跟"最后解脱网络"当时的主席亚尼斯·兰迪斯（Janis Landis）在纽约曼哈顿一起喝咖啡,她以前还在税务局工作过。她对我说:"南北战争前,有些废奴主义者支持废除奴隶制。但如果没有这样的英雄气概,我们更多地还是按照地下铁路的性质操作这件事情——也就是说,在相关法律通过之前,我们必须帮助正在受苦的人解决当下的问题。我们必须指引他们,让他们知道有这样一条路能够脱离苦海。"

德布拉是从网上了解到"最后解脱网络"的。有一天,她在研究怎么死的时候发现了一个网站,列出了常见的自杀方法,并解释了为什么这些方法都有问题:手脚抽筋、一片混乱、笨手笨脚,等等。也有可能死不了。德布拉的轮椅上挂着一个手枪皮套,她也想过用里面那把小手枪自杀,但这个网站告诉她,饮弹自尽有很大的风险。她对我说:"往自己身上打的时候,你可能会射偏,结果可能会变成植物人……你懂的。"要杀死自己,比德布拉之前想象的难多了。她就这样在网上不断搜下去,从一个网页跳到另一个网页,直到最后,她终于撞见了"最后解脱网络"。她心想,就是它了!

2017年秋天,德布拉给"最后解脱网络"打了电话,说自己得了痴呆,该组织便安排她跟一个名叫珍妮特·格罗斯曼(Janet Grossman)的女人联系。她告诉德布拉,自己会作为协调员为她提供服务。德布拉得知,她需要提交医疗记录证明自己的诊断结果,还要提供一份陈述文件,具体说明这个病是怎么让她受尽折磨的。一个由志愿医生组成的小组会评审德布拉的申请,判断是否可以帮助她,判断她是不是真的病了,以及她遭受的苦痛是否满足"最后解脱网络"规定的"无法治愈"且"无法忍受"的标准。如果她满足资格标准,他们就可以向前推进,用珍妮特的话说就是"悄悄溜进最后解脱网络的民间风格",也就是德布拉的"解脱"。

德布拉跟珍妮特讲自己老忘事儿、老是搞不清东南西北的情形。她也聊到了自己的父亲,他在70多岁的时候得了阿尔茨海默病。德布拉说,他的阿尔茨海默病很严重,不是走起路来颤颤巍巍、做起事来像个小孩,而是偏执妄想、充满恶意的那种。随着他的大脑开始部分失灵,他令自己相信,妻子在背着他搞破鞋。妻子去杂货店时,他会在后面偷偷跟着。后来,他住进疗养院,手脚被绑在病床上去世了。他曾经是个壮汉,然而死的时候体重只有59千克,瘦得皮包骨头,因为他都已经不记得怎么咀嚼、怎么吞咽了。

珍妮特对此表示同情。她的父亲也已经过世,生前患有充血性心力衰竭;她妈妈患有痴呆。2015年,珍妮特的父亲来到他和珍妮特的母亲共同居住的独立住宅外面,在停车场的水泥地上铺了一块塑料布,和妻子一起躺在了上面。他之前就打了报警电话,告诉急救护理人员估计会听到枪声,并将自己的身体捐献给科学研究。他先枪击了64岁的妻子,然后又朝自己开了枪。他立刻就死了,妻子过了一会儿才死。这件事情发生后,珍妮特了解到,这种死亡方式并不少见:上了年纪的老两口为了避免患上阿尔茨海默病而双双自杀;或是男人杀死自己多年精神错乱的妻子,因为妻子正在失忆,妻子自己也想死;或者是因为丈夫相信她们会想死,只要她们还想得起来想死这回事。有时这些人事后会遭起诉,但有时法官会宽恕他们——法官说,因为他们的行为是出于怜悯。

2017年年底,珍妮特打电话告诉德布拉,她的申请获批了,德布拉在电话里哭了。她说："这意义太重大了。"有时候，德布拉会让自己好好想想，情况是不是真的像诊断结果显示的那么严重，但现在她不用这么做了。"最后解脱网络"的医生读过她的申请文件，认为情况确实非常严重。珍妮特在电话里告诉德布拉，对于这事儿能跟谁讲，她必须慎之又慎。如果被不该知道的人知道了，德布拉可能会落得处于自杀监视之下的结局。这种事情以前在别人身上发生过。德布拉也需要知道，她有一个"机会窗口"。她可以想活多久就活多久，但如果过了太长时间才采取行动，她可能会失去自杀的能力或不再想死，那样"最后解脱网络"就只能放弃她这个案例了。

在我们第一次交谈的时候，德布拉就告诉我："现在的问题是，目前我本人并没有得哪种已经让我的生命开始倒计时的病，我们也并不知道，我的脑子会在什么时候开始跟我不对付。我不知道我会失去什么能力，也不知道会在什么时候失去，更不知道会怎么失去。有没有那么一个单子，说你会首先失去什么？……我觉得哪儿都不会有这样的清单，说你会首先失去什么。"只不过就是，有一天她会忘了把晚饭从微波炉里拿出来，然后就再也想不起来这事儿了。德布拉跟自己保证不会等太久，不会让自己错过那个"机会窗口"。只是很难知道，她正在逐渐失灵的大脑还能不能意识到，生命倒计时会在什么时候停下来。

"看起来她还可以享受几个月相当过得去的生活，她估计也会好好享受。"布赖恩说。委派给德布拉的"解脱引路人"有两位，布赖恩是其中之一。一个星期六的晚上，我和他在波特兰市中心的一家酒吧见了面，谈论德布拉的情形。

那时候，我已经花了几个月的时间，采访了好几十个跟"最后解脱网络"有关的人："引路人"、现在的和以前的管理人员、志愿医生、目前的服务对象，以及他们以前服务过的人的家属。一次谈话总会引出另一次谈话，大部分谈话都持续数小时之久。有时我会给遍布全国各地的人打电话，有时我会跑去跟他们面谈。我在纽约大都会艺术博物馆采访过一名以前的志愿者，在伦勃朗的画作之间漫步时，我们悄声耳语，谈论着气罐和资格标准。在我交谈过的人中间，我最感兴趣的是"解脱引路人"，在陌生人死去时陪在他们身边，他们需要冒巨大的风险。而在这些人中间，我最感兴趣的是布赖恩，他总是无话不谈，他在领英上自封"首席幸福官"。

在酒吧里，布赖恩告诉我，他听说得了痴呆的人越来越多。在他看来，这也合理，因为人口在增加，也在不断老龄化，罹患痴呆的队伍只会越来越庞大。布赖恩说："他们只是为了活着而活着，而且代价非常大。他们的生活质量极其低下。"据估计，到2030年，会有将近1000万婴儿潮一代的老年人患上痴呆。研究人员已经提出警告，会出现"阿尔茨海默病一族"，或者叫"痴呆海啸"也行，而美国的医疗卫生系统并没有做好准备。布赖恩在生活中经常听到有人讲起，如果他们得了痴呆，他们就会自杀，或拜托别人杀死自己，说他们才不会让自己陷入那般境地。听到这些，他会想，那行，你有什么计划？人们吓坏了，也找不到人来牵着他们的手，帮他们找到脱离苦海的赴死之路。

我问道："但是德布拉不是看起来还挺好的吗？"

他缓缓说道："那是她的选择。"

除了当"解脱引路人"，布赖恩还在"自杀预防热线"当志愿者，那里的任务是努力让陌生人多活几个小时，而到危机解除以后，"他们通常都会意识到，自己其实并不想死"。布赖恩说，这些人想死跟"最后解脱网络"做的那些案例不一样，他们并非想要控制什么，而是想要逃避混乱的局面、避开心烦意乱的感觉。他们的想法偏离了平衡状态。布赖恩知道怎样说服人们不去这么做——实际上，很多人都需要有人来说服他们。但是，德布拉很清楚自己想要什么。整个事情她通盘考虑过。那么，我们凭什么判断她认知能力的衰退究竟够不够严重？我们又是什么身份，有资格说无论如何都需要非常严重，才值得解脱？布赖恩说："她不想失去自我。但她看到自己正在失去自我。"布赖恩觉得，没有任何人真的想死，只不过有时候他们无法以特定的方式继续活下去。

德布拉在加州一个平淡无奇的小镇长大，对于宗教信仰这回事，他们家并没有什么定规。她很小的时候受洗成了天主教徒，但没过几年，她父亲就改变了主意，让女儿重新受洗成了新教徒。再后来，父亲的想法又变了，全家人干脆再也不去教堂了。他们家并不幸福。德布拉的父亲晚上会喝得烂醉如泥，还经常大喊大叫。有时候大喊大叫完了，他会走进德布拉的卧室性侵她，而德布拉只会静静躺在那里，尽最大努力屏住呼吸。要到很多年以后，她才敢承认，那时候父亲对她做了什么。整个少女时代，德布拉都想象着，晚上去她房间里的是个高大的怪兽。父母离婚后，德布拉搬去和母亲住，而母亲喜欢上了跳交际舞。在陌生人中间，她总会有些不安。她暗自决定，这辈子都不要生孩子。

德布拉本来想上大学，但她一点积蓄都没有，于是只好去电话公司找了份工作，先是当打字员，后来做到了经理。她升到的职位对没有大学学位的人来说已经不可能更高了，尤其是对女性来说，她觉得简直高不可攀。她是成百上千人居间联络的枢纽。她说："我能把一切都安排好。"德布拉并不觉得自己有多聪明，但这份工作她做得很好，也为自己能这么努力而感到自豪。周五和周六晚上，她会和公司的一些女孩子去酒吧狂欢，在那儿待上好几个小时。她们做美甲，头发往上梳成莲蓬状，带着80年代第二波女性主义的胆气，带着蓬勃的朝气，意气风发地在那里走来走去。

在德布拉30岁那年，她的妈妈去世了，一切都变了。那天她们母女俩本来约好了一起吃午饭，但妈妈一直没有露面。在路上，一个醉驾司机越过行道线，开进了德布拉妈妈的车道，造成了事故。医护人员竭尽全力抢救她，先是做了心肺复苏，后来又打开胸腔直接按摩心脏，希望能让她的心脏恢复跳动，但最后还是无力回天。德布拉向公司请了假，她再也睡不着觉，而且开始服用抗抑郁药舍曲林。回到公司上班后，她也不再跟公司里其他女孩子晚上出去玩了。

大卫留着一头红发，还有一把大胡子。德布拉在见到大卫的时候告诉他，自己并不是食品广告里虚构的品牌人物贝蒂·克罗克。但大卫并不像她在工作中会遇到的那些浑蛋，他们会冷不丁抓她一把，也不像她的前男友一样会跟她说，告诉老板她自己不想升职，因为当秘书已经够好了。大卫对她非常支持。他会叫德布拉讲电话公司里的故事给他听，还会在聚会上跟别人重述这些故事，这让德布拉大感惊讶。他会自豪地说："我家那位是她们公司唯一一个干这个活儿的，这就是她设计的！"大卫在转行做建筑以前做过古董生意，他家里堆满了古旧玩意，不过德布拉也会同意，这些东西肯定不像有些人认为的那样一文不值，而是十分珍贵且令人赞叹。有时候，德布拉和大卫会想象，他们其实在维多利亚时代就已经互相认识了，但他们的因缘不知道什么原因提前中断，于是上帝又把他们送回地球，让他们再续前缘。

2000 年，德布拉提议他们搬去太平洋城，在俄勒冈州的海岸线上，据说那里的牛比人还多。那里物价很低。两人都没有非常亲密的家人，也都是除了对方，并不需要别的什么人在身边。在俄勒冈州，他们可以重新开始生活，用雪松在水边造一座房子。建好这座房子之后，他们就在里面装满自己喜欢的各种东西：水晶雕像、在迪士尼乐园办婚礼时用过的塑料花束、旧的铁皮饼干盒、仿制的蒂凡尼灯具，还有一个个书架，上面按作者名字的字母顺序排满了精装本的惊险小说。他们把家乐氏麦片和吉百利巧克力粉的复古广告用糨糊贴在厨房墙上，把大卫收藏的旧软呢帽和侍童帽挂在客厅的墙上。他们让这个地方变得尽善尽美。

按照德布拉的说法，几年后，她死了一回。她告诉我："2008 年，我经历了一场大难，在那场事故里死掉了。"她记得的不是很多，只记得是进城去买圣诞节要用的东西。她开着车，刚翻过山顶，眼前突然一黑。德布拉的车以将近 100 千米的时速撞上了一棵树，她的身体被砸进了仪表盘，置换过的膝关节撕裂了，脚上的骨头也不知怎么缠在了油门上。她记得自己短暂醒来时还想着，这辆车要着火了，我要被烧死了。

德布拉说，她那次仿佛穿越到了一个光线灿烂的地方，在那里感觉不到痛苦，还看到妈妈在那里等她。她们母女俩站在一起，但就在德布拉准备继续往光里走去的时候，妈妈拦住了她。为了大卫，她必须回去。"一瞬间，我就醒过来了，发现自己在一架直升机上。有人在给我按压。"急救人员给她做了心肺复苏，使她苏醒了过来。医生告诉她，她体内主要的骨骼大部分都折了。在那之后，她只能坐轮椅了。后来她得知，是一名卡车司机发现她的车像手风琴一样顶在树上，便打电话报了警，她因此死里逃生，然而那个司机也偷走了她的钱包。

关于濒死体验，至少在小说里是这样的，它往往会揭开死亡的神秘面纱。有个人几乎要死了，但最后并没有死掉，这样他就能意识到自己离死亡有多近——实际上一直跟死亡那么近。生也有涯在他这里变成了看得见、摸得着的现实。因此，这个人再也不会试图对死亡视而不见，或回避死亡。他会逐渐安于自己的有涯之生，甚至开始接受，或从中学到一些什么。但是，德布拉在差点死去的时候并不是这样的感觉。在她的身体自我修复的过程中，她发现自己对死亡的无神论的看法重新神秘化了，像是被施了魔法，又像是照见了来世——那个曾经干枯的精神世界，如今变得郁郁葱葱。德布拉总在想天空中那片明亮、美丽的地方，也知道自己不会害怕再回到那里。

车祸过后，德布拉和大卫把更多时间花在了互相照料对方上。他们外出的时间减少了，会见的朋友也没以前多了。大卫帮助德布拉服用镇痛药：普通的镇痛药维柯丁和吗啡，强效镇痛药羟考酮，用于治疗创伤后应激障碍的肌肉松弛剂和赞安诺，因为她父亲曾对她做过那样的事情。大卫保证说他一点儿也没觉得轮椅有多麻烦，他成了德布拉的手和脚。而德布拉这边对大卫的照料，是在血栓、心脏手术和癌症治疗方面。大卫在外面修栅栏或做零工的时候，德布拉会花好多个小时研究大卫身上各种各样的疾病。每当她向大卫的医生提出关于新疗法的建议时，她都觉得自己救了大卫一命。那时候，德布拉对治疗她丈夫的医生，以及他们背后的医学界，评价都非常低。她认为大部分医生都是"十足的自大狂"，都是些自以为知道什么对别人最好但从来不在乎的假把式。2017年8月的一天，大卫停止了呼吸，他在厨房里倒下死了，医生也什么忙都没帮上。

　　大卫去世后，德布拉才看清自己的本来面目。她生活中的混乱，还有已经遗忘的很多事情，以前可以不屑一顾，现在却都摆到了她面前。也是直到大卫去世后，德布拉才终于读起以房养老的逆按揭条款，那是大卫为了支付他们的医疗费而签署的。德布拉很震惊，原来他们剩下的钱只有那么点。她想，不知道她会不会失去自己的家。但实际上，她很难去考虑钱的问题，因为她的脑子已经越来越难顺着什么思路一直想下去了。德布拉脑子里的种种思绪就像从来没有完全发芽的种子，只是盘曲着长出来了一半，便在那里迎风招摇，分散她的注意力。她开始忘事儿：忘记看医生，忘词儿，忘记吃晚饭。她的注意力飘忽不定，她的故事也没有了叙事脉络。她变得喜怒无常，漠然而游离。有时候，德布拉会突然在电脑前惊醒过来，发现自己打了一页胡话。"我说这都是脑子里放的屁，因为没有更好的词来形容了。"她说自己的大脑在"流血"，"每天都在慢慢渗出什么东西"。德布拉参加了一项线上的记忆力测试，结果很糟糕。她说："这证明情况比我想的还要糟。"有一次在跟我通话时，德布拉在电话里哭了起来，说她再也认不出自己了。"我曾经那么爱我的这个脑子。"

最后她终于去看了神经心理学医生，尽管这个预约她已经推了好多年。听到医生说出"痴呆"这个词的时候，她长出了一口气。至少这玩意儿还有个名字。在这次预约中，医生让德布拉做了一系列记忆力测试。医生发现她"总体上说话很流利，口齿也很清楚"，但是注意到她说话时"经常会因为斟酌字句而停顿"，而且在测试过程中，她"好几次心不在焉"，可能表明她患有癫痫。在一份简易精神状态检查表上，德布拉的得分为24/30，相当于轻度痴呆。在整体功能评估中，德布拉的得分为55/100，表明她整体能力算"中等"。这位神经心理学医生认为，德布拉的应变技能，尤其是她用亡夫的旧手机来安排自己所有清醒时间这个操作，"极其惊人……上百万人当中才见得到这么一个"。但是，她的情形会继续恶化，只是很难说会恶化到什么程度，以及恶化得会有多快。

回家时，德布拉一路都在出租车后座上睡觉。第二天，她从头到尾读了一遍医生写下的备注，发现自己一阵阵发冷。医生写道："我们强烈建议，库斯德女士应当开始寻找可作为备选、能提供照料的环境，比如成人看护中心。在找到合适的护理环境之前，库斯德女士需要定期的上门服务。"

德布拉答应医生会去找养老院，因为她担心不这么做的话，医生会向地方政府举报她，让她被某个机构收容。她知道自己不会真的去找。实际上，她只是读了一些博客文章，讲大部分疗养机构有多恶心，价格有多贵。她给我发了些文章链接。在其中的一封电子邮件里，她写道："最高的一年要花9.7万美元！乖乖，这标价真是吓死个人。那么多钱从哪里来啊？我为成千上万的婴儿潮一代感到遗憾，因为他们肯定没有准备好面对这个局面。"在得知联邦医疗保险几乎完全不能为她需要的任何东西买单后，她也是大吃一惊——没有能照顾起居的公寓，也不会有居家的护工。联邦医疗补助不是本该用来照料老人的吗？

德布拉越读越觉得，她唯一的选择是把她所有的积蓄都花掉，花完之后就有资格接受州政府救助了——然后找一家接受联邦医疗补助和社保支票的机构。在另一封电子邮件中，德布拉写道："这就是那个神经心理学医生想让我住进去的地方。呸！"这封邮件里有一篇文章链接，讲的是成人看护中心的事。"何苦呢？"德布拉可不想把钱浪费在那些让人抑郁的机构上。她想把钱捐给俄勒冈州动物保护协会，用来帮助那里的狗，就像这么多年里她深爱过的那些狗一样。她这辈子都在帮助那些狗。德布拉可不想让自己最后的遗产（无论多微薄）落到医药企业的腰包里。

后来，我问给德布拉做评估的那个神经心理学医生，他的职责是什么，比如说，如果他担心一个独自生活的老龄病人的安全的话。他说："俄勒冈州有强制报告的法律要求。"也就是说，如果碰到令人担忧的病例，他有义务向公共服务部报告。但他也说："这么做并非总能让事情好起来。"

"他们会把那些人从家里带走吗？"

"不会。我认为更普遍的情形是什么事都不会有。会有人找他们，跟他们聊聊。他们会说：'这个嘛，冰箱里还有食物。管他呢。'干预的门槛可高得很……医疗保健圈子里有个笑话是这么说的，你可能必须给公共服务部打电话，但别指望能帮上忙。"

我问道："对于像德布拉这样的人，她的症状严重到那个地步了吗？州政府会干预吗？"

他沉默了一会儿才说道,也许会有个在当地提供服务的人开车去她那里看看,但到最后,县里可能不会提供太多帮助。德布拉所在的区域没有多少专业护工,而从附近的城镇引入又太贵了。

"那肯定很难。"我说,"你看到一种情况,然后就想,这是不可持续的呀。但是,还有别的什么选择吗?"

"就是啊。"医生叹了口气。"这个过程很艰难,很多人在情感上都脱节了。不带任何情感就容易多了。很多临床医生都面临这样的困境。"

见过神经心理学医生后的那几个月,德布拉成了一名小学生,对自己大脑衰退的过程研究得如痴如醉。厨房里靠窗有一张餐桌,她在上面工工整整地写下了症状列表,列出了身体和大脑分道扬镳的种种迹象。

- 无法规划需同时处理多项任务的多个步骤才能完成的一系列复杂动作,比如煮咖啡。
- 无法专注于一项任务。
- 性格改变。
- 无法用语言表达自己的想法(布罗卡失语症)。
- 阅读困难。
- 很难分清左右。

她给我发了条短信:"来自受损大脑的更多'神秘'病痛扰乱了我的生活。"

有一次，我问德布拉，她觉得神经错乱是一种什么感觉——这个状态她宁愿死也不愿意经历。但德布拉似乎并不知道。她不确定自己会不会感到焦虑、沮丧，也不知道自己会不会忘了去感觉这两种感觉里的任意一种。她甚至不知道自己还会不会有感觉。也许，痴呆本身就是一种让人麻木的力量。美国作家、护士萨莉·蒂斯代尔（Sallie Tisdale）就曾通过观察得出结论："痴呆患者的生存体验几乎完全被忽视了。关注精神错乱会是什么感觉的研究少之又少。"德布拉倒确实想过，她会不会发现得了痴呆以后就尊严扫地了。她觉得很可能不会，因为到时候估计她也没什么自尊，也就谈不上冒犯。但她仍然相信，在一个没有人爱她的地方，生活中任何小小不言的轻蔑都会让她内心深处某个地方受伤。

对医生协助死亡持怀疑态度的人有时会说，我们应该把重点放在促进美好生活上，而不是去组织策划更好的死亡方式。他们认为，这是因为没有什么死亡方式是好的，或者说我们死得好不好，很大程度上是无法控制的，或者说我们像堂吉诃德一样痴迷于把生命的最后一程设计完美是对我们精力不成比例的滥用，不如把这部分精力花在提高生活质量上。但德布拉认定，自己的结局也很重要。毕竟，她必须亲身经历这个结局。而且，结局会有折回自身、改变人们如何回忆这个人的一生的效果。德布拉不希望自己的结局很糟糕。在"最后解脱网络"的帮助下，她可以把自己的人生剧本一直写到最后一口气。

2月初，德布拉打电话给布赖恩说，她已经为下一步做好了准备。她已经买到了需要的东西：氮气罐和塑料管。送气罐的邮递员是大卫的老朋友，不过他把包裹送来的时候，什么都没问。德布拉不需要买大塑料袋，因为她自己有一些，还是大卫以前做感恩节火鸡大餐的时候剩下的。过了几周，布赖恩和劳丽·布朗（Lowrey Brown，分派给德布拉的另一个"解脱引路人"）从波特兰驱车一路向西，来到了太平洋城。

劳丽45岁，跟布赖恩同一年加入"最后解脱网络"，在她"亲眼看见一些很难看的结局"之后。"跟'最后解脱网络'的那么多人一样，看到这些情形之后，我说：'再也不要这样了。'"作为"解脱引路人"，劳丽以前也服务过痴呆患者。上一次是个女人，给了她很大冲击。这个女人还没有完全准备好去死，但还是结束了自己的生命，免得会忘了要这么做。劳丽说："就算只是有轻度认知障碍的人，我们也会接收。对于痴呆患者，我们确实要求他们有诊断结果，但不会去判断到了什么程度。"有些人出于谨慎，在很早期的时候就自杀了。还有一些人会等到更多进入灰色地带的时候。布赖恩的上一个服务对象肯定已经到了灰色地带。他已经"老远老远了"，对这种情形，布赖恩也觉得很费神。他说："和其他引路人一样，我也让自己相信，那个人知道他在做什么。但跟我希望看到的比起来，还是做得太过了。"

布赖恩和劳丽走进德布拉家时，感觉喘不过气来。他们面前是摆放得非常整齐的废弃物，数量极多。有数十个小雕像和小摆设，放在锃亮的玻璃柜里和窗台上。厨房柜子上，装各种药片和维生素的瓶子堆成了山，是德布拉故意放在外面的，这样她才会记得要服用。他们开始前，布赖恩要求德布拉在一张纸上签字，确认她已经尝试过所有的医疗选项，但仍然想死。随后，劳丽演示了一遍"最后解脱网络"的标准操作，用的是他们从波特兰带来的设备，这样就不用碰德布拉自己买的那些了。没花多长时间，可能也就 15 分钟。就像"引路人"告诉德布拉的那样，而德布拉自己也同意，"又不是要造个大火箭"。劳丽向德布拉展示怎么用塑料袋做一个面罩，怎么把塑料管固定在氮气罐上，怎么把管子伸到塑料袋里。德布拉练习了一下如何把袋子罩在头上，并打开气罐的阀门，不过只开了 1 秒。"解脱引路人"是想让她知道，吸入氮气并不会有窒息或者溺水的感觉，而是像正常的呼吸一样，只不过大概 1 分钟之后，她就会什么都感觉不到了。

　　布赖恩和劳丽在培训时了解到，处理这些自杀设备的方式有好几种。如果当事人病得很厉害，已经快要死了，"解脱引路人"也许会同意事后把气罐和塑料管扔掉——一般都是扔到工业垃圾箱里，会跟当事人的家有一段距离——这样他的死看起来会很自然。如果是这种情况，他们会告诉家属如何向政府部门报告这起死亡案例最好。他们可能会离家去商店买点东西，确保拿到了收据，以防后面需要不在场证明。回到家，他们把收据扔在柜子上，然后打电话报警。他们应该在电话里这样说："我刚从商店回来，我妈没有呼吸了。"或是："她都凉了！她身上都青了！"警察和消防人员会很快赶到，他们也许会四下看看，但多半不会待太久。家属应该保持冷静，只要记着通常的尸检是查不出来氮气的就行。

　　如果当事人不会马上自然死亡，"解脱引路人"就会把自杀设备留在原地，让这场死亡看起来像自杀。这样一来，谁都不会惹上麻烦。理想情况下，当事人还会留下一封遗书：经过深思熟虑，我决定结束自己的生命。在这种情况下，家属绝对需要有不在场证明。他们也应该过几个小时再打电话叫警察。像德布拉这样的痴呆患者就属于这种情形。如果德布拉选择解脱，政府部门在发现她的尸体时会看到她头上还罩着塑料袋。

劳丽演示完后，德布拉说她感觉好极了。她很喜欢布赖恩，也特别喜欢劳丽。他们是多好的人啊！两位引路人跟她聊了一小会儿，还一起看了大卫的一些老照片。他们说德布拉拍的风景真好看。但他们没看多久，因为这也不是重点。他们离开的时候，引路人提醒德布拉，她需要有一个自己的尸体被发现的计划。劳丽告诉我："这部分也是我们要做的。我们不希望有人意外看到他们并不想看到的死亡场面。"在离开房子之前，"解脱引路人"可以拉上窗帘，但不能由他们向政府部门报告这起死亡。

在"最后解脱网络"的大部分死亡案例中，当事人会有一两位亲友在旁边帮助他们，可能是配偶，可能是孩子，也可能是朋友。整个过程他们都可以在场，也可以在事后打电话叫警察，报告这起自杀事件，有时候还要假装很恐慌。最近这些年，"解脱引路人"开始坚持这种方式，部分原因是，对当事人来说有情感上的支持会更好，但一定程度上也是为了避免"最后解脱网络"惹上麻烦，被愤愤不平的家属一怒之下告上法庭。以前有些当事人自杀的时候没有告诉他们的亲友，或者没有得到他们的准许就自杀了，结果让"最后解脱网络"吃了一些官司。一位资深引路人对我说："人们当然不需要家人准许才能这么做，但我们必须确保家人知道他们的决定，也不会有人试图阻止。"但德布拉并不需要对任何人说。

德布拉的朋友们对她的诊断结果的反应并不像她预期的那样激烈，似乎并没有为她难过。她的好朋友迪恩觉得，"叫我看啊，她脑子还是清醒得很，无论是说话，还是别的什么"。罗宾也觉得她挺正常的。大家都在变老呀，不是吗？大家都会忘事儿。罗宾认为，德布拉在遭遇车祸后一直服用的阿片类镇痛药对她脑子转起来的速度的影响不亚于痴呆。她还认为，自从大卫死后，德布拉就没有了活下去的兴致。

朋友们半信半疑的态度让德布拉很生气，也激起了她对一天当中经历的很多认知紊乱的事情大肆抨击。有那么多个小时，她都糊里糊涂的。她会忘词儿。有一次，她手里握着的醋瓶子直接掉了下去，因为她忘了自己拿着它。有一次她忘了怎么涂眼影，只好上YouTube找化妆教学视频再学一遍。还有她忘了怎么吞咽的时候。报税！以前她只需要花几天，现在要花几个星期。话说回来，她该怎么证明这些呢？要怎样才能证明，她的意识中出现了一些小小的空洞呢？她知道这些空洞存在，因为能感觉到，但她没法回忆起以前没有这些空洞的时候是什么样子，又或是心智中的什么东西不见了，才出现的这些空洞。德布拉自嘲："这可不像我缺了胳膊少了腿，能看得见。人们甚至没法看出来我的病情有多严重，除非等我死了，让医生切开我的脑子好好看看……我绝对不会说谎。我不喜欢那种一开始就谎话连篇的人。为什么要在健康问题上撒谎呢？太愚蠢了……我没撒谎。我只是选择不让别人看到我糟糕的一面，看到我支离破碎的那一面。"德布拉没有告诉朋友们"解脱引路人"的事儿，也没有讲过自己打算做什么，虽然她也留了一些迹象。她告诉罗宾，2月的时候，她放倒了自己的那只狗，因为那只狗很痛苦。罗宾不是也同意，你要是爱着什么人，不可能眼睁睁地看着对方遭罪吧？

3月中旬的一天早上，我和德布拉坐在她厨房的餐桌旁吃早饭，吃的是墨西哥玉米卷。她把报税的那堆表格挪走了，但桌子上还是杂乱无章地堆着桌布、用钩针编的各种装饰性的套子和带图案的餐巾纸。德布拉面对着窗户，看着窗外的水面。她穿着灰色的运动服，银耳环在耳边摇摇晃晃，肿胀的双腿支在我椅子旁边的脚凳上。她的手机哔哔叫了几声，她匆匆看了一眼，便从手提包里拿出塑料药瓶，倒出两粒药片吃了下去。那天一大早，她就打电话提醒我，到她家的时候会看到她没化妆的样子。她说："素面朝天！"她没画眉毛，样子看起来更老了。她让我去冰箱里拿墨西哥玉米卷的调味汁。

　　德布拉说，前一天晚上，她突然意识到我在写的也算是她一生的传记。之前我为什么问了那么多跟她的童年和她妈妈有关的问题，现在全都说通了。德布拉问，她会不会成为我书里的一章，我说有这个可能。我问她这样行不行，她说没问题。随后她告诉我，她制订了一个计划，在解脱完了以后怎么让她的尸体被人发现。她计划这样进行：德布拉打算告诉罗宾，她感觉自己不大稳当，担心会摔跤，所以想请她每天打电话来看看她情况怎么样。如果德布拉没有接电话，也没有应门，罗宾应该知道出事了，就可以打电话叫警察。德布拉说："我可不想我的尸体最后要躺在那儿好多个小时，那样会坏掉的。"

　　我问德布拉，她觉得朋友们和远亲对她的死会是什么感觉。她承认，有些人不大好受。但他们反正也没多亲近。他们也许能理解，也许不能理解。如果他们不理解，"那也不是我的问题"。

　　吃完早饭，德布拉说她想给我看样东西。她把一盘很老的录像带塞进录像机，然后打开了厨房里的电视。屏幕上出现了一个更年轻、打扮得更好的德布拉。那时候她才30出头，刚刚在电话公司升了职，注册了一门公共演讲课，录下这些是为教学。在视频中，屏幕外的老师给"黛比"（昵称）提了一些要点。他们说，多笑笑。录像带里的黛比开始模拟推销，跟我一起坐在餐桌旁边的德布拉则大摇其头。她嘲笑道："我最不该的就是把两手插在口袋里。"

德布拉从头到尾看完了整个录像，她仰着脸，朝着屏幕。每当30多岁的黛比说陈腔滥调或故作可爱的话时，她都会嘀咕一句："俗不可耐。"德布拉看着黛比，我看着德布拉，什么也没说。

在我离开之前，德布拉给我看了看她打算自杀的地方：就在客厅的窗户边，可以看到下面的海滩和海浪。布赖恩在电话里跟她说，她该开始好好计划一下自己最后的那几个小时。她想放点什么音乐？最后一餐想吃点什么？但德布拉只希望有一张大卫的照片在她旁边，还有就是最后看一眼海。德布拉已经开始每天查看天气预报了，她祈祷能有个晴天。但接下来好几周都会下雨。

在美国，还没有任何州认真考虑过将协助死亡扩大到痴呆患者身上，也没有任何大型游说团体在主张这一点。"同情与选择"的首席执行官金·卡利南（Kim Callinan）告诉我，他们这个游说团体对于将尊严死法的适用标准扩大毫无兴趣。这在很大程度上是因为理念。卡利南并不认为，智力受损的人就可以接受协助死亡，尽管她认为痴呆患者有权很早就拒绝激进的治疗方案。但是，这里面也有战术方面的原因。她说："从政治角度来说，让现有这些要求的法律通过已经够难了。""同情与选择"致力于让那些没有尊严死法的州通过这样的法律，这个任务非常艰巨。在卡利南看来，要想完成这个任务，就必须复制久经考验的俄勒冈州模式。在这个问题上，"最后解脱网络"并非总能帮上忙。"谈论死亡已经很难了，所以要是你想谈用气罐和塑料袋自杀……"

在俄勒冈州这样的地方，老年居民有时会被法律的限制搞昏头。他们模模糊糊地知道，协助死亡在他们州是合法的，而且如果他们考虑过这方面问题的话，也会以为协助死亡能用于防止痴呆。到他们知道情况并非如此的时候，会心烦意乱。"最后解脱网络"的前主席亚尼斯·兰迪斯在其组织的网站上就曾提到这种以讹传讹的观念。"如果无法得到好处，那么这项法律比没用更糟糕：它给人一种'工作已经完成了'的感觉，然而真实情况相差何止十万八千里。"

但主张将协助死亡适用范围扩大的人也知道，只要把俄勒冈州的法律标准放宽到将痴呆患者也包括进来，就会让死亡权反对者最黑暗的预言成真。那些反对者警告称，在尊严死法通过后，将这些法律扩大到把更多类型的病人也都包括进来是不可避免的结果，而这个过程会从最脆弱、最没法自己确定的人开始——一直到绝症患者获得医生协助死亡的有限权利——对任何依赖他人照顾的人来说，死亡几乎是一种义务。或者至少在这个例子里，有痴呆患者通常会做的、人们也期待他们会做的事情。贪心或痛苦的家属难道不会鼓励他们这么做吗？即使他们没有鼓励，无私忘我的病人难道不会觉得，有必要在耗尽亲友的积蓄、精力和耐心之前就选择去死吗？

2015年，俄勒冈州有一个名叫米奇·格林利克（Mitch Greenlick）

的参议员提出了一项法律，想把尊严死法规定的预期剩余寿命 6 个月的要求改为 12 个月，但"同情与选择"出来游说，反对这项法律，结果这项法律只能被搁浅。2019 年 1 月，格林利克提出了另一项法律，想扩大对"绝症"的定义，希望能让痴呆患者也满足法律标准。"同情与选择"对此同样表示反对，而这项法律后来也失败了。格林利克告诉我，他之所以为此奔走，是因为俄勒冈州一位备受尊敬的游说者自杀让他产生了这些想法。"他被诊断出阿尔茨海默病，于是去了最近的警察局，在门口的灌木丛里开枪自杀了。我很震惊。这是他处理这种情况的唯一办法。"

在比利时和荷兰，早期痴呆患者可以根据所在国家的安乐死法律获得资格，只要他们的选择是出于"自愿""深思熟虑"，并且在死亡时脑子好使。比利时安特卫普大学神经学家彼得·戴恩（Peter De Deyn）告诉我，如果自己的病人对协助死亡感兴趣，他会定期与这个病人碰面，确保他"仍然有能力做出决定"。戴恩医生答应会"在情况变得越来越不确定的时候"说出来，"但是，这当然并不是一个一按就灵的开关，只有痴呆和没痴呆两种状态。这是个过程"。一个病人会选择在什么地方截断，取决于他的性情和状况。病人如果等得太久，也可能会错过机会，而一旦他得到批准，从法律上讲就不会有这事儿发生得太快了这种事情——任何医生和官员以他们的身份都不会坚持说，还有大把大把病人不算痴呆的时间。只不过还有一些限定性问题：要有多痴呆才算痴呆得太厉害了？病人还算清醒吗？

2002 年到 2013 年，比利时共有 62 名确诊痴呆的病人以这种方式结束了自己的生命，用医学报告的话说，可以叫作"预防性"

死亡。但是，这些病人提出的要求对医生来说很困难。毕竟，医生受到的训练是要治疗症状。但在痴呆患者要求死亡时，他们在身体上通常并没有遭受病痛折磨，至少没有很大的折磨。如果要说他们在痛苦，那也是因为害怕未来会遭受痛苦。2016年，有一篇关于比利时和荷兰的早期痴呆患者的报告发表在《神经病学杂志》上。文中称："失去尊严，意识到对他们所爱之人的记忆会渐渐消解，这让他们现在就遭受了巨大痛苦。这绝对是那些在患病早期选择安乐死的人这么做的主要原因。"这些病人在两头下注，以免损失：猜测他们自己在未来什么时候会遭受损害，会受到多大损害。选择安乐死的人是在赌自己会活得很糟糕，认为未来的自己无法适应这一切。但有些医生，甚至包括那些大体上支持医生协助死亡的医生，都表示不想跟这种预防性医疗手段有任何瓜葛。

如今，安乐死在荷兰的总死亡人数中占到了4%以上。在这里，法律还在继续前进。痴呆非常严重的病人，如果事先在医疗指示中留下了书面意见，如果在医生看来他在死亡时会"遭受无法忍受的痛苦"，就可以在约定的时间安乐死。不同病人的这个时间点可能会不同，有的人可能会选择在失去说话能力的时候，有的人可能会在再也认不出他的妻子的时候。荷兰允许医生通过注射对病人实施安乐死，即使病人"不再有能力跟人交流"。根据荷兰安乐死审查委员会的操作指南，在这种情况下，医生必须"解读病人的行为和言语"，并留意任何"病人不再希望自己的生命被终止"的体征。

实际上，有很多医生都拒绝实施这种提前安排好的死亡程序。有些人是因为无法想象把致命药物装进注射器，打进一个虽然清醒但根本不知道发生了什么的病人身体里这样的事情。2017年，200

多名医生在荷兰一家报纸上联名发声，表示他们反对这种做法。他们写道："结束一个毫无防御能力的人的生命，从道义上讲，我们极不情愿。"还有一些人是因为原则上反对这项法律，他们质疑，对于认知能力几乎丧失殆尽的状态来说，如何算是在"遭受痛苦"。重度痴呆患者真的会感觉到痛苦吗？那些看起来好像根本没感觉，也相当开心的人呢？就连荷兰安乐死审查委员会主席雅各布·科恩斯塔姆（Jacob Kohnstamm）对此都有点含糊其词。他说："在这些患者身上，往往看不出来有无法忍受的痛苦。"科恩斯塔姆恳请那些有可能会接受安乐死的人早点采取行动，不要等到完全迷失了自我，到那时就只能完全依赖于拿不定主意的医生了。"为了你自己，在午夜前5分钟做决定，而不要等到午夜后5分钟。"2018年，荷兰有146名痴呆患者接受了安乐死，但其中只有两人处于晚期。

荷兰"自愿终结生命"（NVVE）协会认为，该国医疗从业者中广泛存在的缄默是一场悲剧，从根本上讲也是不诚实的表现。协会负责人罗伯特·舒林克（Robert Schurink）说："人们签署这样的预先声明时，是抱有很大信心的。他们觉得这样就妥当了。但只要跨过了心智能力的界限，医生们又突然不想这么做了。"那些对病人做出了重大承诺，但随后又不想"弄脏"了自己手的医生，让法律变成了一纸空文。

在阿姆斯特丹，在这些激烈交锋的道德推动作用下进行的工作一直都相当耗神耗力。有个案例堪称里程碑，后来还有政府部门介入调查。有位住在养老院里的74岁老太太，按照医疗报告上的说法，她老人家过得是有一天没一天的。她会在大厅里走来走去，大发脾气，焦躁不安，想念自己的丈夫。她的精神已经错乱到照镜子都认不出来自己的地步了。在一份措辞有些含糊的遗嘱中，这位老太太写道，她希望在"我认为合适的时候"，"我的生活质量变得极其低下了的时候"，动用一下荷兰的安乐死法律。但后来，随着她的痴呆病情一步步发展，她似乎对这个前景越来越不感兴趣了。如果问她是不是还想死，她会回答："还没糟糕到那个地步。"

然而，她还是被安排了安乐死。到了计划好的日期，她的医生也同意继续进行这个流程。医生从给病人一些药物开始：悄悄把镇静剂放进病人的咖啡，而病人对此毫不知情。最后，医生准备把致命药物注射进病人体内，但是在开始注射时，病人动弹了一下，就好像在试图站起来一样。医生叫老太太的丈夫和孩子过来按住她，完成了注射。老太太死了。后来，安乐死审查委员会断定，医生在病人退缩的时候没有停止安乐死流程，"越过了底线"。不过他们也承认，老太太的动作也可能只是挨了一针之后的本能反应。

这位医生声称自己只是在执行病人的书面请求。而且她说，她并不觉得病人在死亡当天的行为有什么关系——因为那是遗嘱，是老太太还很清醒的时候写下的，那才是最重要的，也最能表达她的真实意愿。审查委员会断定："就算病人那时候突然说'我不想死'"，那位医生还是会继续；就算病人一直在微笑，她也会继续进行。（这位医生遭到了起诉，但在2019年被无罪释放。）

医生的行为是否合理，在一定程度上取决于在这个案例中"病人"是怎么定义的。在病人被注射致命药物死去的那天，病人是不是一个最多也就能说对自己的死亡漠不关心的、神志不清的女人？还是说跟几年前那个头脑清醒、提前写下了那份指示的女人仍然是同一个人？荷兰的安乐死法律中蕴含着这样的观点：一个精神健全的病人，应该对未来没有判断能力的自己拥有不可撤销的决策权，即便原来的自我已经不在，新的自我也开始出现。批评者对这个观点提出了疑问。这两个状态的病人——痴呆前的"彼时自我"和痴呆后的"此时自我"——究竟还是不是同一个人？在这个问题上，荷兰医生众说纷纭。如果两者并非同一个人，那为什么其中一个可以命令另一个如何选择呢？

就这些问题吵来吵去的人，经常从已故法律学者罗纳德·德沃金（Ronald Dworkin）的著作中寻求灵感。在1993年出版的《生命的自主权》中，德沃金将"经验性"利益和"关键"利益区分开来。按照德沃金的诠释，经验性利益跟躯体有关，也来自对外界刺激的反应，比如吃了一顿可口的晚餐或泡了个热水澡感受到的愉悦。关键利益要复杂得多，对利益所有人的特性来讲也更不可或缺，关系到个人希望自己的人生如何展开。他的渴望、他的雄心，以及他以为的能让自己的生命变得有意义的东西。德沃金指出，对于晚期痴呆的情形，关键利益会逐渐消散，最后只剩下经验性利益。这样一来，问题就变成了哪种利益更值得尊敬，继而又产生了另一个问题，就是病人的哪个变体更应该得到尊重。是现在这个痴呆患者，还是以前还没得痴呆的那个？德沃金认为，关键利益必须得到尊重，因为赋予人类生命内在尊严的，正是这种利益——即使没有了精神性质的神性，也可以让生命"神圣"起来。他写道："人们认为他们的人生不仅要包含各种各样合适的经历、成就和关联，而且还要有一种结构，能够表达出他们的经历、成就和关联之间一以贯之的选择，他们觉得这一点非常重要。"人类的尊严，要由连贯一致的叙事来保障。

但有些人对德沃金的想法深感不安,他们批评德沃金对意义的理解过于狭隘。小之又小的愉悦体验——尽管也许并非复杂、关键的人生规划的一部分,尽管也许不过几年前,我们说到的这个人还会因为从这么小的事情中感觉到愉悦而有些害怕——但是,难道从这些愉悦中就不能产生深刻的意义?这些批评者也问道,为什么我们要把一个实际上已经不复存在的人的关键看法,看得比一个现在跟我们在一起的人表达出来的渴望更高?为什么我们不能把患了痴呆的人看成一个全新的人,一个不受过去那个自我任何约束的人?从实际意义的角度来看,病人之前的自我,那个早已消逝的自我,对现在的他,究竟能有什么权力?

加拿大的立法者就是否扩展该国的法律法规,允许"提前申请临终医疗援助"展开了激烈辩论。2016年的一项民意调查表明,绝大多数(80%)加拿大人认为,如果病人的健康问题非常严重,那么他们理应能够提前对协助死亡表示知情同意:"比如说,如果病人被诊断出痴呆,然后要求当自己卧床不起,无法自己洗澡、刮胡子和上厕所的时候得到协助死亡。"即使法律条文没有任何正式改变,西海岸有些敢于冒天下之大不韪的医生还是对法律条文,特别是对于"可以合理预见"的死亡该怎么定义,进行了相当宽泛的解读。2019年,加拿大媒体报道,不列颠哥伦比亚省有多名痴呆患者在他们的医生帮助下死去了。其中有个人叫玛丽·威尔逊(Mary Wilson),她是离休公务员,她在痴呆前对英国1066年以来的所有君主及各自的在位时间倒背如流,但到她死的时候,自己的三个孩子有两个她都不记得了。沙娜兹·戈克尔(Shanaaz Gokool)

是加拿大非营利性组织"加拿大尊严死"的负责人,我问她比利时和荷兰围绕同样问题展现出的紧张局面是否令她担心,她一副不为所动的样子。她说:"你可以按照你掌握的信息,尽你所能去减轻伤害,但不要因为在比利时出现了一些问题,就把这一整个类别的病人统统拒之门外。"

"最后解脱网络"从一开始就在接受早期痴呆患者。这个组织的联合创始人费伊·吉尔什(Faye Girsh)告诉我:"在我看来,阿尔茨海默病以前一直是我们可以好好研究一番的重要领域之一。现在仍然是。"但吉尔什也承认,得了痴呆的病人还需要面对针对他们的挑战:比如说,你可以教他们怎么用氮气罐,但随后可能要不了多久,他们就全忘到九霄云外了。"他们什么都知道,也已经做好了上路的准备——但一下子,他们知道的事情就全忘了。"

3月中旬一个清冷的早晨,德布拉醒过来的时候,不知道自己身在何处。"好几秒都没反应过来。那是我这辈子最漫长的几秒钟。"随后她记了起来。"于是我说'哦',接着又说'妈的!',因为终于意识到自己忘了什么。"有位朋友告诉德布拉,她可以写张条子贴在洗手间镜子上:德布拉,你是德布拉。这是你家。你很安全。

她说自己并没有动摇。她说,她对自己生活的方方面面都做了评估,往前看,只能看到一些不好的兆头。过了这么多年,德布拉又开始同上帝说话了。"我说,我真的需要一个很明确的信息。你懂的,就是不管怎么样,我需要知道。要么你在隧道尽头亮起一盏灯,告诉我时候还没到,要么你就指指那个方向,让我明白是时候了。"

有个周六,德布拉醒过来的时候,觉得自己年轻了10岁。"我开足了马力。"她又可以一心多用了。她一边看电视,一边洗衣服。她开始给自己认识的人写告别信。一切都很清晰。但接下来第二天,她又感觉糟透了。"我直接从聪明人变成了笨蛋。我从8缸变成了1缸……多谢你呀,上帝。"德布拉觉得,是上帝给了她最后一天好日子,好让她知道自己糟糕到了什么地步。她觉得因应自己的选择,出现了九星连珠的天象。"九星连珠,是不是这么说的?"在我看来,日子一天天过去,德布拉的信仰似乎变成了水,可以填满怀疑打开的任何空洞。上帝在尝试用新的方式向她传递信息,而她也在寻找接收这些信息的新方式。锅炉坏了是个征兆。醋瓶子失手掉在厨房地板上是个征兆。按揭公司发给大卫的一封封信,也就是德布拉紧张兮兮地拿给自己的地产律师看的那些信,也是征兆。

到3月底的时候,德布拉每天要花6个小时在报税上面。她说:"我不知道该怎么走啦。"大部分早上都能发现她在给税务软件公司打电话,一直等在线上,等轮到她的时候就一个劲儿恳请客服帮帮她。

虽然德布拉经常在说自己报税的事儿,但我还是过了好一段时间才鼓足勇气问出那个答案昭然若揭的问题。我知道这个问题我必须问,但她可能不会喜欢。"我想我要问的是,这是一种拖延战术吗,还是……?"

"不是。"德布拉马上打断了我。过了一会儿,她又说道:"我之所以还要继续活下去,而不是选择现在马上解脱,是因为不想让留下来的遗产乱七八糟。我不是那种人。"

我有时候会抛给德布拉一些假设性的问题，比如要是大卫还活着，或者如果她的钱足够多，能保住房子，她是不是就不会寻死了。德布拉对这种问题嗤之以鼻。她说："我要是有钱，我在乎的人和在乎我的人也都在，那我会继续活下去。但我没钱，他们也都不在了。"还有一次，她问我："如果你知道，以后的你不是你自己了，你知道自己没法写这本书了，你知道你没法把你脑子里想的东西写到纸上变成文字了，因为你的大脑没法再让你那么做，你要是知道了这些，会是什么感觉？归根结底，还是尊严问题。"有时候，德布拉会说，如果她是一只狗，肯定很久以前就会有人帮她解脱了。有一次她问我，如果她是我的狗，我难道不会放手让其解脱？

我对有些事情感到很不安，于是给布赖恩打了个电话。我担心德布拉对钱和房子的担心，我担心她看起来那么孤单，同时又那么确定自己在死后会跟大卫重逢。她十分期待那一天的到来。布赖恩肯定地说："她这么做是因为不想失去自己。今年她花了 8 个星期才报完税，而以前通常只需要 2 天。"而且，就算有其他因素在对病人解脱的决定前推后拉，也都不是"最后解脱网络"真正要操心的事。"我觉得孤单是个重要因素。不想成为别人的负担也是个重要因素。有很多因素在起作用，我觉得假定其中一个因素比另一个起的作用更大也是有可能的。我尽量不掺和这些事情。"

"我们是生活在一个什么样的社会里啊，会让人们觉得自己成了负担？"我半信半疑地问。

"我觉得，只是就纸上谈兵一般成为负担的问题争论一番太容易了，但如果有一天你成了这个样子，觉得你的孩子必须花费他们的钱和精力来照顾你，或是你只能住进某个小小的养老院，需要别人帮你擦屁股，"布赖恩顿了顿，"你说，为啥一个75岁甚至85岁的人会想要活在病痛中，或活在苦难中……随便什么人，只要是理性的，怎么会这么做？"

我也打给了劳丽，她同意我的看法。"经济方面的考量是有的。永远都会有这样的问题。人们不希望这个因素变得很复杂，但我的意思是，生病和经济困难总是如影随形，并不少见。"除了逆来顺受，她还能怎么办？其他选择又能是什么样子？"如果有人符合条件，我不会说：'不，我不能帮你，因为你的经济状况不大好。'"劳丽说，这个问题的答案是，不能让穷人选择更少。"人们不想搬到公家的房子里去。我们想待在自己家里，这也是人们真正在乎的尊严中极为重要的一部分……人们不再拥有自己的房子，无论是因为逐渐变得神志不清，还是因为经济状况越来越糟糕，实际上对尊严的损害是一样的。"

但是，德布拉有时候看起来好伤感，那又怎么讲呢？劳丽小心翼翼地说道："我们不会接收只是心理健康有问题的人成为我们的服务对象。但有些人会有点抑郁也挺正常。"

在离她家前门不远的一个保险箱里，德布拉藏了够好几个月吃的药，都是她和大卫这些年通过时不时地少吃一两片，或在药剂师没做记录的时候提前几天去补充处方药的方式，日积月累攒起来的镇痛药。这都是大卫的主意。他说，如果国家进入某种紧急状态，他们能靠这些存货过日子。现在德布拉的药足够她继续吃下去，也就是说她可以不去看医生了。这一点很重要，因为德布拉不希望任何人注意到她有多精神错乱，然后打电话给有关部门，强迫她住进养老院。医生办公室的秘书给德布拉打电话，提醒她跟医生约了时间，但她没回电话。

她开始粉碎文件和老照片，删除电子邮件和短信，包括朋友们的，"最后解脱网络"的，还有我的。她不希望自己去世后会有陌生人翻查她的这些东西。她也不希望任何人惹上麻烦。德布拉本来还打算给自己认识的人写写告别信，但很快就放弃了，因为写那么多信太累了。她晚上也不看新闻了。以前她和大卫会并肩坐在一起看电视，她总是会就电视节目发表长篇大论，让大卫不胜其烦。但现在，她也不在乎了。反正德布拉觉得这个世界正飞速奔向最后的善恶大决战，奔向世界末日。道德沦丧。全球性的毁坏。杀来杀去。我是否认为美国财政部有能力偿还美国的债务？我知不知道非洲部分地区的水马上要用完了？她越来越害怕这个世界，也越来越为这个世界感到害怕。

德布拉用颤抖的声音高声说道："人们很难明白我究竟在经历什么，因为你看到的，你听到的，都不是真正的我。你看到的是假象，我会为你换上一副面孔。只有大卫看到过真正的我。"

"我绝对不会号称我听懂了。"我有点犹豫不决地说。

"对。你没懂。多倒霉呀。因为你在写作这个主题，还有，怎么说来着？能够设身处地去为他人着想，会带来极大好处。要是你能设身处地为我着想。"

3月底，德布拉说她的情况越来越糟了。她说："我发现我开始忘词儿了。我说话结巴吗？"

我顿了一下。"一点儿也不。"

"就是说我还是跟刚开始的情形一样？"

"从我开始跟你聊以来一样好。"

4月17日那天,德布拉很早就醒了。她在厨房里吃了一盒椰子味的希腊酸奶,随后坐着轮椅在屋子周围转悠了一阵,查看了所有属于她的东西。她也看了看窗外。一连下了几个星期的雨,现在终于放晴了。德布拉报完了税。她对我说:"花了好几个星期。不是一个星期,是好几个星期。"布赖恩和劳丽曾告诉她,在生命的最后关头也许会有各种各样的情绪爆发,而她正是这样的情形。"我一直都觉得很恐慌,于是吃了片赞安诺,并对自己说:'安静。'"

"今天你吃了一片赞安诺?"

"对。我需要集中精力,让我不会紧张得直发抖。"

我本来以为德布拉在生命中的最后几个小时会有些不一样,也许会更明快。但德布拉仍然只是一副准备好了的样子,跟过去几个月没什么两样。她说起那家按揭公司,说那家公司如何如何"压榨我们"。她问我有没有养猫。她念叨着要不要把iPad里的数据清空,这样就可以把那个iPad送给大卫的一个老朋友,但她不大清楚该怎么弄。她说:"现在我留下的完全是一片空白了。"

"祝你旅途平安,德布拉。"我说。

布赖恩和劳丽早上8点从波特兰赶到这里的时候,德布拉已经在门上用透明胶贴了几封信。其中一封写给罗宾,叫她不要进门,直接打电话报警,并感谢她成为自己的朋友。罗宾这天把德布拉的信件送过来的时候会发现这封信。还有一封信则是写给政府有关部门的。

在屋里,两位"解脱引路人"看到塑料袋和气罐早就在客厅窗户边备好了，旁边是一张小桌子，上面有大卫和他们的狗的照片。布赖恩对德布拉说，她可以不做这些，她可以改变主意，他们也可以离开。没关系的。但德布拉说："我们开始吧。"于是布赖恩和劳丽分别跟她拥抱了一下，然后跪坐在轮椅两侧。德布拉没有哭。

那天下午，蒂拉穆克县警长办公室接到一个名叫罗宾的女人打来的电话，说太平洋城可能有人自杀了。警长和警察们开了半个小时的车来到那所房子。下午 2:01，他们打开了德布拉留给他们的信，信中告诉他们在哪里可以找到前门钥匙。警察们走了进去，发现到处都贴着黄色的便利贴。床架上有张贴纸写着，这是德布拉在加州的一次遗产拍卖会上买的。烘干机上的贴纸写着这台机器的温度范围。大卫的好些古董上也都有贴纸，说这些东西很值钱，**别贱卖**。

吉姆·霍顿（Jim Horton）警官说，这种事情可不是每天都会碰到，但话说回来，他倒不是第一次见。在屋子里查看了几个小时之后，霍顿和同事们没觉得有什么不对劲的地方。似乎很明显，德布拉知道自己在做什么，而且"完全是独立完成的"。

后来霍顿警官告诉我，只有一件事一直在他脑子里挥之不去，一件有些奇怪的事。德布拉去世的那天，天气很好，但所有的窗帘都拉上了。

第五章

心　灵

2017年3月6日，亚当·迈尔-克莱顿（Adam Maier-Clayton）登录脸书，按下了直播按钮。

"听得见我说话吗？"

有人在下面评论说听得很清楚。亚当调了调笔记本电脑的角度，说："我们准备快速讨论一下一个非常重要的问题。这是一生当中绝无仅有的机会。"亚当身子往前倾了倾，这样他的脸就离摄像头更近了。他的脸异常俊美、棱角分明、线条简洁，就好像雕塑一般。"首先我想说的是，你们什么都不用担心，就是说……嗯，你们不会看到什么不好的事情。"亚当的意思是，他不会在镜头前自杀。他担心的是，如果他这么做了，脸书会把这段视频删除，而他希望这段视频在他死后还能继续挂在网上，并像病毒一样传播开来。实际上，他会在直播结束后自杀。亚当的头发梳在脑后，扎了个马尾辫，脖子上挂着一个银色的吊坠，是个刻了A的圆圈，但代表的不是他的名字亚当（Adam），而是"无神论者"（atheist）。他的脸书粉丝可以看到，他身后是浅蓝色的墙壁，还有旅馆里的那种床，铺得整整齐齐。

"好。是这样……这一切我都规划好了。一直到最后一首歌、最后一顿饭，我全都规划好了。我去了一家三明治店，那儿的三明治好好吃啊……不过确实，此情此景有点儿太奇怪了。我今年27岁，从来没想过在我的一生当中会发生这样的事情。"亚当说，他订购了毒药，就放在键盘旁边一伸手能够到的地方。他说，有这玩意儿挺好的，不然他就只能去跳楼，或是跳个别的什么东西。"涉及万有引力和让人瞬间归西的什么东西。"

有人留言："亚当，这也太惨了。给你比心。"

一个叫凯尔的人写道："这是你最后一条了吗？"

有人回答凯尔："嗯，他说了这是他的最后一条。"

亚当一开始就迅速过了一遍自己身上的所有疾病，他上传到脸书和YouTube上的视频也经常这样开场：广泛性焦虑症、强迫症、抑郁症。他说："强迫症就是个恶魔。有些人的强迫症是从娘胎里带来的，这简直让他们生不如死。我绝对是其中一个。"但很快他就转向了政治，因为这才是这次直播真正的重点。如果他要自杀，那也必定是出于政治原因。

"认为精神方面的问题永远不应该有资格获得临终医疗援助，这整个想法简直太蒙昧了！绝对是个蒙昧无知的想法。"亚当说，"按这个想法，身体上的疾病，尤其是绝症，就该供奉起来，而其他疾病就该被无视……全是狗屁，好吧？！"他说，像他这样的人，有长期、复杂的精神障碍和精神病治疗历史的人，被加拿大政府"害惨了"，因为政府关于协助死亡的法律把他们全都排除在外了。亚当说，这么做大错特错。他把这事儿怪在了加拿大总理贾斯廷·特鲁多身上。"荒谬绝伦。要是有人从科学角度来讲无法好转，他们一直在遭罪，他们想解脱……"他举起了双手，"有什么问题吗？又不是你的人生，是他们的……我说过无数次了。"

在直播开始时，亚当提醒大家，他准备好好说一阵，因为他有很多总结性的东西想说。很快一个小时过去了，接着又一个小时。亚当说，自己说了这么多，身体吃不消，开始疼了，有时候他还会双手托着头休息一下。他有两次说抱歉要去洗手间，然后走出了镜头。亚当谈到心理治疗和它的失败，也谈到精神病学及其失败。他还谈到了分享自己所知道的一切及有机会去教育社会，感觉有多棒。他说："老实说，我希望自己录制更多YouTube视频。"有时候，他的声音会变得有些尖锐，但大部分时候都很平和，甚至在刻意保持中规中矩。亚当说："我病得非常非常厉害。没有法子治好。我没有未来……我连在麦当劳打工都不行。我这辈子这么拼命，可不是为了靠残疾吃饭。"他曾经希望自己能在一家银行、对冲基金或《财富》世界500强公司工作，还想过自己能拥有摩天大楼，能成为金融业的明星。但这些都没有成真，因为自己的心灵和自己的身体开战了——现在呢，他成了这个样子。

我在自己的公寓里看着直播，膝盖顶住胸膛。我觉得很不是滋味。我在笔记本上写道：太无力了。这是拖延，还是表演？

差不多两个半小时后，亚当的声音开始有点沙哑了。他说："就算在这个房间里，也有那么多美丽。我是说，瞧这个电灯开关，这些带电的。"过了几分钟，他哭了一小会儿，说他希望爸爸妈妈一切都好。他说，他不想伤害任何人。

随后，亚当结束了直播。

在东北方向9个小时车程的渥太华,亚当的妈妈玛吉坐在笔记本电脑前,她吓坏了。她盯着屏幕,目不转睛。后来她告诉我:"我不知道这是不是真的。我不知道他是不是真会这么干……人们要是一直在说这事儿,你就会觉得,'他们才不会真去干呢'。一般来讲,他们要干这事儿的话,就不会说出来。他们直接就去做了。"玛吉希望亚当不会那么做。她抓起手机,准备给亚当的父亲打电话,但他没接。

身在安大略省温莎市的格雷厄姆·克莱顿(Graham Clayton)正在给温莎大学经济学四年级的学生讲课。听到警察敲门,格雷厄姆告诉学生,他马上回来,说完就走出教室来到了走廊。一名警察问道:"你知道你儿子在哪儿吗?""不知道。""你上次见到他是什么时候?""昨天。"两名警察告诉格雷厄姆,他们追踪到亚当在安大略省的伦敦市,但还没有找到他具体在哪儿。看起来他是在一家旅馆里。他们说了一些在脸书上发生的事情。格雷厄姆的口音很难听懂,是加拿大东海岸的口音,还夹杂着一些英国口音,因为他的童年是在英格兰中部地区度过的。他告诉警察,他不知道亚当那天有什么打算,但这几个月,他一直在社交媒体上威胁着要"理性自杀"什么的。警察离开后,格雷厄姆回到教室,接着讲剩下的半个小时课。

几个月前,亚当对他说:"总有一天,你起床的时候会发现我已经走了。"

格雷厄姆说:"如果你再也忍受不了了,不要为我或别的什么人勉强坚持下去。"格雷厄姆觉得,儿子已经斗争得够久了。他们俩都累了。

当时，用亚当自己的话说，他已经成为"站出来代表精神疾病的最显眼的死亡权活跃人士"。他是个很适合用来撑场面树典型的孩子。这场意在扩大加拿大的协助死亡法律适用范围，将患有精神障碍但并没有身患绝症的人也包括在内的政治运动，可以拿他做招牌。2016年5月，在加拿大全国性报纸《环球邮报》的一篇社论中，亚当写道："身体上的疾病和精神疾病实际上可以引发同样程度的疼痛。唯一的区别是，身体疾病产生的疼痛有身体上的病理，而精神疾病引发的疼痛叫作心身疼痛，是由心理压力造成的。但对病人来说，这两种疼痛感觉完全一样。"亚当说，病痛就是病痛。为什么渥太华庸碌的技术官僚有权决定，让其中一种病痛凌驾于另一种之上？

上完课，格雷厄姆等学生都离开了教室才开车回家，沿着河行使，离开没什么景观的城区校园，河对岸就是底特律。他经过了好些小公园，公园里春天和秋天总有很多加拿大鹅；也经过了好些预算低、楼层少的公寓楼。随着道路两侧越来越像郊区，他终于到家了。走进家门，他发现自己的妈妈在客厅里，便告诉她发生了什么。老妈妈年近90岁，耳朵也近乎全聋，他只能对着她的耳朵大声喊。随后他给自己斟了一杯茶，在厨房的圆木桌前坐了下来，在昏黄的灯光下静静等待。

电话终于响了，是亚当打来的。警察在旅馆房间里找到了他——在慌乱中，亚当把他的戊巴比妥冲进了马桶。他失去了机会，一切都结束了。"这么说，亚当现在没事儿啦。"格雷厄姆轻轻说道，挂断了电话。他灰色的小胡子抽动着，眉头也不再紧锁。他深吸了一口气。"我不知道现在我们会走到哪儿，但不管怎么说……现在是个没有人能得到好处的局面。这情形太糟糕了，没有任何人是赢家。我要么就得失去儿子，要么就得眼睁睁看着儿子受罪。"

亚当还是小孩子的时候就非常小心。他还在蹒跚学步的时候，玛吉想过是不是应该像别的妈妈一样，把家里的电源插座都用那种防止小孩儿乱摸的塑料盖遮起来，但后来发现根本不需要。亚当知道那些东西不能碰。亚当太听话了，所以4岁左右，也就是玛吉和格雷厄姆离婚后不久，亚当开始发出奇怪的声音时，父母都没怎么当回事。这怪声就好像动物的叫声，格雷厄姆问儿子："你为什么要发出这种声音？"但亚当自己也不知道。

没过多久，亚当不再叫了，但又开始用手做一些奇怪的事情。他不得不以特定方式、特定顺序一遍又一遍地摆弄自己的手指，因为……这套动作能分散他的注意力。做这个，做这个，做这个。后来亚当开始踢足球了，他必须把手指放在正确的位置，否则就没法得分，他的队伍会输掉比赛。但如果他的手指移动得太多，他会忘了追球。有时候亚当会把手指绑在一起，这样手指就能保持不动，让他专注于比赛。他会一遍又一遍地数自己的棒球卡。

又过了十来年，亚当才被诊断出强迫症和广泛性焦虑症，并开始服用抗抑郁药。那时候，他十几岁的脑子里满是可怕的想法和执念。在聚会上，在学校里，这些想法让亚当相信，他肯定有什么事情做得不对。还不局限于此，他是故意做错的，然后把这些事儿忘掉。因为他很坏。这些想法也会告诉亚当，其他所有人都知道亚当做了什么，也因此对亚当指指点点。亚当吃了医生给他开的药。不

不愿活下去的人 210

过玛吉并不相信精神病药物，也不相信真人秀节目《大医药》，她并不想让亚当吃这些药。亚当说，这些药什么用处都没有，尽管他也从来没在某个既定的服药方案上坚持多久。他认定，如果自己想变成正常人，就必须自行克服强迫症。他厌倦了"被连篇鬼话控制"。亚当开始用大脑做一些练习。如果大脑叫他做什么事情，他就拒绝做。过了一段时间，那些执念算是消停了。

2011年，亚当搬到渥太华，开始在一所大学攻读工商管理学位。高中的时候，他不怎么努力，有时候在别人眼里就是个"笨蛋"，但现在他想变得不一样。亚当希望自己能一直努力工作下去，成为那种所有时间都在工作的人，成为有足够理由埋头于工作，也对工作极为痴迷的人。他的蜕变非常快，也经过了认真考虑。亚当对我说："我从一个无知无畏的愣头青，蜕变成了工作狂。我变得非常内向。我想成为一个更好的人。"一个拥有美丽心灵的、认认真真的人。

2011年9月，他在脸书上写道："MBA（工商管理硕士学位），我来了！"

"新的每周定规：每周通宵一次——获得额外有效率的8小时。#集中注意力。"

亚当立志要成为银行家，或者类似银行家那样的人，比如说基金经理。这个梦想的细节还很模糊，更不用说他上的这所大学并不入流，他也还只是在这儿读书而已。重要的是，他会以某种方式成为有钱人，娶个又聪明又漂亮的妻子，还会从国外领养几个孩子。他会有几辆好车，但不会太多，否则会招人嫌，也因为他准备捐好多好多钱给慈善事业。不上课的时候，亚当有时候会开着车在渥太华市中心转悠，去看里多运河以及20世纪60年代修建的写字楼，想象自己拥有眼前所有这些建筑。一段时间后，这些想法似乎不再是幻想，而更像是未来在他面前提前上演。亚当加入了大学里的一个兄弟会，并告诉玛吉，就连美国总统罗纳德·里根都是这个兄弟会成员。玛吉有时担心儿子会太激动，但也一直为他感到自豪。

大家都认为，只要亚当没过于兴奋，局面还是可以控制的。那是2012年12月，在兄弟会的一次聚会上；亚当23岁。他觉得自己必须这么做，就好像其他所有人都想看看，这个紧张兮兮的亚当，这个一口烟都没抽过的亚当，稍微放纵一下会是什么样子。亚当拿起不知谁的水烟枪抽了一口，然后又一口。到了晚上，所有人都兴奋得不行，而亚当则躺在地板上，像胎儿那样蜷缩着，觉得自己马上就要死了。

第二天早上醒过来的时候，亚当打眼望去，觉得所有朋友身上都涂满了蜡。他们看起来像木偶，而不是人，或者说看起来像假人，但伪装成了真人。他低头去看一张桌子，觉得这张桌子也像是一块木头加另外几块木头。在某种程度上，亚当知道这是一张桌子，但看起来不太像，因为亚当只能看到这张桌子的不同组成部分——木头、钉子。他觉得自己好像飘着——不是脱离了自己身体，而是沉在自己身体中太深了的那种感觉。后来在跟我谈到这种感觉时，他说："我不会把这种感觉叫作悲伤。这是一种没有了灵魂的感觉。"亚当本身并不相信灵魂，但他还是感觉好像不知怎么失去了自己的灵魂。

玛吉说："这种感觉把他的脑子搞得一塌糊涂。"玛吉在去聚会地点接亚当回家时，也感觉到了这种不同寻常的地方。他灵魂出窍得太厉害了。第二天也是一样。玛吉带亚当去了急诊室，然后又是另一个急诊室。医生说，他只是太兴奋了。他们说他会没事的。但接下来几周，这种奇怪的感觉并没有消失，而且以前那种执念又出现了。玛吉在屋子里能感觉到这些。她说，亚当有时候"非常暴躁"，有时候又会哭着叫她抓牢自己的手。亚当见了更多医生，但没人知道他出了什么问题。有位医生说他应该去看看精神科，但也提醒他们，如果是转诊过去的病人，可能要等好几个月才能约上。还有位医生告诉亚当，这都是他自己臆想出来的，不是真的。亚当说，行吧，那你计划怎么治疗我呢？

最后终于有了诊断结果。后来亚当在自己的博客上写道："这叫人格解体，是一种自我觉察紊乱。如果大脑承受了足够多的压力，它就会说，'好了，这位同学，那些乱七八糟的事情已经够啦，我们来歇会儿吧'，然后就解体了。这也是一种防御机制。大脑真的把你知道的所有事情的所有内容、情绪和感觉都抽离出来，让你觉空空如也，对自己曾经知道的一切都感觉陌生。"诊断结果让亚当恍然大悟，一切都得到了解释。他有一个丧失了自我的大脑。亚当在博客上写道，是"大麻引发的恐慌发作"触发了这些症状。

接下来，他开始感到剧痛，还有另外一些诊断结论：重度抑郁症，躯体症状障碍。亚当以前从来没听说过"躯体痛"这个词，但在一个网站上读到了相关描述。网站上写道："根据某个理论，抑郁和焦虑会转化为躯体症状……几乎不可能准确界定哪个症状会先出现，或某个症状什么时候消失，另一个症状又从什么时候开始。"对亚当来说，症状出现的顺序并不重要，因为他浑身都疼，眼睛也火辣辣的，就像有一大勺酸进了眼睛，在两个眼窝里滚动一样。那些执念变得更加甚嚣尘上，表达这些执念的声音也变得更加肆无忌惮。晚上在街灯周围，亚当开始看出光环了。2013年10月，他在脸书上写道："心理健康问题在当今社会如此普遍，实在让人遗憾。"他觉得，能够让人类感到快乐的所有化学成分，在他体内都不存在了。

接下来，亚当更多时间都待在玛吉的地下室。他在里面摆满了黑色家具，还有一台小冰箱。即使玛吉恳求他"离开这个地牢"，他也不为所动。他经常不洗澡。他去一楼吃早饭的时候，也不再说起自己在研究什么——洛克菲勒家族、美国经济或是钢铁业——而是一遍又一遍问玛吉同样的问题。一些很愚蠢的问题。重要的是一遍遍重复，而不是答案。玛吉给亚当找了一个私人治疗师，也同意支付费用，但亚当认为这么治疗根本没用。玛吉也想过，是不是应该让亚当去精神病院，但最后还是决定不这么做。"因为，他们又能干吗？还不是给他吃更多的药。"玛吉也恳求儿子能试一下整体疗法。数年前，玛吉用替代医学让自己摆脱对酒精的依赖，也相信这种办法能够奏效。她说，亚当可以通过吃补品来让自己的生理机能回到平衡状态，给身体排毒，她会把亚当送到最擅长这种疗法的人那里。但亚当还是拒绝了。玛吉觉得儿子已经放弃了，只想"一直牢骚满腹地抱怨自己的感受"。亚当则反过来指责玛吉，说玛吉已经疯了，而且还把亚当也逼疯了。

亚当还是设法从大学毕了业，还在一家银行分行找到了工作。他很喜欢这份工作，但2014年，他辞职了。他说，身体上的那些症状——那些神秘的疼痛、灼烧感和朦胧感——让他无法集中精力完成任务，也无法专心面对眼前的客户。他跟玛吉的争执也愈演愈烈。一天，亚当拿起一根棒球棍，把地下室的家具砸成了碎片。玛吉把他送回温莎的家里，和父亲格雷厄姆住在一起。那是一栋砖房，住在一起的还有亚当的奶奶，以及奶奶收藏的数十个瓷动物雕塑。

亚当找了新工作，在一家酒吧当保安。晚上，他会在人行道上，制止打架，那里离赌场附近的连锁酒店只有几个街区。过了一段时间，他被提升为调酒师。他很高兴能得到晋升，虽然他也担心酒吧工作人员用的工业清洁皂会让他的病情加重。在脸书主页上，亚当有时候会让自己表现得像兄弟会成员，夸口说自己要在吧台后面值好久的班，抱怨自己变胖了，等等。他会祝自己最喜欢的色情网站情人节快乐。另一些时候，他又会特别特别真诚。他写道："小时候，我以为世界上好的东西比不好的东西多。但随着我读到的、学到的、体验到的越来越多，我越来越觉得不是这样的。"

在现实生活中，亚当那些奇奇怪怪的疾病正在吞噬他。他开始看精神科医生，那位医生给他开了药。接下来的几个月，亚当吃了好多药。格雷厄姆一直在记录：帕罗西汀、舍曲林、劳拉西泮、哌替啶、氢吗啡酮、加巴喷丁和安非他酮。亚当还试过大麻二酚。他尝试了认知行为疗法、接纳与承诺疗法以及正念冥想。他也试过好好休息：一天在沙发上躺好几个小时，收看英国广播公司的节目，在网上读些东西。但没有什么能让他重新感觉良好。亚当开始怀疑，是不是有些病人，现代医学就是没办法帮到他们，而自己就是其中之一。他也想着，如果自己是这种情形，医生会怎么做。亚当说："爸爸，只要我还活着，那些医生就会一直尝试下去，看能不能发现什么。"

格雷厄姆说："不要放弃，不要放弃。坚持下去，坚持下去。让他们帮帮你。"

但亚当的心思早就不在这儿了。2014年6月，他登上脸书，写道："读了几篇文章之后，我很好奇。人们对'死亡权'有什么看法？"

2015年，加拿大最高法院推翻了该国一项针对医生协助死亡的禁令，裁定其违宪。加拿大议会有一年时间将新判决转化为法律，并为其界定实践中的范围：谁符合法律标准，谁不符合。立法者可以尽可能扩大法院允许的适用范围，也可以增加额外标准和保障措施，缩小法律的波及面。亚当仔细读过最高法院的判决书，觉得很惊讶。判决书中写道：符合要求的加拿大居民，如果健康问题"十分严重"且"无法治愈"，让他"遭受了无法忍受的生理或心理痛苦"，就有权接受医生协助死亡。文中对绝症和马上要死的情况只字未提。根本没有对身体疾病的要求，只要心理上在遭受痛苦就够了。加拿大法院似乎不大关心预后诊断中那些已成定局的特定细节——还剩多少阳寿，或得病的、坏掉的是身上哪个部位之类——而更关心病人的主观体验，只需要患者本人就可以断定他遭受的痛苦是否无法忍受。在亚当看来，加拿大法院理论上已经为将他也包括在内的安乐死法律廓清了道路。

议会和媒体几乎马上开始就这项可能成为法律的议案的限制展开了激烈辩论，尤其这项法律是否应该把主要患了心理疾病的人也包括进来。参众两院关于医生协助死亡的联邦特别联合委员会听取了两边的证词。支持者认为，就承认哪些痛苦来说，这项法律应该比美国的同类法律更有弹性。他们援引的报告显示，有时候精神疾病造成的痛苦比身体疾病还要剧烈。例如，在德国，有一项关于主观幸福感的大型研究，发现只有晚期肝病遭受的痛苦比某些精神疾病更严重。

在最铁杆的支持者看来，将精神疾病排除在外不仅是谨慎过了头，而且从伦理道德上看也不一定好，因为这么做等于说身体上的痛苦高于精神上的痛苦。多年来，医学界官员一直在努力为精神疾病恢复名誉，包括驳斥精神疾病是患者的过错，以及精神疾病带来的痛楚反正比身体疾病要小，或者没有身体疾病那么真实等观点。也有人认为，所有患精神疾病的人都没法控制自己或已经精神错乱，所以无法辨别自己的利益，更不用说根据自己的利益行事了。支持者团体对这种看法也提出疑问，并取得了一些进展。但是，不允许有精神障碍的病人接受协助死亡的法律就仿佛在传达这样的信息："你的痛苦绝对很严重、很真实……除非你想死，但那样的话，你的痛苦也没那么严重了。而如果没那么严重，那我们知道什么对你最好。"

多伦多有位年轻的精神科医生名叫贾斯汀·登博（Justine Dembo），她头发乌黑，皮肤白皙，在森尼布鲁克医院工作，也很关注这场辩论。她所在的医院在第二次世界大战后因治疗伤残士兵而著称于世。她的办公室在三楼，狭小、简朴而清冷，只有一扇窗户，可以俯瞰为老兵们建的一个花园。办公室里主要的陈设是一个装满了贝壳和鹅卵石的玻璃碗，病人如果心烦意乱，可以借助这个装饰让自己平静下来。早前，登博认为她对这种法律最宽泛的形式乐见其成，认为说不定有一天，自己也会根据这样的法律帮助病人死亡。

对登博来说，医生应该把精神疾病患者拒之门外的想法——想必是为了保护他们不受自己伤害——不只是要洁身自好或恐惧，而是有更深层次的原因。在她看来，这是医生在职业领域狂妄自大，尤其是精神科医生顽固不化的证据，他们似乎从来都不愿意承认，有些病人就是没办法从他们那里得到帮助。相比之下，肿瘤医生和肺病专家就诚实多了，他们习惯于在战斗中举手投降，承认手术失败，承认新一轮化疗也不会有任何意义。但精神科医生总是相信自己可以帮助每一个病人。总有更多药物或药物搭配可以尝试，总有更多医疗技术可以借力。而且，治疗本身也没有明显的或预设的终点，仿佛可以一直进行下去，永远不会结束。再不就是，也许某种新药马上就会横空出世云云。在登博看来，精神病学似乎看不到自己治疗的局限。或者至少也是医生不愿意承认自己的领域有其局限，当然也就更不愿意采取相应的行动。

这些想法她几年前就有了，那还是她当实习医生的时候。有一天，在医院里，他们要求登博把一名中年女病人从她自己的房间，也就是普通的医院病房，转送到急性精神病室，她会在那里得到全天候的监护，因为她曾试图自杀。这个病人患上难治性抑郁症很久了，病史非常复杂。在整个病程中，她几乎尝试过所有可用的治疗方法，包括电休克疗法（ECT），就是让微弱的电流通过她的大脑，引发短暂的癫痫发作。然而，所有治疗方法都没能奏效，现在所有那些药物的副作用让她的病情进一步恶化。那个女人盯着登博，眼神里满是对被背叛的恨意。登博对我说："我有这样一种负罪感，因为我知道，她遭受的痛苦有多令人绝望。所以我有时候也对救下她感到非常遗憾。我以前对她有所了解，她好多次跟我说，她多渴望死去——她有这种感觉多久了，她有多痛苦，等等。她说的这些让我停了下来……我们为什么要治病救人？如果我们已经尽了一切努力，然而病人还是要遭受那么严重、那么长期的痛苦，为什么我们还是一看到自杀就自动要干预呢？"

登博之前就知道，有些病人会一直搜寻下去，但永远也无法找到能长期奏效的治疗方法。2006年发表在《美国精神病学杂志》上的抑郁症序贯治疗研究非常有名，研究人员通过该临床试验发现，在门诊治疗的病人中，约30%在连续四次服药后仍然有症状。即使是那些确实对药物治疗有反应的病人，也有71%会在一年内复发。电休克疗法是一种神经刺激疗法，有证据证明，它可以帮助一半左右的难治性抑郁症患者，但有些人不愿接受这种疗法，因为需要全身麻醉，还可能导致逆行性遗忘。心理治疗对一些人有效，对另一些人没有效果。住院治疗方案和极为少见的神经外科干预，比如双侧扣带回切开术，也就是让外科医生将病人大脑中连接感觉体验和愉快或不愉快的记忆的区域切掉或毁掉一部分，也是同样的情况。登博问道：既然如此，一些长期精神疾病患者得出结论，认为他们的痛苦永远也无法通过科学得到缓解，就有那么不理性吗？

由此合乎逻辑地推出，应该允许一些人去死，这个结论似乎很快就能得出，也会有人觉得是对病人的背叛。登博说："在精神病学领域，你真正学到的是，任何人如果想死就是有自杀倾向，要像对待有自杀倾向的人那样对待他们，防止他们真的自杀。直到最近，在住院医生培训中，完全没有人讨论过，想死的愿望可能是对某种疾病的理性反应，更不用说精神疾病的情形了。"实际上，只要病人说他们想死,他们的想法就会被叫作"自杀意念",并被看成他们患病的证据。而他们的精神科医生也会努力压制他们的这种想法。这就是这个职业的真正意义:让病人活下去,不要让他们自杀。

在当上住院医生几年后的 2010 年,登博写了一篇寻根究底的文章,探讨"精神病学中的无效治疗和协助自杀"。在文中,她提出了一连串问题:"我们有多大可能把无法取得进步、无法治愈的治疗方法看成'无效'的?应该由谁来决定,什么对某个特定患者来说算是'无效'?我们认为病人为了治疗要忍受多少副作用才算合乎预期?以及,到什么时候我们才会允许病人放弃治疗,乃至放弃生命本身?作为医生,我们又要到什么时候才有资格'放弃'?"在研究过程中,登博了解到,有些国家,比如比利时、荷兰、卢森堡和瑞士,已经认为精神疾病满足协助死亡的法律标准,不过限制颇多。这个想法并不荒唐,在欧洲有先例可循。"所以,即便没有身体方面的疾病,出于自身存在而遭受的严重痛苦也可以是考虑结束生命的理性原因,就那么不可想象吗?"

登博知道,按照标准的能力测试结果,绝大部分被诊断为精神障碍的病人都有能力做出理性的决定。实际上,精神病学有个核心原则,也就是假定病人有"决策能力",除非他们的行为表明并非如此。比如说,重度抑郁病人在大多数情况下都能理解他们的诊断结果,并能够对不同选择的后果做出评判。即使是深受妄想之苦的人,如果其注意力集中在某个特定选择上,也能表现出深刻见解和理性,比如是否给膝盖做手术,或在确诊癌症后是否接受化疗,又或者是否买车,是否结婚,是否去度假,等等。在精神病学的设定中，有没有"能力"始终是通过某个时刻的某个选择来判断的，医生们不会从整体上去讲一个人有能力还是没有能力，而只会说病人有没有能力做出具体的某个决定。按照这个逻辑，登博的很多病情最严重的患者都可以被看成有能力做出关于医疗的各种决定。

在多伦多成瘾和心理健康中心的一场大型演讲会上，登博说出了她的这些想法。她想知道，对于无法治愈的精神疾病，精神科医生对于协助死亡如果持理性开放的态度，会是什么样子。她也问道，医生协助死亡能否被看成一种减少伤害的方式。有些病人很有可能自行结束生命，而如果允许协助死亡，至少他们不用在孤独、恐惧中死去，也不会死得极度痛苦。演讲结束后，登博觉得她可能会因为说的这些话而惹上麻烦，然而并没有，反倒是有几位资深的精神科医生对她表示了感谢。其中一位低声说道："别告诉任何人我说过这些话，但我真的很高兴你把这些问题提了出来，因为我的一些病人也在让我思考这些问题。"

但在多伦多的这间会议室以外的地方，有些精神科医生对加拿大正在进行的讨论如临大敌。批评者认为，患有最严重的精神疾病的病人，也就是根据安乐死法律最可能有资格安乐死的病人，会因为他们的病情而无法就死亡这么重大、这么影响深远的问题做出决定。他们指出，严重抑郁本身就会扭曲病人理解自身病情的方式，让他们更有可能觉得治疗会失败，会经历无休无止的痛苦。因为病人理性思考的能力受到了破坏，所以其想死的渴望不可能被认为是理性的，更不用说由一个睁只眼、闭只眼的医生来执行了。他们坚持认为，病人的绝望绝对不该被看成明智的想法，毕竟从根本上讲，绝望就是盲目、不管不顾的。

最激烈的批评者认为，协助精神病人死亡等同于跟非理性自杀同流合污。他们说，帮助这样的病人，会把精神疾病的症状——想死的渴望，绝望，害怕治疗，再也感觉不到人生的意义，等等——跟理性思考混为一谈，是把病人对生死存亡的恐惧重新包装成自由意志的表达。"怎么才能把为了减轻疾病带来的痛苦而提出的临终医疗援助的请求，与这种疾病本身的症状之一区分开？"精神病学家莫娜·古普塔（Mona Gupta）和克里斯蒂安·德马雷（Christian Desmarais）在后来发表在《心理健康与伦理学杂志》上的一篇文章中问道："也就是说，怎么才能确定，医生并非无意中跟病人的疾病串通，而是尊重病人深思熟虑的决定？"

还有人认为，扩大协助死亡法律适用的范围这件事本身就会给病人带来伤害。他们的思路是，如果给一个已经脆弱不堪的病人协助死亡的选项，他可能会选择更早放弃生命，尤其是，如果他的医生对他的要求看得非常认真，因此也仿佛在证实这个病人完全无药可救了的话。也就是说，评估病人的请求这个过程本身可能会影响他的精神疾病的病程，让他的病情愈演愈烈。表现出对协助死亡感兴趣，可能会成为自我实现的预言，这对本就不堪一击的病人来说，会产生巨大影响。荷兰内科医生西奥·布尔（Theo Boer）警告称，把协助死亡法律扩大到将精神疾病也包括进来，"向社会发出了一个自相矛盾的信号"。"如果我们的国民想结束自己的生命，我们会竭尽全力阻止他们。但如果他们坚持这么做，实际上我们会帮他们。"

另一些人谴责这项法律则是出于更实际的理由。他们责备加拿大政客甚至都不该考虑这么一项宽泛的法律，因为这个国家的人民心理健康状况不容乐观。加拿大精神科医生约翰·马赫（John Maher）在一篇文章里写道："事实上，很多精神病患者都生活在贫困中，他们被社会排斥，境况极为可怕。我们是要把他们推向想死的境地，然后再提供一条合法路径，让他们去死吗？要真是这样，那就是我们的耻辱。"有些人设想了一个反乌托邦的未来，在那里，人们会把时间、资源和期待从心理保健领域抽取出来，转移到最终成本较低的帮助病人死亡的工作上。

在登博看来似乎很明显，她永远没办法百分之百地肯定，哪个病人完全不可能治愈。谁都可能是万里挑一的例外，有些看似没有希望的病例也确实出现了好转。人们的病情会得到改善。但到底是多大的改善呢？病人可能会在抑郁量表上多得个一两分，专业人士能够通过测量得到这样的结果，但病人可能每天仍然感觉很糟糕。在登博看来，很多精神科医生在干的就是，一边治疗那些没有任何理由预期会得到实质性改善的病人，一边严格要求这些病人不要放弃希望，说他们的极度痛苦仍有可能会结束。从道义上讲，这么做对吗？其他医学领域的生物伦理学共识似乎是，医生向病人提供虚假的期望是不道德的。但有些精神科医生似乎对此游移不决，可能是因为他们认为，精神疾病患者需要抱有希望才能好转，而希望本身就有一定的治疗作用。在2013年的一篇文章中，登博写道："因此我们发现自己陷入了一个悖论，希望对于复原来说不可或缺，然而也可能只是在延长无法忍受的精神痛苦的期限。遵守职业道德的治疗师应该怎么做？"

登博开始设想如何将自己的这些想法转变为职业医疗标准。在她的理想方案中，有资格接受协助死亡的病人必须长期有自杀的想法，而不是一闪而过的自杀念头。在病人提出死亡的要求后，还需要几个月甚至几年的时间作为等待期。病人必须尝试过一定数量的循证治疗方案，包括药物和非药物疗法，这样才能确认这些治疗对他的疾病都没起到作用。法律应该要求病人必须尝试过治疗。当然，登博也认为，法律不应要求病人尝试过所有疗法。就算是有严重精神障碍的病人也有权说不，有权说，够了就是够了。

亚当是第一个向温莎的精神科医生乔瓦尼·维莱拉（Giovanni Villella）咨询协助死亡相关事宜的病人。那是 2015 年年底，加拿大议会的协助死亡法律还在制定中。亚当因为感到一阵疼痛去了急诊室，在那里见到了维莱拉医生，而维莱拉医生答应在他的私人诊所给亚当看病。加拿大的全民医疗体系也包括精神病护理，但要看专家的话，等待时间可能会很长，而且能看病的次数也有限，因此有些病人会去私人诊所。格雷厄姆说他会付这笔钱。有一天，亚当问维莱拉，他是否认为协助死亡应该成为像他这样患有精神疾病的人的一个选择。

维莱拉医生坐在一张巨大的 L 形办公桌前，经常会在病人说话的时候忙着打字。听到亚当的问题，他转过头，直视亚当。他知道，自己绝对不会在这方面为病人提供有身体接触的帮助。他信教，这么做违背了他的宗教信仰。但他也并不认为，想得到协助死亡的人提出这种要求有什么不对。根据维莱拉的经验，有小部分患者，可能 7% 或 8% 的样子，治疗对他们基本上没什么用处。他从内心深处同意亚当的看法，也认为这种病人有权要求安详地结束自己的生命。只是，亚当太年轻了，还有很多治疗方法可以尝试。

亚当对这位精神科医生评价不高。在我们头几次交谈中，他告诉我，维莱拉医生看起来像是"一个非常软弱的人……他没啥勇气，跟我一点儿也不像"。不过，亚当还是按照医生的建议做了，试了医生推荐的所有药物。他尝试一种药物，到确定没起作用时便放弃，再尝试其他药物，或往药物组合中加进入别的成分。亚当把药瓶整整齐齐地放在柜子上，有时候一天要吃好几大把药片。他冷冰冰地告诉我，加巴喷丁对心理运动迟缓有一定帮助，这种药能让他的脑子在早上转得更快一些。但总的来说，他认为这些药物只让他比之前好了 5%，谈不上有多好。后来我在和一位精神科医生谈到亚当的病情时，这位医生告诉我，有时候用来治疗神经性疼痛的加巴喷丁，对心理运动迟缓不会有帮助。她想知道亚当对这种药物的学术描述是否"被误导了"。

亚当对格雷厄姆说，他不会"让那些精神科医生带着我满世界瞎转悠"。他永远不会遵守什么"厨房洗碗池协议"，让随便哪个医生想到什么药物就随手把这种药物冲进他喉咙里。还有，他宁愿死一万次也不会尝试脑深部电刺激（DBS）。亚当说，他读过关于脑深部电刺激的临床研究，并不认为这种疗法会对他的病有帮助。他并非完全确定，但有时候，并不是说一定要尝试过才知道会失败。亚当说，就好比鸡蛋不需要真的去跟石头碰一碰，就知道自己会粉身碎骨。

唯一能让疼痛减轻的就是健身。家附近的购物中心有个健身房，他一有空就开车去那边锻炼。他会快速穿过前门，经过刻在墙上的激励人心的话，那些竭力主张身心健康、志向远大、品格高尚、为人正直的标语，经过有时候会有老人在上面睡着了的振动按摩椅，经过儿童泳池，一直走到楼上，走到举重训练的那一层。他会在那里不断举起重物，直到除了肌肉在用尽全部力气后应该感觉到的正常灼烧感之外再也没有别的任何感觉。这样就能有那么一阵，锻炼带来的疼痛可以盖过其他疼痛。有时候，亚当会看着镜子里的自己，想着就算自己皮肤上没有任何表明自己有何特殊之处的标记，他也会感觉很糟糕，那是多么荒诞。有时候，他会在脸书上发自拍照，特意把肱二头肌和胸肌露出来。他的身体一点儿都没有显露出要背叛自己的迹象，多奇怪啊。去完健身房，亚当会开车回家，因为感到精疲力竭而不得不减少与格雷厄姆的谈话。他说他在定量分配自己的能量，为自己日渐衰退的生命力分个轻重缓急。

无论他举重举了多久，疼痛还是会在几个小时之后再次袭来。那些执念、那些想法也是一样。有时候，那些执念会跟他说，你伤害了那个人的感情。这种想法有时会说，他们可能会自杀。你摸了摸你的猫然后把它放回地上的时候，猫的脚扭了。你弄疼它了。你这个人太可怕了……你开车回来的路上撞到了一个行人，你没意识到，因为你根本没注意。回那条路去看看，回去，回去看看。这样的想法出现在亚当的脑子里时，他可能会变得很狂躁，甚至是狂暴。格雷厄姆知道，这种时候什么话都别说。

2015年10月，亚当开设了一个叫作"门诊回忆录"的博客。在最早的帖子中，他写道，看到他认识的人每天都在上班，在努力经营自己的人生，真是太难受了。他为他们感到高兴，但这种高兴里面也掺杂了嫉妒和酸溜溜的味道。在另一些帖子里，他讲述了自己曾计划开启的商业冒险，但在自己生了病、只能甘居人下之后，这些都成了过眼云烟。在他的叙述中，这些计划并不是破灭了的希望,也不是只能靠边站的梦想,而是被夺走的未来。金光闪闪的人生本来已经在向他招手,但现在什么都没有了——而这一切并不是他的错。亚当并没有在帖子里赘述他最近经历的更具体的细节:并非学士学位的商科文凭,在银行分行的底层工作。他更关心自己未来的命运。他写道:"碌碌无为乃至更糟糕的人生不值得过。"亚当说,他不理解"为什么那么多人都没有自杀倾向",因为他们的人生是那么黯淡、碌碌无为啊。

2016年年初,亚当在博客上写道,他"也许有一天会理性地自杀"。他坚持说,这么做只是为了让痛苦结束,完全不是关系到生死存亡的问题,更不是虚无主义。几年前,有人跟亚当介绍过虚无主义,他也在网上读到了一些相关内容,但这个概念并没有在他心里引起共鸣。这太悲观了。而且,亚当并非对人生持完全否定的态度。他说,最重要的是到他自杀的时候,不会是因为"我是个无法应付生活的懦夫"。也差不多是在那个时候,亚当跟格雷厄姆讲了自己的计划。亚当说这些的时候,他们正在一家杂货店外的停车场里。他说,这些年来,他一直都没讲,自己感觉有多糟糕。但现在他很害怕,怕病情会"发展到我再也受不了的地步"。亚当答应格雷厄姆再尝试12个月,但12个月过后,他就没法再保证什么了。格雷厄姆哭了。

长谈之后,格雷厄姆决定支持自己的儿子,因为除此之外,他什么也做不了。亚当的抑郁症看起来并不是不断消沉、每况愈下的样子。他似乎大脑很清醒。格雷厄姆问我:"不放弃,继续跟你的孩子在一起,或者出于恻隐之心,放手让孩子走自己的路,究竟哪个更重要?"亚当的妈妈玛吉却没那么愿意接受这一切。亚当告诉她自己打算怎么做时，她抽噎地恳求他把一份头发样本寄到美国的一家实验室，以便其做分析。玛吉觉得亚当体内说不定有什么东西有毒，搅乱了他的思维。

亚当开始在博客和脸书上写与协助死亡大论战有关的内容。有时候，他会写道，如果加拿大法律让他有资格接受临终援助，他绝对会选择这么做。但也有的时候，他会写自己"非常矛盾……我觉得我可能遇到了某种生存危机或什么困境"。

在2016年3月3日的一则帖子中，亚当写道："我很想听听大家对目前关于死亡权立法的辩论的看法，尤其是患有慢性病但并非绝症的人，以及患有慢性难治性精神疾病的人，究竟应不应该有资格……为什么应该有？或者为什么不可以有？"

有个网友留言，他反对将精神疾病患者也包括在内。"因为抑郁症是可以治疗的，所以如果非要说抑郁症跟实际上在劫难逃的白血病一样，那就是胆小如鼠。"

随着亚当在脸书上发的帖子越来越多，随机加他好友的人也越来越多。有些人给他发消息说，他的话让他们深有同感，因为他们也在遭罪。这些陌生人让亚当开始思考，也许他可以成为公开战斗的活跃人士，因为他有YouTube频道，在脸书上还有上万粉丝。这样他也许就能利用自己的影响力，代表精神疾病患者奔走疾呼。他可以改变法律，然后让自己根据新的法律赴死。亚当开始给议员写信，给支持死亡权的人发邮件。他也跟多伦多一位比他年长的活跃人士通过电话，那人名叫露丝·冯·富克斯（Ruth von Fuchs），公开承认帮助过好几个人自杀，可以算是一名"送死员"。露丝也认为，精神科医生仅仅因为亚当的病痛源自他的大脑而非身体别的部位就认为跟正常病痛有所不同，这种想法叫人出离愤怒。她说："这些人自视甚高。如果是病痛，就肯定在你身体里边。老天，还能在哪儿呢？"

这年初春，亚当在脸书上写道："我在寻找媒体联系人。我想把跟我的医疗情形有关的所有现实情况都公布于众，供大家讨论。"4月有了第一家媒体。《环球邮报》的记者看到他写的文章，采访了他，并以这次采访为基础写了一篇专栏文章，题为《作为精神疾病患者，我为什么支持医生协助死亡》。报上还登了一张亚当衣着整齐的照片，他一反常态地穿了一身黑。相貌英俊的他坐在楼梯上，眯缝着眼睛看向镜头。图片说明写道：亚当·迈尔-克莱顿，在学生时代曾经是一名顶尖的运动员，直到每况愈下的心理健康问题让他陷入长期的极度痛苦之中。

2016年6月，加拿大政府终于提出了临终援助法。从任何角度来讲，C-14法都比美国的同类法律要自由得多，因为这项法律并不要求病人距离自然死亡只剩下不到6个月。但是，亚当从头到尾读过法律文本之后，还是觉得很幻灭。这项法律绝对没法用在他身上。最后，议员们还是将精神疾病排除在该法要求的资格标准范围之外。

亚当给埃琳·维布（Ellen Wiebe）医生发了封邮件。她是温哥华的一名家庭医学教授，也是专注于女性健康的从业医师，曾公开支持协助死亡。亚当在网上读到过关于她的报道。亚当请她看一下自己的医疗记录，她答应了。两人在 Skype 上聊了几次，维布留着白色短发，眼睛睁得很大，听得非常认真。她看得出来亚当很悲伤，但她觉得，考虑到亚当的疾病和所处情境，他的悲伤也可以说是合理反应。后来她对我说:"他长得好帅,也很聪明,比我最小的儿子都年轻,我感觉自己就像他的妈妈一样。"

那年夏天,在C-14法的全部文本都发布之后,维布告诉亚当他并不满足法律要求,而亚当自己也早就知道了。但维布也说,就算他满足条件,她也不会同意帮助亚当去死,"因为我还是觉得你身上有些可能"。他太年轻了,还有很多方法可以尝试。用Skype通话后,维布非常肯定亚当会自杀,不要任何医生的帮助。她对我说,"我知道亚当能做得很好",不会"像普通的老太太,那种完全不知道该怎么才能杀死自己的老太太一样"。

亚当买了一台小摄像机,开始录制要放在YouTube上的演讲。他坐在格雷厄姆的家庭办公室的书架前,摄像机就放在他面前的桌子上。拍摄的时候,亚当会穿着很显身材的衬衫或紧身的V领T恤。他的头发垂在脸上,他会一次次从前额拂回去。在随便哪个观众看来,都会觉得他一点儿不像生病的样子,反而像影视明星。亚当告诉观众,他很可能会在镜头前哭得很厉害,但实际上他很少哭,虽然有时候他会紧闭性感的双唇。很多时候,他会很生气,猛烈抨击那些无名无姓讨厌他的人,因为他们说根本不相信他生病了,或者告诉他死去万事成空并不会给他带来安宁,再不就是那些说他应该为了未来的自己活下去的人。那些讨厌他的人表现得就好像,他要是自杀了,就是在侮辱他们。在那些视频中,亚当的声音有时短促而怪异,就好像英语并非他的母语,他需要在脑子里从另一种语言翻译过来,而他在翻译过程中变得平淡、不动声色了一样。也有的时候,他显得咄咄逼人、怒气冲冲。亚当说:"如果有一天我自杀了,你们谁都不要这样觉得:'哦天哪,要是我……'不要。不要那样。我做的事情对我自己来说是正确的。"

所有视频我都看了。有一段28分钟的讲话，题为"来看，这里似乎就是最后的结论"。在这段视频中，亚当出现在昏黄的灯光中，也并非像其他视频一样在他父亲的办公室里拍摄，而是在他自己的卧室。镜头很晃，不过观众很快就会知道，原来是格雷厄姆拿着摄像机。亚当说，现在是凌晨三点半。他问道："爸爸，你会愿意我像你过去一年里看到的我的这个样子活下去吗？"

"不会，我不想。"格雷厄姆在画面外回答道。听起来他带着哭腔。

"你觉不觉得如果你处在我的位置，你也会想要获得死亡权，或者至少也会想着：'我应该拥有死亡权'？"

"会的。"格雷厄姆说。这段影像让我觉得像是绑匪在跟人质拍视频。只不过在这里，面对镜头的不是人质，而是绑匪。在YouTube上观看这段视频时，我感觉到了每次与格雷厄姆交谈时他的那种不安。格雷厄姆说起话来柔声细语，而且看起来非常害怕，为儿子感到害怕，也在害怕儿子。

联系亚当的记者越来越多，很快他就开始接受电台、报纸和电视的采访了。他告诉《多伦多星报》的一名记者："如果我成功自杀，我会感到骄傲。"2016年12月，"维斯加拿大"新闻频道将亚当描述为"正在进行的关于死亡权的大论战中精神疾病的代言人"。

亚当在脸书上写道："有时候我会觉得自己就像艾琳·布罗克维奇或别的什么人。该死。"在另一个帖子里，他敦促"患有精神疾病的人不要再因恐惧而畏缩，抱着坚定的信念站起来……看看性少数游说团体，看看他们有多强大。"

7月，亚当写道："我已经精疲力竭。我很愿意相信，我的死亡会在几个月之内到来。"

一个月后，他又写道："我对未来感到很激动。我经常在想，这一切最后会变成什么样子。"

脸书上不断有陌生人给他发消息。其中有些简直是精神错乱。有人告诉亚当，他应该"闭上臭嘴，自杀算了"。有很多人发消息说他可能得了莱姆病，这种病会让皮肤上出现游走性红斑。但亚当告诉他们，他做过两次测试，结果都是否定的，但那些说莱姆病的人没完没了。还有几次，警察来到格雷厄姆家，说他们接到报告，这里可能有人要自杀。每一次，亚当都告诉警察，他很感激他们的到来，但这里真的不需要他们。

在脸书上给亚当发消息的记者当中，也有我。第一次跟他聊的时候，我就很焦虑，后来每一次也都一样。不仅因为他就像自己说的那样生着病，尽管这也是部分原因。更主要的原因是，他有时候接我电话的方式，驾轻就熟，自以为是，就仿佛他的专业就是生病一样。他喜欢这些采访，因为他下了好多功夫才得到接受这些采访的机会。他知道自己擅长接受采访，自己也有接受采访的需求。我第一次给他打电话时，心里想着自己是不是在玩什么危险的游戏，还是说至少在亚当的表演中扮演了一个毫无用处的角色。我们聊过之后，亚当在谷歌上搜了一下我，看了我的领英主页，给我发了条消息，说他嫉妒我受到过那么好的教育。他写道："祝你梦想成真，凯蒂。"

我问亚当能不能跟他父亲聊聊。我说，我想在我们进行更多采访之前向他父亲介绍一下自己。亚当耸了耸肩，给了我格雷厄姆的电话。我打给了他，在电话里问他，我跟他儿子的交流会不会让他感到不安，或者说让他担心——再不就是，他是否认为我应该停止采访。格雷厄姆说这事儿并没有让他费心。亚当并不需要依赖谁做决定，他当然可以想做什么就做什么。后来我觉得，也许我根本就不应该问格雷厄姆同不同意。或许这就是他表示同意的意思？我想，亚当说他想跟我谈谈的时候，我应该相信他。这也算是整个事情的意义所在。

　　但是，随着关于亚当的新闻报道和博客文章越来越多，据说他威胁要淹死自己或者跳楼的次数越来越多，我也越来越觉得坐立不安。在我看来，关于亚当的报道似乎在挑战新闻业不应报道自杀的基本原则。这个原则不成文，也饱受争议，但还是有很多人都在遵守。或者也可以这么说，你不应该报道自杀方式，否则你的报道可能会激励他人，并产生示范效应。仅仅通过讲述亚当的故事和描述他的渴望，加拿大的媒体记者似乎在暗示亚当的情况有所不同：如果亚当以自杀的方式结束了生命，那也不会是纯粹自杀性的自杀，而是另外一种更谨慎、更理性的，有所不同的杀死自己的方式。但这么做对吗？我们又怎么知道对不对？只是因为亚当就是这样告诉我们的吗？

　　在看亚当的脸书页面时，我想起了歌德写于18世纪的著名小说《少年维特的烦恼》，讲的是一个敏感的男孩爱上了一个已经订婚的女子，然而这名女子拒绝回应他的爱，最后这个男孩用一把手枪对准自己的脑袋，在宣布一个人只能承受这么多痛苦之后，饮弹自尽了。这本书初版于1774年，引发了一些最早报道的模仿自杀事件：年轻人把自己打扮成书中主人公的模样，用差不多的手枪结束了自己的生命。这个效应十分惊人，以至于德国的莱比锡及意大利和丹麦政府都禁掉了这本书。今天社会学家仍然会说起"维特效应"，用来指自杀事件被公布于众后，有时候会出现一连串与之相仿的死亡事件，因此他们力劝新闻记者不要报道这样的事情。但是，维特效应是在约250年前出现的，那时候认为人们除非偶然看到图书或者小册子上的信息，否则可能了解不到特定的自杀方式还算情有可原，但很难看出这个效应在互联网时代还有什么意义，因为任何对自杀感兴趣的人可能都已经用谷歌搜索过，也已经找到了所有他们需要知道的事情。也很难说维特效应对亚当的故事来说意味着什么，毕竟这只是一个还没有发生的自杀事件。

在医生协助死亡合法的地区，医生协助死亡对更大范围的自杀率究竟有什么影响，在学术圈子里已经有了一些相关讨论。问题是，协助死亡究竟是降低了无协助自杀的可能性（因为对病人来说，医生协助是自杀之外的另一种选择），还是示范因素让无协助自杀变得更多了。2015年发表在《南方医学杂志》上的一篇文章运用了美国疾控中心的数据，指出医生协助死亡在俄勒冈州、华盛顿州、蒙大拿州和佛蒙特州让自杀率上升了6.3%。这篇文章认为，因为一种故意结束生命的行为合法化了，所以结束生命的其他方式也变得更容易为社会所接受，同时针对自杀的笼统的禁忌也被削弱了，给那些徘徊在自杀边缘的人留下了更多空间，让他们可以继续推进自己的计划。但是加拿大研究人员分析了同样的数据，在将婚姻和获得心理健康服务等控制因素也都考虑进来后，发现没有证据表明存在这样的影响。

随着亚当花在网上的时间越来越多,他见高中和大学的老朋友的时间也越来越少了。这些老朋友当中,有些只能通过脸书来了解他的病情。亚当说:"我有好多好多朋友。只是我策略性地选择跟他们隔绝开来,因为如果我跟他们出去玩,会伤害到我。"很多时候,亚当都是在网上结识新朋友,而不是跟老朋友交流。他用脸书给一些不认识的女孩子发消息,这些女孩身在多伦多、哈密尔顿和渥太华,都说可以跟他见面约会。亚当跟澳大利亚的一个男人用 Skype 交流,这个人想把他的死亡过程拍下来,这样亚当的妈妈事后就可以把视频传到网上,使之成为 YouTube 的大热门。不过,有时候亚当也会答应跟朋友卡特里娜一起开车出去。他们会在天好(Tim Hortons)停下来,买了咖啡去湖边喝。他们会互相讲一些很奇怪的笑话,一些非常冷的笑话,他们觉得只有像他们一样冷、一样悲伤的人才会觉得好笑。有些时候,卡特里娜会谈到自己正在面对的不幸,然后亚当会努力让她感觉好受些。有时候,亚当会说要自杀,而卡特里娜也会相信他。

2016 年 12 月的一天,亚当告诉我:"我正处于想方设法弄到非法药品的阶段。"他坐在卧室里,穿着白色 T 恤,拿着一盒饼干。他的头发泛着油光,他说他的背很疼,还说如果疼痛加剧,他随时都有可能不得不停下来,不再跟我说话。他疑神疑鬼,好像有点儿精神失常。他说:"要是有任何机构试图阻止我——我清楚地认识到我已经成为目标——我就会大开杀戒。我总归会以这种或那种方式死去,不会有痛苦。"最理想的情况是法律有所变化,医生能够帮他,那样会是最平和的方式。但如果这一切无法发生,"我会爬上一座摩天大楼,把自己摔成肉饼"。他说会提前打电话报警,告诉警察把街上的人清走，这样他掉下来就不会伤到任何人。

我问："你能不能设想在某个宇宙中，接下来的几个月会有什么方法开始对你起作用？到那种会让你不再想结束自己生命的程度？"

他沉默了一会儿。"我的希望肯定是非常渺茫的……这只是对大量临床和科学数据的客观分析。我们知道，如果有人得了重度抑郁症或强迫症，各种各样的药物，药物以外的各种治疗方法……都对他不起作用的话，这个人的日子肯定会很不好过。"有一段时间，亚当指望注射氯胺酮能对他有帮助，但在10月他试了三次，结果还是不起作用。亚当说，很明显，没有哪家大药厂的产品能够让他的疼痛消失，也不会让他充满执念的强迫症思维放松下来。就算他真的好转了，也不会好到哪儿去。就只好到能跟一个女孩聊上一个小时都不用因为胸痛而咬紧牙关的样子而已。就好像，如果他现在的生活是负10，好转以后会变成负7。他的生活会变得稍微有点不再那么像个笑话，但仍然是个笑话。

2017年1月，亚当在脸书上给我发了一条语音信息，说："嗨，凯蒂，我很信任你，甚至会跟你说这些，但我是出于礼貌和职业精神才这么做的。我不知道我还能活多久，还能活跃多久。"

围绕加拿大的协助死亡法律的论战越来越白热化，而贾斯汀·登博医生的研究也在继续。她经常提到一篇研究报告，是由比利时的几位精神科医生撰写的，于2015年发表在《英国医学杂志》上。在比利时，遭受"无法忍受"的痛苦且"无法治愈"的病人从2002年起就有资格申请协助死亡了，而且该国的协助死亡法律还将精神疾病的患者也包括在内。这篇报告汇总了100名连续要求医生为他们实施安乐死的精神障碍患者的数据，典型患者的年龄为47岁，比因为身体方面的疾病申请安乐死的人要年轻，主要都是女性。大部分人都患有难治性抑郁症，也有一些人得的是创伤后应激障碍、精神分裂症、进食障碍、人格障碍和所谓的"复杂性悲伤"等。几乎所有人都有多重诊断。按照比利时的法律，病人需要一直表现出想死的愿望，要有三名医生为这项程序签字，这个过程长达一年。这篇研究报告的结论让人吃惊。这100名进入审批程序的病人，都被认为具有决策能力，有48人得到了批准，35人完成了整个程序，其余人则被推迟或者取消了，还有2人在安乐死得以实施之前自杀了。该报告指出，虽然所有得到批准的患者都确定无疑在遭受无法忍受的痛苦，但在学术文献中，"无法忍受的痛苦这个概念还没有一个很好的定义"。文章发表时，比利时的安乐死案例中约有3%涉及因为精神病症状而符合法律要求。

另一些比利时医生则承认，曾对患有更罕见的心理障碍的病人实施过安乐死。有一个人是因为变性手术失败觉得很痛苦而得到批准的。还有一个是因为他无法控制自己的暴力倾向的性欲。特别是在说荷兰语的佛兰德斯地区，这样的例子很少会被看成反乌托邦日益兴起的证据，也很少被认为是比利时医学界正在脱轨狂飙的迹象。实际上，很多人认为这是文明开化的证据，证明比利时人想明白了这个问题。很多人觉得，这证明比利时的世俗人文主义和自由思想战胜了宗教教条的专制统治，比利时开明的安乐死政策是这一转变的反应，也是促成这一转变的手段之一。通过安乐死，比利时形成了一种新的、有同情心的社会风气，旨在减少人类遭受的苦痛。安特卫普大学的一位哲学家威廉·莱门斯（Willem Lemmens）对我说，到2017年，就算批评这项法律也会被看成"品位很糟糕，甚至理应受到指责"的行为，"有人认为，这是人类道德进步的巨大飞跃"。

我也看了比利时的报纸。于是我飞往布鲁塞尔，坐火车去了首都西北方向60多千米处的根特，去见见这项研究的主要作者利弗·蒂安蓬（Lieve Thienpont）医生。这时候的蒂安蓬已经因为在其他精神科医生拒绝安乐死请求时会同意这样的请求而名声在外。有些人估计，她参与了这个国家大部分跟精神病有关的安乐死案例，但没有人十分肯定真的是这样。蒂安蓬跟我说过那天早上她会很忙，她的搭档哲学家托尼·房龙（Tony Van Loon）会去火车站接我，然而我忘了在网上先看一眼后者的照片。抵达根特后，我穿过挤满自行车和挂锁的站台，但不知道应该找谁，直到我看见有个胖乎乎的男人，戴着圆眼镜，打着白色领带，斜靠在一辆车旁边，手里拿着一本克里斯托弗·希钦斯（Christopher Hitchens）的《人之将死》[①]在读，书离他的鼻子只有几英寸。我说："我想，根据这本书，我可以说我认出你了。"

我们把车停在一条普通的街道上，街上有一家银行、一家小超市。托尼领着我走进拐角处的一栋房子。那里面所有地方都刷成了白色，还带着一点暗黄绿的色调。这里就是"冯克尔"（Vonkel），蒂安蓬创立的非营利性安乐死组织。托尼说，这个地方是用来让人

[①]《人之将死》是克里斯托弗·希钦斯自传性质的作品，简体中文版已由中信出版社出版。在与食管癌做斗争的经历中，希钦斯拒绝宗教慰藉，直面死亡。在本书中，他以锐利生动的笔触描述疼痛，讨论种种禁忌，探索了疾病如何彻底改变一个人的经历和我们与周遭世界的关系。——译者注

们聚到一起，了解更多因为精神痛苦而接受安乐死的相关事宜的。在这栋房子里，蒂安蓬和同事们与想死的病人进行了数百次会面，其中有些人之前问过自己的医生，但是被拒绝了，也有一些人是住在天主教区，因此不敢问出口。

蒂安蓬下楼来迎接我。她瘦瘦小小的个子，一头银发梳成波波头，颧骨高耸。她看起来很吃惊。她一边把水壶放到炉子上准备烧水，一边对我说，我比她想的要年轻。她想知道，为什么我会对这个话题这么感兴趣。

我反问道："为什么不是所有人都很感兴趣？"

"瞧。"

那天下午，蒂安蓬要在"冯克尔"的一群志愿者面前讲话。已经有一些人聚在厨房里了，他们一边整理玫瑰花束，一边吃着三明治。他们大都上了年纪，每周都会花几个小时接电话，分发有教育目的的小册子。有一位老师，涂着粉色口红，还有一位穿花呢短外套的男人，说自己在监狱里工作。蒂安蓬的姐姐安德烈娅也在，她对我说，她的妹妹从来不害怕死亡。在她还很小的时候，她们的一位叔祖父去世了，小蒂安蓬还要求看尸体。

安德烈娅说，几乎每天都有人来"冯克尔"寻求建议。"昨天就有个人跑过来说：'我想要安乐死，你们能让我安乐死吗？'"

"那你们跟他说了什么？"

"我们说：'你可以在这里安乐死，但不是像这样就行了。这是一套流程，首先你得预约！'"

"冯克尔"的创立让比利时精神病学界分裂成了两个阵营，并一直持续到现在。其中一方是蒂安蓬的支持者，他们认为由一些专科医生来处理复杂的涉及精神病的安乐死案例合情合理。另一边则是批评人士，他们对这个在媒体面前十分友好的精神科医生越来越警觉。这些医生担心蒂安蓬接待的病人太多，而且都特别年轻，有些甚至才二十几岁。一位名叫约里斯·范登贝格（Joris Vandenberghe）的荷兰精神科医生告诉我，蒂安蓬让"批准安乐死请求变得太容易了……她并不怎么严格，不会要求病人已经尝试过所有治疗方法"。欧洲生物伦理学研究所的卡琳·布罗希尔（Carine Brochier）反对安乐死，她说，她觉得蒂安蓬是个"女牛仔"，"其他人不想接的病例她全都接了下来"。还有几位医生对我说，国外对比利时有一种感觉日益显著，认为比利时正在发生一些非常奇怪、非常阴暗的事情，这些事情都怪比利时的精神科医生；而造成这种感觉的，正是蒂安蓬。

另外有些医生对蒂安蓬的方法更加忧心忡忡。他们指出，蒂安蓬声称对安乐死抱持开放态度，这对很容易被别人左右的病人来说是一种诱惑。如果病人因为蒂安蓬说他们可以去死就觉得自己应该死的话怎么办？在我采访蒂安蓬后没多久，2017年2月，美联社报道称，有一封由比利时一群医生写的信，宣布不再为蒂安蓬的安乐死病人提供咨询服务。维姆·迪斯特尔曼斯是一位肿瘤医生，也是比利时最敢直言的安乐死支持者之一，他说蒂安蓬的病人往往"不切实际地期望"自己的死亡请求得到批准，而那么高的期望也会压得病人难以做出评估。

我们和托尼一起坐在"冯克尔"楼上的一间会议室里时，蒂安蓬告诉我："我很少给出负面意见。"蒂安蓬说，就算提出安乐死请求的患者似乎不满足条件，无法得到她的帮助，她也不喜欢直接拒绝这样的请求，而是更喜欢将这份请求"搁置"，让安乐死的大门仍然向病人敞开。她的理由是，这种拖延策略可以防止被拒绝的病人陷入沮丧，变得更加一门心思只想着去死。相对于"不行"来说，"可以，但是要晚一点"也是开启治疗过程的一种方式。

蒂安蓬告诉我，由于比利时在心理健康治疗的非制度化方面进展缓慢，她的很多病人都曾在重门深锁的精神病院里住过很多年，有时候身体也会受到束缚。他们都毁了。他们曾被虐待、被打骂，甚至被强奸。他们花光了所有的钱。所有对他们来说重要的社会关系也都已经没有了，或者被破坏了。有些人曾试图自杀，但被拦了下来，随后继续试图自杀，于是被指责说不够努力，不想让自己变得更好。蒂安蓬发现，一些病人只有在死亡中才能找到慰藉。但更有趣的是那些在她批准了他们的死亡申请后似乎又焕发光彩的人。她说："你看，那些人会自动自发地重新审视自己的生活，经常就是这样。"

也许是因为病人一旦有了去死的选择，他们就不再觉得被困在了他们的疾病中，反而可以暂时把死亡的想法放在一边了。或者是因为想死的愿望得到批准让他们感到被认可，因此更信任他们的医生，以及他们提出的治疗方案。有那么几次，病人在预定安乐死的那天最后认定，自己还是想活下去，他们从一开始就无法确定，蒂安蓬说他们在虚张声势。她语带伤感地说："几乎所有人都想要过另一种人生。没有谁真的想死，或者说，几乎没有人真的想死……他们只是想要另一种人生。但有时候，我们无法给他们另一种人生。"

在跟蒂安蓬聊过之后，她同意安排我跟她现在和以前几个曾在某个时间要求安乐死的病人见面。几天后，我收到了一封电子邮件，来自一个名叫安的女士。她告诉我，她在"冯克尔"管理一个由病人领导的康复小组，说我可以参加该小组的下一次聚会。她说，小组里的人"极度痛苦"，这些人聚在一起，帮助彼此"成为自己人生的主人……如果你想活下去，没问题。如果你想死，也没问题。但我们来看看，是什么造就了我们的人生"。

我再次来到根特回访"冯克尔"的那天，天气很冷。我在厨房找到了安，她正在做咖啡。她周围是一瓶瓶枯萎的玫瑰花，是年会留下来的。我介绍了一下自己。几分钟后，一个名叫安迪[*]的女人走了进来，把背包丢在桌子上。我打了个招呼："你好！"

她面无表情地看了我一眼。"我还可以更好。"她一边说，一边摸了一下自己稀疏的红发。安迪 30 岁，她说自己以前是物理学博士，但后来退学了。她想让我知道，她是因为生病退学的，而不是因为不够聪明。安迪说，实际上，她的智商测试得分非常高。随后进来的是埃米莉（Emily），带着一只灰白相间的澳大利亚牧羊犬——斯派克。她们上次聚会后的几周，埃米莉教会了斯派克举起前爪，这样她就能握住它的爪子跟它一起跳舞了。几个月前，埃米莉在决定将预定的安乐死推迟后收养了斯派克。她说，推迟是因为她发现自己心里也有怀疑的种子。埃米莉希望这只狗能让她更快乐，起初也确实是这样，但现在反而让她更忧伤了。

最后进来的是玛乔丽（Marjorie），拿着一块松软的黄色咖啡蛋糕，上面放着煮过的苹果。一般都是玛乔丽给大家做吃的，用她在烹饪课上学到的食谱。她很喜欢上成人教育课程，烹饪课前还有侍酒师课程，上完烹饪课还有木工课，因为这些课程能帮助她把孤独症谱系障碍的精力引到有益的项目上，最后得到蛋糕、橱柜和美味葡萄酒推荐清单。玛乔丽眼睛发白，也有点儿斜眼，她告诉我，她之前在一艘游轮上做了十多年的按摩治疗师，几年前辞去那里的工作后就申请了安乐死。离开一成不变的海上生活后，她感觉自己的心灵失去了平衡。她在自己公寓里待了6个月，没跟任何人说过一句话，还剥掉了自己的指甲。

玛乔丽说，如果她没有在2012年5月，也就是她40岁的时候找到蒂安蓬医生要求给她实施安乐死的话，她现在很可能已经死了。她们第一次见面时，蒂安蓬医生就要求玛乔丽去测一下孤独症谱系障碍，在得到肯定结果之后又强烈建议她接受辅导和治疗。辅导对她很有帮助。玛乔丽学会了怎么跟这个世界打交道，如何遵循她一直都知道，但只是在抽象意义上知道的社会规则，也是她一直没能真正看到、认真思考，更从未严格遵循的社会规则。她说："你必须给你自己重新布线。"这样做了以后，玛乔丽再也不想死了。她的指甲又长了出来，甚至长成了弧形，异常闪亮。

安叫大家都落座。从这几个女人第一次聚在一起到现在，已经一年了。她们当中有些过去曾经认真考虑过安乐死，有些仍然在考虑，其中三个已经根据安乐死法律得到了批准。弗劳克（Frauke）"马上满26岁"，圆圆的脸很有女孩子气，是她们当中最年轻的。介绍她加入这个小组的是埃米莉，她们是几年前在一家精神病院住院时认识的。50岁的安年纪最大，也是她们的小组长，曾在荷兰受训成为康复顾问。这些女人隔周总会聚一次，一起聊天，一起抽烟，并互相联系。

安迪先说。她看起来比实际年龄要老，皮肤粗糙，五官轮廓鲜明，戴着的厚厚塑料眼镜在脸上投下了略带红色的阴影。她在说话的时候会去拽毛衣的袖子，隐约露出手腕和前臂上一道网格形状的疤痕。安迪说，自从上次聚会以来，有好的日子，也有不好的日子，不好的日子多一些。她扭伤了手腕，手腕上的疼痛让她想起自己十来岁的时候，一些精神科护士把她的手腕铐在床上的情景。这些年来，她都在精神上让自己游离，免得回忆起这段经历。在她的记忆中，病房里冷得像冰窖一样，灯光略带蓝色。记着这些，对她来说很艰难。安迪说，她正在经历的，是一种普遍的——她想了想这个词该怎么说："是矛盾心理吗？"——感觉。"尽管如此，我还是会试着对自己说：'你好歹也过过好日子。'"在过得好的时候，她能睡个好觉。她会在网飞上随便看点什么节目，也会去逛街，买新衣服。安迪说，她已经好多年没逛过街了，因为"要是你再也不会穿这些新衣服了，因为你马上就要死了，那你还买个什么劲"？但现在她已经决定推迟安乐死的时间，所以需要有新衣服穿。她注意到，自己瘦了很多。她挺想知道自己是不是得了厌食症。

  安迪告诉我，是她的家庭医生首先提出了安乐死的可能性。"我的家庭医生真的就是直接跑来问我：'你有没有考虑过安乐死啊？'……她会提到安乐死，是因为我十多年来一直在想自杀，所以她说：'我们不能再这么下去了，你不要一直是这种感觉。'"这个家庭医生把安迪推荐给了蒂安蓬，她们在好多个月里见了好多次，有时候还是跟安迪的父母一起。当蒂安蓬最后告诉安迪她的安乐死申请被批准了的时候，安迪在蒂安蓬的办公室里哭了起来。她说："能以安乐死的方式去死，我太高兴了。"但现在，好多个月过去了，她纠结的问题成了到底要不要安乐死。如果要安乐死，她就必须找时间跟所有亲友见面解释自己的情况，这个过程会相当耗神耗力，但又非常重要。安迪希望在自己走后，人们的哀伤会少一些。她想，也许这就是安乐死和自杀之间的区别吧，在安乐死当中，你是在小心翼翼地脱离自己的社会关系，而不是像在自杀当中，一转眼你就消失了。

安迪说话的时候，小组里其他人都只是静静地听着，没什么反应。没有人点头表示同情，或是低语。只有久经磨炼、不动声色的表情，那种只有以前经历过无数次小组治疗的女人才会有的表情。接下来是埃米莉。她说，过去几周，她过得很不容易。"我感觉自己重新陷入了几个月前同样的情境当中，真是太难受了。"几个月前，她正在经历一场危机。她会用头去撞墙、撞地板，边哭边撞，直到头痛欲裂，甚至瘫痪在床好几天，但反而不知怎么回事，觉得好受些。埃米莉跟安迪一样，也已经被允许安乐死。她说："我一直在努力配合我的精神科医生的工作，进展也很顺利。但他要度假去了。"

"所以你必须得小心。"安迪说。

"对，"埃米莉说，"我必须非常小心。"

"你能给他发邮件吗？"

"可以。"

安迪说："但毕竟还是不一样。"

"对。"埃米莉说，她会努力把注意力集中在一些小事上，比如说给斯派克洗澡，留意春天到来的最初迹象，等等。但她也仍然在想怎么给自己的死亡规划出时间。她已经厌烦了当心理疾病患者。

接下来是留着灰白短发的安用颤抖的声音讲述自己的故事。她说,上周她爱上了一个人,但那个女人没有对她的爱做出回应。她说:"这很让人困惑。我以为我得去医院,但好像又没这个必要。我吃了很多药。"

弗劳克这段时间进步很大。她说她在一家医疗单位开始了新的实习,而且很喜欢这份工作。她觉得她可能找到了自己的使命。她说:"跟人们产生关联,做一些能让日子变得更容易忍受的事情还挺好的。"

聚会结束后,我跟安迪一起吃了晚饭。就着厚厚的炖牛肉和炸薯条,她问我对这个小组以及对她有什么看法。"你见到我的时候,你对安乐死是什么想法?"

我说:"你看起来好像非常肯定自己想要什么。"

"你觉得我能做出合理的决定吗?还是不能?"我嘟哝了一句什么,她打断了我:"我可以自己做出合理的决定。"

我问:"你还在尝试新药吗?或是新的治疗方法?"

"当然!但这个方向可以一直继续下去,没完没了。"

第二天晚上,我去了另一位比利时精神科医生家里。他叫迪尔克·德瓦赫特(Dirk De Wachter),住在安特卫普。我到他家的时候,天已经黑了,他往我手里塞了一杯红葡萄酒,向书房的沙发示意了一下。我对他说:"我还是非常纠结我对这个事情的看法。"

"我也是……我还是不知道。"他转过身,摆出一张没有表情的脸。他说,其他国家的精神科医生不敢相信"小小比利时竟然在干这么疯狂的事情"。德瓦赫特一头长发,眉毛浓密,蒜头鼻子。这样的五官在他年轻的时候肯定在他脸上挤成一团,不过现在他已经年华老去。他看起来挺有意思。围绕着他的是知识分子那种自成体系的混乱：看起来造价不菲的照明设施，绘画作品，加拿大歌手莱昂纳德·科恩的CD，硬皮精装哲学书。海德格尔。《悉达多》。

德瓦赫特说，多年以前，他对这个问题的答案更确定一些。那时候他很清楚，自己绝对不会在安乐死请求上签字。他的一个病人曾经要求安乐死，那是一个患边缘型人格障碍的女病人，他已经治了她十几年。有时候，这个病人会在房间的另一边看着他，一言不发，沉默而冰冷。在她向医生要求安乐死的时候，她的要求感觉像是威胁："帮我去死，要不然……"德瓦赫特拒绝了她。结果2004年的一天，这个女人在市中心的一条街道上架起摄像机拍摄自己，然后自焚了。她的自杀使德瓦赫特开始怀疑自己反对安乐死究竟对不对，尽管这么多年过去了，他还是认为拒绝这个病人是对的。他仍然相信，这个病人本来可以得到帮助。

他说："我们永远也没办法知道。对精神科医生来说，理性思考并非百分之百正确。这是一种主体间性，存在于对话中……并没有哪种扫描检查或血样检测或心理测试，能够拿出过硬的证据告诉你，'到这儿就是遭受的痛苦太多了'，而'在这儿，受的苦还不够'。不是这么来的。一向是两个人在那儿碰了面，拼命想弄个清楚。"德瓦赫特的病人自杀后，尽管他还是拒绝亲手注射，但也开始在安乐死案例中担任精神病咨询师。

他往后靠在椅背上，说道："空虚，虚无，觉得生命毫无意义。这些，我觉得就是西方社会最核心的症状了吧。如果没有上帝，那么生命的意义是什么？我们杀死了上帝，于是现在到了这般境地。"

我说："同时你也希望生命能继续神圣下去。"

"对。"

"如果没有上帝，你会怎么做？"

"我也不知道。我只会问问题。"

"这事儿很容易被别的事情左右啊，对吧。"我说。

他表示同意："对，非常容易。"

"每一例安乐死都是一次考验，或者说一个威胁。"

"你说得对。"德瓦赫特说。

我说："你听着好像不大肯定。"

"对，当然是。"临走前，德瓦赫特告诉我，有时候他的批评者会指责他说话像个牧师，像牧师布道一般说教。他觉得这么批评他是有道理的。他们家以前出过好多牧师。他说："《圣经》十诫中的'不可杀人'非常重要，也非常正确。人性就是由'不可杀人'来定义的。这一点我们得明白。问题是，有什么可以除外？"

回到加拿大的温莎，亚当开始去看一位新的治疗师。在第一次见卢克·迪保罗（Luke Di Paolo）时，亚当就告诉他，自己已经试过所有的治疗方案，但都没起作用，以及他总有一天会自杀。迪保罗从来没见过像亚当这样的人。他觉得亚当很聪明——有时候很伤心，但另一些时候能控制好自己的情绪。最重要的一点是，他发现这个病人让人看不懂。亚当声称已经放弃了人生，但如果迪保罗给他安排功课，比如写情绪日志或施行认知行为疗法，亚当总是会不折不扣地完成。

2016年12月下旬，亚当在脸书上给我发了条语音，告诉我以后跟我谈话的时候，他会更小心翼翼。他说："因为我知道，很明显会有伦理道德方面的问题。很多人会说：'这个嘛，这个有自杀倾向的人，你为什么要去采访他，而不是去阻止他，试试送他去精神病院之类的？'"亚当说，他会好好斟酌字句，不会讲任何会令我不得不干预的话。这条语音我听了好几遍。我想，他是对的，肯定会有伦理道德方面的问题。但怎么干预呢？他爸妈知道他打算怎么做，他的朋友们知道，他的治疗师知道，他的精神科医生知道，警察也知道，脸书和YouTube都知道。亚当对我们所有人说，不用担心，他很理性。

格雷厄姆看着自己的儿子一言不发地在屋子里到处走动。他很担心，亚当每天花了太多时间在Skype和脸书上，跟加拿大、亚洲和拉丁美洲等地方的人讨论他们遇到的问题。亚当尽力回复所有人，但每天都觉得时间过得太快了。格雷厄姆说："这么重的担子你用一己之力扛不起来，你会被压垮的。"

1月1日，亚当登上脸书，宣布自己的"保险单（一种致命化合物）已经通过海关检查"。

有人回复："这事儿放脸书上说可有点儿欠考虑，不过对你来说仍然是好事一桩！"

对个中细节，他含糊其词。亚当跟死亡权倡导组织"解脱国际"取得了联系，在网上见了几个人，说能帮他搞到戊巴比妥。他很感谢这些陌生人提供的帮助，虽说他也觉得，这么安排还是有可能会出差错。要是那些所谓大发善心的人里面，有一个实际上很恶毒，想用砒霜毒死他怎么办？几个星期后，亚当贴了张药瓶的照片，说里面有16克戊巴比妥。他写道："不用上吊，不用跳楼，不用血淋淋的，不用伤害无辜的路人，只需要睡过去就行了。#随便对不对得起，#比特币，#非法进口，#反抗。"

玛吉不再看儿子拍的视频，也不再读写儿子的新文章了。刚开始，她还会做剪报保存下来，甚至勉强说自己还为儿子发起的运动感到骄傲。但现在，这些事情让她很生气。她觉得亚当应该把时间花在让自己的病情好转上，而不是在网上跟记者和随便什么人聊来聊去。

亚当渐渐有了些名气，走在温莎的大街上都有人能认出他了。有一次在沃尔玛，他和格雷厄姆在购物的时候，有人在货架之间拦住了他，问他是不是那个想死的人。亚当说："我感觉就像，我是自愿安乐死大使一样。"他的话音里透着高兴。晚上他会去当地一家脱衣舞俱乐部，他说就是去喝点水，让脑子放空一下，但是也有几个舞娘认出了他。有一次，有个女孩走到他跟前，说他长得很帅。亚当说："帅不了多久啦。"

但是，亚当已经越来越讨厌接受媒体采访。只不过是旧调重弹，一遍又一遍。无论他提出多少精妙的思想，都会被"断章取义，捣成糨糊"。他想讲述自己的故事。亚当告诉我，他已经开始录制一些视频要留给格雷厄姆，好在他死了以后发布。他说，超脱出来把自己当成电台节目的制作人，用这种外在视角来看，他已经捕捉到了一些"相当令人心碎的内容"。

贾斯汀·登博医生见证了新的协助死亡法律在多伦多市中心的多家医院生效的过程。有时候，肿瘤医生和其他医生会请她评估一下要求协助死亡的病人，他们在理论上都因为身患绝症而符合法律要求，但也都有抑郁症和精神痛苦的复杂病史。对这些病例，登博的作用是确认患者"有能力理解他们的这些行为和选择属于什么性质,会带来什么后果"。按照加拿大的法律,精神疾病患者只要其他标准都符合,就不会因为精神疾病而被取消资格。

她说,抑郁评估很有意思。"我有一些长期患抑郁症的病人,他们很久以来都有很消极的自杀意念,好长一段时间一直求死不得。他们以前也尝试过一两次甚至好几次自杀,到临终医疗援助法对他们提出要求时,仍然抑郁……所以问题就变成了,抑郁症对个人的能力,如果说造成了干扰的话,那究竟有多大?"但评估不足以确定抑郁症是否存在,登博还必须考虑因果关系。抑郁症是跟死亡请求一起存在的,还是在推动病人提出死亡请求?这个人只是非常悲伤而已,还是他的悲伤让他身体上遭受的痛苦加剧,使之放大乃至扭曲?埃琳·维布——跟亚当在Skype上通话的那位温哥华医学教授——跟我说,她曾判定一个精神分裂症病人有能力选择协助死亡。"她讲的关于美国联邦调查局的那些全都是胡扯,但她说到自己的生活质量的时候,头头是道。"

重点在于每个病例都各不相同。有些评估很简单,但有些非常复杂。病人有可能对自己的精神疾病没有什么认识,可能会对自己遭受的痛苦究竟怎么来的,是什么性质,都说不清楚。有时候,登博会建议先搁置病人的死亡请求,让病人再尝试一轮抗抑郁药物或另一种非药物疗法之后再考虑。如果病人并非马上就会自然死亡,还有时间尝试这些,这样的建议也相当有道理。对于之前尝试过结束自己生命的病人,她特别关注。那些病例会很不好处理。但是,你也不能因为病人曾经试图自杀,就剥夺他的死亡权。

至于加拿大医生究竟应该怎么测评病人的心智能力,并没有放之四海而皆准的单一方案，因此登博自己整理出了一套指导原则。她最倚重的是阿佩尔鲍姆标准，可以测试病人理解决定、表达选择的能力。有时候，如果病人得了痴呆，她还会测试病人是否有认知障碍。她对自己的方法很有信心。但在另外一些地方，一些加拿大医生开始对运用标准能力评估来衡量协助死亡申请是否合格颇有微词。亚历克·亚拉斯卡维奇（Alec Yarascavitch）是加拿大的急诊科医生，也是一位律师，他在《心理健康与伦理学杂志》上写道："虽然支持协助死亡的人和组织对自己做出的评估充满信心，但这些评估高度主观，缺乏严格标准。"他指出，荷兰做出评估的医生就经常对于可能成为安乐死对象的病人是否有能力自行决定持不同意见。

还有一些人把目光投向了美国。他们担心的是，在协助死亡合法的州，接受协助死亡的病人，似乎基本上没有去精神科医生那里做过评估。反对者指出，在俄勒冈州，在最后被认定有资格接受医生协助死亡的病人中，只有极少数做过心理评估。他们认为，这就是俄勒冈州普遍忽视心理评估的证据。但这并没有把可能被送去做心理评估，并根据评估结果被认为不符合法律要求的人包括进来，研究人员从来没有统计过这部分病人。更有说服力的证据是，怀疑论者援引的 2008 年发表在《英国医学杂志》上的一项研究中的数据。该研究发现，俄勒冈州请求协助死亡的人当中，约有 1/4 符合抑郁症的临床标准，而其中有些抑郁患者没有经过任何心理健康评估，医生也给他们开了致命药物处方。这项研究的首席研究员是琳达·甘齐尼医生，她告诉我，这篇文章刚发表，就有好多支持协助死亡的顶尖人物及组织，包括好些过去曾对她的研究水平赞赏有加的全国性团体，都突然对她的研究方法和让人尴尬的结论提出了很多批评。她说："在那之前，那些支持死亡权的人都还挺喜欢我的研究的。"

随着登博评估过的病人越来越多，她意识到，有时候那些反对者在身体疾病和精神疾病之间划出的界限——他们坚持认为真实存在，而且能有效区分出有资格接受协助死亡和没有资格的病人的界限——很模糊。身体上的疼痛会导致精神痛苦，而精神痛苦也可以展现为身体上的疼痛。抑郁症带来的痛苦，和身体疼痛带来的压抑不相上下，都让人相当受罪。有时候，人们在了解到自己快要死了之后会变得更加痛苦、更加压抑，然后很快死掉。另一些时候，人们在身体疼痛出现之前就先患上了精神疾病。长期抑郁症病人身上会长出恶性肿瘤。有些有妄想症的病人，还有吸毒成瘾的病人，结果死于肌萎缩侧索硬化。如果这些病人要求死亡，似乎很明显，精神疾病也是部分原因，不然还能是什么情况呢？

登博读到一篇文章，说的是一个名叫亚当·迈尔-克莱顿的年轻人，想扩大加拿大协助死亡法律的适用范围。随后，她也在YouTube上看了一些他的视频。亚当在视频中描述了他尝试过但都未能奏效的治疗方法和药物。但登博还是想，应该还有治疗方法亚当没试过。有一些针对强迫症的循证治疗方法，也许对病情严重的人会有帮助。在多伦多有一个住院治疗的项目，美国也有几个，亚当都没参加过。他太年轻了。登博想，对这么特殊的事业来说，他可不是理想代表。

自杀未果的那天，亚当在脸书上写道："到处都是警察。"警察在旅馆房间里找到了他,而他情急之下把耐波他冲进了马桶。"若警察会有如神助般追踪到你,从天而降把你抓起来,那就很难有尊严地死去了。绝对的尊严扫地……我冒了这个险,结果玩火玩大了。下回我不会再冒任何风险了。"

之前,我偶尔会找亚当聊聊天,但到那时候,我已经不再找他聊了。他究竟想干什么,我根本搞不清楚。我知道亚当处于极度痛苦中——但无论他在做什么,也无论这种痛苦是什么,他都无法让自己好转。我再也不想参与他的故事了。另外,他那自我陶醉的样子也开始让我感到害怕。尽管如此,我还是在脸书和 YouTube 上密切关注着他。原则上我同意登博的看法:如果拿亚当来撑场面,他并不是个理想的人选——尽管也很难说,这个事业理想的场面人物究竟应该是什么样子。没有最符合病人形象的病人。不会有最符合受害者形象的受害者。

亚当在脸书上写道:"对'打破传统的人'这个概念,你们怎么看?你们会认为我是打破传统的人吗?还是离经叛道的人?"

后来我向格雷厄姆问起他儿子在脸书上将自己据称马上就要死了的事情公布于众的那3个小时,让人极度痛苦的那3个小时。问起这些的时候,我有些躲闪:"关于自杀,有个事儿我们老在说,就是尝试自杀其实是……在求助。你有没有哪怕一点点觉得,亚当也许是在求救?说不定,我知道这事儿持续了——"

"不是。"

"——持续了好几个小时。你觉不觉得他有那么一点——"

"不觉得。"

"——希望有人干预他?"

"没这回事。"

接下来那些天,玛吉努力想干预这件事。她在美国找了个医生,觉得这个医生能治好亚当的强迫症,帮助他摆脱所有那些有毒的药物。她可以为治疗和出这趟门筹措资金。她在电话里对格雷厄姆说:"我们必须强迫他。我们必须做点什么。把他扔在你的车里。我不管。"玛吉自己就成功戒掉了酒瘾,所以她知道什么叫干预。她最清楚的一点是,如果想成功干预,就得所有人保持统一战线,步调一致才行。但是,玛吉打电话到格雷厄姆家跟格雷厄姆说话的时候,亚当接了电话,也听到了他们的对话。

他冷冷地说:"妈,你打算怎么强迫我?"

打完电话,玛吉自问:"如果我儿子自杀了,而我也相信已经尽我所能帮助过他,我还能活得下去吗?"她认定答案是肯定的。"很多父母都没法这么说。"玛吉对自己说,她需要一些距离。她需要离儿子专横的情绪和冲动远一些。她对自己说,亚当绝对不会真的自杀。他不会这么做的。但格雷厄姆没那么肯定。一天下午,亚当去逛街,买了一身新西装和一双新正装鞋回来。格雷厄姆想,他是要这样穿着下葬呢。

2017年4月14日,亚当半夜开车离开了家,在高速公路上疾驰。他经过了美式餐厅、洗车店和摩托车店,经过了温莎市中心街道两旁的草地,经过了人身伤害律师林立的巨大广告牌,上面他们的笑容咄咄逼人。前面那些汽车的灯光刺得他眼睛发痛,脸颊发烫。出发前,他在脸书上写道:"我是我自己的救世主。一直都是。永远都是。"

开下高速公路后,亚当在休伦教堂路旁边的一家廉价汽车旅馆登记入住。这里大路两边全是这样的旅馆。有些打着广告说，一个房间一晚只要 59.99 美元，还能停下一辆大卡车。进房间后，亚当吃了两片葡萄干面包、一块松饼，喝了杯牛奶。他留了几封信，其中一封写给旅馆的管理人员。在这封信里，亚当说很抱歉，我在这家汽车旅馆自杀了。

警察来到格雷厄姆家告诉他他的儿子亚当死了的时候，他没有请他们进屋。他们只是站在前面的门廊里说了几句。随后，格雷厄姆给玛吉打了电话。他俩都不知道，亚当究竟是怎么弄到那些药的。现在，他们没了孩子。格雷厄姆和玛吉在网上发了一份死亡通知，他们写道，亚当"在因一种奇特的、无法治愈的神经生物学疾病而饱受折磨后，死于理性自杀"。

在葬礼上，玛吉说："我儿子孤身一人死在旅馆房间里。他本该有尊严地死去，在他自己那张舒舒服服的床上，家人和朋友都陪在身边。"葬礼在一个小教堂举行，这里看起来就像酒店的会议室，墙壁看上去很朴素，椅子上的软垫是灰色的，还有一盏枝形吊灯。看着站在麦克风面前泣不成声的玛吉，我想起了阿瑟·米勒剧作《堕落之后》中那句阴森恐怖的台词，用在这里倒恰如其分："自杀杀死的是两个人，玛吉。这也正是自杀的意义所在。"玛吉想请殡仪馆的服务人员留下一缕亚当的头发，这样她可以送去实验室做重金属测试，但后来打着岔就忘了，亚当的尸体被拉走了。

4 月 17 日，亚当在脸书上的最后一篇帖子被《环球邮报》的一篇社论置顶引用，文章标题为《精神疾病必须纳入协助死亡法律的讨论范围》。在两天后发表的另一篇社论中，记者桑德拉·马丁写道："加拿大协助死亡法律必须把那些患有精神疾病的人也都包括进去。"在网上，加拿大广播公司在线发表了一篇关于亚当的文章，里面有张格雷厄姆含泪的照片，他穿着花呢短外套，两眼空洞地望着远方。在正文旁边，编辑还加了个文本框，里面有本地防自杀危机热线的电话号码："你会得到帮助。"

亚当去世一年后，一个名叫法布里斯的网友在他脸书页面留言道："我们有'好死不如赖活着'的责任吗？大部分人似乎都这么认为，我也经常因为有不同想法而自觉格格不入，想着：'我这是怎么啦？'"亚当的脸书页面已经变成了纪念馆，纪念的就是那个已经倒下的馆长；同时也成了诸多网友宣泄情感的地方。

一个名叫妮科尔的网友写道："我经常想起这个家伙。我是一年多以前读到他的故事的，也在网上看了他的视频，感觉就像在看着自己说话一样。很奇怪。我感觉我仿佛认识这个人，虽说我们从来没见过面。"

也大概就在那个时候，我去了趟温莎，再次找格雷厄姆谈谈。我飞到底特律，开车穿过海关大桥进入加拿大。我心烦意乱，也紧张不安。在收费站，我把护照而不是现金递给了收费员。收费员大吼："我要的是钱！"来到温莎后，我经过赌场，经过朴实无华的市中心，到房子变得越来越少，繁华的街道变成单调乏味的郊区道路时，我来到了格雷厄姆家。

格雷厄姆领我走进客厅。他告诉我，亚当的奶奶在地下室。她不希望让我觉得她不喜欢见生人，但她受不了听我们说起亚当。格雷厄姆上身是一件深蓝色的马球衫，下面是卡其色裤子，脚上是一双居家穿的拖鞋，他坐在扶手椅上，旁边还有一只棕色的猫，跟厚厚的棕色地毯几乎完美地融为一体。他告诉我，他时不时地还会接

第五章　心灵　　257

到跟亚当有关的电话。会有陌生人打到家里或打到办公室找他，他们从世界各地打来，说亚当的视频对他们来说意义深远。有的人说："我有个儿子也正在经历这些事情。你儿子的经历让我更能理解他了。"

在赴死前，亚当给了格雷厄姆一份清单，列出了他所有的电子邮件和社交媒体账号的密码。过去几个月，格雷厄姆已经开始登录这些网站，开始仔细查看儿子这辈子留下的数字遗产。他是从脸书上的消息开始的。

我问道："为什么这么做？"

"嗯，这也是他遗产的一部分嘛，对不对？"就格雷厄姆所见所闻，亚当每天要花好多个小时，跟那些迷失了、受伤了的人通信交流。格雷厄姆说，真叫人惊讶，亚当经常敦促人们不要放弃，继续尝试；放慢脚步，继续活着。

第六章

自　由

"解脱国际"的创始人、负责人菲利普·尼奇克医生上次在爱尔兰举办"自助死亡"研讨班的时候，弄得一团糟。来参加研讨班的没几个人，反而是抗议者要多得多，抗议者举着巨大的标语牌，上面写着"死神医生来了！""把你奶奶关起来！"——滚石乐队来演出的时候，爱尔兰的报纸头条就经常写《把你闺女关起来》。而现在，四年过去了，2015年5月，68岁的菲利普和妻子菲奥娜·斯图尔特（Fiona Stewart）再次来到这里时，街上静悄悄的。他们匆匆走进酒店大堂，沿着走道走向会议室。

菲奥娜取下背包，拿出一大块紫色的布，铺在会议室前面的讲台上。菲利普拿出笔记本电脑，电脑正面有一张紫色的贴纸，上面写着："我宁愿像狗那样死去。"菲利普指了指这句话，说："很多人都指出，动物的待遇比人类好多了。他们说：'如果我让我家狗狗处于这种境地，我会被起诉的。'你会因为冷酷无情而遭起诉。人们会希望你出于怜悯之心，把狗放倒，让它安然离去。然而，要是你这样说起你最亲密的朋友乃至人生伴侣……"

菲利普把电脑接到一台小投影仪上，打开PPT（幻灯片）讲稿，显示出第一页：

安宁祥和地死去是所有人的权利
菲利普·尼奇克，医学博士

一个头发稀疏的记者走近菲利普，与其握手。她说，她来这里是想报道研讨班的情况。菲利普点了点头，说："爱尔兰有个统计非常要命，老年人自杀最常见的方法是上吊。这种死法太可怕、太恐怖了。用这种死法的人最多是因为，这么去死什么都不需要去了解，而且也没有哪条法规把绳子禁了。"菲利普对这个记者说，他觉得自己这些研讨班是"让伤害最小化"的一种形式。上了年纪的人若是总想结束自己的生命，那他们最好知道自己在做什么。

他为这个场合专门穿了一件花哨的正装衬衫，上面蓝黑相间，闪闪发光，还戴了一副透明塑料眼镜。他预计会有很多人到场。他说，他的研讨班这些天经常座无虚席，因为这么多年过去了，人们终于不再认为他们的政府很快就会通过法律，让医生协助死亡合法化。实际上，很多人都已经不再关心了。菲利普说："随着婴儿潮一代渐渐步入晚年，这种情绪会日益高涨。他们只想弄到致命药物。"

那年早些时候，我和同事因为一个纪录片项目开始跟菲利普碰面。我介绍这部纪录片的时候，都会跟人说我是在拍当代的杰克·凯沃尔基安，这么说总感觉哪里有点不对，但也能表达出这个纪录片的主旨。到2015年,"解脱国际"宣称在全世界已有1万名会员,菲利普也在很多城市举办了"自助死亡"研讨班,比如伦敦和悉尼。在某种意义上他成了名人,国际报纸报道说他是一位很有钱的澳大利亚医生,他会教上了年纪的人怎么最有效地杀死自己,执法官员对他非常窝火,被他的所作所为搅得心烦意乱,然而又怎么也抓不到他的把柄,够指控他触犯刑法。

人们开始在一排排空着的塑料椅子上落座。其中一些是"解脱国际"的长期会员,他们每年会交大概100美元的会费,作为对组织的支持。另一些人则是通过口耳相传知道的这个研讨班。菲奥娜在门口迎接大家,把他们的名字输入电子表格,并要求每个人签一份免责声明。声明中写道:"我保证我没有自杀的念头,通过这次会议得到的所有信息也都不会以任何形式用于建议和帮助自杀行为,也不会用来回答相关咨询。我在此声明,我不是警察,也不是其他政府机构的代表或代理人。"

前来参会的人大都已经七老八十。他们拿着手提袋和记事本来到这里。有个脸色苍白、身穿白色毛衣的女人,胸前抱着一本菲利普的自杀手册《安宁药丸手册》。无论从什么角度来看,这都是一次典型的聚会。"解脱国际"的研讨班只向50岁及以上的人开放,但听众的年龄往往比这个门槛要高很多。菲利普承认:"我们选择50岁并没有充分理由,只不过是不想让那些十几岁满脑子问题的小孩儿,因为恋情的杂乱无章就跑来寻死觅活,想为他们情感上受到的伤痛找到一个最简单的解决办法。我们不希望这样。"菲利普觉得,到了知天命之年,人们应该已经有足够的生活经验,可以让自己以利益最大化的方式行事。

菲利普第一次举办"解脱国际"研讨班是1997年在墨尔本。将近20年过去了,他的演讲已经有了固定的程式,他说的话也都显得滴水不漏,就好像同样的话已经说过成千上万遍了。菲利普介绍说,在会议上半场,他会大致讲讲他秉持的行动主义,以及死亡应该安宁祥和的思想。下半场只对"解脱国际"的会员开放,不过非会员可以在茶歇期间到菲奥娜那里注册成为会员。在下半场,他会更具体地介绍各种自杀方法的利与弊,以及如何运用这些方法。

所有人都已落座也安静下来之后,菲利普在PPT上翻了一页,展示出一张照片。那是他自己1996年的一张照片,照片上的他打着领带,戴着飞行员眼镜,就像好莱坞电影里令人毛骨悚然的角色一样。菲利普说:"这是1996年,我那时候还挺年轻。"这张照片是在全世界第一项临终医疗援助法律在澳大利亚北领地生效后,也是菲利普成为世界上第一个通过由医生注射致命药物合法结束病人生命的人之后拍的。他说,澳大利亚后来废除了这项法律,而作为回应,他成立了"解脱国际"。菲利普相信,即使没有这项法律,他也应该继续帮助绝症病人,教他们哪些方式可以安宁祥和地结束自己的生命。

随后菲利普讲述了他一直在讲的一个故事,用来解释为什么大家现在会坐在这里,坐在这个自杀研讨班上。在菲利普的叙述中,他是1998年在珀斯的一个研讨班上碰到的76岁的莉塞特·尼戈特(Lisette Nigot),她是位生活在澳大利亚的法国学者。他说,那时候他还在坚持一种"古怪"的想法,认为只应该帮助病得非常厉害、马上就要死了的人加快他们的死亡进程。在他演讲结束后,莉塞特找到他，面无表情地说："4年后，我就死了。"菲利普问她生的是什么病，是什么奇怪的病症会给她这样一个能准确预测的死期。莉塞特说，她完全没生病。"但是再过4年，我就80岁了，到死的时候了。"

"我说：'莉塞特，你没生病！去环游世界吧！去写本书。'但是她看着我，说道：'管好你自己的事。这事儿跟你一点儿关系都没有。'"莉塞特对菲利普说，如果这个宇宙的秩序有些变化，也许就是莉塞特去上了医学院，而不是他菲利普，而现在不得不苦苦求着想要得到所需的技术信息的，也会是菲利普，而不是她莉塞特。她问道："谁给了你把这些信息攥在手里，只分发给你认为有资格的人的权利？"

菲利普告诉都柏林的听众，莉塞特的质问改变了一切。认识莉塞特后，他不再把自己设想成崇高的守护神，守护着医疗方法。认识莉塞特后，他决定敞开大门，不仅让濒临死亡的人，也让老人、病人等只要有机会接触到他的这些信息的人，都有机会进来。因为，他有什么资格决定别人的生死呢？有时候，批评者会对菲利普说，这么做很卑劣，因为这会让无数人想自杀。菲利普说："这么想真的好奇怪，以为我们每个人还活着的唯一原因就是，我们还没弄清楚怎么死。"

4年后的2002年，莉塞特用巴比妥酸结束了自己的生命，菲利普告诉她的正是这种药物，还跟她交代过在哪里可以搞到。她说："我最好还是在还过得去的时候告别人世。"她留下了一份遗书钉在床头，上面感谢了菲利普，说他是"一位鼓舞人心的斗士"。

在"解脱国际"的研讨班上，菲利普开始谈起他们这代人，他们是为民权和女权战斗过，也为结束越战奋斗的一代人，不应该到了自己生命的最后几年还需要对卫生官员卑躬屈膝，小心翼翼地过日子。他开始讲起"在自己选定的时间安宁祥和地死去"的"基本权利"。他告诉人们："生命是一份礼物，而礼物是可以丢弃的。如果生命不能被丢弃，那就不是礼物，而是负担了。"为此，批评菲利普的人有时候叫他"死神医生"，以前这个头衔也曾被授予臭名昭著的杰克·凯沃尔基安。刚开始，菲利普对这个绰号很恼火，但后来反倒有点儿喜欢了。"'吐口水，长白癫，你死了，我还在。'什么什么的。"而且，"死神医生"总归比他别的绰号强，比如说他很危险、很不负责任之类。有时候，菲利普还会夸耀说，维基百科上列出来的死神医生就那么几个，他榜上有名呢。他会说："名单上面还在执业的，只有我一个。"他倒没说错，不过他没有提到，维基百科上跟他并列的，还有奥斯维辛集中营那个臭名昭著的医生约瑟夫·门格勒（Josef Mengele）、英国家庭医生、连环杀手哈罗德·希普曼（Harold Shipman），以及一个出生于印度的医生，因为"严重玩忽职守"杀害病人而遭到控诉。我对菲利普产生兴趣，部分原因是我想了解死神医生的原型，像凯沃尔基安和尼奇克这样的人，死亡权事业中毁誉参半、并非完人的风云人物，时不时就会出现一个。

　　茶歇过后，菲利普宣布到了讨论实际操作的时间了，观众中有些"解脱国际"的会员掏出了本子，准备记笔记。菲利普通常会用这个显而易见的问题来开启研讨班的下半场：为什么居然会有人需要参加他举办的这种研讨班？为什么想死的人不干脆点杀死自己就算了？他解释说，对，人们可以自己动手丰衣足食，但他提供的是"安宁、可靠的死亡方式",而这样的方式需要他们了解一点点原理,也知道该用什么设备。菲利普很喜欢说:"你这辈子只会死一次,为什么不做最好的安排呢?"

菲利普告诉都柏林的听众,重要的是一定要提前计划好。面对疾病和伤害时仍然抱有希望也是可以的,但如果这希望让你无法做最坏的打算,那希望本身也会成为沉重的负担。他把身体的重量靠在讲台上,翻着他的PPT,每一页都是一个致命选项。有一种抗疟疾的药物,大剂量服用的话也会让人很快死去。"氰化物?这种东西我能说啥呢?就是快,非常快。"但是可能会有灼烧感。菲利普也讲到了一氧化碳、止吐药和木炭,但是他以献上压轴好戏的那种样子说,从技术角度看,但求速死的最好方法是使用一种能快速起效的巴比妥酸,也可叫耐波他。如果服用得够多,病人会很快入睡,但不会突然睡着,会在之后的15～20分钟内渐渐停止呼吸。还有个额外好处是,如果家属事后把瓶子扔掉,就会看起来很像自然死亡。菲利普说,上溯到50年代的时候,耐波他还是一种很受欢迎的安眠药,还在《女性周刊》上打过广告,说是"改进后的新耐波他,一剂灵丹妙药"。但到60年代,这种药渐渐失宠,因为它很容易就会服用过量,让人一命呜呼。玛丽莲·梦露就是吃耐波他吃死的。作为回应,制药公司发布了新药,比如地西泮,作为更安全的替代选择推向市场。现在,戊巴比妥只有在兽医那里才比较容易买到,用来让动物安定下来,或安乐死。

但也还有一线希望:还能搞到耐波他,菲利普也知道怎么搞到。在墨西哥、秘鲁、玻利维亚和厄瓜多尔,有些地方的兽医用品店并不怎么严格要求正式处方。菲利普猜测,也许部分原因是当地人买不起给宠物延长寿命的药。更方便的途径是互联网。过去15年,菲利普走遍全球,与墨西哥等地可以信赖的药贩建立了联系,他们把药品从国外寄给"解脱国际"的会员。任何人只要加入了他的组织,就可以申请获得一本定价85美元的自杀手册电子版,里面有这些药贩的名字和电子邮件地址,以及如何下载一款匿名网络浏览器,设置加密邮件地址的说明。菲利普说,一直有人订购这本手册。有了这本书在手里,他们通常会感觉好一点,原因只不过是他们有了选择的余地。

在很多批评菲利普的人看来,这些研讨班本身就是一种反乌托邦景象:一排排白发苍苍的老翁老妪,也许吓坏了,也许很孤单。一个巧舌如簧的死神医生给他们编造了一个故事,说是阴森恐怖、疼痛难忍的死亡在未来等着他们,然后又给了他们自杀作为解决方案,还以每本85美元的价格把自杀手册卖给他们。这个医生有时候说得就好像是,对于身体健康大不如前、青春活力不再的凄凉晚景,耐波他是唯一靠得住的答案。2009年,菲利普最早的一位盟友,英国自愿安乐死协会的迈克尔·欧文医生跟他绝交了,原因是他认为菲利普的研讨班"完全不负责任",他说:"我完全反对这么容易就让人弄到耐波他。"

这些批评者在菲利普的研讨班上能找到新自由主义的所有过激行为——激进的个人主义、神圣化的唯我论、膨胀的自我意识、痴迷于个人叙事。而这一切只能得出一个让人毛骨悚然的结果:一个剥离了存在意义的世界,其中的每一个人都只在乎自己的喜好,所以只要自己认为合适,随时都可以结束自己的生命。家人和朋友以及应尽的义务,都被他们抛到九霄云外。在菲利普的表述中,那些不允许亲友想死的人自私而贪婪。在他讲述的故事中，自杀不再有各种情节，不再充满恐怖。"解脱"会很迅速，而且毫不拖泥带水。在其他人看来，菲利普的逻辑不但危险，而且没有条理。在他的研讨班上，他强调控制好生命终点比什么都重要。但是，生命的意义怎么会是控制生命本身呢？

大家都离开会议室后，菲利普、菲奥娜和"解脱国际"的几个成员去了附近一家酒吧，那里的墙漆成了蓝色，塑料椅子也是蓝色的。他们点了咖啡。菲奥娜说他们很累，因为前一天晚上在酒店熬夜看了欧洲电视歌唱大赛。他们喝着饮料，我同事问起菲利普，"夺走他人的生命"是什么感觉。

"杀人是什么感觉？"菲利普问道。这句话的核心思想我过了很久才回过味来。"没办法，你只能觉得自己是个刽子手。"

20 世纪 80 年代末，美国出现了一系列死神医生。其开端是 1988 年发表在《美国医学会杂志》上的一篇文章，题为《结束了，黛比》。文章作者匿名，只透露了自己是一名年轻的妇科住院医生。这个医生在文章中承认，他在一家大型私立医院的病房里值早班时杀死了一个病人。这个 20 岁的病人得了卵巢癌，将不久于人世，而且睡不着觉。她确实好多天都没睡觉了。这个匿名的住院医生写道："她眼窝深陷……那是只有在绞刑架上才能看到的情景，是对她的青春，还有没来得及实现的人生的残酷嘲弄。"作者走进病房时，女病人抬眼看了看他，说："我们来把这件事做完吧。"还有个头发乌黑的女人握着病人的手，一句话也没说。医生也没多说什么，过了一会儿，他给病人注射了硫酸吗啡碱。在她呼吸放慢最后停止的这段时间里，医生没有离开房间。他注意到，那个同伴的脸上是如释重负的表情。他写道："都结束了，黛比。"

数十名读者向杂志社写信抗议，对这个匿名的年轻医生表示谴责。他们注意到，这个医生的专业经验不足：他只是天真地相信除了杀死这个病人，再没有别的办法能够减轻她的痛苦，尽管他并非疼痛方面的专家，尽管他之前都从没见过这个病人，更没有明确问她是不是真想这么做。舍温·努兰医生在畅销书《死亡之书》中写道："只有一个词能够描述，就是谋杀。将她缓解痛苦的请求解读为只有他才能答应的死亡请求，这么做医生会觉得很高兴。"其他人担心的问题则更加严重。他们想的是，如果病得很严重的病人把医院里的白大褂等同于出于怜悯的杀戮，那么对于医疗这个职业的神圣性来说意味着什么。《美国医学会杂志》的编辑写了一篇意在辩解的评论，坚持说发表这篇文章是"为了在医学界和公众中引发关于美国安乐死的责任重大的讨论……这样的讨论不应该只是医生在更衣室里的闲聊"。

也是在这一年，一个默默无闻的病理学医生开始在密歇根州一些本地报纸上打广告，说可以提供"死亡咨询"。这个医生名叫杰克·凯沃尔基安，数年里，他奇怪的宣传几乎没能给他引来任何关注，也没有带来任何客户。然而到了1990年，出现了好多关于凯沃尔基安的新闻报道，他在这些报道中展示了一种自制的自杀装置，并称之为"桑纳管"（Thanatron），取自希腊语中表示"死亡"的 *thanatos* 一词（同时也是死神的名字桑纳托斯）。桑纳管由家用工具、玩具、电器开关和磁铁等零配件拼凑而成，凯沃尔基安说："高中生都能做出来。"上面有一个用于静脉注射的针头，连着盐水输液管，还有一个按钮，按一下就可以触发注射，将两种致命化学物质注入使用者体内。新闻报道发表后，一个患有阿尔茨海默病的54岁妇女珍妮特·阿德金斯（Janet Adkins）给凯沃尔基安打电话，问能否成为第一个使用他的桑纳管的病人。按照珍妮特的丈夫罗恩的说法，珍妮特想"宁可走得太早，也不愿走得太晚"。

1990年6月，珍妮特自杀了，在凯沃尔基安那辆破旧的1968年产的大众面包车后座上。据报道，她的临终遗言是对医生说的："谢谢。谢谢你。"后来，凯沃尔基安公开她的死讯时坚持说，虽然这个病人痴呆得很厉害，但"她还是完全知道未来会发生什么，也知道自己不想要那样的未来"。他也解释了一下为什么自杀地点这么不同寻常，是停在公园边停车场里的一辆面包车上：不过是他找不到愿意接纳自杀的旅馆或人家。"旅馆里没房间了。"第二天，世界各地的报纸都刊登了关于用桑纳管自杀的文章。《纽约时报》在头版写道："这个案例既提出了一个具体的法律问题，也就是怎么才算是协助自杀，也提出了一个形而上的问题，也就是医生应该在帮助他们病情严重的病人去死当中扮演什么角色。"

凯沃尔基安成了被告，在密歇根州接受审判。由于密歇根州并没有像美国半数州那样的法律，明确将"协助自杀"定为刑事犯罪，所以检察官选择以一级谋杀的罪名指控他。但结果这个指控被驳回，因为用的是桑纳管，也就是说，珍妮特是自己把致命的化学药物注入自己体内的。1991年，检察官们又试了一次：这次是由一位律师引导的一起民事案件，他说他想阻止这个医生"开着面包车在乡下优哉游哉，杀死一个又一个人"。听证会期间，检察官将凯沃尔基安与约瑟夫·门格勒相提并论，还专门在桌子上最醒目

第六章 自由 269

位置放了一本《纳粹医生》。凯沃尔基安的辩护律师——驳斥了这些指控，并任由他的当事人自我膨胀，让他自比为过去时代知识分子当中最伟大的殉道者苏格拉底。审判结束时，这些指控也都被撤销了，而此时凯沃尔基安的名字早已家喻户晓，成了同样杀人无数的另类治疗师经久不衰的代名词。

人们都热爱他。密歇根州医学会伦理委员会主席霍华德·布罗迪（Howard Brody）医生在当时说道："我们以为病人会被停车场里锈迹斑斑的面包车，这种没有消过毒的解决方案吓坏。听着太寒碜了。然而实际上，好多人甚至想给这个男人立传。越来越明显，涉及死亡和临终方面的问题时，很多人都视医生为敌人，我们不能不觉得这是非常可怕的失败。"凯沃尔基安建造了第二台自杀机器，命名为"默茜管"（Mercitron），意思是"仁心机器"。

1991年，美国作家罗恩·罗森鲍姆（Ron Rosenbaum）在《名利场》上发表了一篇文章。文章认为，公众对凯沃尔基安的迷恋不只是因为他这个人，还因为"桑纳管"。罗森鲍姆笔下透着自己的思考："这里面有些东西，有些跟它粗制滥造的机械风有关的东西，在全国人民的想象中引发了神秘的共鸣。"90年代初，美国人已经习惯用各种各样的机器来影响他们的死亡过程：呼吸机、起搏器、饲管等。不过几十年前，美国人大部分都还是在家里死亡，然而现在大都会在重症监护室或高水平的护理设施中去世，去世时身上往往连着各种设备。甚至还因为本该用来延缓死亡的技术而出现了一些新病征，比如说长期机械通气（PMV）。一些需要长期机械通气的患者会对这些机器产生长久依赖，没有机器就没法呼吸，独立进食和说话的能力也会失去。有些人是被绑住双手死去的，因为不想让他们睡着之后或惊慌失措时从脖子上或胃里把什么连接机器和身体的管子拔出来。

凯沃尔基安后来继续帮助了数十人踏上黄泉之路，在一些人看来，凯沃尔基安就是救世主，一个无所畏惧的人，一个准备好要为一场羽翼渐丰的病人自主权运动牺牲自己的人。但在另一些人看来，他就是个杀人犯，吃晚饭的时候跟一个患痴呆的妇女见了一次面，就在自己肮脏的面包车后座上杀死了她，让自己成名。然而，无论别人是什么看法，对凯沃尔基安来说都无所谓。后来他解释说，他的目标不是让怀疑他的人转而支持他，也不是要改变法律，而是"迫使医疗行业直面自己的责任，而帮助病人去死也是责任的一部分"。这就是他，思想领域一往无前的开拓者，只是为了让医学界看清自身伪善的嘴脸。

但就算是支持医生协助死亡的医师，也对这个新出现的死神医生心怀戒备，因为在所有人看来都很明显，他似乎并不是死亡权事业的完美旗手。凯沃尔基安是训练有素的病理医生，但从20世纪50年代以来就没在哪个病人身上行过医。跟别人交流的时候，他也总是不管不顾的。更重要的是，他这人挺奇怪，病态得过分。他苦行僧般的生活尽人皆知，吃得很少，穿的是破破烂烂的衣服，大部分时间都在底特律一家花店楼上，也就是他家徒四壁的公寓里，为几乎没什么人知道的欧洲学术期刊写文章。据说他用自己的血作画。他的职业生涯也让人凌乱。在"桑纳管"问世前，凯沃尔基安曾经提出可以从死刑犯身上获取器官，还试过从尸体上取血输给活人，拿自己练手的时候还感染了丙肝。（他以前的助手尼尔·尼科尔后来对我说："那时候我们是在努力解决越南的问题。所以这事儿还挺有意义的。"凯沃尔基安打算设计出一种能让战场上受伤的士兵直接从阵亡士兵身上输血的方法。）这么多年过去了，死神医生在公众视野里变得越来越离谱。他那种矫揉造作的劲儿让人毛骨悚然，对拿死人恶作剧的喜好也到了病态的地步。有一回，他直接把一具尸体留在了医院的停车场。

支持将医生协助死亡合法化的人对凯沃尔基安感到害怕也是对的。1991年10月，华盛顿州选民在一次全州范围的投票中否决了协助死亡法之后，有些人便开始指责凯沃尔基安。创立了毒芹协会的德里克·汉弗莱写道，他这个组织"花了十年时间让医学界接受这个组织的观点。我们相信，只要法律改变了，会有60%的医生站在我们这边。但现在，凯沃尔基安医生把这塘水全搅浑了"。凯沃尔基安声名大噪后，有些州匆匆忙忙地通过了明确禁止协助自杀的法律，试图防止未来出现更多死神医生。

1991年3月，凯沃尔基安呈交供状时，纽约州罗切斯特市的蒂莫西·奎尔医生想到了他。奎尔是一位41岁的姑息治疗医生，他在发表于《新英格兰医学杂志》上的一篇文章开头写道："黛安觉得很累，还在出皮疹。"奎尔在文中描述了自己如何诊治这个他称为黛安的病人。她患有急性粒-单核细胞白血病，在了解到自己在激进疗法中大概只有25%的概率活下来之后，便拒绝接受化疗——这跟奎尔的建议相悖，也让他很忧虑。黛安觉得不值得为这个存活概率承受那么多痛苦。她说，她更愿意回家陪陪老公和孩子，直接接受死亡。过了几个月，黛安越来越虚弱了。她打电话给奎尔，要他给自己开一些巴比妥类安眠药，她说是用来治疗自己的失眠，但奎尔马上明白她真正想要什么。他知道，医生和病人之间这样子"假装对话"时有发生。病人对医生撒谎,说他们关节痛或者失眠,这样略施诡计就能得到强效药品。而医生尽管为病人感到难过,也还是加入了这个装腔作势的游戏。医生也许会一边把处方交给病人一边说:"这些药要小心点,一次吃太多可能会死人的。"

奎尔对扮演一个反应迟钝的开药方的角色不感兴趣,也觉得这种"假装对话"的游戏一点儿都不诚实。所以他没有配合黛安的要求,而是叫黛安去了他办公室。在提到这次会面时,他这样写道:"很明显,在我们的讨论中,对死亡挥之不去的恐惧一直占据着黛安的头脑,这样会让她无法最大限度地利用自己剩下的时间。"也就是说,黛安特别害怕死得很惨,甚至让她开始觉得继续活下去都很艰难。奎尔认为黛安太害怕了,她很可能会试图自杀,让自己不再老是想着这事,而这样的话,她可能会死得很痛苦。奎尔想安抚黛安。他说,作为姑息治疗医生,他可以控制她的疼痛,让她在整个临终过程中都保持舒适。但黛安亲眼见过即将死去的人如何困在"还算舒适"的炼狱中求死不得。她很害怕必须在可怕的疼痛和镇静药物之间做出选择。

就连奎尔都会承认,以他自己的能力,包括所有医生的能力都有局限,而且往往只是安抚性的。他可以让"疼得很厉害"改善为"还行",但不能让疼痛消失。他可以做到让"最不糟糕"的死亡成为可能,但不能保证一定死得很安详。奎尔同样知道,尽管他披挂上阵是要与疼痛开战的,但并非总能减轻病人对未来疼痛的恐惧,也无法缓解因此出现的相关症状。奎尔认真考虑了黛安的请求,最后决定还是给她开安眠药,尽管"对于正在探索的边界,我惶恐不安"。在黛安服药过量而死后,他开车去了黛安家,查看黛安的尸体。他给验尸官打电话,报告说她死于"急性白血病"。

奎尔写这篇讲黛安的文章时也想到了另一些医生,但很快,他的故事被记者们发现了,并在全国各地的新闻报道中重现。好在他不必紧张,他因此广受赞誉。他被看成那位写下了《结束了,黛比》的匿名年轻住院医生的反面,也被认为是对粗枝大叶的杰克·凯沃尔基安的纠正。《纽约时报》发了一篇社论,对奎尔的"英勇行为"大加赞扬。生物伦理学家乔治·安纳斯(George Annas)预测,如果有人起诉奎尔,美国公众肯定会大感吃惊。"绝大部分美国人都会说:'我好希望这家伙能当我的医生啊。'"那年晚些时候,门罗县一个大陪审团拒绝就此起诉。

在1993年出版的《死亡与尊严》一书中,奎尔说自己决定帮助黛安,也是作为对死神医生的回应。他写道,凯沃尔基安"把我们医生吓坏了,因为在他的帮助下,病人死得那么轻易,也因为他对此明显毫不怀疑"。凯沃尔基安还揭开了由于害怕疼痛、漫长的死亡过程而绝望的病人与无法让他们感到安慰、无法提供任何替代选择的医生之间不断扩大的鸿沟,并因此让医疗行业蒙羞。奎尔告诉美国公共电视网:"我觉得这些例子既是对凯沃尔基安医生的声讨,也是对我们当前医疗体系的控诉。这些人的医生在干什么?"

奎尔告诉我,25年过去了,他还会收到跟这篇黛安的文章有关的信件。他已经收到了几千封,并且都保存了下来。奎尔认为,黛安这个故事能打动人,是因为他在这个行业很有资历,也是中坚力量。他在发表这篇文章时已经是罗切斯特大学一位备受尊敬的内科医生,因此批评家无法斥责他是菜鸟、疯子。他的声音必须被倾听。他对我说:"在某种意义上,从社会变革的角度来看,我比凯沃尔基安更危险。"

据报道,在珍妮特·阿德金斯去世后的 8 年里,杰克·凯沃尔基安带走了 130 名病人的生命。很多人他几乎都不认识。有些人说是有精神病,但后来发现他们身体上根本没有任何病状。而凯沃尔基安对自己的所作所为也几乎从来不藏着掖着。在协助别人死亡的时候,他总是大张旗鼓,唯恐天下不知。在密歇根州,有时候会有人看到他把一具尸体放在轮椅上,推进法医办公室。他跟媒体打情骂俏其实有很大风险,但结果很有效果。1993 年,凯沃尔基安短暂入狱,并开始绝食,结果美国哈里斯咨询公司的民意调查显示,有 58% 的美国人支持他的行为。死神医生把自己当祭品一样奉献了出来,就像甘地一样,而人们也非常吃这一套。

一直到 1998 年,他才终于因为太过分而翻船。这一次不是凯沃尔基安帮助病人自行注射致命药物,而是他亲自给病人注射,随后还把记录这次安乐死的录像带发给了美国哥伦比亚广播公司的新闻节目《60 分钟》,而这家电视台在 11 月 22 日播出了这段录像,这几乎让所有人大跌眼镜。后来有人猜测,死神医生是在追求杀身成仁,也可能是他陶醉在自己的胆大妄为中不能自拔。凯沃尔基安被控谋杀并受审,法庭上处处狗血,名场面迭出,其火爆程度简直跟世纪大案辛普森杀妻案不相上下。到最后,这个杰克·凯沃尔基安,这个憔悴、细长耳朵的凯沃尔基安,这个坐在听众席前方的凯沃尔基安,终于要为自己的所作所为负起责任了。这就是死神医生,他坚称杀人是他的职责所在。杰西卡·库珀(Jessica Cooper)法官判他有罪后,转身面朝这个被判刑的人,说:"这场审判跟安乐死是否政治正确、是否合乎道德无关，只跟你自己有关。"但那天在法院旁听的，无论是谁都知道，这么说并不准确。

凯沃尔基安被收监的同一年，《新英格兰医学杂志》公开了一项匿名调查的结果，说有 3.3% 的美国医生"开过至少一张用来让死亡过程加快的处方"，还有 4.7% 的医生承认"曾至少亲自注射过一次致命药物"。普通医生和死神医生之间曾经清晰的界限开始变得模糊了。医学杂志《柳叶刀》也刊登了一篇关于医生协助死亡的文章，文中引用了凯沃尔基安的说法，说他故意被捕，是为了"让这场大论战不得不重新回到公众视野"。在凯沃尔基安这篇文章下面，同一页还有一篇很短的文章，介绍了澳大利亚一位鲜为人知的类似于凯沃尔基安的人，"澳大利亚自己的'死神医生'——菲利普·尼奇克"。

菲利普·尼奇克从来没打算当医生。他在大学学的是工程学，后来又拿了个物理学的博士学位。再后来，他成了为澳大利亚原住民奔走的土地权活动人士，也做了一段时间的公园护林员。他在 35 岁时才去上悉尼的一家医学院，那还是在他伤了脚，再也没法做户外工作以后。1989 年，42 岁的菲利普从医学院毕业，便搬去了北领地。这片农村地区非常广阔，约占澳大利亚总面积的 1/6，但人口还不到 20 万。这个地方很容易让人感觉到一种粗野的精气神。他很喜欢这里。他喜欢独自待在沙漠里，想着自己在这个世界上，就好像沙漠里的一粒沙子一样。

菲利普在皇家达尔文医院找了份实习医生的工作。他很快就注意到，自己在治疗的，都是这个地区病情最严重的人。后来他写道，在他最早几次轮换中的一次中，有一个主管叫他从一个病人身上提取血样，而这个病人身患重病，已经奄奄一息。菲利普问道："为什么？"

主管回答："我们想做几个测试。"

"为什么？"

"哪有这么多为什么？"

菲利普说："他都要死了，我们为什么还要做测试？"

过了几年，菲利普离开医院，开始业余执业，主要是去照料那些性工作者和在渔港周围逛来逛去的瘾君子。直到1995年，他才开始考虑，能否以某种有条理的方式去帮助别人死亡。他听到北领地的首席部长马歇尔·佩龙（Marshall Perron）宣布北领地政府打算制定一项应用于绝症病人的临终援助法后，就一直躺在床上听整个广播。在重新睡着之前，菲利普想，这么做很有道理。后来他说："并没有一个'幡然醒悟'的时刻改变了我的想法。"直到《绝症权利法》于1996年7月生效，世界各地的新闻记者纷纷来到北领地首府达尔文市，他才开始认识到这个措施的重大意义。美国俄勒冈州早在1994年就通过了尊严死法，但这时候还没有生效。实际上早在20世纪80年代荷兰就不再起诉协助死亡的医生，但直到2002年，相关法律才得以通过。所以，澳大利亚的北领地成了世界上第一个将医生协助死亡合法化的地方。在一份支持这项法律的本地医生名单上，菲利普填上了自己的名字。

之后没多久，菲利普接到一名出租车司机打来的电话。这人名叫麦克斯·贝尔（Max Bell），住在3000千米以外一个叫作布罗肯希尔的小镇的小木屋里，马上要死了。麦克斯告诉菲利普，他得了胃癌，做过手术后就再也不能吃固体食物了。他一个人住，一直恶心，经常想吐。他说："我不过是还活着罢了。我不想继续这样下去。我已经准备好睡上美美的一大觉了。"麦克斯问菲利普能不能收治他，菲利普说可以，于是麦克斯给房子挂上了出售的牌子，对自己的狗实施了安乐死，然后跳上出租车一路向北，穿过整片大陆。

六天后，麦克斯来到达尔文，菲利普开始准备——应该怎么说呢？施用？监督？实践？进行？——协助死亡所需要的一切。按照法律要求，麦克斯还需要另外两名医生签字确认他得了绝症，还需要一名精神科医生证明他心智能力健全。菲利普打了很多电话，但很快，这事儿就眼看着要黄了。这个地方并没有多少医生，接下来的几周时间里，他们都拒绝了菲利普。菲利普说，这都怪北领地的首席医疗官，因为他号称要把这项法律废除，还表示参与协助死亡的医生可能会因为他们的行为在事后被起诉。菲利普告诉麦克斯这些事情时，麦克斯只是摇了摇头。他说："你功课没做好呀，同学。"随后，麦克斯爬进出租车，又开了3000千米回到布罗肯希尔小镇，几周后就在那里去世了。菲利普说，他的死亡过程历时很久，这正是他极力避免的死法。

这件让人厌恶的事情唯一好的一面就是引发了媒体报道。菲利普曾将麦克斯介绍给澳大利亚广播公司的一名记者，于是有几个节目制作人把麦克斯漫长的回家之路拍成了一部让人黯然神伤的电影，叫作《无往之路》。有一个镜头拍到麦克斯在加油站摔倒在地，好在恰好路过的人把他扶了起来。节目播出后，有个当地医生打电话给菲利普，为自己拒绝见麦克斯道歉，说自己这事儿干得实在是糟透了。菲利普告诉自己，在争取人心的战斗中，永远不要小看电视媒体的作用。

接下来的几个月，菲利普开始专心思考什么是"好死"，以及按照北领地的这项法律，"好死"看起来会是什么样子。这项法律允许医生为病人静脉注射致命药物，菲利普一开始也以为自己会为病人提供这个选项。但他越是想着这事儿，就越觉得自己没办法真的拿起注射器这么做。更重要的是，菲利普觉得应该由病人自己来进行最后这一步。菲利普说："我希望强调的一点是，做决定的是一个个病人，而不是哪个邪恶的医生把自己的意志强加给昏迷不醒或奄奄一息的病人。所以我造了一台机器。"菲利普读过关于杰克·凯沃尔基安的"桑纳管"的报道，他很喜欢这个思路，但也觉得自己能造出更复杂的机器。他最后做出来的是一个软件程序，在他银色的东芝笔记本电脑上运行，他把它叫作"解救"。

1996年3月，第二个病人来找菲利普帮忙。他名叫罗伯特·登特（Robert Dent），昵称鲍勃，66岁，患有转移性前列腺癌。他说，自己正在遭受"翻江倒海般的疼痛"。那时候，菲利普已经找到一位医生愿意为这个病例提供另一份意见，只要他的名字保密就行。菲利普还找到了一位精神科医生，愿意从悉尼飞过来检查鲍勃。这位医生检查后的结论是，尽管鲍勃表现出了一些"抑郁的迹象"，但并非真的抑郁，因此有能力做出医疗决定。菲利普批准了鲍勃的死亡请求，告诉他准备好了就给他打电话。

9月22日，鲍勃打来电话，请菲利普去他家里吃午饭。鲍勃住在郊区提维。鲍勃说："把那台机器也带过来。"吃午饭时，菲利普特别紧张，衬衣都湿透了，鲍勃的妻子朱迪给他做的火腿三明治，他也只吃了一两口。他觉得自己可能会没胆子那么做，甚至紧张得说不出话。不能提未来，闲聊都很难进行。说话只能用现在时，这样聊天会让人觉得索然无味，浑身不自在。鲍勃也注意到菲利普很紧张，努力想让他平静下来。这个命不久矣的病人对瑟瑟发抖的医生说，一切都会好的。午饭后，鲍勃和菲利普看了一会儿电视，感觉就像永远看不完了一样，但最后鲍勃还是转身面向医生，说道："你来这里是要干活儿的，我们开始吧。"随后他走到阳台，躺到椅子上。

朱迪在旁边看着，菲利普则在鲍勃旁边单膝跪地，把针头扎进鲍勃的胳膊。针头扎进去没出问题，菲利普松了一口气。这么重要的场景让气氛变得很凝重，不知怎的，菲利普本来以为会在注射器扎进去的时候感觉到一些阻力。菲利普又问了一遍鲍勃是不是真的确定要这么做，鲍勃说是的，于是菲利普打开笔记本电脑，开始运行"解救"程序。这时是下午两点半。菲利普把电脑交给鲍勃，随后走到了房间另一边，这样鲍勃就能把朱迪抱在怀里，并开始回答屏幕上的问题。

你是否清楚，如果你一直进行到最后一屏并按下"是"按钮，你会得到一剂致命药物并死亡？

是。

你是否确定自己完全了解如果你继续到下一屏并按下"是"按钮你会死去？

是。

15秒内会向你体内注入一剂致命药物……按"是"可以

继续。

是。

退出。

随着巴比妥酸和肌肉松弛剂被注射进鲍勃体内，机器也在发出嘀嗒声。鲍勃呼出一口气，沉入梦乡，几分钟后呼吸停止了。在房间另一侧的菲利普感觉极为宽慰，还有愉悦。他说："这是一种很愉快的感觉，而不是，'哦天哪，我破戒了，我杀人了'。"后来菲利普也承认，在离开鲍勃家时，他感受到了"活着的感觉，那么真实，那么庞大……还几乎马上产生了性冲动。这是我能向自己证明我还活着的一种方式。死的不是我"。这是最原始也最明显的感受。肉欲可以当成还活着的证据。人类播撒种子，生命永远不死。多年以后读到他的描述，我很震惊。那时候，他很喜欢做这样的事。

不过，在宣布鲍勃死讯的新闻发布会上，菲利普还是非常紧张，几乎要哭出来。《悉尼先驱晨报》报道说："49 岁的尼奇克看起来糟糕得很。有人曾告诉他要打领带、穿长裤，而不是短裤，但他就算穿着体面，也没法把他深重的情绪掩藏起来。"作者也指出，菲利普最近"被百般漫骂，被贴上'死神医生'和杀人犯的标签，在医学界也成了越来越被孤立的人物"。菲利普说，他帮助鲍勃赴死是"出于爱意的行为"。他极力保持镇静。

在澳大利亚以外的地方，菲利普受到的欢迎更为热烈。同年 10 月，世界死亡权协会联合会在墨尔本召开会议，将菲利普誉为死亡权事业的英雄。菲利普跟来自美国、加拿大、印度、日本、瑞士、英国和荷兰的医生一起，签署了一份"医生协助死亡宣言"。

"医生协助死亡宣言"写道:"我们有各种各样的方法可以帮助那些因为身患绝症而可能极为痛苦的人。我们也知道,如果我们发现自己处于这样的境地,我们不但了解,而且能获得相关药物来达到自我解救,并希望把这种特权也扩大到我们的病人身上。"

接下来几个月,菲利普用"解救"帮助了三名病人赴死。但随后在1997年3月,也就是《绝症权利法》生效9个月的时候,澳大利亚政府废除了这项法律,因为宪法规定联邦政府有权否决领地的法律。那天,菲利普不得不告诉另一个病人,自己再也没法像之前答应她的那样帮她了。这个病人56岁,患有弥漫性骨盆肿瘤,还有她的瘘管对抗生素有抗药性,散发出一股腐臭味,让人恶心。他举办了另一场新闻发布会,这次是在议会大楼的台阶上,在一群记者面前烧掉了好几本北领地的法律。有个朋友用手提包装了几瓶汽油过来,菲利普用这些汽油把一本本厚厚的书浇湿,这样烧起来火势更旺,拍出来登在报纸上也更有气势。

菲利普很沮丧。他疲惫不堪,不名一文。一想到要回到以前的生活,去给流浪汉治病、开青霉素,他就觉得很不舒服。因此,他在1997年成立了自愿安乐死研究基金会(VERF),但很多朋友对他竟没意识到这么起名字对公共关系和形象塑造来说有多疯狂感到震惊,纷纷敦促他不要用"安乐死"这个已经成为历史污点的词(总会让人联想起纳粹、人种改良和凯沃尔基安之类),于是后来更名为"解脱国际"。菲利普猜测,尽管他不能直接给病人注射致命药物,但还是没有什么能阻止他去教那些病得很厉害、想要结束自己生命的病人怎么做。1997年,他开始为病人和濒临死亡的人举办自助死亡研讨班,老同行则开始刻意跟他保持距离。一些人告诉菲利普，他这么做不对。另一些人则说他做的从理论上讲是对的，但实际上是在阻碍协助死亡的大业向前发展。有几个人向菲利普坦承，他们有时候也会帮助自己的病人加快死亡进程——但他们也说，菲利普这样大张旗鼓地做这些，对任何人都不会有任何好处。但菲利普说，如果有病人需要帮助，他讨厌医生按照个人标准对这样的病人挑挑拣拣。为什么要由医生来决定他们中间谁病得最严重，谁最值得同情，或谁最绝望？再不就是，谁的家人最值得尊敬和信赖？

也差不多是在这个时候，有个名叫萨穆埃莱（Samuelle）的墨西哥男人写信给菲利普，说自己愿意帮忙。萨穆埃莱住在墨西哥东南部，他在新闻中读到过好多游客跑到他们这里找兽医用品店买耐波他的事情。他觉得自己可以让他们更方便些，顺便自己还能挣点钱。2017年2月，他同意接受采访，并在采访中说道："世界上有很多人都在寻死。就好像……我有他们需要的钥匙，所以我可以帮他们。"他家在一条平坦的街道上，距离一条两侧绿树成荫的高速公路不远，但他不愿透露所在山谷叫什么，因为害怕自己会被抓起来。

在给菲利普打电话时，萨穆埃莱自称是个混合体，既是骗子，又是哲学家。他说自己还很小的时候，母亲就患癌症去世了。她没有太多痛苦，但还是遭了一些罪，而母亲的死让萨穆埃莱对协助死亡很赞同。通过读书，萨穆埃莱开始相信，大政府、大社会和大宗教都害怕自由意志，而且在试图通过控制死亡过程，通过把死亡用墨守成规的程序包装起来，扼杀个人选择。他说："虽然我在讲美丽新世界那一套，但我不希望自己听起来像疯了一样……他们想控

第六章 自由

制我们死去的方式，他们不希望我们拥有那把随时都可以使用的钥匙。"如果人们有了钥匙，就有可能出现混乱。更糟糕的是，还有可能产生虚无主义。很快菲利普开始把病人推荐给萨穆埃莱，而萨穆埃莱收到转过去的钱款后，就会用没有标记的棕色信封寄出一瓶瓶耐波他。菲利普还设计了一种很小的耐波他试纸，就是很薄的一小片塑料，看起来跟验孕试纸一样，并通过"解脱国际"出售。他说，这种试纸可以用来检验耐波他的纯度，尽管有些贬损他的人说这种试纸不怎么精确，而且大部分"解脱国际"的成员都懒得操心。他们相信菲利普的话。

　　菲利普渐渐出了名，走在达尔文的大街上会被人认出来。他会成为杂志的人物简介对象，就像早年那些医生当中的名人一样，比如育儿大师斯波克医生、性学专家露丝医生等。爱他的和对他恨之入骨的都在给他写信。有些人会给他寄来《圣经》中的几页复印件。菲利普很庆幸自己住在澳大利亚，而不是美国，因为他知道，美国的宗教怪胎完全会因为堕胎就把医生给杀了。现在事情开始变化了，他只需要继续前进——但是，朝哪个方向前进呢？在2005年出版的名为《请温柔地杀死我》的著作中，菲利普写道："好好想想我们正在创造的究竟是怎样的一个世界，会很有意思，也非常重要。我们是在打开大规模自杀的闸门，还是在为老龄化设定新的议题？是会出现雪崩一般的自杀事件，还是在越来越庞大的老年人队伍中，会有一种安慰迅速蔓延开来？社会是会变得更好，还是会越来越糟？"

　　菲利普的新搭档菲奥娜·斯图尔特帮助菲利普把这些事情都专

业化了。在和菲利普坠入爱河并答应加入他的事业后，菲奥娜把"解脱国际"的各项事务都管理得井井有条。她帮菲利普报税，这还是三年来头一次。她也是训练有素的律师，制定了关于文书工作和存档的新规定。2006 年，菲奥娜帮助菲利普撰写了一本自杀手册，汇集了他通常会在研讨班分享的所有信息和建议，并成立了一家出版社来印刷发行。《安宁药丸手册》的封面上，有他们两个人的名字。其中关于哲学思考的章节由菲奥娜执笔，而关于药品的章节则是菲利普撰写的。后来这本手册在澳大利亚被禁，又是菲奥娜想到将其数字化，这样"解脱国际"仍然能向会员在线出售其电子版。菲利普开始在国外举办研讨班之后，菲奥娜会跟他一起，在门口迎接参加研讨班的人。打电话到家里的记者越来越多，于是她开始接听电话，并进行筛选。有一次，英国广播公司的一位节目制作人向菲利普提的问题过于尖锐，菲奥娜就打断了采访，把那个制作人吼了一顿。她很惊讶，自己这位搭档对各方批评竟然无动于衷，对自我保护也不怎么上心。她希望菲利普小心些。

菲奥娜在身边处理杂事，于是菲利普就有了更多时间和支持者交流。他的事务中最重要的一项就是找到快死之人——理想情况下是找到最值得同情的人，在新闻媒体面前，这样的案例可以用来证明"解脱国际"的理念。2011 年，菲利普撞了大运。他遇到了一对夫妇——唐纳德·福隆德斯和伊丽丝·福隆德斯，他们年纪都很大了，似乎可以成为完美的病例。唐纳德已经 78 岁，得了间皮瘤，很痛苦，想死。妻子伊丽丝病情并不严重，但她告诉菲利普，她跟唐纳德结婚都快 60 年了，她不想一个人活下去。他们在菲利普的指导下买到了耐波他，随后接受了澳大利亚广播公司新闻台的采访,说他们计划怎么使用这种药品。唐纳德对记者说:"我们一直过着安静的生活,不会过于激动。买下这种毒药,我没有任何问题。不会有任何痛苦。"

这年5月,唐纳德和伊丽丝并排躺在一起,用一模一样的玻璃瓶把耐波他喝了下去。他们手拉着手死去了。菲利普也在这时把他们的故事讲了出来。后来他说,澳大利亚各大报纸大都对这起夫妻双双自杀的事情表示同情,甚至暗暗赞许,这一点非同寻常。《悉尼先驱晨报》有一篇文章的标题是《唐纳德与伊丽丝:六十年来生同衾,六十年后死同穴》。文中写道:"他们彼此倾听,彼此都知道对方心中所想,他们再也不想分开。"文中还有一张唐纳德和伊丽丝的照片,他们躺在床上,抱着他们的猫。文章也顺便提到了菲利普的角色,但并没有通常会有的愤懑之情。文中说唐纳德是个在遭受痛苦的老人,伊丽丝则是在与"高龄这种疾病"苦苦斗争的人——并没有像菲利普担心的那样,说她是个还算健康的老妇人,只是因为早早感到悲伤和害怕以后孤单,才选择自杀。这对老夫老妻双双自杀,在文中读来几乎要算浪漫之举。有些事情正在改变。

从参加研讨班的听众中,菲利普也能感觉到这种变化。到他在一场于珀斯举办、300人参加的"解脱国际"研讨班上遇到奈杰尔·布雷利(Nigel Brayley)时,他已经习惯看到没那么老,或病得不严重的人出现在自己的研讨班上,也已经放宽了自己定的必须核实年龄的规定。要是一个人只是比50岁小那么一点点,真的就那么重要吗?菲利普并不觉得有多重要。但他还是马上注意到了奈杰尔,因为他看起来特别年轻。菲利普把他拉到一边,想核实一下他的年龄。奈杰尔告诉菲利普，自己45岁，他想要结束自己的生命是有充分理由的。他说，他的生活可以说正在分崩离析。后来菲利普坚持说自己问过奈杰尔具体出了什么问题，但奈杰尔告诉他别管那么多。没过多久，奈杰尔给菲利普发了封邮件，问他想不想要一份他的遗书，菲利普答复说想要。知道奈杰尔在借助耐波他死去之后，菲利普才了解到奈杰尔的全部故事。在参加那次研讨班的时候，奈杰尔正在接受刑事调查，跟他一个前女友和妻子的死有关：她们从一个采石场的顶部摔了下来，案情扑朔迷离。他也很抑郁。没过多久，有个记者发现菲利普和奈杰尔用邮件联系过，便报道了奈杰尔与"解脱国际"的关系。澳大利亚医学委员会为此连夜召开会议，委员们紧急动用手中的权力，吊销了菲利普的行医执照。

刚开始，菲利普否认自己做错了什么。他说，奈杰尔并不是他的病人，所以从专业角度讲，他也没有介绍他寻求精神科医生帮助的义务。他不可能对遇到的每个医疗轨迹负责，对吧？任何医生都不会被要求遵守这样的标准。但很快，菲利普开始讨厌自己怎么老是只想着辩护。他为什么要为奈杰尔的事情道歉？菲利普越是想这件事，就越觉得奈杰尔选择结束自己的生命真是太明智了。他对我说："奈杰尔所做的不过是权衡了一下，究竟是死了好，还是坐30年牢好。这种情况下奈杰尔得出的结论，我们很多人估计也会得出……死亡是正确的选择，或者说最好的选择。这也是'理性自杀'的绝佳例子。"菲利普说，重要的是奈杰尔"死得很安详。非常有效率。现在他不用蹲在监狱里活受罪"。为什么要为这事儿争个输赢呢？

菲利普觉得，确实如此，跟奈杰尔一样，还有很多人在联系

"解脱国际"时，其动因严格来讲并非医学上的。有时菲利普会收到囚犯写来的信，说他们宁愿死，也不愿余生都在牢房里度过。有时他会收到一些父母的来信，说他们不想让孩子们眼睁睁地看着他们日渐憔悴。他说："这些人得了癌症，而且知道生命的最后阶段会是什么样子。他们不想让家人看到这个样子。"菲利普曾经跟一个老妇人聊过，她想结束这一切，因为照护她每个月要花掉几千美元，而她本来打算把这些钱存起来，留给穷困潦倒的女儿。这个老妇人告诉菲利普："我打算去死，这样我女儿就能活下去。"菲利普不知道她的选择是对是错，但他认为不管对错都没关系，因为反正不是他的选择。他支持人们做出自己的选择，这就够了。是的，在理想国度，也许老妇人不用非得在自己的健康和女儿的福祉之间二选一，但我们必须现实一点，我们所在的并不是理想国度。这样的话，为什么要拒绝给她一个出路呢？为什么要指望她像个英雄一样去受苦受难，她受苦受难又是为了什么？为一些遥不可及的社会福利革命？为一些荒诞的梦想，以为如果有成千上万甚至更多的人像她一样，人们发现以后，那个追本逐利的医疗体系就会相应地自动修正，或崩溃，或被愤怒的民众夷为平地？菲利普是个实用主义者。很快，他也开始相信，像坐牢30年和一贫如洗这样的人为制造的"病情"，带来的痛苦不亚于任何癌症，会一样可怕，一样无法治愈。推而广之可以认为，那些遭受这种文明疾病折磨的人，和其他人一样有资格得到他的帮助。

尽管行医执照已被吊销，菲利普还是在办自助死亡研讨班，但研讨班也变了。菲利普不再把耐波他当成身体上的实质性问题的解决方案（无论是罹患疾病、身体虚弱、还是上了年纪），转而用更简单的话语来描述这种药物：一种理应提供给受苦受难者的药理学工具。菲利普的职责变成了帮助那些受苦受难的人，但认定自己是否在受苦，定义自己的病情，都成了每个受苦受难者自己的任务。在菲利普这里，他会对每个人的话都不假思索地信以为真，也不会尝试开解他们，让他们不要寻死。比如，就算是斯蒂芬·霍金想找他帮忙赴死，他都会帮这个忙。"当然会！当然。没有谁能因此责怪我。嗯，也许有人会。每一天，只要他活着，这个世界就会得到好处。我能想象，肯定有人对他这样说过……简直就像是你有义务继续活下去，运用你高超的技艺造福人类。但是，人应该为了满足其他人而活着，并不是我们的重点。"菲利普开始认为，努力压制理性自杀，是"越来越病态的社会才会表现出来的征象"。这是一个征象，也许表明社会对让人们坚持活下去的理由不是那么有信心。他说："我不明白，为什么自杀的人会让这个社会那么愤怒，那么怨声载道。思考这个问题的时候，我感觉最有可能的解释是，他们实际上是在对我们其他所有人说：'我们不会有多重视你的这条命。我们不会认同你在玩的这个游戏。'"把戏被拆穿了。这个世界上并没有上帝。只有你认为生命有价值的时候，生命才有价值。

2015年10月，澳大利亚医学委员会宣布可以恢复菲利普的行医执照，只要他同意遵守26个条件，其中之一就是不再跟公众分享跟自杀有关的信息。这26个条件让菲利普怒不可遏。为此，他在达尔文召开了记者招待会，宣布要烧掉执照，从此放弃行医。在烧掉执照的那天，他说："这份文件毫无价值。这份文件毫无价值。我会拿出证据，证明这份文件究竟有多一文不值，也会证明我有多蔑视它。这份文件实际上是降低你的帮助临终之人的能力。"在达尔文的一间会议室里，菲利普站在木讲台旁，身穿格子衬衫，打着有图案的领带，神情肃穆。他举起双手，一只手拿着行医执照，另一只手拿着打火机。在这一小群聚拢来的记者看来，他似乎情绪激动，就好像因为自己遭受的迫害而感到有些高兴一样。仿佛迫害本身就能证明，他一直以来都是对的。有人问菲利普什么感觉，他耸了耸肩。"啊，有点难过。有点难过，也有点高兴。"随后，他点燃了那张纸。那张纸平淡无奇地燃烧了几秒钟，随后被他扔进金属垃圾桶，火花也渐渐熄灭了。烧完后，菲利普摆好姿势让媒体拍照。他举着打火机，对摄影师说："准备好了就发话哈。"

开过记者招待会，菲利普和菲奥娜决定离开澳大利亚一段时间。菲利普说他想去更开明的地方生活，比如欧洲。作为第一站，他们在伦敦租了栋小房子。7月的一天早上，在这栋小房子的客厅里，菲奥娜坐在菲利普对面，手机紧贴着耳朵。"对，这里是'解脱国际'。请问有什么可以帮您吗？……对，对……您有《安宁药丸手册》吗？……那本手册会告诉您有哪些选择，您有任何问题都可以来找我们……协助自杀在英国不合法，所以我们不能帮您……对，您需要自己准备所有东西……对，我们同意。"菲奥娜身体前倾，胳膊肘支在桌面上。她看起来很夸张，头发剪得很短，像个红色的刺猬。桌子下面，一条小狗把自己缠在菲奥娜腿上。"它应该会让您心里很宁静……嗯，如果您有中意的选择，我敢肯定您会感觉更好，您就可以继续下去了。继续活下去！好。买一本手册，我敢肯定您会好很多……好，好。您保重，再见！"

"哈，真有意思。"菲奥娜一边挂电话，一边转身朝菲利普说道。电话里这个男人说自己得了非霍奇金淋巴瘤，就要死了，但他对姑息治疗和临终关怀都不感兴趣，只想在病情恶化之前死掉。问题在于，他的妻子就是个姑息治疗医生，但并不知道她丈夫在盘算什么。这个男人在电话里告诉菲奥娜，他对自己的自杀计划保密，"好保护她"。

"嗯，有意思。"菲利普说。

菲奥娜皱了皱眉。"好吧，现在怎么办？"

最近几周，"解脱国际"的资格标准这个问题已经成为他们家紧张局面的根源。菲奥娜的想法是，如果有人申请加入"解脱国际"，或者想买一本《安宁药丸手册》，她至少要做一些核实工作。她会要求潜在买家提供年龄证明，有时还会跟信用卡信息核对一下，并要求他们解释为什么想买这本手册。她会问他们生了什么病。如果这个人前言不搭后语，或缺乏细节，菲奥娜可能就会要求他提供医疗记录副本，或花点时间用谷歌搜索他的名字，看会不会发现什么奇怪的事情，比如犯罪记录。有时候，如果一个人提出要求的时候听起来不大对劲——比如听起来有点精神错乱，或给她发的邮件里疯话连篇，菲奥娜会拒绝把手册卖给他。在谈到自己的标准时，菲奥娜说："很主观。"重点是要保护好菲利普。

但菲利普开始相信，不应该搞背景调查。他说，背景调查也会"让人如坐针毡"，而且毫无意义，因为并非总能奏效。时不时就会有个把患精神疾病的年轻人假装年老、假装生病，菲奥娜无意当中也会把手册卖给他们。最后这孩子必定会自杀，而他自杀后，他的家人也必定会站出来声讨菲利普，说他难辞其咎。而菲利普则会对他们的指控不耐烦。他会指责这些家庭成员，说他们只是心怀不满，是在为他们自身的失败找替罪羊，因为他们没能让他们的至爱继续活下去。菲利普说："有一次我可能很不得体，可能很失策地用了'附带损失'这个词来说这些不幸的事情。我真正想说的是，你不可能保证所有人都是安全的。"

2016年11月2日，我坐在位于伦敦东部的办公室看新闻，读到了《镜报》上的一篇文章，标题是《据报有人在网上购买"安乐死药物"后失踪，对他的担心与日俱增》。文中有一张照片，是个27岁的年轻人，名叫约书亚·史密斯（Joshua Smith）。他身材瘦弱，皮肤白皙，站在灌木丛中对着镜头微笑。文中引述了约书亚的姐姐汉娜的话，说她弟弟已经消失五天了。"我们看了约书亚的网络搜索记录，发现他买过一种安乐死药物，我们相信他周二早上不见的时候随身带走了这瓶药。约书亚这个人很有爱，也很体贴，但身体不好，病得很厉害。"他抑郁，而且相信自己再也不会好起来。

我在脸书上搜到了汉娜的页面，还找到了她用弟弟的名字创建的一个群："约书亚·史密斯：失踪人口，斯塔福德郡斯通镇"。汉娜写道，从约书亚失踪那天起，她和警察仔细查看了附近一家金属废料场模模糊糊的黑白监控录像，得出的结论是，约书亚在周二早上8点35分离开了家。随后他沿着这条路走到运河，之后可能左转，可能右转，也可能过了河。在脸书页面上，人们贴了带高亮显示的地图，用阴影示意他们已经步行或开车搜寻过约书亚的区域。有个名叫亚里克斯（Alex）的人说，他检查了当地的船坞区域：所有泊位、船只、建筑和附属建筑，以及溪流、灌木丛、灌木篱墙或沟渠。

那天，菲利普也给我发了封邮件，附了这篇文章的链接。他写道："跟我们说自己得了肺癌的小年轻太多了！这是最近的一个！"

几天后的一个下午，我坐火车去汉娜男朋友家里见她，但我抵达后，她告诉我自己太累，也太难过了，不想说话，于是我回到了伦敦。过了几天，我又去见她，这次是往西北方向坐了3个小时的车，在斯通镇她妈妈家，在一条安静的街道旁，周围都是四四方方的房子和整洁的草坪。我俩坐在汉娜的床上，盘着腿，弓着背看她的笔记本电脑。她穿着粉色袜子。

约书亚失踪后，在他的电子邮件里找到线索的就是汉娜。他的收件箱没什么反常的东西，但她心念一动，查看了一下发件箱，结果发现了线索。约书亚显然曾打算在网上买一本《安宁药丸手册》，但在购买之前，卖家要求确认他的出生日期和诊断结果。约书亚撒了谎，回信说自己的生日是1961年2月16日，得了肺癌，将不久于人世。他还补充说自己有类风湿性关节炎。"我的生活质量正在迅速下降。我想了解一下，如果想以尽可能少的痛苦，尽可能有尊严地结束我的生命，我都有哪些选择。"

之后，约书亚还给一个叫约翰逊的人发过邮件。在其中一封邮件里，他写道："你好，我想买耐波他，有人告诉我，你这儿是一个可靠的来源。"

在确认已经电汇给约翰逊数百英镑，只等耐波他发货后，约书亚在另一封邮件中写道："谢谢你。天天好心情！"

汉娜从来没听说过耐波他，但在谷歌上搜了一下之后，她了解到，这是一种药物，美国政府有时候会用它来处决死刑犯。她跑下楼告诉妈妈，可能已经太迟了。

约书亚已经抑郁好些年了。以前他自杀过一次，是在2012年，但吃下去的药在他肚子里烧得慌，让他大声哭喊起来。汉娜的男朋友及时发现，叫了救护车，医生把他救了回来。在那之后，约书亚的妈妈萨拉试过送他去精神病院。她对医生说，任何事情只要可能会有帮助，她都同意做。但医生只是简单看了看就让约书亚出了院，告诉他们过几周再来。他会接受六次认知行为疗法，国家医保系统也就提供这六次。约书亚被送回家的那一天，萨拉坐在车里大哭，因为她很害怕，不知道在约书亚等着看更多医生的这段时间会发生什么。

约书亚接受了这六次治疗，但过后并没有感觉好转。每次治疗只有半小时，而且每次约书亚见到的都是不同的专家。每一次，他都很难表达出自己的感受，而当他终于表达出来的时候，治疗也旋即结束了，他的感受就那样被搁在那儿，任人评说。萨拉觉得约书亚的这几次治疗"把问题暴露了出来，但接着就让约书亚无所适从了"。她再次请求医院的医生伸出援手，但好像没人认为约书亚急需帮助。萨拉后来问道："难道他们认为，我是那种歇斯底里的妈妈？他们没把约书亚当回事。"在此期间，约书亚一直在写日志，记录了他尝试恢复健康用过的所有方法：锻炼、食用营养饮食、冥想、禁酒、做园艺。他非常喜欢做园艺，也很擅长。但他也承认，自己仍然在网上寻找自杀的方法。最后萨拉为约书亚又约了一次医生，但随后约书亚就消失了。

汉娜擦了擦眼睛，对我说："我不会因为他觉得活不下去，想自我了断，就生他的气。我没法对他生气，因为我绝对不希望他承受那么大的痛苦。"她一边在手机上翻看弟弟的照片，一边喃喃自语："你为什么要让我们好难找到你？都13天了。你去哪儿了呀？"

约书亚失踪后的几天，数十名志愿者帮助搜索了附近的地区。已是深秋，外面很冷，但光线很好。来自警察局的一位警探对一群人做了些指导，他们穿着红色短外套，鼓鼓囊囊的。随后他们呈扇形散开进入森林，把对讲机压在嘴唇上，靴子踩进潮湿的泥土里。萨拉穿着深色的冬大衣，沿着河边慢慢走，和他们走在一起。她用一根长木棍把树枝推开，时而戳一戳成堆的树叶，也许希望同时也并不希望戳到什么软软的面团一样的东西。约书亚的继父安迪牵着他们的狗，贴着它耳朵悄声说："找到他。"哄着它往一堆密不透风的灌木丛走去。约书亚失踪25天后，搜救队在树林里找到了他的尸体。

葬礼结束后，萨拉坐在客厅沙发上，头靠着安迪的肩膀。她说，约书亚那几周过得很糟糕。他的外公去世了，他和女朋友吵了一架，还哭了很久，后来他发现了《安宁药丸手册》。萨拉说："这本手册等于在鼓励他，在建议他怎么自杀。"药物是周一到的，周二约书亚就带着药走了。"没有思考，也没有犹豫。有可能第二天，他很快就把药吃了下去，因为要是他稍微犹豫一下，都可能改变主意。我只希望药是快速的，他没有痛苦。"萨拉转了转身子，把脸埋在安迪胸前。

事后，菲利普说："我们做过一些核查。但很明显……总是会有人偷偷溜进来。"这时候他已经住进了新家，在荷兰哈勒姆郊外运河上一艘很大的船屋里，他和菲奥娜决定在这里定居。船屋的窗户很大，铺着木地板，宽大的甲板可以俯瞰水面。天气很冷，船屋里也是，所以菲利普戴了一顶灰色的羊毛帽。他说他仔细查看过约书亚·史密斯发来的邮件，而整个事也让他开始思考。思考的结果是一个问题：谁能说像约书亚这样27岁的年轻人不应该接触这些信息呢？不是他。不是"解脱国际"。菲利普坚持认为，约书亚那些邮件写得很小心，字斟句酌，经过了深思熟虑。他说："这个人可能是在撒谎，但并不是不理性……我想着，这个嘛，我不知道呀。我对此做何感想？约书亚·史密斯死得很安详。"接下来的几个月，菲利普一直坚持这个论调，为自己在这起自杀事件中扮演的角色辩解，轻描淡写地把责任推个干净。他说，不可能是别的结果。这件事不可能以任何别的方式告终。

菲利普说，他听到过很多患有精神疾病、在这个世界上感到迷茫的年轻人说自己想死，耳朵都要起茧子了。有些人甚至才二十几岁。菲奥娜觉得，他应该拒绝这些人加入"解脱国际"，因为他们只会带来麻烦，但菲利普不这么认为。"解脱国际"创办时设立的规则是，必须年满50岁且身体有疾病才能加入，但现在他已经没管这一条，而是在按照修改后的原则行事："解脱国际"的会员只需要自己有充分理由寻死就行。但现在，就算是这个掺了水的规则好像也不大公平。为什么必须有经菲利普判断称其为理由的理由才能寻死，更不用说还得是个充分理由？

菲利普说："对别人说'不'会让我觉得不舒服。这么做非常武断，所以我会觉得不怎么舒服。我感觉就是，如果我们要去教18岁的人怎么杀人，把他们送去战场好了，我们这个社会就是这么做的……呃，说真的，我们怎么能这么做？同时又要说：'啊不行！你不可以自杀！'"菲利普说，所以他准备发起新的行动，成立一个名叫"解脱行动"的小组，用来代表"解脱国际"新的"热烈支持安乐死"的立场。成立这个组织后，菲利普将完全废止"解脱国际"的加入标准；不再有年龄限制，也不再要求提供身体疾病的病理证明。任何想寻死的人，只要有足够能力理解死亡是永久的，只要没有处于极度疯狂的痛苦中，就可以买下这本手册，学到菲利普必须教给他们的东西。

菲奥娜动了动身子，身下的椅子嘎吱作响。她说："这事儿跟我没关系。"她坐在厨房桌子旁，盯着自己的电脑。她说，她在忙着规划把《安宁药丸手册》翻译成荷兰文、德文、法文、意大利文和西班牙文。菲奥娜说，菲利普没问过她意见，就在推特上宣布了这个新项目。

菲利普也承认："我就那么做了。部分原因是，每回我说到这样的事情，菲奥娜都焦虑得不行。所以我就干脆直接做好了。"他俩都笑了。

菲奥娜说："我不喜欢公然违法犯禁。我觉得，公民的不服从只能到这个份上。但菲利普是60后。"她抬起头来，朝菲利普笑了笑。"也许有些事情他说对了。不要马上就一巴掌把他拍死。且给他点绳子，看看他是不是要上吊自杀！"

菲利普说，"解脱行动"很重要，因为这个组织将标志着他跟其他死亡权活动团体之间的友好氛围到此结束，也表明他不再尊重他们缓慢而沉重的步伐。可算摆脱了。菲利普说，他已经受够了那些主流的死亡权组织，甚至大部分边缘地带的团体也让他不堪忍受。所有这些人只知道没完没了地讨论资格标准，要求疾病证明、年龄证明，评判什么理由充分什么理由不充分。菲利普说，因此，"解脱国际"已经成为"人们为了改变关于生命终点选择权的立法而发起的所谓进步行动中的弃儿……他们会说：'天哪，你惹了麻烦，你阻碍了必要的变革。'对这种说法，我不屑一顾"。他耸了耸肩。"还不如直接说，我应该闭嘴，因为这样一来，进展会发生得快一点。但与此同时，我对有些人也很恼火，他们只说一切都是为了最后的结果，而不用管是什么想法。这些想法也很重要。讨论这些想法也许会让前进的步伐放慢一点点，但最后会把我们带到一个好得多的世界。"

菲利普说，他最受不了的是那些老办法。他说："对于打动政客的那些传统策略，我简直烦得要死：用轮椅把病人推出去，坐在政客脚底下苦苦哀求。'求你了，你就行行好，给我再多赏两口吃的吧。'别再这样了。"这么做不足以产生同情。"这会让你处于不利地位。还不如说：'这是我的权利，我现在要行使这项权利。你阻止得了我吗？'"

2017年年初，我飞往荷兰，去看菲利普。走进船屋时，我问："你的邻居知道你是做什么的吗？"

"嗯……知道啊。他们一直都挺支持我的。"

菲奥娜插了进来："没什么大不了的。隔壁那个家伙还买了一本我们竞争对手的书。"她透过新买的眼镜打量着我。

"查博特。"菲利普摇了摇头。鲍德韦因·查博特（Boudewijn Chabot）是精神科医生，20世纪90年代开始在荷兰出名：他为一名50岁的妇人安乐死提供了帮助，而这个人的身体状况并没有什么问题，只不过因为两个儿子夭亡而十分悲痛。这个妇人告诉查博特，她没法接受痛失爱子的事实，只想永远躺在他们的坟墓中间，而且此前她已经尝试过结束自己的生命。这个妇人自杀后，查博特被告上法庭。1994年，荷兰最高法院判他有罪。但是，大法官们还是决定对他不加惩罚，而在很多人看来，这个判决证明将安乐死应用在精神痛苦的情形中也是合法的。英国《独立报》的一篇报道写道："公众对他这个案子的细节似乎有着永不满足的兴趣。"而查博特也利用了自己的名声来攻击另一位正如日中天的"死神医生"菲利普，公开斥责他的方法太以技术为导向，对他的耐波他纯度测试的准确性也表示怀疑。菲利普说："我真是恼火得很。这事儿烦死了。"

菲奥娜说："我也不知道，我觉得他是被我们搞得心绪不宁……但你也可以理解，他觉得受到了威胁。毕竟是我们跑到他的地盘上来了！"在火车站接我时，菲奥娜专门提醒过我，西欧的死亡权圈子是个自成一统、与世隔绝的小世界，又狭小又恶毒，还饱受内讧之苦。她说："这是一场割喉战。血战到底。所有这些格言警句都对安乐死特别有利！"菲奥娜在哈勒姆制造了一些夺人眼球的事件，指责荷兰最大的支持安乐死的活动团体利用菲利普的研究获利，与此同时，又让公众对"解脱国际"保持着一定程度的冷静。

尽管如此，他们还是很喜欢荷兰，也觉得他们来到这个国家算是得其所哉。这里的安乐死法律范围是全世界最宽泛的，你随时随地都能感受到这一点。要在这里实现安乐死很容易，这样的看法实实在在。2016年，安乐死者占到了全国总死亡人数的4%。甚至对有些人来说，安乐死可以算是荷兰的国家传统了，或者至少也是一种颇为司空见惯的死亡方式。就连荷兰最大的基督教会归正会，对此也容忍了。在普通的自杀（或者叫"自我谋杀"，是极为严重的罪愆）和这种新的死亡选择（或者叫"自主死亡"）之间，教会人员划出了清晰的界限。

而我来荷兰，是想看看那台机器。那台机器就躺在船屋外面的甲板上，露天放着。这是个金字塔形状的铝制结构，很长，上面还连着一个巨大的气罐。这台机器的设计目标，是用液氮来让人一命呜呼。液氮会排入机器底部的一个控制盘，接触到空气后会变成气体，然后通过通风管道进入主舱，将主舱里的所有氧气都挤出去。菲利普说，如果没有任何纰漏，躺在关上门的主舱里使用这台机器的人会深吸一口气，感受到"宁静的愉悦"，随后就会失去知觉。我们绕着这台机器走了一圈，菲利普告诉我，这只是台原型机，最后做出来的会漂亮得多，会用闪闪发亮的可回收塑料制成，颜色也可以定制。顶部还会有一扇玻璃窗，这样人们在呼出最后的气息时，还能仰头看着天空。菲利普希望这台机器在瑞士亮相，这样第一个使用这台机器的人就可以在阿尔卑斯山下，甚至是在北极光下死去。他把这个作品命名为"石棺"，因为它看起来就像古时候带有装饰的大型石棺一样。

他说："我的意思是，在很多虚构的故事中，我们都看到过这种东西。在美国反乌托邦科幻电影《绿色食品》中就有这样一个经典场景。他进入了一个非常理想的环境，音乐到位，光线也到位。他躺下去，一切都很完美。他欣赏着让人心情愉悦的场景，服下合适的药物，安宁祥和地死去了……石棺机器就是为人们提供这种服务的理想设备。"还有个更实用的好处，就是这台机器可以减少"解脱国际"对耐波他药贩的依赖。这是个好消息，因为这种药品越来越难搞到。墨西哥那些药贩现在越来越谨小慎微，网络市场也关了好些，还出现了很多诈骗网站。

第一次测试的时候，这台原型机有点儿变形了。菲利普注入氮太多、太快，而金属壁板太薄，在高气压下弯曲变形了。菲奥娜尖叫着跑到船屋后面躲了起来，隔几分钟就从角落里探出头来看上一眼，大口喘着粗气，还用苹果手机给菲利普拍了张照片。这台机器看着像是要爆炸了，但最后并没有炸开。测试结束后，菲利普高喊道："看看！看看这个！"气压表显示，主舱内的氧气水平已经下降到"0.5%"！

"完全没有人还能活下去！"菲奥娜大喊着上前抱住了他。

"尘归尘，土归土！"

"解脱国际"的会员中有些不想在网上购买非法物品，也不想为了搞到相关药物对医生撒谎，还有些人则对塑料袋、窒息而死的想法害怕得很。菲利普觉得，"石棺"对他们来说会有吸引力。这台机器也有可能吸引那种想让自己的死亡看起来有点儿像一场表演的人。菲利普说："看得出来，这个东西也会吸引那些浪漫的人。那些在乎美感，想要漂漂亮亮地死去的人。""石棺"看起来并不像一具棺材，而是像一艘船，准备好了启航，飞向远方。也许用"石棺"去死会让人觉得很有仪式感、很现代，但也会有点儿传统、古老的感觉。也许这个人的整个社交圈子都会跑来观看。在最早展示这台机器时，"解脱国际"的一个志愿者说，觉得这台机器"有点奥斯维辛",但菲利普并不这么看,因为它上面还有个逃生口。

我伸手抚摸着冰凉的铝制壁板。菲利普告诉我,建造这台原型机花了数十万美元,但他的计划是以后要让"石棺"使用数字设计,"解脱国际"会使之成为免费、开源信息,让人们可以在家里或所在社区用 3D 打印出来。所需技术已经有了。按照菲利普的设想,打印出来的每套"石棺"还需要一个四位数的密码,准备使用"石棺"的人在通过简单的在线测试(意在了解此人精神是否正常,有无能力做出死亡决定)后,就会收到这个密码。对能力测试的细节及其可行性,菲利普还没有想得很明白。他说,测试会用到人工智能,他还在想具体要怎么弄。但有些新闻媒体已经发了一些关于这台机器的振奋人心的文章。《新闻周刊》上的文章甚至将菲利普比作特斯拉的创始人,那位亿万富翁,这篇文章的标题就是《协助自杀领域的埃隆·马斯克》。

我问:"卖这种东西会合法吗?"

菲利普答道:"在我看来,应该不会有任何地方真正有问题。"他说,就好像向谁卖了条绳子。如果最后这个人上吊死了,可不会有人跑去指责卖绳子给他的人。

菲利普相信,只要"石棺"面世,就没有必要争论医生协助死亡究竟对不对了。还有什么意义呢?批评者可以随自己喜欢举出任何最重要的原则作为论据,但他们的言论实际上会变得无足轻重,因为他们不可能阻止人们在自家地下室自己打印一台"石棺",然后用这台机器迅速、无痛地死去。听着菲利普这番话,我想到的是旧金山,以及传说中那里的那些初创企业的样子:所有那些古里古怪的工程师创始人,一边宣扬他们特别的设计中的各项优点，一边宣扬他们这些小玩意会带来的进步有多大的政治意义。在加州，乐观主义和技术自由主义说不定会融为一体，成为一种像是精神上涅槃的产物。菲利普对这些心知肚明。在为"石棺"制作的宣传片中，有个满头白发的"解脱国际"会员宣称"石棺"就是"乌托邦"，话音里还带着粗重的呼吸声："这就是《美丽新世界》那一套。"

回到船屋，菲利普和菲奥娜吵了起来。"菲奥娜？别说了，菲奥娜。"

"你必须让凯蒂去跟郁金香合个影！"

菲利普叹了口气，指了一下门口，递给我一个摩托车头盔。这辆摩托车是他70岁生日的时候买给自己的礼物。车的侧面还有个小车斗，菲奥娜经常抱膝坐在里面，菲利普让我也坐了进去。有一阵，我们坐在车上，谁都没有说话，就这么穿过这个国家久负盛名的郁金香花海。有些花儿盛开，有些已经枯萎，耷拉在花茎上。菲利普大声问道，为什么在这些花凋零之前，没有人把它们摘走呢？我们停下车，在一片黄色和红色的郁金香中漫步，菲利普用我的手机给我拍了张照片。我们很少说话。我突然意识到，以前我从来没在野外见过菲利普，从来没见过孤孤单单、没有工作在身的菲利普。他很安静，还有点儿腼腆，就好像被什么人剥夺了被激怒的机会，或表现出愤怒、反映出别人的愤怒的机会，他本来就是个话不多的人。

每当我向菲奥娜问到《安宁药丸手册》的销售情况时，她总是顾左右而言他，而现在她并不在场，于是我问菲利普，这门生意现在怎么样。菲利普说，这本书每年会带来大概50万美元的收入，已经流通十多年了，现在这本书的利润"准时准点，非常规律"。为了给外界一个好印象，他和菲奥娜把各项事务都规划起来一分为二，菲利普主管非营利性质的"解脱国际"，一分钱的工资都不拿，而菲奥娜管的是营利性质的出版业务这一块。这对菲利普来说都一样，因为菲奥娜挣到的钱是他俩共有的。我们穿过郁金香花海走向摩托车的时候，菲利普告诉我，涉及"解脱国际"和资格标准等问题时，菲奥娜似乎已经转过弯来，接受了菲利普的看法。就在前几天，她把《安宁药丸手册》卖给了一个30来岁的加拿大女人。这个女人说，她睡不着觉，因为担心会发生核战。她想买点耐波他放在柜子里，免得世界末日到来。菲利普说："在我看来，她这么做完全合情合理。"

菲利普认为，死亡权运动正在加速走向历史性的转折点，不会、不能，也绝对不应该再走上回头路，这个转折就是，协助死亡从医疗模式转变为以权利为基础的模式。他说："我来解释这里面的区别吧。'医疗模式'就是我们把协助死亡看成我们为病人提供的一项服务。如果有个人病得特别厉害，所有医生也都同意，那么这个病得很厉害也一心求死的人就可以得到合法帮助去死。法律非常复杂，必须判断你病得够不够厉害……而权利模式——我是强烈支持这种模式的——说的是协助死亡跟生不生病完全没有任何关系。这个思路是说，安宁祥和地死去是基本人权。而既然是人的权利，就不是需要批准才能去做的事。也就是说，死亡权是你仅仅因为在这个地球上生而为人就必定拥有的。当然，权利模式也意味着，这里面并不是必须得有医生什么事儿。"

菲利普越是想着这事儿，就越觉得这事儿已经超出了医学界的理解能力。医生在让自己既当法官又当陪审团，而要处理的案件更多涉及人类的精神层面而不是身体，更多涉及生命的意义以及对生命意义的追寻，而不是身体上的痛苦。关于生命的意义，医生又知道些什么呢？菲利普说："医生们喜欢这么做，他们不由自主。我也发现，很难应付医学界那种让人无法忍受的家长式作风。"立法者也一样，是他们放任这一切发生的。菲利普认为，医生和立法者现在是在玩互惠互利的勾当：互相把决策权和放行权授予对方，这样双方就能一起控制死亡和死亡过程。因为他们害怕另一种选择。只有理性自杀的信条，也就是将安宁祥和地死去视为人权的观念，才能让不公正得到改观。理性自杀受到大众欢迎，对那些声称支持病人的自主权但又仍然牢牢抓住一点儿也不明确的界限的医生来说，堪称一记耳光。这种观念将把古老、充满宗教色彩的思维方式暴露出来，并让这种思维方式在医院里不再有容身之处。菲利普说，就连凯沃尔基安的思想，也没有这么大胆。一直到最后，凯沃尔基安都坚持必须有医生参与，必须由医生说了算，医生才是最了解情况的。

离开菲利普的船屋后，我乘火车在荷兰四处奔走，找荷兰的医生、律师和议员聊天。我想知道，欧洲的这个蕞尔小国竟然成了安乐死的先锋，这究竟意味着什么。在我去荷兰时，荷兰以外已经有一些人在用警觉的目光打量着荷兰这个国家。像英国的《每日邮报》就刊登过跟荷兰医生有关的重磅报道，他们批准的安乐死病人所患的疾病五花八门，包括厌食症、人格障碍、严重耳鸣以及性虐待造成的创伤等。有专家指出，安乐死申请获批的比例正在上升，有的医生也会批准自己不太了解的病人的申请，而事后会被有关部门判定为正确执行了的案例超过99%。那些批评者也援引了上述专家指出的事实。精神科医生、哲学家斯科特·金（Scott Kim）撰文称，在荷兰，"涉及安乐死问题时，医生几乎永远都是对的"。

内科医生、作家阿图·葛文德在2014年出版的《最好的告别》中指出，从历史上看，荷兰很快接受了安乐死，但在提供高质量的姑息治疗时却相对较为迟缓。葛文德写道，因此荷兰人"可能让这样一个信念得到了强化：如果有人衰老了，或是病得很厉害，用其他方式减少痛苦、提高生活质量行不通"。这样一来，也会让病人认为只有死了，他们才能从病痛中解脱。葛文德认为，荷兰安乐死的比例那么高是"失败的体现"，并说自己"比起担心这些力量被滥用，更担心人们会过于依赖这些力量"。要是安乐死成了荷兰的新常态，又该当如何？

马西娅·安格尔（Marcia Angell）曾任《新英格兰医学杂志》编辑，她为葛文德这部著作写了篇书评，发表在《纽约书评》上。她在文中批评，葛文德这部著作未能明确指出他觉得安乐死从伦理道德角度来讲究竟有什么不足之处。她问道，为什么"葛文德直接就断言，荷兰每35人就有1人安乐死是太多了？想想看，凄惨地死于癌症的人也非常多，葛文德在自己的著作中也浓墨重彩地描述过这个事实，为什么要说安乐死的这个数字不对呢"？

我在阿姆斯特丹时，有些医生提到新教神学大学有位伦理学教授名叫西奥·布尔，他在荷兰的安乐死监督委员会工作了10年，但后来为表示抗议辞职了。我给他写了封信，问能不能跟他聊聊。后来，他用有些生硬的英语对我说："我担心的是，安乐死会越来越成为癌症病人唯一的死亡方式。这样一来，从'安乐死作为最后手段'到'安乐死作为首选方式'的范式转变,就会逐渐发生。"他说,很多病人甚至都没有考虑过姑息治疗就申请了安乐死,而荷兰医院里的姑息治疗水平从20世纪90年代以来已经有了显著改善。

我问道:"那又如何呢?"

布尔小心翼翼地说道:"我觉得有个合适的禁忌总没错。如果没有这样的禁忌,最后我们会变成一个人老了就会被杀死的社会。你可能会说:'那样又有什么不对呢?'要是你这样问的话,你的问题里就已经包括或者表明了这个范式转变。"

我问道:"你是在担心,人类生命的价值会被贬低,而且是以一种无法逆转的方式?还是说你在担心更根本的问题?比如说,因为我们让人类失去了价值,文明会遭遇某种虚无主义的危机?我并不想夸大其词……"

"这想法也挺有意思的。生命是痛苦的,而且往往是彻头彻尾的痛苦。生命很有挑战性。我看到的是一种越来越浓厚的氛围,认为死亡是所有重大、严重的痛苦的唯一解决方案。康德是自主权的捍卫者,我们应该为我们这个社会的自主思想而好好感谢他……但他也说,不要自杀,自杀会终结你的自主权。"布尔沉默了一会儿,"我不知道能不能证明,但我确实看到,提供安乐死的选项,创造了一定的需求。"

我再次见到菲利普是在这年12月的多伦多,他在这里主持一场关于死亡方法的会议,租来的会议室在多伦多北部城郊接合部一条安静的街道上,一家毫不起眼的购物中心里。菲利普叫我不要把这个地方告诉别人。我很早就到了,在一个穿红色背带裤的老人身边找了个座位坐下。他伸出手,对我说:"你好!我叫尼尔·尼科尔。"

"啊!"我知道这个名字。他是杰克·凯沃尔基安以前的助手。我也伸出手来跟他握手,问道:"您今天要讲什么内容?"

"我本来要讲的题目是《能引发性欲的窒息》,但实际上就是扼颈窒息而死。"尼尔用一只手握住我的前臂,另一只手做出扼死自己的姿势。随后他从衬衫口袋的一个银色盒子里拿出一块肉桂薄荷糖递给我。

在这个租来的会议室里,黄色的灯光有些刺眼,书架上成排摆放着自助类书籍。桌子上的咖啡机旁边,有人放了个塑料容器,里面装着各式各样的丹麦油酥点心。这就是"自我解脱新技术大会"(NuTech),自1999年以来隔年举办一次,"有一群利益相关者(理性成年人)对如何安宁、可靠地死亡(且不借助医疗手段)很感兴趣,而还有一群人对于为他们找到实际可行的解决方案很有兴趣,并致力于此,这些人组成了一个松散的集会"。大会就由这样一群人参会。20世纪90年代,"新技术大会"的成员完善了"氮气罐加塑料袋面罩"的方法,并与全世界的活动团体分享了这些信息。这次大会要介绍几个自助死亡的发明家。"知道更好的死法吗?"菲利普在推特上宣布了这场会议即将举办的消息。

菲利普走上讲台,会议室里安静了下来。我周围坐了二十几个人,很多都是死亡权运动最边缘地带的显要人物。菲利普严肃地说道:"在这个组织20年来的历史上,我本来以为会有更多行动。我们去看任何一个领域都会想着,'嗯,这个东西10年前还没有呢'。"一切都在机械化,技术发展日新月异,但安乐死还在用塑料袋和非法进口的兽药。菲利普说，他们需要新的解决办法。如果想让"死亡去医疗化"，他们就必须让死亡技术化。

大家开始展示时，会议室里沸腾了起来。有个名叫理查德的男人展示了一款"再呼吸器"，是一个附在容器上的塑料面罩，容器里装满了细小的黑白二氧化碳吸附球，理查德说这个装置可以让人因氮气窒息而死。有个名叫大卫的澳大利亚人介绍了他设计的"生命质量监测仪"，其中有拆解标准起搏器后仿制的一个设备，任何时候只要达到某个预设的生理标准，就会强制触发致命的心室颤动。尼尔·尼科尔展示他粗劣的新奇装置时，观众做起了鬼脸。这套装置由一条网球止汗带、一条弹力带和两把汤勺组成，用来围在脖子上，阻断颈动脉里的血液流动。尼尔承认，这个设计很粗劣，但这是为了帮助买不起那些花里胡哨的东西，又不想违法的人。他说："就比如说一个小老太太，一个80多岁，住在有辅助生活设施的地方，靠吃社保过日子的老寡妇。"最后展示的是菲利普，他拿着一个鞋盒大小的"石棺"模型，看着是紫色的，闪闪发光，简直像出自外星人手笔。尼尔在我耳边吸着气说："太不切实际啦。"

第二天，菲利普在多伦多市中心普救一位神教的一座教堂的二楼举办了一次标准的自助死亡研讨班，这里十分安静。他经常用普救一位神教的教堂来做聚会场所。1988年，这个小小的教会打破了涉及面更广的宗教信条，支持医生协助死亡，认为这是一种防止"遭受不必要的痛苦及丧失尊严"的手段。如今，自由派的普救一位神教对于将教堂租给"解脱国际"和其他死亡权活动团体很宽松，菲利普也很喜欢那里的空间，因为往往有很多空位。

我抵达的时候，那些绿色软垫、已经褪色的直背椅上已经坐了几十个人。菲奥娜站在门口，在那儿卖《安宁药丸手册》。菲利普在准备他现在已经很熟悉的PPT。"大家都看得见吗？"

安宁祥和地死去是所有人的权利
菲利普·尼奇克，医学博士

他开始了。"理性成年人在自己选定的时间安宁祥和地死去，是最基本的人权。"他解释说，因此这项权利不能被剥夺。这项权利也跟人的病情无关，实际上，因为这是基本人权，所以根本不应该有资格标准。菲利普笑着说："有没有资格去死？这个问题，现在成了一个古怪的想法。"

结　语

　　这本书我本来可以用各种人的自白填充起来。过去几年，我经常从陌生人那里得到一些爆料。有些人死得非常凄惨，以他们不想要的方式及让他感到困惑的方式。还有些人经历了暴力的死亡，或丑陋的死亡，或漫长的死亡。再不就是一些为了避免上述死亡方式而主动结束自己生命的人，以及帮助他们的人。很多人都告诉我，他们曾向父母和祖父母承诺，如果父母或祖父母得了阿尔茨海默病，或因为别的什么病情而精神错乱了，他们会帮其去死。他们会不会信守承诺以及如何信守承诺，又是另一回事。这些故事让我忍不住想知道，这些承诺到底是真诚的，还是只是表达"我也很害怕"的另一种方式。如果他们出于真诚，那么接下来会发生什么？那样做了以后，所有人都会心安理得，认为他们的做法是出于恻隐之心吗？还是说他们会觉得自己的所作所为触犯了法律、大错特错，而且非常怪异？谁能说得准呢？我知道的是，他们只是希望跟自己心爱的狗狗有同样的权利，希望在恰当的时候有机会脱离苦海。

　　在医生协助死亡合法的美国各州和其他国家，会选择这种死法并通过资格审核的，也只有一小部分人。在其他地方，也有一小部分人选择所谓的理性自杀。我觉得，会有更多人考虑，或是希望，或是祈求，将死亡过程加快。凯泽家族基金会2017年的一项调查显示，约有一半美国人认为，病人对临终时的医疗决定没有足够的决策权。当然，生命终点并不总是可以自己决定。尽管如此，值得一问的是，这是不是一个可接受的、哲学上连贯的现状。

美国的协助死亡法律还是在缓慢地向前推进。每隔几个月，就会有某个州的议会考虑是否通过自己的尊严死法，而每过一段时间，也总有某个州真的通过了。看起来很有可能，俄勒冈州模式会向外扩展，从西海岸向东扩展。华盛顿特区和波特兰为死亡权奔走呼吁的人，说话也逐渐有底气了。但另一方面，宗教机构也在坚持己见。2019年10月，亚伯拉罕一神诸教的30名代表在梵蒂冈会见了教皇方济各，签署了一项联合声明，反对协助死亡和安乐死，说这些行为有损"垂死病人的尊严"。有些天主教的主教——尽管在当地的重要性已经日渐衰微，但因为"生命之政治"重新活跃起来——已经正式禁止神父在协助死亡的过程中守在病人身边，给病人以安慰和提供咨询服务。

全国性医疗团体也在以大致相同的方式做出回应。在2019年6月的一次会议上，美国医学会的代表以392票对162票的结果重新确认了该组织反对医生协助死亡的立场。一位医生代表警告称："协助自杀这个问题，已经到了千钧一发的紧要关头。我们再也没有多少时间可以浪费，我们不可以坐视不管……除非我们愿意看到，到处都有人安乐死。"同样是在2019年，临终关怀和姑息治疗组织开始重新审视其长期以来反对医生协助死亡的立场。该组织的负责人埃多·巴纳赫（Edo Banach）对我说："我们只不过打算研究一下这个问题，都已经让有些人怒不可遏了。不断有天主教的主教给我打电话！"巴纳赫才履职不久，他是律师，也是自由派，支持尊严死。然而在他反复思考这个问题时，他终于被说服，决定让局面保持原状。他说，这么做比其他任何办法都更切实可行。美国的临终关怀并没有达到应有的水平，很多临终关怀机构资源不足，表现不佳。巴纳赫说："我想确保，如果可以提供临终关怀，那就是我们能做到的最高水平的关怀护理。只有那样，我才有足够的底气说，我们应该就是否支持协助死亡正儿八经地辩论一番。"巴纳赫也在担心钱的问题。如果临终关怀和姑息治疗组织公开支持协助死亡，那保守派以此为借口削减临终关怀医疗保险资金的话，该怎么办。"我不想这么说，但这事儿真的需要好好掂量一下。"巴纳赫说，如果遇到跟协助死亡有关的问题，他通常都会顾左右而言他。"我经常避开这个话题，因为我真的不想谈这些。"

在协助死亡合法的那些州，像伦尼·沙维尔森这样的医生还在努力精简协助死亡的流程。2020年2月，伦尼在加州伯克利主持召开了美国首届临终医疗援助临床医生会议。我看着300名与会者鱼贯而入，来到挂着绿色天鹅绒窗帘、镶了木板的礼堂，他们很多都是满头白发的临床医生。大堂有个讲台，伦尼就在那儿做介绍性发言。他说："我们是在创造历史。"尽管如此，他还是警告大家："并不是说只有我们这些搞临终援助的人才能让人好好死去。我们并没有垄断尊严死。"坐在我右边的蒂莫西·奎尔医生点点头，鼓起掌来。1991年，这位姑息治疗的内科医生承认给自己的病人黛安开了致命药物，还在医学杂志上撰文说起这事，然后在全国范围内既招致了严厉批评，也受到了热烈赞扬。

在两天时间里，与会者听取的讲座包括"临终援助的药理学和生理学""临终援助申请中的家庭冲突及其中体现出的社会复杂性""践行实用主义：为临终援助创建高效、实用的工作流程"。有些人还参加了一场晚宴，讨论"临终援助护理的账单问题"。虽然伦尼刚开始的时候放言禁止任何哲学家参会（他说是因为他们试图从哲学角度思考这个问题已经很多年了，现在是时候让平平常常的医生介入，大干一番了），但最后他还是放了几个哲学家进来，好一起讨论"临终援助护理中的伦理道德挑战"。聚会快结束时，伦尼再次登上讲台，宣布成立一个新的全国性团体，叫作"美国临终医疗援助医师学会"。该学会旨在将从业者聚在一起，让大家互通信息，并发明出最好的协助死亡手段。伦尼在众人面前笑容满面地说："这可不是虚构出来的。我已经有网站了！"

然而，没过几天，加州就出现了几个新冠感染确诊病例，新冠病毒蔓延开来。伦尼回到伯克利家中的办公室，不知道接下来会发生什么。那么多人都死于新冠，其他病人还会想要在他的帮助下去死吗？他发现，大家还是很想得到他的帮助。4月，他告诉我："我们收到的申请人数，跟疫情以前基本上一样。"主要区别是，他跟塔莉亚现在都是通过远程医疗帮助病人赴死。

在公众视野之外，跟医生协助死亡的实践有关的新问题也在不断涌现。医生是否应该主动向垂死病人提出协助死亡这个选项——

因为医生理应向我们呈现出所有选项？还是说，医生应该等到病人问起协助死亡时再告诉他，以免提供的相关信息被直接解读为医生已经对病人失去希望？协助死亡能在医院大张旗鼓地广而告之吗？如果有哪位医生拒绝协助死亡，他是否必须将要求协助死亡的病人转给愿意做这件事的医生？由少数专门的医生还是由家庭医生来执行协助死亡更好？毕竟专门的医生会很快成为熟练工，但病人更容易接触到家庭医生。另外，由专门的医生来做也可能会造成把协助死亡单拎出来的效果，使之看起来好像跟正常的临终医学措施有所不同。

我们还可以继续问下去：应该允许协助死亡的病人捐献器官吗？当然，要捐献器官的话，病人就必须在医院通过注射死亡，这样才能保证关键部分状况良好——这样我们恐怕也需要改变"尊严死"的定义。而如果我们要这样做，为什么不更进一步，让器官移植成功的机会真正最大化：允许从处于麻醉状态但仍然活着的病人身上摘取器官，这样他们就可以直接死于手术？无疑会有大慈大悲的病人希望选择这种，用研究人员的话来说就是，"捐献死"。问题在于州政府是否允许这么做："捐献死"究竟应该被看成令人憎恶的道德败坏，还是只不过是在最有效地利用已经很糟糕的情形，这样对所有人都好？

事实上，现有的俄勒冈式尊严死法是有缺陷的。这些法律认为有些病人有尊严死的权利，而另一些病人没有，认定方式看起来可能有些武断和草率。还能吞下致命药物的乳腺癌患者会拥有在医生帮助下结束自己生命的权利，而被肿瘤剥夺了行动和吞咽能力的脑癌患者却没有这样的权利。法律可能会宣布阳寿只剩下

6个月的人有资格接受协助死亡,但痛苦十倍于他的慢性病患者却可能没有资格。为什么已经获批可以速死的人还需要再等15天,还要多受整整15天的罪?而对于那些宁愿死也不想变成痴呆的人,我们又该怎么办?反对死亡权的人认为这些缺陷正是我们必须废止相关法律的原因,否则难免会出现滑坡式的扩大情形。支持者则将同样的证据看成我们应该将法律适用范围扩大,以及需要重新划定合格标准的证据,认为标准应该更加灵活,应视不同的痛苦而定。

即便如此,这个中心点仍然可能站不住脚。在本书付梓之际,加拿大议会正在致力扩大C-14法的适用范围,在此之前一个省级法院裁定,该法律要求病人的死亡"可以合理预见"违宪。政府也在讨论是否修改该法律的资格标准,将18岁以下"发育成熟的未成年人"以及患有精神疾病的人也包括进来。专栏作家安德鲁·科因(Andrew Coyne)在《环球邮报》撰文警告:"一旦我们认可了这项立法中蕴含的逻辑——不再把死亡看成可怕的悲剧,不再把死亡看成一件我们应该尽可能避免的事情,而是看成一种福气,看成一种我们应该伸出援手帮助人们从痛苦中解脱出来的方式——那么一切都会随之而来。不会有别的结果。"

所有这一切最后的结果,可能就像比利时或荷兰那样。在这两个国家,安乐死率很稳定,但如今在实践中,在社会上也能感觉到一丝不安的味道。2020年1月,3名比利时医生因为协助一个38岁的女人死亡而受审,罪名是"毒物过失致命",检方称,这个女人并不符合法律对安乐死的资格要求。据报道,这个名叫蒂内·尼斯(Tine Nys)的病人患有精神障碍,而且海洛因成瘾,曾多次试图结束自己的生命。长期给她看病的精神科医生拒绝了她的死亡请求，很可能是因为不相信她的这些病无法治愈。但最后能不能治愈都没关系了，因为尼斯找遍了整个比利时，找到3名愿意帮她实施安乐死的医生，其中就有我在根特的"冯克尔"见过的精神科医生利弗·蒂安蓬。尼斯第二次提出安乐死的要求时，蒂安蓬答应了她。

在比利时媒体的描述中，这个案子堪称该国关于安乐死的最后决断。这是卫生医疗领域的专业人员首次因违反比利时的安乐死法律而面临起诉。但审讯开始仅仅1个月后，3名医生就都被无罪释放了。据美联社报道，陪审团宣布他们的结果时，法庭上约百名听众"爆发出热烈的掌声"。

那时候，我与所有我通过蒂安蓬医生在"冯克尔"病人互助小组认识的女性病人通信。有一次给安打电话的时候，我得知埃米莉几个月前安乐死去世了。埃米莉跟我一样大，梦想过在苏格兰生活，曾努力去爱她的小狗斯派克，甚至愿意为了这条狗好好再活一次。埃米莉的安乐死申请之所以能得到批准，是因为她精神上遭受的痛苦。安说："她非常努力，非常非常努力，但是没能成功。她非常努力地想要找到生命的另一番意义……她有了斯派克，但始终觉得没法好好爱这条狗。"到接受安乐死的时候，埃米莉已经不再去冯克尔参加小组聚会了，因为她不想让大家难过。

跟安聊过以后，我开始跟埃米莉的妈妈费尔勒（Veerle）通信。我问她对女儿的安乐死申请是否支持。费尔勒写道："我记得我曾经想说服她再等一年。她可以试试替代疗法……但凡能帮到她，就是让我陪她去天涯海角，我都愿意。"但埃米莉不想再等一年。"她联系了蒂安蓬医生。她明明白白地告诉我,如果我还要继续努力让她改变主意,她会觉得我没把她当自家人。我知道,她需要我尊重她的自主权……她不想继续如行尸走肉般活着,因为她需要吃那么多药才能保住她那条命。"费尔勒说,埃米莉终于安排好自己的死期后,"她回到家里,手里拿着香槟……兴高采烈"。

在另一些地方,人们对法律越来越没有耐心。在英国,前最高法院大法官乔纳森·森普申勋爵(Lord Jonathan Sumption)宣称,协助自杀这个问题"不存在必须遵守法律的道德义务",这一言论成了全国新闻。森普申本质上并不是在倡导医生协助死亡合法化——实际上他也说过,为了防止滥用,现有的禁令非常合理,也很有必要——但他指出,"敢于冒天下之大不韪的朋友和家人"也应当继续暗地里偷偷帮助他们的至爱。这位前大法官说:"我觉得就应该不时地打破法律。"他承认,自己的立场等于是"草草的妥协"。

我能想到,菲利普·尼奇克听到这些话,一定会大笑不止。我敢肯定,他会说这样妥协不过是逃避责任。我们上次聊天时,菲利普看起来精神很好。他仍然在折腾他的"石棺"。《安宁药丸手册》(电子版)已经被译成了法文、德文、荷兰文、意大利文和西班牙文。而过了这么多年,"解脱国际"也终于获准加入世界死亡权协会联合会。这是由数十个死亡权倡导团体组成的国际联盟,菲利普以前申请加入时被拒绝了。在开普敦举行的联合会年会上,菲利普发表了题为"医疗模式之死"的演讲。这项运动的风云人物在这里济济一堂,菲利普对他们说:"权利就是权利,不用去医生面前求他可怜你。"菲利普说,这场演讲并不怎么受欢迎,"我差点儿被架出去了"。

唯一让他感到不安的是，有迹象表明警方重新对"解脱国际"有了兴趣。2019年夏天，澳大利亚警察去了几名"解脱国际"高龄会员家里，要求他们交出自杀药物。随后没几个月，法国媒体也报道称，在一系列"全国性突击搜查"中，数百名警察在私人住宅里查获了130瓶耐波他。各大媒体声称，"美国有关部门"发现有伪装成化妆品的耐波他在被运往法国，于是暗中知会了法国警方。

不少国家目前正在考虑制定自己的尊严死法。在这些地方发生的辩论，具备优秀的道德情节剧需要的所有要素：生与死、关于基本原则的较量、争相获得怜悯。当然，还有一种紧迫感。另一些地方则正在通过这样的法律，人们也正在这样的法律下赴死。美国发生的情形，可以显示出整件事未来的走向。从历史上看，医生协助死亡一直是西欧一些小国家的专利，它们有国家公共医疗体系，有充足的社会保障网络，文化多样性水平也相对较低。这样的地方并不多，美国也不具备这些特点。在美国，尾大不掉、杂乱无章的政治成了绊脚石。这是需要明辨笃行的哲学，而且要成规模。

但是，对于拿这些道德原则做实验来说，美国是个特别不完美的实验室。跟其他那些医生协助死亡已经合法化的国家不一样，美国没有全民医疗保险。像俄勒冈这样的州，人们有死亡权，但并没有相应的享受医疗服务的权利。有些人尽管按照法律有资格得到州政府资助的协助死亡服务，但他们的医疗保险公司拒绝提供昂贵的异国治疗，这样的故事已经在很多地方小报上出现。美国残疾人协会主席海伦娜·伯杰（Helena Berger）在2017年的一篇文章中问道："在这种利益驱动的经济环境中，是指望保险公司做正确的事情，还是指望其会做利己的事情更现实？"

比利时著名的肿瘤医生维姆·迪斯特尔曼斯对安乐死非常支持，他的措辞更加直截了当。我问到医生协助死亡在美国的情形时，他往后坐了坐，说："这是个发展中国家。在基本医疗保健都没有的国家，不要试图实施安乐死法律。"他的说法跟自由派从世俗角度反对安乐死的观点如出一辙。对于早已存在的重大危险——纳粹、20世纪中叶的人种改良热潮、医院病房里马尔萨斯式的恐慌——这些怀疑论者并不怎么害怕。他们担心的是资源短缺，以及因此产生的歪曲。

美国人对医生协助死亡的兴趣在一个不安定的时刻，在这个国家逐渐进入老龄化的时刻兴起。2010年，美国65岁及以上人口约有4000万，但是到2030年，可能会翻番。美国僵化的医疗体系无法承受这种压力。2017年，美国在医疗保健上的支出已经超过3.5万亿美元，约占美国国内生产总值的17%，人均支出也差不多是经合组织国家平均水平的两倍。病人生命最后一年的支出，占到了所有医疗保险开销的1/4。考虑到这样的背景，就连一些支持者都在担心，出于善意的尊严死法也许会被金融功利主义毫无道德可言的逻辑扭曲。他们设想，死亡权会变成惠而不费地去死的义务。为了多数人的利益，为了下一代去死的义务。而不肯放弃自己的生命，以高昂的公共支出为代价，也许会被人看成一种可怕的虚荣心。

同时，美国人又似乎比其他任何地方的人都更忌讳谈死亡这个话题。凯泽家族基金会2017年的研究表明，约70%的美国人报告称，他们"通常会避免"谈到死亡。65岁及以上的人里，只有22%跟提供医疗护理服务的人讨论过临终愿望。全国范围都对死亡这个话题如此讳莫如深，这简直成了一种社会传统。2009年有一场技术性的政策辩论，主题是美国医生在向病人就遗嘱和临终照护的选项提供咨询服务时，联邦医疗保险应当如何偿付费用，拟议的金额是首次30分钟预约费用86美元。但因为讳言死亡的社会氛围如此浓厚，这场辩论被保守派议员、副总统候选人萨拉·佩林（Sarah Palin）操纵了。佩林认为，这种咨询时段相当于政府运营的"死亡顾问小组"，谁能活下去，谁必须死，由这个小组决定。作为回应，在奥巴马当政期间，政府撤销了这一条款，并从医保法中删除了跟临终规划有关的提法。尽管如此，神秘的死亡顾问小组仍然存在。2013年，也就是《平价医疗法》通过3年后，仍然有40%的美国人错误地认为，这项法律让部分官员有了替老年人在生命终点做出决定的权力，还有21%的人对这个事情不大确定。美国历史学家吉尔·莱波雷（Jill Lepore）写道："以反对死亡为基础召集一个政党，会带来令人毛骨悚然的民粹主义。但是，即便利用对死亡的恐惧来谋求政治利益极其难看，这也可以是一种很精明的策略。"

至少在俄勒冈州，支持协助死亡的人受到了鼓舞，因为有证据表明，20世纪90年代预计的最糟糕的情形，也就是滑坡效应并没有出现。法律对自身形成了约束。《医学伦理学杂志》上的一项研究显示，在俄勒冈州医生协助死亡的数据中，"没有任何证据表明，老年人、妇女、未参保的人……受教育程度较低的人、穷人、身体残疾或有慢性疾病的人、未成年人、患有精神疾病（包括抑郁症）的人或少数族裔面临的风险增加了"。协助死亡也没有取代姑息治疗和临终关怀，实际情形似乎刚好相反。在尊严死法通过以后，俄勒冈州转入临终关怀的人数增加了，临终关怀在该州的利用率现在也名列前茅。

一般说来，在医生协助死亡合法的州，采取这种做法的例子是很少见的，而且这样的病人大都已经马上要死了，只剩下几个星期甚至几天的寿命。生物伦理学家阿瑟·卡普兰曾经是美国反对安乐死最激烈的人，但他被这些证据说服了，现在也开始支持通过更多的尊严死法。他对我说："我担心的只是钱的问题。但俄勒冈州和华盛顿州都没有出现滥用的现象。杀死穷人这种事情并没有发生。没有'妈妈被带走了，就为了省钱……'之类的事情，一件也没有。所以我改了主意。"

2020年年初，我给马娅·卡洛韦打了个电话，祝她新年快乐。新年前夜，她和特维是在科罗拉多州她爸爸家里度过的。他们在电视上看了时代广场的水晶球在倒计时结束后落下来，随后就上床睡觉了。在电话里，马娅告诉我，她再也不会看到那个水晶球落下来了，因为2020年肯定是她生命的最后一年。那时候，她也正在为自己在瑞士的死亡流程做最后安排，是在一家新诊所，名叫"佩加索斯"（Pegasos），据说能提供"安宁祥和、有尊严、有照护的协助死亡"，费用1万英镑（含税）。几个月前，她发起了另一个众筹活动，这次是在一个名叫"来资助我"（GoFundMe）的网站上。马娅将这次活动命名为"好好生活，好好死"，最后募集了7000

多美元，有很多 5 美元、10 美元的小额捐款。她在活动页面上写道："您的资助将帮助我支付去瑞士的所有费用。因为我的脊椎一天不如一天，我已经没办法乘坐 15 个小时那么久的国际航班了。"

在活动页面的文字上方，她还贴了张自己坐在轮椅上的照片。轮椅背对着镜头，但马娅把头转过来，面朝镜头。她的嘴唇微微张开，表情有点吃惊，好像没想到背后有台照相机一般。她看起来就像维米尔的著名画作《戴珍珠耳环的少女》中的那个姑娘。她看起来很美。我马上认出了这张照片，是我在新墨西哥州拍的。拍这张照片之前没多久，马娅把轮椅推到里奥格兰德峡谷边上，向下俯瞰。她就在那里，像她承诺过的那样——垂死的女人凝视着真正的深渊。

马娅对我说："我们救不了别人。我们没法去解救其他人。我们无法阻止他们受苦，因为痛苦不可避免。那么，说到阻止你自己受苦，又有什么不一样的地方呢？"她顿了顿。"我不想过需要辅助的生活。我不想让别人帮我在床上翻身，不想用导尿管，等等。我要自由！"马娅说，有时，她仍然会梦见脱离了自己的身体，变成鸟儿飞了起来。这种冲动跟我在这本书里写到的其他冲动又有多大不同呢？所有人都在逃避什么。埃芙丽尔在逃避自己的年纪，德布拉在逃避自己的疾病，亚当在逃避自己的心灵。但逃往何处呢？

我在为本书搜集资料时遇到的几乎所有人都告诉我，他们在寻求有尊严的死亡。他们几乎总是会用到同一个词：尊严。但尊严是什么意思？这个词，以及这个词究竟该怎么定义，就是本书的核心内容。当然，归根结底，"尊严"并非只有一种所指，但在我呈现的所有这些故事中，我还是能看到一条统一的主线，就是人们发现尊严蕴含在真实性中，蕴含在一致性和均衡性中，也蕴含在叙事的连贯性中。对我遇到的这些人来说，重要的是他们是在作为自己活着，按照他们对自己定义的样子活着，直到最后一刻都是如此，即便需要牺牲他们最后几天、几个星期乃至几年的寿命。重要的是他们的生命是如何结束的。这样一来，选定的死亡方式成了某种形式的创作行为，让人能够尽情展现自己，直到生命最后一刻。

对马娅来说也是这样。这是她的"英雄旅程"的倒数第二个阶段。前进的唯一道路就是走到结尾。她轻声对我说："我知道我一直都在这么说，已经很久了。但我也真的就是这个意思。"

在本书付梓前，我再次给创立了毒芹协会的活动人士德里克·汉弗莱写了封信。从某种意义上讲，是德里克登上畅销书排行榜的《最后解脱：给临终者的自我解脱和协助自杀实用指南》一书，推动了我这本书的工作。我跟德里克聊天时，他告诉我，这本书现在仍然每天都能卖出去几本。到2019年年中，这本手册已经用12种语言出版，卖出了约200万册。他说，在网络诈骗满天飞的年代，很多人仍然在寻找传统建议，想知道怎么把气罐、塑料袋和处方药组合在一起达到预期效果。

我手上有一本二手的《最后解脱：给临终者的自我解脱和协助自杀实用指南》，书页都卷角了。我发现，德里克在书里写了自己的私人电话。我问他，有没有读者打过电话。

他告诉我，尽管这本书出版已经30年了，他还是几乎每天都会接到一两个电话，通常都是身患绝症的人，想咨询如果继续活下去实在是太难了的话，他们能做什么。德里克是在他位于俄勒冈州尤金附近威拉米特河旁边两居室的家里接的这些电话。如果天气晴好，他会望向窗外的喀斯喀特山脉，心里想着，由一位老人来接听陌生人打来的电话——我们能做的，是不是最多也就这样了。

致　谢

这本书的相关工作本身就已经足够疯狂了，但其开端还要追溯到多年以前伦敦的一位编辑交代给我的一项任务。永远感谢我以前在维斯新闻的纪录片团队，尤其是永尼·乌西斯金（Yonni Usiskin）和马特·谢伊（Matt Shea）两位导演，是他们带着我踏上了这段狂野的新闻工作之旅，进入"地下安乐死"。

如果不是西蒙·塞巴格·蒙特菲奥里（Simon Sebag Montefiore）在伦敦西部的一家酒吧里鼓励我创作，本书很可能根本不会存在。谢谢你。如果不是我的版权经纪人乔治娜·卡佩尔（Georgina Capel）催我下笔，本书也肯定不会有面世的一天——尽管在我们初次碰面时，她也承认，这个主题整体来看"有点乱七八糟"。还要感谢印刻维尔版权代理公司的威廉·卡拉汉（William Callahan），我移居纽约后，他作为经纪人加入了我的团队。

圣马丁出版社的安娜·德弗里斯（Anna deVries）殚精竭虑，编辑了本书。感谢她以及圣马丁出版社团队的其他成员，包括萨莉·理查森（Sally Richardson）、珍妮弗·维斯（Jennifer Weis）、珍妮弗·费尔南德斯（Jennifer Fernandez）以及亚里克斯·布朗（Alex Brown）。同样感谢迈克·哈普利（Mike Harpley）以及英国大西洋图书出版公司的团队。对书中的每一句话，汤姆·科利根（Tom Colligan）都进行了极其严格的事实核查。

本书第四章的另一个版本曾于2019年3月发表在《加州星期日》杂志上，题为《她的时间》。基特·拉什（Kit Rachlis）作为编辑极为优秀又慷慨大方，是他帮助我把一大堆材料变成了一个故事。道格·麦克格雷（Doug McGray）则在自己的杂志里给了这个故事容身之处。

在五年的研究过程中，我在美国及国外进行了多次旅行。美国公民创新平台"新美国"给了我一份研究经费，也在很多其他方面提供了帮助。安妮-玛丽·斯劳特（Anne-Marie Slaughter）、彼得·卑尔根（Peter Bergen）、阿维斯塔·阿尤布（Awista Ayub）和阿兹玛特·汗（Azmat Khan）的悉心指导，也让我受益匪浅。

在我撰写本书的整个过程中，多位极为出色的朋友和家人都读过本书的初稿，我需要向他们表达无尽的谢意，包括读过多版手稿的凯瑟琳·奥利瓦里留斯（Kathryn Olivarius），以及德博拉·巴斯金（Deborah Basckin）、杰夫·霍华德（Jeff Howard）、琳达·金斯特勒（Linda Kinstler）、埃米莉·迈纳（Emily Miner）和纳比哈·赛义德（Nabiha Syed）——当然也要感谢萨莉·恩格尔哈特（Sally Engelhart）博士、布拉德·西格尔（Brad Segal）博士和珍妮弗·肖（Jennifer Shaw）博士。

在整个过程中，还有很多人通过与我交谈给了我很多建议，或是给我提供了临时的住处。这些人包括阿图·葛文德医生、伊恩·科贝恩（Ian Cobain）、丽贝卡·戴维斯（Rebecca Davis）、卡洛斯·贝尔特兰（Carlos Beltran）、贝姬·布拉图（Becky Bratu）、埃德·欧（Ed Ou）、海米·阿塞法（Haimy Assefa）、萨顿·拉斐尔（Sutton Raphael）、鲍勃·比凯尔（Bob Bikel）、欧文·里奇（Owain Rich）、阿里·威瑟斯（Ali Withers）、阿里·韦尔希（Ali Velshi）、塞沃德·达比（Seyward Darby）、阿莉萨·德卡博内尔（Alissa de Carbonnel）、本·尤达（Ben Judah）、约茜·德拉普（Josie Delap）、马克·麦金农（Mark MacKinnon）、罗伯特·施泰纳（Robert Steiner）、蒂莫西·加顿·阿什（Timothy Garton Ash）、亚当·埃利克（Adam Ellick）、马克·艾伦（Mark Allen）、劳拉·科温（Laura Corwin）、吉尚·乔杜里（Jeeshan Chowdhury）、西蒙·奥斯特洛夫斯基（Simon Ostrovsky）、丹尼·戈尔德（Danny Gold）、菲比·巴尔古提（Phoebe Barghouty）、爱丽丝·罗伯（Alice Robb）、丹尼尔·梅迪纳（Daniel Medina）、埃米莉·戈利戈斯基（Emily Goligoski）、凯特·戈弗雷（Kate Godfrey）、克莱尔·沃德（Claire Ward）、朱莉娅·贝鲁兹（Julia Belluz）、劳伦·瓦格纳（Lauren Wagner）、克莱尔·施耐德曼（Claire Schneiderman）、朱莉娅·韦伯斯特（Julia Webster）、阿维娃·莱维（Aviva Levy）、凯蒂·莱斯纳（Katie Reisner）、黑莉·科恩（Haley Cohen）、纳纳·阿廷苏（Nana Ayensu）和珍·佩尔西（Jen Percy）。

小时候，我的妈妈苏珊·保罗（Susan Paul）和爸爸肯·恩格尔哈特（Ken Engelhart）每天晚上都会念书给我听。对我的任何事情，他们都一直全力支持。感谢我的兄弟卢克·恩格尔哈特（Luke

Engelhart）和姐妹萨莉·恩格尔哈特。也要感谢我的人生伴侣莱斯·阿绍（Layth Ashoo），是他无与伦比的耐心成就了我。

　　写作本书时，我有幸在很多国家遇到了很多人，他们让我去他们家里，跟我分享他们的想法和生活。他们讲述的故事，并非全都写进了本书，但都给我留下了深刻印象，也对本书的形成有莫大影响。如果你也读到了这本书，你会知道我说的是你。感谢你们。

大事记

1942年1月	瑞士开始允许协助死亡,前提是这么做并非出于"自私动机"。
1980年8月	德里克·汉弗莱在美国加州创立毒芹协会。
1981年	在法院的一次裁决后,荷兰实际上停止了因协助病人死亡而起诉医生。
1982年9月	美国的医疗保险开始涵盖临终关怀的费用。
1988年1月	一位妇科住院医生匿名在《美国医学会杂志》上发表《结束了,黛比》一文。
1990年6月	一个名叫杰克·凯沃尔基安的密歇根州医生帮助自己首位病人珍妮特·阿德金斯在他的大众面包车后座上结束了生命。
1991年3月	德里克·汉弗莱出版《最后解脱:给临终者的自我解脱和协助自杀实用指南》一书。
1991年3月	纽约州罗切斯特市的蒂莫西·奎尔医生在发表于《新英格兰医学杂志》上的一篇文章中,承认给一名想要结束自己生命的癌症病人开了致命药物。
1994年11月	俄勒冈州选民投票通过16号议案(俄勒冈州《尊严死法》),使该州成为世界上第一个通过投票将当时被称为"协助自杀"的行为合法化的地方。
1995年3月	梵蒂冈称协助死亡"违反了神圣律法"。
1996年7月	澳大利亚北领地《绝症权利法》生效。

1996 年 9 月	澳大利亚的菲利普·尼奇克成为全世界首位合法帮助病人实施安乐死的医生。
1997 年 3 月	澳大利亚联邦政府废除《绝症权利法》。菲利普·尼奇克医生成立自愿安乐死研究基金会，并在墨尔本开办了"解脱国际"的第一个研讨班。
1997 年 5 月	哥伦比亚最高法院认定，涉及绝症病人的协助死亡不再违法。
1997 年 6 月	美国最高法院审理了两起与协助死亡有关的案件，分别来自华盛顿州和纽约州。大法官们决定不否决州一级对医生协助死亡的禁令。
1998 年 5 月	"尊严死"安乐死诊所在瑞士成立。
2002 年 4 月	安乐死和医生协助死亡在荷兰合法化。
2002 年 5 月	安乐死和医生协助死亡在比利时合法化。
2004 年	"最后解脱网络"成立。
2005 年	"生命终点选择权"协会（之前叫"毒芹"协会）与"同情死亡"组织合并为游说组织"同情与选择"。
2006 年 7 月	菲利普·尼奇克医生和菲奥娜·斯图尔特出版《安宁药丸手册》。
2008 年 11 月	医生协助死亡在华盛顿州合法化。
2009 年 3 月	安乐死和医生协助死亡在卢森堡合法化。
2009 年 12 月	英国的迈克尔·欧文医生成立老年理性自杀协会。
2009 年 12 月	在巴克斯特诉蒙大拿州（Baxter v. Montana）一案中，蒙大拿州最高法院裁定，州级法律需保护帮助绝症病人死亡的医生。
2013 年 5 月	佛蒙特州《尊严死法》生效。
2014 年 2 月	比利时扩大安乐死法适用范围，将身患绝症的儿童也包括在内。
2015 年 2 月	在卡特诉加拿大（Carter v. Canada）一案中，加拿大最高法院推翻了该国对医生协助死亡的禁令。
2015 年 9 月	英国议会否决了协助死亡法。
2016 年 6 月	加州《生命终点选择权法》生效。

2016年6月	西雅图多位医生聚会讨论，将多种药物组合为一种复方药，命名为"地地吗普"。
2016年6月	加拿大议会通过C-14法，使医生协助死亡合法化。
2016年10月	荷兰卫生部长埃迪特·席佩斯表示，支持将那些认为自己"人生已经圆满"的老年公民的安乐死合法化。
2016年12月	科罗拉多州《生命终点选择权法》生效。
2017年2月	华盛顿特区《尊严死法》生效。
2018年4月	夏威夷州《"我的护理我做主"法》生效。
2019年6月	美国医学会重申反对医生协助死亡的立场。
2019年6月	缅因州《尊严死法》生效。
2019年8月	新泽西州《绝症病人临终援助法》生效。
2019年9月	加拿大魁北克省的一个省级法院推翻了将医生协助死亡限制在绝症病人身上的规定。

注 释

引言

1. 贝蒂是从网上的一本自杀手册《安宁药丸手册》上了解到墨西哥药品的事情的：Philip Nitschke and Fiona Stewart, *The Peaceful Pill eHandbook* (n.p.: Exit International US, 2008)。在线版手册每年更新 6 次，作者称是为了"确保读者得到全球关于安乐死和协助自杀发展的最前沿的重要信息"。以上内容获取于 2019 年 12 月，http://www.peacefulpillhandbook.com。
2. 汽车工业的环保法规：Neil B. Hampson, "United States Mortality Due to Carbon Monoxide Poisoning, 1999–2014. Accidental and Intentional Deaths," *Annals of the American Thoracic Society* 13, no. 10 (October 2016): 1768–1774; Joshua A. Mott et al., "National Vehicle Emissions Policies and Practices and Declining US Carbon Monoxide–Related Mortality," *JAMA: Journal of the American Medical Association* 288, no. 8 (August 2002): 988–995; David M. Studdert et al., "Relationship Between Vehicle Emissions Laws and Incidence of Suicide by Motor Vehicle Exhaust Gas in Australia 2001–2006: An Ecological Analysis," *PLOS Medicine* 7, no. 1 (January 2010), http://www.ncbi.nlm.nih.gov/pubmed/20052278。
3. 煤气炉已经被天然气炉所取代："The Coal Gas Story: United Kingdom Suicide Rates, 1960–1981," *British Journal of Preventative Social Medicine* 30, no. 2 (June 1976): 86–93; Matthew Miller, "Preventing Suicide by Preventing Lethal Injury: The Need to Act on What We Already Know," *American Journal of Public Health* 102, no. 1 (March 2012): e1–e3。作者指出，同样的现象在跟杀虫剂的关系上也可以看到。例如，在斯里兰卡，用杀虫剂自杀的情况在最致命的杀虫剂被禁用后减少了。

4. 第一代安眠药: Wallace B. Mendelson, "A Short History of Sleeping Pills," *Sleep Review*, August 16, 2018, http://sleepreviewmag.com2018/08/history-sleeping-pills/.
5. 贝蒂提醒她的朋友们: Robert Rivas, "Survey of State Laws Against Assisting in a Suicide," Final Exit Network, 2007, www.finalexitnetwork.org/Survey_of_State_Laws_Against_Assisting_in_a_Suicide_2017_update.pdf.
6. 争取"病人自主权"的更大规模的政治运动: 在美国，与安乐死相关的病人自主权大论战可以追溯到 1870 年，当时有个名叫塞缪尔·威廉斯（Samuel Williams）的人（并非医生）在伯明翰思辨俱乐部发表了一场支持安乐死合法化的演讲。这场演讲如果不是后来作为图书被出版，很可能早就湮灭在历史的故纸堆中。这本书出版于 1972 年，受到好评并广为流传。伊齐基尔·伊曼纽尔撰文称："威廉斯的文章在英国最著名的文学和政治期刊上得到了'意义非凡'的评价。" Ezekiel J. Emanuel, "The History of Euthanasia Debates in the United States and Britain," *Annals of Internal Medicine* 121, no. 10 (1994): 793–802.
7. 这段现代史始于 1975 年: 关于昆兰案和病人自主权运动的更多信息，参见 *In re Quinlan: In the Matter of Karen Quinlan, an Alleged Incompetent*, 70 NJ 10, 355 A.2d 647 (NJ 1976), 1976 年 1 月 26 日庭辩, 1976 年 3 月 31 日裁决; Jill Lepore, *The Mansion of Happiness: A History of Life and Death* (New York: Knopf, 2012); Jill Lepore, "The Politics of Death," *New Yorker*, November 22, 2009; Robert D. McFadden, "Karen Ann Quinlan, 31, Dies; Focus of '76 Right to Die Case," *New York Times*, June 12, 1985; M. L. Tina Stevens, "The Quinlan Case Revisited: A History of Culture Politics of Medicine and the Law," *HEC Forum* 21, no. 2 (1996): 347–366; Tom L. Beauchamp, "The Autonomy Turn in Physician-Assisted Suicide," *Annals of the New York Academy of Sciences* 913, no. 1 (September 2000): 111–126; Haider Warraich, *Modern Death: How Medicine Changed the End of Life* (New York: St. Martin's Press, 2017); Gregory E. Pence, "Comas," chap. 2 in Classical Cases in *Medical Ethics: Accounts of the Cases and Issues That Define Medical Ethics* (New York: McGraw-Hill, 2008).
8. 代表医院医生出庭的律师: Lepore, "Politics of Death"。
9. 最高法院推翻了下级法院的判决: *In re Quinlan*。
10. 不过也有人称之为"被动安乐死": 例如，William F. Smith, "In re Quinlan, Defining the Basis for Terminating Life Support Under the Right of Privacy," *Tulsa Law Review* 12, no. 1 (1976): 150–167。
11. 他说，他祈愿这位年轻的女孩: Robert Hanley, "Quinlan Funeral Is a Quiet Farewell," *New York Times*, June 15, 1985; Karin Laub, "Karen Ann Quinlan Buried After 10 Years in Coma," Associated Press, June 15, 1985。
12. 1983 年，25 岁的南希·克鲁赞: 关于南希·克鲁赞案的更多细节及其影响，见 *Cruzan v. Director, Missouri Department of Health*, 497 US 261 (1990); George J. Annas, "Nancy Cruzan and the Right to Die," *New England Journal of Medicine* 323 (September 1990): 670–673; Ronald Dworkin, "The Right to Death," *New York Review of Books*, January 31, 1991; Jacqueline J. Glover, "The Case of Ms. Nancy Cruzan and the Care of the Elderly," *Journal of the American Geriatric Society* 38, no. 5 (May 1990): 588–593。

13. 这一次，病人的命运：*Cruzan v. Director, Missouri Department of Health*。关于此案的影响，更多内容参见 Alexander Morgan Capron, "Looking Back at Withdrawal of Life-Support Law and Policy to See What Lies Ahead for Medical Aid-in-Dying," *Yale Journal of Biology and Medicine* 94, no. 4 (December 1990): 781–791; Tamar Lewin, "Nancy Cruzan Dies, Outlived by a Debate over the Right to Die," *New York Times*, December 27, 1990。

14. 她的舌头肿了，眼皮也干了：James M. Hoefler, Deathright: *Culture, Medicine, Politics and the Right to Die* (New York: Routledge, 2018); *The Death of Nancy Cruzan, produced by Frontline*, PBS (PBS Video, 1992), VHS。

15. "在密苏里州，就连饿死一条狗都是违法的"：Lewin, "Nancy Cruzan Dies"。

16. 同一年，26 岁的特丽·夏沃：关于特丽·夏沃案的更多细节，见 Joan Didion, "The Case of Theresa Schiavo," *New York Review of Books*, June 9, 2005; Rebecca Dresser, "Schiavo's Legacy: The Need for an Objective Standard," *Hastings Center Report* 35, no. 3 (May–June 2005): 20–22。

17. 特丽的饲管被移除的过程："Judge Rules Man May Let Wife Die," Reuters, August 9, 2001; "Brain-Damaged Florida Woman Receiving Fluids," CNN, October 22, 2003; "Brain-Damaged Woman Receives Feeding Tube," Associated Press, October 23, 2003; "Florida Court Strikes Down Terri's Law," CNN, September 23, 2004; Abby Goodnough, "Florida Steps Back into Fight over Feeding Tube for Woman," *New York Times*, February 24, 2005; "Bush Signs Schiavo Legislation," Associated Press, March 21, 2005; "Florida Judge Rejects State Custody Bid in Schiavo Case," CNN, March 24, 2005; Abby Goodnough, "Supreme Court Refuses to Hear Schiavo Case," *New York Times*, March 25, 2005。

18. 进一步推动了"病人自主权"运动：同样相关的还有 1990 年的《患者自决法》，要求大部分医院和疗养院告知患者在生命终了时的选择以及他们自行做出医疗决定的权利，并提前向他们提供指示文书。US Congress, House, Patient Self-Determination Act of 1990, HR 4449, 101st Cong. (1990), https://www.congress.gov/bill/101st-congress/house-bill/4449.

19. 在政治游说者和患者的词典中：Kathryn Tucker and David Leven, "Aid in Dying Language Matters," End of Life Choices New York and Disability Rights Legal Center, May 2016, 获取于 2019 年 1 月 2 日，https://www.

albanylaw.edu/event/End-of-Life-Care/Documents/Materials%20Death%20w%20dignity.pdf。

20. 遇到了一连串法律挑战："Oregon Death with Dignity Act: A History," Death with Dignity National Center, 获取于2020 年3月,https://www.deathwithdignity.org/oregon -death-with-dignity-act-history/; Eli D. Stutsman, "Oregon Death with Dignity Act: Four Challenges That Ensured the Law's Success," Death with Dignity National Center, May 6, 2015, https://www.deathwithdignity.org/news/2015/05/oregon-death-with-dignity-act -challenges/; Ben A. Rich, "Oregon Versus Ashcroft: Pain Relief, Physician-Assisted Suicide, and the Controlled Substances Act," *Pain Medicine* 3, no. 4 (2002): 353–360。

21. 斥资近200万美元，发起了废除这项议案的运动：Timothy Egan, "Assisted Suicide Comes Full Circle, to Oregon," *New York Times,* October 26, 1997; Timothy Egan, "The 1997 Elections: Right to Die; in Oregon, Opening a New Front in the World of Medicine," *New York Times*, November 6, 1997。

22. 一年后的1998 年，波特兰一位84 岁患有转移性乳腺癌的妇女：彼得·里根医生1999 年发表了对该病例的描述。Peter Reagan, "Helen," *Lancet* 353 (1999): 1265–1267; 参见 Myrna C. Goldstein and Mark A. Goldstein, *Controversies in the Practice of Medicine* (Westport, CT: Greenwood Press, 2001), 321–323; Timothy Egan, "First Death Under an Assisted Suicide Law," *New York Times*, March 26, 1998。

23. 有1/4的病人得到了致命的处方：Anthony L. Back et al., "Physician-Assisted Suicide and Euthanasia in Washington State. Patient Requests and Physician Responses," JAMA: *Journal of the American Medical Association* 275, no. 12 (March 27, 1996): 919–925。该调查向1453 名医生发放了问卷，其中828 名有回复，回复率约为57%。

24. 在1995 年对密歇根州肿瘤医生的另一项研究中：David J. Doukas et al., "Attitudes and Behaviors on Physician-Assisted Death: A Study of Michigan Oncologists," *Journal of Clinical Oncology* 13, no. 5 (1995): 1055–1061。1995 年，还有一项对俄勒冈州医生进行的研究，发现21% 的医生"收到过协助自杀的请求"，7% 的医生答应了。Melinda A. Lee et al., "Legalizing Assisted Suicide: Views of Physicians in Oregon," *New England Journal of Medicine* 334 (February 1, 1996): 310– 315.
2000 年，研究人员进行了一项扩展研究，调查了3299 名肿瘤医生对医生协助死亡和安乐死的态度。调查发现，绝大多数（62.9%）肿瘤医生"在其职业生涯中收到过安乐死或医生协助死亡的请求"。而在此期间，"3.7% 接受调查的肿瘤医生实施过安乐死，10.8% 实施过医生协助死亡"。在实施过安乐死的肿瘤医生中，57% 只实施过一次，12% 至少实施过5 次。值得一提的是，跟"据称没有能力提供临终病人所需的所有照护"的同行相比，"认为自己接受过足够的临终关怀培训"的医生实施过安乐死或医生协助死亡的情况要少一些。该研究的作者假定，"受过更好的临终关怀培训的医生会觉得自己更有能力提供最好的临终关怀护理，更不需求助于安乐死或医生协助死亡"。这项研究也有一个不足之处，就是回复率较低，只有39.8%。Ezekiel J. Emanuel et al., "Attitudes and Practices of U.S. Oncologists Regarding Euthanasia and Physician-Assisted Suicide," *Annals of Internal Medicine* 133, no. 7 (October 3, 2000): 527–532.

25. "医生、宗教领袖和政客"：Egan, "First Death Under an Assisted-Suicide Law"。

26. "很多人都在担心老年人"：Katie Hafner, "In Ill Doctor, a Surprise Reflection of Who Picks Assisted Suicide," *New York Times*, August 11, 2012。

27. 按照俄勒冈州《尊严死法》的规定："Oregon's Death with Dignity Act (DWDA)," Oregon Health Authority, 获取于2020年1月，http://oregon.gov/oha/PH/PROVIDERPARTNERRESOURCES/EVALUATIONRESEARCH/DEATHWITHDIGNITYACT/PAGES/faqs.aspx; 参见 Kathryn Tucker, "Aid in Dying: Guidance for an Emerging End-of-Life Practice," *Medical Ethics* 142, no. 1 (July 2012): 218–224。

28. 预后是一门模糊的科学：例如，可参见 Nicola White et al., "A Systematic Review of Predictions of Survival in Palliative Care: How Accurate Are Clinicians and Who Are the Experts?" *PLOS One* 11, no. 8 (2016)。作者回顾了英语世界现有的对接受姑息治疗的病人预后准确性的研究，发现估计值方差很大，因此得出结论："临床医生的预测经常很不准确。没有任何一组临床医生得出的预测结果一直比其他组更准确。"

2000年，尼古拉斯·克里斯塔基斯（Nicholas Christakis）和伊丽莎白·拉蒙特（Elizabeth Lamont）调查了负责为468名病人提供生存估计的343名医生。他们发现，"在468次预测中，只有92次（约20%）是准确的（实际存活率约为33%）；295次（约63%）过于乐观，还有81次（约17%）则过于悲观。总体来看，医生将病人存活时间高估了5.3倍"。Nicholas A. Christakis and Elizabeth B. Lamont, "Extent and Determinants of Error in Physicians' Prognoses in Terminally Ill Patients," *Western Journal of Medicine* 172, no. 5 (May 2000): 310–313.

29. 医生如果怀疑病人判断力有问题：夏威夷州是唯一要求对所有提出安乐死申请的人都进行心理健康评估的州。

30. 1995年，梵蒂冈称协助死亡：Pope John Paul II, "Evangelium vitae," *Encyclicals*, March 25, 1995。

31. 美国医学会也反对这项法律："Physician-Assisted Suicide," American Medical Association, 获取于2020年1月，http://www.ama-assn.org/delivering-care/ethics/physician-assisted-suicide。

32. 波特兰的好多医生都认为：National Academies of Sciences, Engineering, and Medicine 2008, *Physician-Assisted Death: Scanning the Landscape: Proceedings*

of a Workshop (Washington, DC: National Academies Press, 2018), 46。

33. 美国最高法院裁决了 2 起分别来自华盛顿州和纽约州的协助死亡案件：*Vacco* v. *Quill*, 521 US 793 (June 26, 1997); *Washington* v. *Glucksberg*, 521 US 702 (June 26, 1997)。关于背景，可参阅 Kathryn Tucker, "In the Laboratory of the States: The Progress of Glucksberg's Invitation to States to Address End-of-Life Choice," Michigan *Law Review* 106, no. 8 (June 2008): 1593–1611。

34. 最高法院把这个问题退回了：在"华盛顿州诉格鲁克斯伯格"（*Washington* v. *Glucksberg*）一案中，首席大法官威廉·伦奎斯特在阐述法院意见时写道："最后一点是，政府可能会担心，允许协助自杀会让人们走上自愿安乐死乃至非自愿安乐死的不归路。"他还总结了早期上诉法院审理的一个案件："因此结果就是，我们所谓的'医生协助自杀'的有限权利实际上很可能会成为宽泛得多的许可，事实也将证明，这个许可极难监管和控制。华盛顿州禁止协助自杀，防止了这种侵蚀。"大法官戴维·苏特（David Souter）补充道："滑坡论在这里得到了公正的阐述，这并不是因为承认一项正当程序权利将使法院没有原则基础来避免承认另一项正当程序权利，而是因为有一个似是而非的情况，即所主张的权利不容易通过参考与心理有关的事实来包含，而这些事实是难以判断的，或者通过受到诱惑的看门人来包含，无论高尚与否。"*Washington et al., Petitioners* v. *Harold Glucksberg* et al., Supreme Court of the United States, June 26, 1997, https://www.law.cornell.edu/supct/html/96-110.ZO.html。

35. 任何给定的原则：Benjamin N. Cardozo, *The Nature of the Judicial Process* (New Haven, CT: Yale University Press, 1921), 51。

36. "法律剥夺了我所有的权利"："Diane Pretty loses right to die case," *Guardian*, April 29, 2002, https://www.theguardian.com/society/2002/apr/29/health.medicineandhealth。

37. "以她一直害怕的方式"：Sandra Laville, "Diane Pretty dies in the way she always feared," *Telegraph*, May 13, 2002, https://www.telegraph.co.uk/news/uknews/1394038/Di-ane-Pretty-dies-in-the-way-she-always-feared.html。

38. 《协助自杀和安乐死的未来》：Neil Gorsuch, *The Future of Assisted Suicide and Euthanasia* (Princeton, NJ: Princeton University Press, 2006)。

39. 一直到 2008 年，才有第二个州跟上俄勒冈州的步伐：这两个州的法律有不同之处。例如，夏威夷州《"我的护理我做主"法》要求心理健康评估和 20 天的等待期（而俄勒冈州只要求 15 天等待期）。

40. 2017 年盖洛普的一项调查：Jade Wood and Justin McCarthy, "Majority of Americans Remain Supportive of Euthanasia," Gallup, June 12, 2017, https://news.gallup.com/poll/211928/majority-americans-remain-supportive-euthanasia.aspx。

41. 这一数字仍然很小：Public Health Division, Center for Health Statistics, "Oregon Death with Dignity Act: 2019 Summary," Oregon Health Authority, February 25, 2020, https://www.oregon.gov/oha/PH/PROVIDERPARTNERRESOURCES/EVALUATIONRESEARCH/DEATHWITHDIGNITYACT/Documents/year22.pdf。

42. 基本上都有医疗保险：临终关怀是在病人生命终点提供照护的一种理念，通常侧重于缓解垂死病人的症状（舒适护理），而不是意在治愈的治疗。临终关怀通常由一个由医生、护士、社会工作者、神父和志愿者组成的跨领域团队在病人家里为其提供，但医院、疗养院和生活辅助机构也可以提供。在美国，对于预期剩余寿命不到6个月的病人，联邦医疗保险也会覆盖临终关怀的费用。在大部分州，面向低收入病人的联邦医疗补助也包括临终关怀补助金。

43. 琳达·甘齐尼：Linda Ganzini, "Implementing the End of Life Option Act in California"（演讲，UCLA Fielding School of Public Health, October 13, 2016), https://www.youtube.com/watch?v=GcWnljtkJYE。细节来自对甘齐尼医生的多次采访。

44. 他们指出，非裔美国人通常都不太可能：在包括姑息治疗和临终关怀在内的临终照护上，非裔美国人不仅面临质量方面的差异，就连是否容易获取也有所不同。例如，2009年，非裔美国死者只有33%在去世前接受过临终关怀服务，相比之下，白人的这个比例达到了44%。Cheryl Arenella, "Hospice and Palliative Care for African Americans: Overcoming Disparities," *Journal of Palliative Medicine* 19, no. 2 (February 1, 2016): 126. 更多关于临终关怀护理在种族方面的差异，参见 K. T. Washington et al., "Barriers to Hospice Use Among African Americans: A Systematic Review," *Health and Social Work* 33, no. 4 (November 2008); Stephen J. Ramey and Steve H. Chin, "Disparity in Hospice Utilization by African American Patients with Cancer," *American Journal of Hospice and Palliative Medicine* 29, no. 5 (October 2011): 346–354; Jessica Rizzuto and Melissa Aldridge, "Racial Disparities in Hospice Outcomes: A Race or Hospice-Level Effect?" *Journal of the American Geriatrics Society* 66, no. 2 (February 2018): 407–413。

45. 绝大部分人都声称：Public Health Division, Center for Health Statistics, "Oregon Death with Dignity Act: 2018 Summary," Oregon Health Authority, February 15, 2019, www.healthoregon.org/dwd。俄勒冈州政府每年都会发布年度报告，可在线获取。甘齐尼及其同事曾调查过俄勒冈州病人选择医生协助自杀的原因，见 Linda Ganzini et al., "Oregonians' Reasons for Requesting Physician Aid in Dying," *Archives of Internal Medicine* 169, no. 5 (2009): 489–492。

46. 我就这个主题做了一些报道：我与永尼·乌西斯金（Yonni Usiskin）和马特·谢伊（Matt Shea）两位导演合作拍摄了一部长篇纪录片《死亡时

刻》，在伦敦短片电影节上摘得了最佳长片奖的桂冠。我在此对永尼和马特表示无尽的感谢，因为他们的天分，因为他们跟我的合作，也因为他们允许我在本书中使用报道中的部分内容。*Time to Die*, directed by Yonni Usiskin and Matt Shea (London: VICE, 2019), documentary film.

47. 让我很惊讶：有些人以数据收集的现状为此辩护，指出各州对其他很多在生命终点做出的决定，例如，是保持还是撤除维持生命的治疗方案的决定，都没有要求医生报告和病人陈述。

48. "绝望自杀"，是自杀的绝大部分原因：例如，Silke Bachmann, "Epidemiology of Suicide and the Psychiatric Perspective," *International Journal of Environmental Research and Public Health* 15, no. 7 (July 6, 2018): 1425; World Health Organization Department of Mental Health, *Preventing Suicide: A Resource for Primary Health Care Workers* (Geneva: World Health Organization, 2000), http://www.who.int/mental_health /media/en/59.pdf。

49. 在美国的法律传统中：有些研究"尊严死"运动的学者会提到1891年的一个法律案例，作为美国医疗自主权很早就已经成为法律具文的证据。这一年，克拉拉·博茨福德（Clara L. Botsford）在一列火车的卧铺车厢中受伤了，但随后拒绝接受医疗检查。在联合太平洋铁路公司诉博茨福德（Union Pacific Railway Co. v. Botsford）一案中，最高法院裁定博茨福德有权以隐私为由拒绝检查。美国最高法院在1973年判决里程碑式的堕胎案时也援引了这一判例。*Union Pacfic Railway Co. v. Botsford*, 141 US 250 (1891). 参见 Ann Neumann, *The Good Death: An Exploration of Dying in America* (Boston: Beacon Press, 2016), 57。

50. 口号"尊严死"：在考虑这个意义下的"尊严"一词时，我发现有些著作特别有用。从历史角度和哲学角度的概述，见 Michael Rosen, *Dignity: Its History and Meaning* (Cambridge, MA: Harvard University Press, 2018); Paul Formosa and Catriona Mackenzie, "Nussbaum, Kant and the Capabilities Approach to Dignity," *Ethical Theory and Moral Practice* 17, no. 5 (November 2014): 875–892; Sebastian Muders, "Natural Good Theories and the Value of Human Dignity," Cambridge Quarterly of Healthcare Ethics 25 (2016): 239–249; 当然还有 Albert Camus, *The Myth of Sisyphus and Other Essays* (New York: Vintage, 1991)。

关于在临终和医生协助死亡的情形中"尊严"的含义，更多讨论见 Scott Cutler Shershow, *A Critique of the Right-to-Die Debate* (Chicago: University of Chicago Press, 2014); Margaret P. Battin, *The Least Worst Death: Essays in Bioethics on the End of Life* (Oxford: Oxford University Press, 1994); Margaret P. Battin, *Ending Life: Ethics and the Way We Die* (Oxford: Oxford University Press, 2005); Sheldon Solomon et al., *The Worm at the Core: On the Role of Death in Life* (New York: Random House, 2015); Ernst Becker, *The Denial of Death* (New York: Free Press, 1973); Elisabeth Kübler-Ross,

On Death and Dying: What the Dying Have to Teach Doctors, Nurses, Clergy and Their Own Families (New York: Scribner, 1969); Clair Morrissey, "The Value of Dignity in and for Bioethics: Rethinking the Terms of the Debate," *Theoretical Medicine and Bioethics* 37, no. 3 (June 2016): 173–192; Susan M. Behuniak, "Death with 'Dignity': The Wedge That Divides the Disability Rights Movement from the Right to Die Movement," *Politics and the Life Sciences* 30, no. 1 (Spring 2011): 17–32; Mara Buchbinder, "Access to Aid-in-Dying in the United States: Shifting the Debate from Rights to Justice," *American Journal of Public Health* 108, no. 6 (June 2018): 754–759; Ronald Dworkin et al., "Assisted Suicide: The Philosopher's Brief," *New York Review of Books*, March 27, 1997; Yale Kamisar, "Assisted Suicide and Euthanasia: An Exchange," *New York Review of Books*, November 6, 1997; Yale Kamisar, "Are the Distinctions Drawn in the Debate About End-of-Life Decision Making 'Principled'? If Not, How Much Does It Matter?" *Journal of Law, Medicine and Ethics* 40, no. 1 (Spring 2012); Yale Kamisar, "Some Non-religious Views Against Proposed 'Mercy Killing' Legislation Part 1," *Human Life Review* 1, no. 2 (1976): 71–114; Peter Allmark, "Death with Dignity," *Journal of Medical Ethics* 28, no. 4 (August 1, 2002); J. David Vellemen, "A Right of Self-Determination," *Ethics* 109, no. 3 (April 1999): 606–628; Peter Singer, "Voluntary Euthanasia: A Utilitarian Perspective," *Bioethics* 17, no. 5 (2003); Gorsuch, Future of Assisted Suicide; Ezekiel Emanuel, "Whose Right to Die?" *The Atlantic*, March 1997。

研究人员同样研究了绝症对个人尊严的影响，见 Harvey M. Chochinov et al., "Dignity in the Terminally Ill: A Developing Empirical Model," *Social Science and Medicine* 54 (2002): 433–443; Harvey M. Chochinov et al., "Dignity in the Terminally Ill: A Cross-Sectional, Cohort Study," *Lancet* 360 (2002): 2026–2030。作者发现，在213个晚期癌症病例中，据称因为自身病情而感觉失去尊严的人更有可能承认已经没有了"活下去的意愿"。文中写道："保持尊严应当成为治疗和照护濒临死亡的病人时的总体目标。"

51. "我们反对安乐死和协助自杀"：Chris Good, "GOP Approves Abortion Amendment, Keeps Silent on Cases of Rape," *ABC News*, August 21, 2012。
52. 在一个人均医疗费用较高的国家："U.S. Health Care Spending Highest Among Developed Countries," Johns Hopkins Bloomberg School of Public Health, January 7, 2019, http://www.jhsph.edu/news/news-releases/2019/us-health-care-spending-highest-among-developed-countries.html。"文章发现，美国2016年的人均医疗费用为9892美元，跟其他国家相比仍然相当出众，比排在第二位的瑞士（7919美元）高25%左右，比加拿大（4753

美元）高约 108%，比经合组织的中位数（4033 美元）高约 145%。一些研究人员在 2003 年分析了美国 2000 年人均医疗费用的数据，当年为 4559 美元，而 2016 年的数字已经是 2003 年的两倍还多。"

第一章　现代医学

1. 并非因为他作为医生有什么特别的吸引力：对加州 270 家医院进行的一项调查显示，在《生命终点选择权法》实施 18 个月后，超过 60% 的医院禁止其医生实施协助死亡。Cindy L. Cain et al., "Hospital Responses to the End of Life Option Act: Implementation of Aid in Dying in California," *JAMA Internal Medicine* 179, no. 7 (April 2019): 985–987; JoNel Aleccia, "Legalizing Aid in Dying Doesn't Mean Patients Have Access to It," *NPR*, January 25, 2017, https://www.npr.org/sections/health-shots/2017/01/25/511456109/legalizing-aid-in-dying-doesn't-mean-patients-have-access-to-it; Stephanie O'Neill, "Aid-in-Dying Requires More Than Just a Law, Californians Find," NPR, June 8, 2017, https://www.npr.org/sections/health-shots/2017/06/08/530944807/aid-in-dying-requires-more-than-just-a-law-californians-find; Jessica Nutik Zitter, "Should I Help My Patients Die?" *New York Times*, August 5, 2017; Lindsey Holden, "When SLO Woman Could No Longer Fight for Her Life, She Chose to Fight for Her Death," *San Luis Obispo Tribune*, October 3, 2018, https://www.sanluisobispo.com/news/health-and-medicine/article218638260.html; Laura A. Petrillo et al., "How California Prepared for Implementation of Physician-Assisted Death: A Primer," *American Journal of Public Health* 107, no. 6 (June 2017): 883–888; Paula Span, "Aid in Dying Soon Will Be Available to More Americans. Few Will Choose It," *New York Times*, July 8, 2019, https://www.nytimes.com/2019/07/08/health/aid-in-dying-states.html.

    病人得不到协助死亡的问题在很多州都存在。例如在佛蒙特州，除了伯灵顿，其他地方愿意提供协助死亡的医生寥寥无几，同意给出或调配相关药物的药剂师也屈指可数。华盛顿特区将安乐死合法化 1 年后，整个首都 1.1 万名有行医执照的内科医生，只有 2 名注册了协助病人安乐死。JoNel Aleccia, "Terminally Ill, He Wanted Aid-in-Dying. His Catholic Hospital Said No," *Kaiser Health News*, January 29, 2020, https://khn.org/news /when-aid-in-dying-is-legal-but-the-medicine-is-out-of-reach/; Fenit Nirappil, "A Year After D.C. Passed Its Controversial Assisted Suicide Law, Not a Single Patient Has Used It," *Washington Post*, April 10, 2018, https://www.washingtonpost.com/local/dc-politics/a-year-after-dc-passed-its-assisted-suicide-law-only-two-doctors-have-signed-up/2018/04 /10/823cf7e2-39ca-11e8-9c0a-85d477d9a226_story.html.

2. 维塔斯的首席医疗官在一封电子邮件中告诉我：尽管临终关怀医院的医

生"不能为临终医疗援助开处方,不能安排、准备、配给、递交、施行或协助药物注射",也不能在临终援助病例中扮演咨询医生的角色,但医院工作人员可以应要求在病人注射药物时和之后出现在病床边。维塔斯的一个发言人以保护病人隐私为由,拒绝评论小布拉德肖·珀金斯的案例。不同临终关怀医院的政策相去甚远。在有些机构中,工作人员不允许在注射药物时在场,但可以事后进入病人所在的房间。有些临终关怀机构则完全禁止工作人员在临终援助的场景中出现。

3. 有些文章批评伦尼经营的是一家精品死亡诊所:例如,Wesley J. Smith, "Death Doctor to Charge $2000 for Suicide Prescription," *National Review*, June 6, 2016, https://www.nationalreview.com/corner/death-doctor-charge-2000-suicide-prescription/。

4. 马克做了点功课,发现: US Congress, House, Assisted Suicide Funding Restriction Act of 1997, HR 1003, 105th Cong. (1997), https://www.congress.gov/bill/105th-congress/house-bill/1003; JoNel Aleccia, "At Some Veterans Homes, Aid-in-Dying Is Not an Option," *NPR*, February 13, 2018, https://khn.org/news/california-joins-states-that-would-evict-veterans-who-seek-aid-in-dying-option/。

5. 这个举措得到了时任总统比尔·克林顿的支持: Assisted Suicide Funding Restriction Act of 1997, HR 1003, 105th Cong., 1st sess., *Congressional Record* 143, no. 45, S3255。

6. 大概 1/3 的人没能挺过加州规定的 15 天等待期:伦尼的估计与南加州凯撒医疗机构进行的一项研究大致相符。Huong Q. Nguyen et al., "Characterizing Kaiser Permanente Southern California's Experience with the California End of Life Option Act in the First Year of Implementation," *JAMA Internal Medicine* 178, no. 3 (March 2018): 417–421. 2019 年 7 月,俄勒冈州修正尊严死法,取消了重症患者 15 天等待期。支持这项立法的该州民主党参议员弗洛伊德·普罗赞斯基(Floyd Prozanski)说:"这个进步能让俄勒冈居民在他们的生命行将结束时少遭受一些无谓的痛苦。"Sarah Zimmerman, "Oregon Removes Assisted Suicide Wait for Certain Patients," *Associated Press*, July 24, 2019, https://abcnews.go.com/Health/wireStory/oregon-removes-assisted-suicide-wait-patients-64548415。

7. "我们还有些文书工作要做": "End of Life Option Act," *California Department of Public Health, modified* July 9, 2019, https://www.cdph.ca.gov/Programs/CHSI/Pages/End-of-Life-Option-Act-.aspx; 参见 Laura Petrillo et al., "How California Prepared for Implementation of Physician-Assisted Death: A Primer," *American Journal of Public Health* 107, no. 6 (June 2017): 883–888。

8. 科里·泰勒: Cory Taylor, *Dying: A Memoir* (New York: Tin House Books, 2017)。

9. "赴死路上": Nigel Barley, *Dancing on the Grave: Encounters with Death*

(London: John Murray, 1995)。我最早读到巴利这句话是在 Sallie Tisdale, *Advice for Future Corpses*: A Practical Perspective on Death and Dying (New York: Gallery Books, 2018)。

10. "疼痛"和"痛苦"可不是一码事：参见 Charlotte Mary Duffee, "Pain Versus Suffering: A Distinction Currently Without a Difference," *Journal of Medical Ethics* (December 24, 2019)。

11. 美国哲学家玛格丽特·帕布斯特·巴廷：Margaret Pabst Battin, *Ending Life: Ethics and the Way We Die* (Oxford: Oxford University Press, 2005), 90, 92; Margaret Pabst Battin, "The Least Worst Death," *Journal of Medical Ethics* 22, no. 3 (July 1996): 183–187; Margaret Pabst Battin, *The Least Worst Death: Essays in Bioethics on the End of Life* (Oxford: Oxford University Press, 1994)。另见 Margaret Pabst Battin et al., eds., *Physician Assisted Suicide: Expanding the Debate* (London: Routledge, 1998); Margaret Pabst Battin and Timothy Quill, eds., *The Case for Physician-Assisted Dying: The Right to Excellent End-of-Life Care and Patient Choice* (Baltimore: Johns Hopkins University Press, 2004); Margaret Pabst Battin, *The Ethics of Suicide: Historical Sources* (Oxford: Oxford University Press, 2015)。

12. 伦尼成长的过程：Lonny Shavelson, *A Chosen Death: The Dying Confront Assisted Suicide* (New York: Simon and Schuster, 1995)。

13. 1992年，一本自杀手册：Derek Humphry, *Final Exit: The Practicalities of Self-Deliverance and Assisted Suicide for the Dying* (New York: Dell, 1992)。

14. 他很喜欢《自杀之谜》：George Howe Colt, *The Enigma of Suicide: A Timely Investigation into the Causes, the Possibilities for Prevention and the Paths to Healing* (New York: Touchstone, 1991), 383。

15. 一位名叫杰克·凯沃尔基安的医生：Jack Kevorkian, *Prescription Medicine: The Goodness of Planned Death* (New York: Prometheus Books, 1991); Detroit Free Press Staff, The Suicide Machine (Detroit: Detroit Free Press, 1997); Neal Nicol and Harry Wylie, *Between the Dying and the Dead: Dr. Jack Kevorkian, the Assisted Suicide Machine and the Battle to Legalize Euthanasia* (Madison: University of Wisconsin Press, 2006)。

16. "我认识到"：Shavelson, *A Chosen Death*, 12。

17. 记者兰迪·希尔茨在报道中称：Randy Shilts, "Talking AIDS to Death," in The Best American Essays 1990, ed. *Justin Kaplan* (New York: Ticknor and Fields, 1990), 243。另见 Randy Shilts, *And the Band Played On: Politics, People and the AIDS Epidemic* (New York: St. Martin's Griffin, 2007)。

18. 加州州长杰里·布朗，耶稣会神学院学生：Patrick McGreevy, "After Struggling, Jerry Brown Makes Assisted Suicide Legal in California," *Los Angeles Times*, October 5, 2015, https://www.latimes.com/local/political/la-me-pc-gov-brown-end-of-life-bill-20151005-story.html; Ian Lovett and Richard Perez-Pena,

"California Governor Signs Assisted Suicide Bill into Law," *New York Times*, October 5, 2015, https://www.nytimes.com/2015/10/06/us/california-governor-signs-assisted-suicide-bill-into-law.html。

19. 南非前大主教、诺贝尔和平奖获得者德斯蒙德·图图：Harriet Sherwood, "Desmond Tutu: I Want Right to End My Life Through Assisted Dying," *Guardian*, October 7, 2016, https://www.theguardian.com/society/2016/oct/07/desmond-tutu-assisted-dying-world-leaders-should-take-action; Peter Granitz, "Desmond Tutu Joins Advocates to Call for Right to Assisted Death," *NPR*, January 4, 2017。

20. 2016年，191名加州人："California End of Life Option Act 2016 Data Report," "California End of Life Option Act 2017 Data Report," "California End of Life Option Act 2018 Data Report," California Department of Public Health, 2019年7月9日修订, https://www.cdph.ca.gov/Programs/CHSI/Pages/End-of-Life-Option-Act-.aspx。

21. 药物方面有一些问题：细节来自对加州、俄勒冈州及华盛顿州多位处方医生的采访，以及各州发布的年度报告。关于临终援助药物开发的更多历史细节，见 Jennie Dear, "The Doctors Who Invented a New Way to Help People Die," *The Atlantic*, January 22, 2019, https://www.theatlantic.com/health/archive/2019/01/medical-aid-in-dying-medications/580591/; Catherine Offord, "Accessing Drugs for Medical Aid-in-Dying," *The Scientist*, August 17, 2017, https://www.the-scientist.com/bio-business /accessing-drugs-for-medical-aid-in-dying-31067; JoNel Aleccia, "Northwest Doctors Rethink Aid-in-Dying Drugs to Avoid Prolonged Deaths," *Kaiser Health News*, March 5, 2017, https://www.seattletimes.com/seattle-news/health/northwest-doctors-rethink-aid-in-dying-drugs-to-avoid-prolonged-deaths/; JoNel Aleccia, "Dying Drugs to Prevent Prolonged Deaths," *Kaiser Health News*, February 21, 2017, https://khn.org/news/docs-in-northwest-tweak-aid-in-dying-drugs-to-prevent-prolonged-deaths/; JoNel Aleccia, "In Colorado, a Low-Price Drug Cocktail Will Tamp Down Cost of Death with Dignity," *Kaiser Health News*, December 19, 2016, https://khn.org/news/in-colorado-a-low-price-drug-cocktail-will-tamp-down-cost-of-death-with-dignity/。

22. 在俄勒冈州，有个病人就过了104个小时才终于解脱："Oregon Death with Dignity: Data Summary 2016," Oregon Health Authority, February 2017, https://www.oregon.gov/oha/PH/PROVIDERPARTNERRESOURCES/EVALUATIONRESEARCH/DEATHWITHDIGNITYACT /Documents/year19.pdf。

23. 但是，到2011年之后，药剂师就很难再弄到这种药物了：灵北公司的发言人安德斯·施罗尔（Anders Schroll）在一次采访中告诉我，公司于2009年获得了戊巴比妥的一种静脉制剂的生产权，这种制剂可用于防治癫痫发作。2011年，公司"认识到品牌名为耐波他的戊巴比妥被滥用于执行死刑",于是"开始寻求阻止滥用的方法"。他说,灵北公司认为死刑"与我们的价值观背道而驰",并认定是监狱医生批准将这种药物用于死刑。差不多在同一时间,灵北的工作人员了解到,戊巴比妥也被医生用于协助死亡,施罗尔同样称之为"滥用"。为此,灵北建立了新的交付模式,只有得到批准的顾客才能从专门的药房买到这种药物,用于防治癫痫发作。另见"Lundbeck Overhauls Pentobarbital Distribution Program to Restrict Misuse," Lundbeck, *media release*, July 1, 2017, https://investor.lundbeck.comnews-releases/news-release-details/lundbeck-overhauls-pentobarbital-distribution-program-restrict。另见 Sean Riley, "Navigating the New Era of Assisted Suicide and Execution Drugs," *Journal of Law and the Biosciences* 4, no. 2 (August 2017): 424–434; Roxanne Nelson, "When Dying Becomes Unaffordable," *Medscape*, November 9, 2017, https://www.medscape.com/viewarticle/888271; Kimberly Leonard, "Drug Used in 'Death with Dignity' Is Same Used in Executions," *US News and World Report*, October 16, 2015, https://www.usnews.com/news/articles/2015/10/16/drug-shortage-creates-hurdle-for-death-with-dignity-movement; David Nicholl, "Lundbeck and Pentobarbital: Pharma Takes a Stand," *Guardian*, July 1, 2011, https://www.theguardian.com/commentisfree/cifamerica/2011/jul/01/pentobarbital-lundbeck-execution-drug; Offord, "Accessing Drugs for Medical Aid-in-Dying"。

24. 同一年,欧盟开始对这种药物实施出口禁令: European Commission, "Commission Extends Control over Goods Which Could Be Used for Capital Punishment or Torture," media release IP/11/1578, December 20, 2011, https://ec.europa.eu/commission/presscorner/detail/en/IP_11_1578; David Brunnstrom, "EU Puts Squeeze on Drug Supplies for U.S. Executions," *Reuters*, December 20, 2011, https://www.reuters.com/article/eu-executions-drugs/eu-puts-squeeze-on-drug-supplies-for-u-s-executions-idUSL6E7NK30820111220。

25. 阿科恩制药公司: April Dembosky, "Pharmaceutical Companies Hiked Price on Aid in Dying Drug," *KQED*, March 22, 2016, https://www.kqed.org/stateofhealth/163375/pharmaceutical-companies-hiked-price-on-aid-in-dying-drug。

26. 致命剂量的司可巴比妥:博施健康公司拒绝接受采访。一位发言人在回复我的采访请求时写道:"由于您的著作讨论的是这种产品用于非官方认可的情形,我们无法参与讨论,也不予置评。"

27. 《美国医学会杂志·肿瘤学卷》上的一篇文章: Veena Shankaran et al., "Drug Price Inflation and the Cost of Assisted Death for Terminally Ill Patients: Death with Indignity," *JAMA Oncology* 3, no. 1 (January 2017): 15–16; David Grube and Ashley Cardenas, "Insurance Coverage and Aid-in-Dying Medication Costs: Reply," *JAMA Oncology* 3, no. 8 (August 2017): 1138。

28. 复方药物: US Department of Health and Human Services, Food and Drug Administration, "Compounded Drug Products That Are Essentially Copies of

a Commercially Available Drug Product Under Section 503A of the Federal Food, Drug and Cosmetic Act: Guidance for Industry," January 2018, https://www.fda.gov/media/98973/download。

29. 会议结束时，西雅图的几位医生: Carol Parrot and Lonny Shavelson, "The Pharmacology and Physiology of Aid in Dying" (presentation, National Clinicians Conference on Medical Aid in Dying, February 14, 2020)。

30. 他们找到愿意调配这种新复方药的药剂师：我到访伯克利时，湾区的一位复方药剂师一个人就供应了北加州大部分的药物。这位药剂师在我同意不写出他的名字和药店名称后跟我见了面。他说："大部分药剂师都吓坏了。"有些是因为不懂这项法律，有些是因为担心复方药没有经过更严格的测试，还有些人担心的则是，因为《生命终点选择权法》争议很大，如果他们开始给病人开致命药物，别的病人知道了的话，那他们就没了生意。

药剂师告诉我，他每周会开 3 次左右的临终援助处方，他觉得这个过程比自己的其他工作压力大得多。"我一开始也很害怕。我实际上是在派发用来终结他们生命的药物。"他说，有时候，他还会陷入家庭纠纷中。愤怒的病人妻子或者女儿会打来电话，对他大喊大叫——"我们不想要这个药！"——就在病人打完要开药的电话 5 分钟后。病人经常询问这些药如何起作用。药剂师会告诉他们："这些你必须跟自己的医生讨论。"但有时，病人会一直问下去。他们说医生不给他们回话。药剂师说，伦尼是他最喜欢合作的医生，因为他会对病人交代得一清二楚，所以他们一般不需要问他很多问题。

我问药剂师这项工作是否利润颇为丰厚，他说是。"人们不太愿意谈论这些……这很难量化，但我们的成本大概是 100 美元，可以卖 500~700 美元。"

31. 在俄勒冈州，从 1998 年到 2015 年: Charles Blanke et al., "Characterizing 18 Years of the Death with Dignity Act in Oregon," *JAMA Oncology* 3, no. 10 (October 2017): 1403–1406; Luai Al Rabadi et al., "Trends in Medical Aid in Dying in Oregon and Washington," *JAMA Network Open* 2, no. 8 (August 2019), https://jamanetwork.com/journals/jamanetworkopen/fullarticle/2747692。

32. 据报道，有个醒过来的人: Leonard, "Drug Used in 'Death with Dignity.'"

33. 在加拿大和比利时，病人几乎: Government of Canada, "Fourth Interim Report on Medical Assistance in Dying in Canada," April 2019, https://www.canada.ca/en/health-canada/services/publications/health-system-services/medical-assistance-dying-interim-report-april-2019.html; Jennifer Gibson, "The Canadian Experience," in *Physician-Assisted Death: Scanning the Landscape. Proceedings of a Workshop* (Washington, DC: National Academies Press, 2018); Christopher Harty et al., "Oral Medical Assistance in Dying

(MAiD): Informing Practice to Enhance Utilization in Canada," *Canadian Journal of Anesthesia* 66 (2019): 1106–1112; C. Harty et al., "The Oral MAiD Option in Canada," Canadian Association of MAiD Assessors and Providers, April 2018, https://camapcanada .ca/wp-content/uploads/2019/01/OralMAiD-Med.pdf; Sigrid Dierickx, "Euthanasia Practice in Belgium: A Population-Based Evaluation of Trends and Currently Debated Issues" (PhD diss., Faculty of Medicine and Pharmacy, Vrije Universiteit Brussel, 2018), https://www.worldrtd.net/sites/default/files/newsfiles/Sigrid_Dierickx.pdf; R. Cohen-Almagor, "Belgian Euthanasia Law: A Critical Analysis," *Journal of Medical Ethics* 35, no. 7 (2009):436–439.

34. 20世纪90年代，俄勒冈州的议员们增加了一项"自行服用"的要求：凯瑟琳·塔克（Kathryn Tucker）1997年时是"同情与选择"的法律主管，也是华盛顿州诉格鲁克斯伯格一案在美国最高法院的辩护律师。她写道："因此，过去25年为临终援助获取法定许可的努力，只在很少的几个州取得了成功，而且还是在'厨房洗碗池协议'来规范这种做法的条件下，如此才能堵住反对者的嘴，免得他们说这些措施没有足够有效的法律保障。俄勒冈州《尊严死法》的历史也凸显了这一现实。俄勒冈州是在其他州多次尝试通过类似的措施都失败了之后，比如华盛顿州（1991年）和加州（1992年），才开始努力的。那些努力之所以会失败，是因为反对者声称没有足够有效的法律保障。看到这一点后，俄勒冈州起草的法律提供了一系列程序障碍，包括多次书面和口头请求，强制要求后续意见，还加入了漫长的等待期……但就算加入了这么多措施，后来其他州在引入俄勒冈式的法律时，还是变成了甚至更严格的限制，比如2018年夏威夷州《'我的护理我做主'法》，就加进去了强制的咨询要求，还把强制性的等待期从15天延长到了20天。" Kathryn L. Tucker, "Aid in Dying in North Carolina," *North Carolina Law Review* 97 (2019).

塔克在一次采访中告诉我，作为支持者，她明白实用主义的必要性。"我知道，临终援助能得到公众的广泛支持，跟这些好的举措分不开，对此我也很高兴……我觉得最重要的三个举措是，要求病人有心智能力、身患绝症，还有要自行服用药物。"塔克认为，自行服用药物的要求不只是在政治上有用，也让病人本身的自主权得到保护。"确保这是病人的意愿，是病人在行使自由意志，这是最基本的。所以如果病人是最后一个因素，就可以确定了。"

我补充道："但是，医学方面的其他事情都只需要征得同意就可以做。"比如说，我们并不要求接受手术的病人在自己胸口先划一刀，来证明他同意做这个手术。

塔克说："你的意见我了解。所有人都会更喜欢医生有权给病人喂药的方式。我了解。也可能会是这样，随着时间流逝，随着我们对这种做法了解得越来越多，人们对此越来越熟悉、越来越习惯，这也会成为首先要改变的举措。"

35. 实际上，在其他国家，如果一名接受协助死亡的病人：例如，在荷兰，选择口服给药的病人在服药前必须先插入静脉插管。如果服药2个小时后病人仍未死亡，医生就可以换静脉给药。2013年到2015年，有9%的病例用到了备用的静脉插管。在加拿大，医生管这种办法叫作"静脉后援"。C. Harty et al., "The Oral MAiD Option in Canada: Part 1, Medication Protocols," *Canadian Association of MAiD Assessors and Providers*, April 18, 2018, https://camapcanada.ca/wp-content/uploads/2019/01/OralMAiD-Med.pdf.

36. 要是他弄错了怎么办：2019年，一位名叫斯蒂芬妮·马凯（Stephanie Marquet）的内科医生告诉我，她对伦尼的研究方法表示"怀疑"。"要是你的样本特别小，就别急着下结论。你只能说：'根据传闻……'"马凯指出，像是"同情与选择"这种大型的临终援助组织应该就致命药物的服用方式出资进行高质量的研究。

37. 随着他接的病人越来越多，他也开始：马拉·布赫宾德（Mara Buchbinder）写道："病人必须自行服用、摄取致命药物的要求，旨在确保参与临终援助的人是出于自愿的保障措施，但也是有些想要接受临终援助的病人的主要障碍。这样的障碍对于患有神经系统疾病，比如肌萎缩侧索硬化的病人来说最为明显，因为这种病会让病人的活动能力逐渐下降，到晚期，病人连吞咽都很困难。"她一边思考这个问题，一边引用另一名医生的话说："在我看来，这么做完全没道理。看起来，这么做只会给我的病人带来不必要的压力，也阻止了真正需要的病人得到临终援助。我估计他们设计这个政策的时候，心里想的是癌症病人。" Mara Buchbinder, "Access to Aid-in-Dying in the United States: Shifting the Debate from Rights to Justice," *American Journal of Public Health* 108, no. 6 (June 2018): 754–759. 另见 National Academies of Sciences, Engineering, and Medicine, *Physician-Assisted Death: Scanning the Landscape: Proceedings of a Workshop* (Washington, DC: National Academies Press, 2018); Amanda M. Thyden, "Death with Dignity and Assistance: A Critique of the Self-Administration Requirement of California's End of Life Option Act," *Chapman Law Review* 20, no. 2 (2017)。

38. "以肯定的、有意识的身体行为"：《加州卫生安全法》在谈到临终医疗援助时有如下陈述："'自行服用'的意思是，获批的个人以肯定的、有意识的身体行为服用并摄取临终援助药物，从而让自己死亡。" California Department of Consumer Affairs, Physician Assistant Board, "Division 1, Section 1: Part 1.85: End of Life Option Act," Health and Safety Code, https://www.pab.ca.gov/forms_pubs/end_of_life.pdf.

39. 另一些州写的是，要求病人"服用"药物：Thaddeus Pope, "Medical Aid in Dying: Six Variations Among U.S. State Laws" (presentation, Berkeley, California, January 2020), http://thaddeuspope.com/maid/popearticles.html。实际上，也有一些人指出，在没有明确要求"摄取"致命药物的州，通

过静脉自行服用药物严格来讲也是合法的。参见 James Gerhart et al., "An Examination of State-Level Personality Variation and Physician Aid in Dying Legislation," *Journal of Pain and Symptom Management* 56, no. 3 (September 2018)。

40. 过了几天，委员会执行董事：加州医学委员会的一名发言人通过邮件告诉我："所谓'摄取'包括病人通过口服、饲管或直肠自行服用药物。这个含义是通过评估'摄取'的定义并咨询多名医生确定的。"他确认，"静脉服用未被视为摄取"，但通过直肠给药可以。

41. 一篇学术论文: Emily B. Rubin et al., "States Worse Than Death Among Hospitalized Patients with Serious Illnesses," *JAMA Internal Medicine* 176, no. 19 (2016): 1557–1559。

42. 伦尼会试着对他们的恐惧感同身受：关于种族与临终医疗援助之间关系的更多细节，见 Cindy L. Cain and Sara McCleskey, "Expanded Definitions of the 'Good Death'? Race, Ethnicity and Medical Aid in Dying," *Sociology of Health and Illness* 41, no. 6 (2019): 1175–1191; Terri Laws, "How Race Matters in Physician-Assisted Suicide Debate," Religion and Politics, September 3, 2019, https://religionandpolitics.org/2019/09/03/how-race-matters-in-the-physician-assisted-suicide-debate/; Vyjeyanthi S. Periyakoil et al., "Multi-Ethnic Attitudes Toward Physician-Assisted Death in California and Hawaii," *Journal of Palliative Medicine* 19, no. 10 (October 2016): 1060–1065; Fenit Nirappil, "Right-to-Die Law Faces Skepticism in Nation's Capital: 'It's Really Aimed at Old Black People,'" *Washington Post*, October 17, 2016, https://www.washingtonpost.com/local/dc-politics/right-to-die-law-faces-skepticism-in-us-capital-its-really-aimed-at-old-black-people/2016/10/17/8abf6334-8ff6-11e6-a6a3-d50061aa9fae_story.html?utm_term=.bbc0abbe01ad。

43. "我觉得这绝对不符合生命的轮回"：关于临终关怀运动历史上反对协助死亡的更多内容，见 Timothy E. Quill and Margaret P. Battin eds., *Physician-Assisted Dying: The Case for Palliative Care and Patient Choice* (Baltimore: Johns Hopkins University Press, 2004)。另见 Peter Hudson et al., "Legalizing Physician-Assisted Suicide and/or Euthanasia: Pragmatic Implications," *Palliative and Supportive Care* 13 (2015): 1399–1409。

44. "对医疗职业，我们有什么要求": Daniel P. Sulmasy, "Ethics and the Psychiatric Dimensions of Physician-Assisted Suicide: A View from the United States," chap. 3 in Euthanasia and Assisted Suicide: Lessons from Belgium, ed. David Albert Jones et al. (Cambridge: Cambridge University Press, 2017)。

45. 自20世纪70年代以来，临终关怀的目标：关于这段历史，更多内容见 Ann Neumann, The Good Death: An Exploration of Dying in America (Boston: Beacon Press, 2017); Haider Warraich, Modern Death: How Medicine Changed the End of Life (New York: St. Martin's Press, 2017)。

46. 当协助死亡在加州合法化时：US Department of Health and Human Services, Centers for Disease Control and Prevention, "Long-Term Care Providers and Services Users in the United States," *Vital and Health Statistics* 3, no. 43 (February 2019): 73; National Hospice and Palliative Care Organization, "NHPCO Facts and Figures," 2018, https://39k5cm1a9u1968hg74aj3x51-wpengine.netdna-ssl.com/wp-content/uploads/2019/07/2018_NHPCO_Facts_Figures.pdf。

47. 临终关怀和姑息治疗组织："Statement on Legally Accelerated Death," National Hospice and Palliative Care Organization, November 4, 2018, https://www.nhpco.org/wp-content/uploads/2019/07/Legally_Accelerated_Death_Position_Statement.pdf。

48. 1993 年，姑息治疗医生蒂莫西·奎尔：Timothy Quill, *Death and Dignity: Making Choices and Taking Charge* (New York: W. W. Norton, 1993)。

49. "几个世纪以后"：Ira Byock, "Physician-Assisted Suicide Won't Atone for Medicine's 'Original Sin,'" *Stat*, January 31, 2018, https://www.statnews.com/2018/01/31/physician-assisted-suicide-medicine/。另见 Ira Byock, "Words Matter: It Is Still Physician-Assisted Suicide and Still Wrong," *Maryland Medicine* 17 (January 4, 2017), http://irabyock.org/wp-content/uploads/2014/06/Byock-Maryland-Medicine-vol-17-4-January-2017.pdf; Ira Byock, "Physician-Assisted Suicide Is Not Progressive," *The Atlantic*, October 25, 2012, https://www.theatlantic.com/health/archive/2012/10/physician-assisted-suicide-is-not-progressive/264091/。

50. 1997 年，美国最高法院裁定：*Washington* v. *Glucksberg*, 521 US 702 (June 26, 1997). 另见 Kathryn L. Tucker, "In the Laboratory of the States: The Progress of Glucksberg's Invitation to States to Address End-of-Life Choice," *Michigan Law Review* 106, no. 8 (June 2008): 1593–1611; Robert A. Burt, "The Supreme Court Speaks-Not Assisted Suicide but a Constitutional Right to Palliative Care," *New England Journal of Medicine* 337 (October 1997): 1234–1236。

51. 从那时起，一直躲在幕后的"姑息性镇静"：1935 年，英国自愿安乐死协会的创始人表示，医生协助死亡没必要合法化，因为"所有心地善良的医生反正都会这么做"。次年，御医道森勋爵（Lord Dawson）对国王乔治五世实施了安乐死，当时玛丽女王也在场。Colin Brewer, "Assisted Dying: 'All Good Doctors Do It Anyway,'" *BMJ* 345 (2012).

52. 最主要的医疗干预手段：关于姑息性镇静的更多细节，见 Sam Rys et al., "Continuous Sedation Until Death: Moral Justification of Physicians and Nurses-A Content Analysis of Opinion Pieces," *Medicine, Health Care and Philosophy* 16 (2013): 533–542; Judith A. C. Rietjens et al., "Terminal Sedation and Euthanasia: A Comparison of Clinical Practices," *Archives of Internal Medicine* 166 (April 2006); Timothy Quill, "Myths and

Misconceptions About Palliative Sedation," *American Medical Association Journal of Ethics* 8, no. 9 (September 2006): 577–581; Molly L. Olsen et al., "Ethical Decision Making with End-of-Life Care: Palliative Sedation and Withholding or Withdrawing Life-Sustaining Treatments," *Mayo Clinic Proceedings* 85, no. 10 (October 2010): 949–954; Henk ten Have and Jos V. M. Welie, "Palliative Sedation Versus Euthanasia: An Ethical Assessment," *Journal of Pain and Symptom Management* 47, no. 1 (January 2014); Timothy Quill et al., "Last-Resort Options for Palliative Sedation," *Annals of Internal Medicine* 151 (2009): 421–424; Sophie M. Bruinsma et al., "The Experiences of Relatives with the Practice of Palliative Sedation: A Systematic Review," *Journal of Pain and Symptom Management* 44, no. 3 (September 2012); James Rachels, "Active and Passive Euthanasia," *New England Journal of Medicine* 292 (1975): 78–80; Donna L. Dickenson, "Practitioner Attitudes in the United States and United Kingdom Toward Decisions at the End of Life: Are Medical Ethicists out of Touch?" *Western Journal of Medicine* 174, no. 2 (2001): 103–109。有研究人员指出，姑息性镇静实际上并没有加速死亡。例如，M. Maltoni et al., "Palliative Sedation Therapy Does Not Hasten Death: Results from a Prospective Multicenter Study," *Annals of Oncology* 20 (2009): 1163–1169。

53. 这种做法得到了临终关怀和姑息治疗组织的正式认可：Timothy W. Kirk and Margaret M. Mahon, "National Hospice and Palliative Care Organization (NHPCO) Position Statement and Commentary on the Use of Palliative Sedation in Imminently Dying Terminally Ill Patients," *Journal of Pain and Symptom Management* 39, no. 5 (May 2010): 914–923; "Statement on Palliative Sedation," American Academy of Hospice and Palliative Medicine, December 5, 2014, http://aahpm.org/positions/palliative-sedation。

54. 1% 到 52%：Kirk and Mahon, "National Hospice and Palliative Care Organization (NHPCO) Position Statement."

55. 用双重效应原则来解释：Glanville Williams, "Euthanasia," *Medico-Legal Journal* 41, no. 1 (1973): 14–34; Yale Kamisar, "Active v. Passive Euthanasia: Why Keep the Distinction?" *Trial* 29, no. 3 (1993): 32–38; Margaret P. Battin, "Terminal Sedation: Pulling the Sheet over Our Eyes," *Hastings Center Report* 38, no. 5 (2008): 27–30; Timothy Quill et al., "The Rule of Double-Effect: A Critique of Its Role in End-of-Life Decision Making," *New England Journal of Medicine* 337, no. 24 (December 1997): 1768–1771; Charles E. Douglas et al., "Narratives of 'Terminal Sedation,' and the Importance of the Intention-Foresight Distinction in Palliative Care Practice," *Bioethics* 27, no. 1 (2013): 1–11; Paul Rosseau, "The Ethical Validity and Clinical Experience of Palliative Sedation," *Mayo Clinic Proceedings* 75 (2000): 1064–1069; Joseph

Boyle, "Medical Ethics and Double Effect: The Case of Terminal Sedation," *Theoretical Medicine* 25 (2004): 51–60; Susan Anderson Fohr, "The Double Effect of Pain Medication: Separating Myth from Reality," *Journal of Palliative Medicine* 1, no. 4 (1998); Rita L. Marker, "End-of-Life Decisions and Double Effect: How Can This Be Wrong When It Feels So Right?" *National Catholic Bioethics Quarterly* 11, no. 1 (2011): 99–119; Franklin G. Miller et al., "Assisted Suicide Compared with Refusal of Treatment: A Valid Distinction?" *Annals of Internal Medicine* 132, no. 6 (2000): 470–475。

第二章　年纪

1. 威廉·奥斯勒在其经典著作《医学原则与实务》中提及：William Osler, *The Principles and Practice of Medicine* (New York: McGraw-Hill, 1996)。
2. 全国民调显示："Assisted Suicide: Public Attitudes at Odds with UK Law," NatCen: Social Research That Works Today, May 19, 2011, http://www.natcen.ac.uk/blog/assisted-suicide-public-attitudes-at-odds-with-uk-law。
3. 舍温·努兰：Sherwin Nuland, *How We Die: Reflections on Life's Final Chapter* (New York: Knopf, 1994)。
4. 阿图·葛文德写道：Atul Gawande, *Being Mortal: Medicine and What Matters in the End* (New York: Metropolitan Books, 2014)。
5. 1909年，"老年医学"进入了医学词汇表：I. L. Nascher, Geriatrics: *The Diseases of Old Age and Their Treatment* (Philadelphia: P. Blakiston's Son, 1914); John E. Morley, "A Brief History of Geriatrics," *Journals of Gerontology* 59, no. 11 (November 2014); John C. Beck and Susan Vivell, "Development of Geriatrics in the United States," chap. 5 in *Geriatric Medicine*, ed. C. K. Cassel and J. R. Walsh (New York: Springer, 1984)。
6. 这个与众不同的词出现了：Carole Haber, "Anti-Aging Medicine: The History," *Journals of Gerontology* 59, no. 6 (June 2014); Eric Grundhauser, "The True Story of Dr. Voronoff's Plan to Use Monkey Testicles to Make Us Immortal," Atlas Obscura, October 13, 2015, https://www.atlasobscura.com/articles/the-true-story-of-dr-voronoffs-plan-to-use-monkey-testicles-to-make-us-immortal; Adam Leith Gollner, *The Book of Immortality: The Science, Belief, and Magic Behind Living Forever* (New York: Scribner, 2013)。
7. 大部分研究人员不再说解决年老："缩短生病时间"的概念最早由詹姆斯·弗里斯（James Fries）医生于1980年提出，见James F. Fries, "Aging, Natural Death, and the Compression of Morbidity," *New England Journal of Medicine* 303, no. 3 (August 1980): 130–135。下列文献同样阐释了这个概念：Anthony J. Vita et al., "Aging, Health Risks and Cumulative Disability," *New England Journal of Medicine* 338 (April 1998): 1035–1041; V. Mor, "The

Compression of Morbidity Hypothesis: A Review of Research and Prospects for the Future," *Journal of the American Geriatric Society* 53, no. 9 (2005): S308–S309; James F. Fries et al., "Compression of Morbidity 1980–2011: A Focused Review of Paradigms and Progress," *Journal of Aging Research* (August 2011)。对这个概念的批评，见 Eileen M. Crimmins and Hiram Beltran-Sanchez, "Mortality and Morbidity Trends: Is There Compression of Morbidity?" *Journals of Gerontology*, Series B, 66, no. 1 (December 2010): 75–86; Colin Steensma et al., "Evaluating Compression or Expansion of Morbidity in Canada," *Health Promotion and Chronic Disease Prevention in Canada* 37, no. 3 (2017): 68–76; Carol Jagger, "Compression or Expansion of Morbidity—What Does the Future Hold?" *Age and Ageing* 29 (2000): 93–94; Kenneth Howse, "Increasing Life Expectancy and the Compression of Morbidity: A Critical Review of the Debate" (Oxford Institute of Ageing Working Paper, July 2006), https://www.ageing.ox.ac.uk/files/workingpaper_206.pdf; Stefan Walter et al., "No Evidence of Morbidity Compression in Spain: A Time Series Study Based on National Hospitalization Records," *International Journal of Public Health* 61, no. 1 (September 2016)。

8. "维多利亚时代的得体应对便是三缄其口"：Nuland, *How We Die*。
9. "把生病的时间缩短是典型的美国理念"：Ezekiel Emanuel, "Why I Hope to Die at 75," *The Atlantic*, October 2014。
10. 今天，大概有 1/5 的美国老人：Alvin C. Kwok et al., "The Intensity and Variation of Surgical Care at the End of Life: A Retrospective Cohort Study," *Lancet* 378, no. 9800 (October 2011): P1408–P1413。
11. 有一篇文章就是描述这个发现的：Avril Henry, "Chaucer's 'A B C'：Line 39 and the Irregular Stanza Again," *Chaucer Review* 18, no. 2 (1983): 95–99。
12. 菲利普·罗斯：Philip Roth, *Everyman* (New York: Vintage International, 2006)。
13. 让·阿莫瑞是一名记者，也是大屠杀幸存者：我最早读到这句话是在薇薇安·戈尼克（Vivian Gornick）的著作中。Vivian Gornick, *The Situation and the Story: The Act of Personal Narrative* (New York: Farrar, Straus and Giroux, 2001); Jean Améry, *On Aging: Revolt and Resignation* (Bloomington: Indiana University Press, 1994)。
14. 等救护车的时候，埃芙丽尔脑子里浮现出艾略特的一句诗：T. S. Eliot, "The Love Song of J. Alfred Prufrock," in *The Waste Land and Other Poems* (New York: Signet Classic, 1998)。
15. "现在并没有哪种特定的疾病，病情严重到让我痛苦不堪"：Michael Irwin, "Approaching Old Age," SOARS, 2014, https://www.mydeath-mydecision.org.uk/wp-content/uploads/2016/07/Approaching-Old-Old-booklet.pdf, 78。原始网页已经无法访问，但仍然可以通过"网站时光机"获取。Michael Irwin, "European Support for Rational Suicide in Old Age,"

Society for Old Age Rational Suicide,获取于 2020 年 3 月 3 日,https://web.archive.org/web/20190204001345/http://soars.org.uk/index.php/about。

16. "理性、积极的行为":Irwin, "European Support for Rational Suicide in Old Age."部分学者考虑了在资源稀缺、实行医疗卫生配给制度的情况下让老年人"理性"死亡的想法,并指出面临稀缺时,对老年人的照护理应缩减。这一现代学术讨论可以追溯到 20 世纪 80 年代。有关背景,可参阅下面的例子:Margaret P. Battin, "Age Rationing and the Just Distribution of Health Care: Is There a Duty to Die?" *Ethics* 97, no. 2 (1987): 317–340; Norman Daniels, "Justice Between Age Groups: Am I My Parents' Keeper?" *Milbank Memorial Fund Quarterly* 61, no. 3 (1983): 489–522; Dennis McKerlie, "Justice Between Age-Groups: A Comment on Norman Daniels," *Journal of Applied Philosophy* 6, no. 2 (1989): 227–234; Henry J. Aaron et al., *Painful Prescription: Rationing Hospital Care*, Studies in Social Economics (Washington, DC: Brookings Institution Press, 1984)。

17. 1516 年出版的著作《乌托邦》:Thomas More, (New York: Penguin Books, 1965)。另外,尼采也曾写道,医生应当给那些"继续懦弱地在医生的护翼下饱食终日无所事事的病人"、允许自己成为社会"寄生虫"的病人"来一剂新鲜的丑恶感"。"在某些情况下,继续活下去很不体面。"Friedrich Nietzsche, *Complete Works*, vol. 16 (New York: Russell, 1964)。

18. 欧文在英格兰南部举办了一些小型会议:Martin Beckford, "'Dr Death' Calls for Assisted Suicide for Those Who Are Not Terminally Ill," Telegraph, August 16, 2010, https://www.telegraph.co.uk/news/uknews/law-and-order/7944884/Dr-Death-calls-for-assisted-suicide-for-those-who-are-not-terminally-ill.html; "Retired GP Admits to Helping People to Die in the Past," BBC, April 4, 2011, https://www.bbc.co.uk/news/uk-12960984; "Right-to-Die Activist Nan Maitland 'Died with Dignity,'" BBC, April 4, 2011, https://www.bbc.com/news/uk-12959664。

19. 2010 年,英国小说家马丁·埃米斯:Maurice Chittenden, "Martin Amis Calls for Euthanasia Booths on Street Corners," *Times*, January 24, 2010, https://www.thetimes.co.uk/article/martin-amis-calls-for-euthanasia-booths-on-street-corners-mct9qdm0ft9。

20. 埃米斯声称他说这些是意在"讽刺":Caroline Davies, "Martin Amis in New Row over 'Euthanasia Booths,'" Guardian, January 24, 2010, https://www.theguardian.com/books/2010/jan/24/martin-amis-euthanasia-booths-alzheimers。

21. 在新奥良的一个会议中心:Deborah Brauser, "'Rational Suicide' Talk Increasing Among 'Healthy' Elderly," Medscape, April 8, 2015, https://www.medscape.com/viewarticle/842819。另见 Robert McCue et al., "Rational Suicide in the Elderly: Mental Illness or Choice?" *American Journal of Geriatric Psychiatry* 23, no. 3 (March

2015): S41–S42。

22. 《精神疾病诊断和统计手册》在提到自杀时: Diagnostic and Statistical Manual of Mental Disorders: DSM-5 (Arlington, VA: American Psychiatric Association, 2013)。

23. 会议结束后，麦丘博士和米拉·巴拉苏布拉马尼亚姆: Robert E. McCue and Meera Balasubramaniam, eds., Rational Suicide in the Elderly (Basel: Springer International, 2017)。另见 Meera Balasubramaniam, "Rational Suicide in Elderly Adults: A Clinician's Perspective," Journal of the American Geriatrics Society 66, no. 5 (March 2018)。对麦丘和巴拉苏布拉马尼亚姆著作的批评，见 Elizabeth Dzeng and Steven Z. Pantilat, "What Are the Social Causes of Rational Suicide in Older Adults?" Journal of the American Geriatrics Society 66, no. 5 (May 2018): 853–855。对这个问题的更多讨论，见 Naomi Richards, "Old Age Rational Suicide," Sociology Compass 11, no. 2 (2017); Paula Span, "A Debate over 'Rational Suicide,'" New York Times, August 31, 2018, https://www.nytimes.com/2018/08/31/health/suicide-elderly.html?login=email&auth=login-email&login=email&auth=login-email。

24. 2018 年发表于《临床精神病学杂志》上的一篇文章: J. Yager et al., "Working with Decisionally Capable Patients Who Are Determined to End Their Own Lives," Journal of Clinical Psychiatry 79, no. 4 (May 2018)。

25. 老年精神病学领域存在巨大的认识论鸿沟: Heather Uncapher et al., "Hopelessness and Suicidal Ideation in Older Adults," Gerontological Society of America 38, no. 1 (1998)。

26. 全球老年人自杀率: Ismael Conejero et al., "Suicide in Older Adults: Current Perspectives," Clinical Interventions in Ageing 13 (2018): 691–699。

27. 有将近 10% 的 65 岁及以上的美国人: Library of Congress, Congressional Research Service, Poverty Among Americans Aged 65 and Older, by Zhe Li and Joseph Dalaker, R45791, July 1, 2019。摘要指出："在过去的 50 年，65 岁及以上的美国人的贫困率下降了近 70%。2017 年，65 岁及以上的美国人中约有 9.2% 收入在贫困线以下。然而，上了年纪的穷人数量从 20 世纪 70 年代中期以来就一直在增加，因为老年人总数一直在增长。2017 年，65 岁及以上的人有 470 万生活在贫困中。"

28. 联邦医疗保险没有覆盖辅助老人生活的设施: "Medicare vs. Medicaid," A Place for Mom, modified June 2018, https://www.aplaceformom.com/planning-and-advice/articles/senior-care-costs; "Does Medicare Pay for Assisted Living?" AARP, 获取于 2020 年 3 月, https://www.aarp.org/health/medicare-qa-tool/does-medicare-cover-assisted-living/; Jennifer J. Salopek, "Medicare Home Health Benefits: What Caregiving Costs Are Covered," AARP, October 11, 2019, https://www.aarp.org/caregiving/financial-legal/info-2019/medicare-home-health-care-benefits.html。

29. 1/4 左右的医疗保险费: Gerald F. Riley and James D. Lubitz, "Long-Term Trends in Medicare Payments in the Last Year of Life," Health Services Research 45, no. 2 (April 2010): 565–576。2018 年，研究人员在《科学》杂志上发了一篇文章，提供了"1/4"这个数字的背景，指出"用在预期死亡率超过 50% 的人身上的开支不到 5%"。Liran Einav et al., "Predictive Modeling of U.S. Health Care Spending in Late Life," *Science* 360, no. 6396 (June 2018): 1462–1465.

30. 哲学家保罗·门泽尔: Paul T. Menzel, *Strong Medicine: The Ethical Rationing of Health Care* (Oxford: Oxford University Press, 1990)。

31. 2019 年年初，迈克尔·欧文医生创建了一个名叫"90+"的组织: Michael Irwin, Ninety Plus, modified 2020, https://ninetyplus.org.uk/。

32. 目前，欧洲有三个国家安乐死法律在确定病人是否符合条件时，将病人的年龄也纳入了考量：在科学报道中，"多发性慢性疾病"也会被叫作"多病况"。根据比利时安乐死控制与评估联邦委员会的数据，2016 年到 2017 年，患有多发性慢性疾病的人占到了所有安乐死病人的 13.2%，成为第二大最常被提及的诊断结论，仅次于癌症。Commission Fédérale de Contrôle et d'Évaluation de l'Euthanasie, "Huitième rapport aux chambres législatives années 2016–2017," October 2018, https://organesdeconcertation.sante.belgique.be/sites/default/files/documents/8_rapport-euthanasie_2016-2017-fr.pdf.

在荷兰，地方审查委员会把患有跟年龄有关的多种疾病的人跟其他患有多种疾病的人分成两类。2018 年，该委员会收到了 6126 份安乐死案例，其中 205 例患有"多种老年疾病"，738 例患有"多种疾病"。Regional Euthanasia Review Committee, "Annual Report 2018," April 2019, https://www.euthanasiecommissie.nl/binaries/euthanasiecommissie/documenten/jaarverslagen/2018/april/11/jaarverslag-2018/RTE_jv2018_English.pdf. 另见 Woulter Beekman, The Self-Chosen Death of the Elderly (United Kingdom: Society for Old Age Rational Suicide, 2011); Els van Wijngaarden et al., "Assisted Dying for Healthy Older People: A Step Too Far?" *BMJ* 357 (May 19, 2017)。

卢森堡的法律主要以比利时法律为基础，尽管卢森堡的安乐死案例不算很多。有些瑞士诊所和医生也接收与老年有关的多发性慢性疾病病人。参见 Sigrid Dierickx, "Euthanasia Practice in Belgium: A Population-Based Evaluation of Trends and Currently Debated Issues" (PhD diss., Faculty of Medicine and Pharmacy, Vrije Universiteit Brussel, 2018), https://www.worldrtd.net/sites/default/files/newsfiles/Sigrid_Dierickx.pdf。

33. 埃迪特·席佩斯提出了一项政策: Dan Bilefsky and Christopher F. Schuetz, "Dutch Law Would Allow Assisted Suicide for Healthy Older People," *New York Times*, October 13, 2016; "Netherlands May Extend Assisted Dying to

Those Who Feel 'Life Is Complete," *Reuters*, October 12, 2016。

34. 维尔德斯告诉荷兰报纸《人民报》：引自 Paul Ratner, "Dutch May Allow Assisted Suicide for Terminally Ill Patients," *Big Think*, October 14, 2016, http://bigthink.com /paul-ratner/dutch-may-allow-assisted-suicide-for-people-who-have-completed-life。

35. 皮娅·戴克斯特拉: Janene Pieters, "D66 Working on a Bill for Assisted Suicide at End of a 'Completed Life,'" *NL Times*, September 2, 2019, https://nltimes.nl/2019/09/02 /d66-working-bill-assisted-suicide-end-completed-life。

36. 2016年，几名荷兰学者在一份同行评议医学期刊《英国医学杂志》（开放版）上发表了一项研究: Els van Wijngaarden et al., "Caught Between Intending and Doing: Older People Ideating on a Self-Chosen Death," *BMJ Open* 6, no. 1 (2016)。

37. 查尔斯王子："Prince of Wales Always Outspoken on Modern Architecture," Telegraph, May 12, 2009, https://www.telegraph.co.uk/news/uknews/theroyalfamily/5311155/Prince-of-Wales-always-outspoken-on-modern-architecture.html。

38. 埃芙丽尔在网上发现了死亡权组织"解脱国际"：Exit International, "About Exit," modified 2020, https://exitinternational.net/about-exit/history/。

39. 花 185 美元：Philip Nitschke and Fiona Stewart, The Peaceful Pill eHandbook (n.p.: Exit International US, 2008)。

40. 这天晚上8点45分：我通过多次采访重建了这些细节，采访对象包括埃芙丽尔、警察、埃芙丽尔以前的护工以及本地医护人员。我也查阅了警方记录和医疗记录。埃克塞特高级验尸官后来出具的电子版验尸报告中包括了执法官员和医护人员的大量证词，后来这位验尸官也将这份报告分享给我，给了我莫大帮助。

41. 国际刑警组织"截获了一些跟来自墨西哥的化学品有关的信息"：事后，德文郡和康沃尔郡警察局没有任何人愿意和我讨论这起遭遇，尽管有一位发言人跟我确认了当晚在埃芙丽尔家发生的事情的主要经过。我以信息自由为依据要求有关部门公开与国际刑警组织的通信，但也被拒绝了。媒体官员"既不会肯定，也不会否认他们掌握这些信息"。

国际刑警组织总部在法国里昂，自身并没有在各国设立分支机构。英国国家打击犯罪局（NCA）在"严重的有组织犯罪"方面与国际刑警组织有密切合作，也是英国的国际刑警组织国家中央分局所在地。但无论是国际刑警组织，还是国家打击犯罪局，都没有任何人愿意和我交谈。通过向英国内政部提出信息自由的要求，我发现在 2016 年 4 月，也就是警察前往埃芙丽尔家的那个月，英国边境部队在英国入境口岸查获了 3 批戊巴比妥。

42. 那位医生在当晚的记录中写道：我收到了一份"德文郡医生非营业时间呼叫事件报告"，时间为 2016 年 4 月 15 日凌晨 4 点 36 分，其中包括这名医生对当晚事件的记录。

43. 他说，他们去萨拉家是代表国土安全部或者缉毒局：差不多在同一时间，国土安全部移民与海关执法局的一名女性发言人通过电子邮件告诉我，国土安全部既未参与前往萨拉家中这一具体事件，也跟更广泛的针对耐波他销售的调查无关。美国缉毒局的一名女性发言人则通过电子邮件解释称："因为诉讼正在进行，我们无法就此置评。"

44. 随后开车回家时，其中好几个人都遇到了警方设置的路障：Eleanor Ainge Roy, "New Zealand Police Set Up Roadblocks to Question Euthanasia Group," *Guardian*, October 25, 2016, https://www.theguardian.com/world/2016/oct/25/new-zealand-police-set-up-roadblocks-to-question-euthanasia-group-members-say; "Woman Who Sparked Controversial Police Investigation into Euthanasia Supporters Identified as Annemarie Treadwell," *New Zealand Herald*, October 28, 2016, https://www.nzherald.co.nz/nz/news/article.cfm?c_id=1&objectid=11737581; Tom Hunt, "Police Admit Using Checkpoint to Target Euthanasia Meeting Attendees," *Stuff*, October 27, 2016, https://www.stuff.co.nz/national/crime/85752421/police-admit-using-checkpoint-to-target-euthanasia-meeting-attendees; Matt Stewart, "Wellington Euthanasia Lobbyist, Accused of Aiding Suicide, Seeks Global Backing," *Stuff*, April 24, 2017, https://www.stuff.co.nz/national/health/91852436/wellington-euthanasia-lobbyist-accused-of-aiding-suicide-seeks-global-backing; Matt Stewart and Tom Hunt, "Checkpoint 'Targets' Advised to Take Class Action Against Police After IPCA Ruling," *Stuff*, March 15, 2018, https://www.stuff.co.nz/national/health/euthanasia-debate/102280034/ipca-police-not-justified-in-using-illegal-checkpoint-to-target-euthanasia-group-members; "Operation Painter: Findings in Privacy Investigation," *Scoop*, March 15, 2018, https://www.scoop.co.nz/stories/PO1803/S00228/operation-painter-findings-in-privacy-investigation.htm?from-mobile=bottom-link-01。

45. 2016年10月："A Trial Is to Be Held for Lower Hutt Woman Susan Austen, Charged with Aiding a Suicide," May 12, 2017, Stuff, https://www.stuff.co.nz/national/crime/92501870/a-trial-is-to-be-held-for-a-woman-charged-with-aiding-a-suicide; "Susan Austen Trial: Police Bugs Recorded Exit Meeting at Suspect's Home," *Stuff*, February 16, 2018, https://www.stuff.co.nz/national/crime/101479354/suzy-austen-had-email-translated-after-customs-intercepted-parcel; "Austen Trial: Dead Woman Believed in Personal Choice over Living and Dying," *Stuff*, February 20, 2018, https://www.stuff.co.nz/national/crime/101581275/austen-trial-dead-woman-believed-in-personal-choice-over-living-and-dying; Tom Hunt, "The Susan Austen Interview—from Teacher to Campaigner to Unlikely Criminal," *Stuff*, May 13, 2018, https://www.stuff.co.nz/dominion-post/news/103857083/the-susan-austen-interview—from-

teacher-to-campaigner-to-unlikely-criminal。

46. 经过两周的刑事听证会，她被判"协助自杀"罪名不成立，但两项非法进口罪名成立："Susan Austen Not Guilty of Assisting Suicide," *New Zealand Herald*, February 23, 2018, https://www.nzherald.co.nz/nz/news/article.cfm?c_id=1&objectid=12000695; Melissa Nightingale, "Convicted Euthanasia Advocate: 'I Was Made a Scapegoat,'" *New Zealand Herald*, January 10, 2019, https://www.nzherald.co.nz/nz/news/article.cfm?c_id=1&objectid=12166426&ref=rss。

47. 20世纪90年代，研究遗书的学者发现：Alec Wilkinson, "Notes Left Behind," *New Yorker*, February 8, 1999。

第三章　身体

1. 约瑟夫·坎贝尔的著作：Joseph Campbell, *The Hero with a Thousand Faces* (New York: Pantheon Books, 1949)。

2. 瑞士巴塞尔"生命周期"诊所：在本书出版时，"生命周期"安乐死诊所的业务正因为其创始人及首席医生埃丽卡·普雷西格在接受刑事审判而暂停。普雷西格因为2016年曾协助一名患精神疾病的60岁妇女自杀而被起诉。2019年7月，巴塞尔检察官办公室认定普雷西格杀人罪名不成立，但警告她说她未被定罪完全是"侥幸"。法官严厉斥责普雷西格未就此病例咨询任何精神科医生。（普雷西格辩称，她曾经想转介这个病人去做精神评估，但找不到任何医生愿意接手。）普雷西格因与处理医疗产品有关的几项违法行为被判缓刑15个月。Céline Zünd, "Erika Preisig échappe à une condamnation pour homicide," Le Temps, July 9, 2019, https://www.letemps.ch/suisse/erika-preisig-echappe-une-condamnation-homicide。

3. 2016年1月，马娅所在的科罗拉多州有位议员在州议会提出了一项法律："Colorado," Death with Dignity National Center, 获取于2020年3月，https://www.deathwithdignity.org/states/colorado/。

4. 马娅开始在网上找资料，并做起了研究：Choosing to Die, directed by Charlie Russell (London: BBC, 2011), television broadcast。

5. 马娅了解到，协助死亡从20世纪40年代开始就在瑞士因某种意义上的立法疏漏而合法了：Samia A. Hurst and Alex Mauron, "Assisted Suicide and Euthanasia in Switzerland: Allowing a Role for Non-Physicians," *BMJ* 326, no. 7383 (2003): 271–273; George Mills, "What You Need to Know About Assisted Suicide in Switzerland," *Local*, May 3, 2018, https://www.thelocal.ch/20180503/what-you-need-to-know-about-assisted-death-in-switzerland。

6. 瑞士联邦刑法第115条的规定：该法条认为，"任何人出于自私动机鼓动或协助他人自杀或尝试自杀，如果该他人因此自杀或尝试自杀，可判处不超过5年的监禁或罚款"。"Swiss Criminal Code," Federal Assembly,

Swiss Confederation, 获取于 2020 年 3 月, https://www.admin.ch/opc/en/classified -compilation/19370083/202003030000/311.0.pdf。

7. 瑞士政府从那时起就将该法条解释为:"尊严死"安乐死诊所将自私动机定义为:"例如,如果通过协助自杀,某人能提前继承遗产,或摆脱赡养义务。""尊严死"诊所的指导原则中也指出,"协助自杀的正常经济补偿"也应该被排除在"自私动机"之外。"Legal Basis," Dignitas, 获取于 2020 年 3 月, http://www.dignitas.ch/index.php?option=com_content&view=article&id =12&Itemid=53&lang=en。

8. 诊所要求前来寻求安乐死的病人:以"生命周期"诊所的指导原则为例: "Guide to Eternal Spirit," Lifecircle, December 2019, https://www.lifecircle.ch/fileadmin/eternal _spirit/docs/en/Guide_en.pdf。

9. 外国人可以直接飞到苏黎世: "Swiss Parliament Rejects Tighter Controls on Assisted Suicide," Reuters, September 26, 2012, https://www.reuters.com/article/us-swiss-politics-suicide/swiss-parliament-rejects-tighter-controls-on-assisted-suicide -idUSBRE88P15320120926。

10. 一直到 2016 年,每年都有世界各地的人: DeMond Shondell Miller and Christopher Gonzalez, "When Death Is the Destination: The Business of Death Tourism—Despite Legal and Social Implications," *International Journal of Culture, Tourism and Hospitality Research* 7, no. 3 (2013): 293–306; Saskia Gauthier et al., "Suicide Tourism: A Pilot Study of the Swiss Phenomenon," *Journal of Medical Ethics* 41, no. 8 (2015): 611–617; Samuel Blouin, " 'Suicide Tourism' and Understanding the Swiss Model of the Right to Die," *Conversation,* May 23, 2018, http://theconversation.com/suicide-tourism-and-understanding-the-swiss-model-of -the-right-to-die-96698。

11. 苏黎世大学的一项研究: Gauthier et al., "Suicide Tourism."

12. 160 万人: Tim Glanfield, "TV Ratings: Terry Pratchett: Choosing to Die Watched by 1.64m Viewers," RadioTimes, June 14, 2011, https://www.radiotimes .com/news/2011-06-14/tv-ratings-terry-pratchett-choosing-to-die-watched-by-1-64m-viewers/。

13. 爷爷去"尊严死"安乐死诊所:例如 *Tod nach plan* (A planned death), directed by Hanspeter Bäni (Switzerland, 2010), documentary film; *Manon: The Last Right?* by Marie-Josée Lévesque et al. (Quebec: Télé-Québec, 2004); *EXIT: Le droit de mourir* (Exit: The right to die), directed by Fernand Melgar (First Run / Icarus Films, 2006), documentary; *The Suicide Tourist,* directed by John Zaritsky (Boston: PBS, 2010), television broadcast; *How to Die: Simon's Choice,* directed by Rowan Deacon (London: BBC, 2016), television broadcast; *Right to Die,* produced by Vikram Gandhi et al. (New York: VICE on HBO, 2017); *Scientist David Goodall Chooses Euthanasia at 104 Years Old,* produced by Lisa McGregor (Australia: ABC Australia, 2018);

End Game, directed by Rob Epstein and Jeffrey Friedman (Netflix, 2018), documentary film。
在瑞士实施的协助死亡录制成的视频在 YouTube 上同样很受欢迎。例如，2010 年米歇尔·科斯（Michèle Causse）的死播放了 230 万次以上。"Assisted Suicide of Michèle Causse," YouTube, uploaded May 30, 2014, https:// www.youtube.com/watch?v=JfyxUO4ZsDo。

14. 路德维希·米内利称安乐死为"最后的人权"：Imogen Foulkes, "Dignitas Boss: Healthy Should Have Right to Die," BBC News, July 2, 2010, https://www.bbc.com/news/10481309。

15. 当地人抱怨有骨灰冲上苏黎世湖岸：Foulkes, "Switzerland Plans New Controls"；BBC News, July 2, 2010, https://www.bbc.com/news/10461894; Roger Boys, "Ashes Dumped in Lake Zurich Put Dignitas Back in the Spotlight," London Times, May 1, 2010, https://www.thetimes.co.uk/article/ashes-dumped-in-lake-zurich-put-dignitas-back-in-the-spotlight-wftlfdc06fk。

16. "'生命周期'致力于维护人类的尊严"："Support and Promote Quality of Life," Lifecircle, 获取于 2020 年 3 月，https://www.lifecircle.ch/en/。

17. 脊椎穿刺看起来很正常：脊髓穿刺（也叫腰椎穿刺）是用来获取和检测脑脊液（CSF）的一种手术。脑脊液是一种无色液体，包裹着脊髓和大脑。脑脊液样本中某些蛋白质水平升高，表示可能患多发性硬化。然而，美国多发性硬化学会指出，"在确诊多发性硬化的人中，有 5%～10% 在脑脊液中没有显示任何异常。因此，脑脊液分析本身既不能确认，也不能排除多发性硬化诊断"。"Cerebrospinal Fluid (CSF)," National Multiple Sclerosis Society, 获取于 2020 年 3 月，https://www.nationalmssociety.org/Symptoms-Diagnosis/Diagnosing-Tools/Cerebrospinal-Fluid-(CSF)。

18. 患有多性硬化的人都有缓解和复发的时候：美国多发性硬化学会指出："复发—缓解多发性硬化是最常见的病程，其特征是明显有新的或越来越严重的神经症状发作出来。这样发作——也叫复发或者恶化——然后是部分或完全复原（缓解）的一段时间。在缓解期，所有症状都有可能消失，也有可能有些症状会继续，变成永久性的。但是，在缓解期，疾病不会有明显发展。""Relapsing-Remitting MS (RRMS)," National Multiple Sclerosis Society, 获取于 2020 年 3 月，https://www.nationalmssociety.org/What-is-MS/Types-of-MS/Relapsing-remitting-MS。

19. 马娅申请残疾人社保：2004 年到 2013 年，残疾人社保申请只有 36% 获批。约 1/4 在首次申请时获批，另有 13% 是在经过一次听证或申诉后获批的。Social Security Administration, "Annual Statistical Report on the Social Security Disability Insurance Program, 2014," November 2015, https://www.ssa.gov/policy/docs/statcomps/di_asr/2014/di_asr14.pdf。

20. 根据美国人口普查数据，多发性硬化患者比普通美国人贫困的可能性高出 50%：Jonathan D. Campbell et al., "Burden of Multiple Sclerosis on Direct,

Indirect Costs and Quality of Life: National US Estimates," *Multiple Sclerosis and Related Disorders* 3, no. 2 (2014): 227–236。

21. "保险是个大的问题"：另见 Dennis N. Bourdett et al., "Practices of US Health Insurance Companies Concerning MS Therapies Interfere with Shared Decision-Making and Harm Patients," *Neurology Clinical Practice* 6, no. 2 (2016): 177–182。作者写道："我们逐渐发现，因为跟多发性硬化疾病修正治疗（DMTs）有关的报销规则，因为还要花好多个小时跟那些拒绝支付我们写下的治疗方法所需费用的保险公司打交道，所以我们也在改变我们提供给病人的医疗护理。"文中称，他们在多个州调查了17名收治多发性硬化病人的医生，"他们估计，他们的工作人员每个月要花二三十个小时来处理与多发性硬化药物报销有关的问题。这些神经学家指出，他们每周通常要花一个到一个半小时来处理保险公司拒付的问题"。

22. 马娅想读一读与多发性硬化相关的文章：Gary R. Cutter et al., "Causes of Death Among Persons with Multiple Sclerosis," *Multiple Sclerosis and Related Disorders* 4 (2015): 484–490。

23. 还有一篇是《纽约时报》的报道：N. R. Kleinfield, "The Lonely Death of George Bell," New York Times, October 17, 2015, https://www.nytimes.com/2015/10/18/nyregion/dying-alone-in-new-york-city.html。

24. 马娅在网上寻找相关信息：例如，下面几个组织的网站："还没死"（notdeadyet.org）、"护理而非杀害"（carenotkilling.org.uk），以及"安乐死预防联盟"（epcc.ca）。

25. 美国死亡权运动的早期历史：例如 Ian Dowbiggen, *A Merciful End: The Euthanasia Movement in Modern America* (Oxford: Oxford University Press, 2003); Kevin Yuill, *Assisted Suicide: The Liberal, Humanist Case Against Legalization* (Houndmills, Basingstoke, UK: Palgrave Macmillan, 2013), 60–82。

26. 在2019年的一份报告中，残疾人委员会表达了大致相同的观点：National Council on Disability, "The Danger of Assisted Suicide Laws," October 9, 2019, https://ncd.gov/sites/default/files/NCD_Assisted_Suicide_Report_508.pdf。

27. 临终援助的支持者：关于残疾人与协助死亡法规这个问题，更多内容见 Andrew Batavia, "The New Paternalism: Portraying People with Disabilities as an Oppressed Minority," *Journal of Disability Policy Studies* 12, no. 2 (2001): 107–113; Susan M. Behuniak, "Death with 'Dignity': The Wedge That Divides the Disability Rights Movement from the Right to Die Movement," *Politics and the Life Sciences* 30, no. 1 (2011): 17–32; Diane Coleman, "Assisted Suicide Laws Create Discriminatory Double Standard for Who Gets Suicide Prevention and Who Gets Suicide Assistance: Not Dead Yet Responds

to Autonomy, Inc.," *Disability and Health Journal* 3 (2010): 39– 50; Ann Neumann, *The Good Death: An Exploration of Dying in America* (Boston: Beacon Press, 2017); Alicia Ouellette, "Barriers to Physician Aid in Dying for People with Disabilities," *Laws* 6, no. 23 (2017); Anita Silvers, "Protecting the Innocents: People with Disabilities and Physician-Assisted Dying," *Western Journal of Medicine* 166, no. 6 (1997): 407– 409。

28. 努力消除这样的忧虑：例如"同情与选择"发布过一篇关于残疾人与临终医疗援助"你需要知道的9个事实"。网页上指出："来自康涅狄格州、新泽西州和马萨诸塞州的调查显示，有 2/3 的残疾人在临终时得到了医疗援助。" Compassion & Choices, "Medical Aid in Dying and People with Disabilities," 获取于 2020 年 3 月, https://compassionandchoices.org/resource/medical-aid-dying-people-disabilities/。

29. 2007 年《医学伦理学杂志上》上发表的一项同行评议研究：Margaret Battin et al., "Legal Physician-Assisted Dying in Oregon and the Netherlands: Evidence Concerning the Impact on Patients in 'Vulnerable' Groups," *Journal of Medical Ethics* 33, no. 10 (2007): 591–597。

30. 2016 年，俄勒冈州残疾人权利组织：Compassion & Choices, "Death with Dignity and People with Disabilities," 获取于 2020 年 3 月, https://www.deathwithdignity.org/death-dignity-people-disabilities/。

31. 伊齐基尔·伊曼纽尔：Ezekiel Emanuel, "Whose Right to Die?" *The Atlantic*, March 1997。

32. 2016 年 11 月，科罗拉多州选民以 2 比 1 的优势通过了《生命终点选择权法》：Colorado Department of Public Health and Environment, "Medical Aid in Dying," 获取于 2020 年 3 月, https://www.colorado.gov/pacific/cdphe/medical-aid-dying。

33. 加拿大的 C-14 法：Julia Nicol and Marlisa Tiedemann, "Bill C-14: An Act to Amend the Criminal Code and to Make Related Amendments to Other Acts (Medical Assistance in Dying)," Library of Parliament, No. 42-1-C14-E, April 2016, https://lop.parl.ca/staticfiles/PublicWebsite/Home/ResearchPublications/LegislativeSummaries/PDF/42 -1/c14-e.pdf。

34. 病痛"极为严重、无法挽回"：Canadian Association of MAID Assessors and Providers, "The Clinical Interpretation of 'Reasonably Foreseeable,'" June 2017, https://camapcanada.ca/wp-content/uploads/2019/01/cpg1-1.pdf。

35. 2019 年，加拿大一家省级法院裁定：Tu Thanh Ha and Kelly Grant, "Quebec Court Strikes Down Restriction to Medically Assisted Dying Law, Calls It Unconstitutional," Globe and Mail, September 11, 2019, https://www.theglobeandmail.com/life/health-and-fitness/article-quebec-court-strikes-down-parts-of-laws-on-medically-assisted-death/; Truchon c. Procureur général du Canada, QCCS 3792 (Quebec 2019), https://

d3n8a8pro7vhmx.cloudfront.net/dwdcanada/pages/4439/attachments/original/1568236478/500-17-099119-177.pdf?1568236478。

36. 在美国，多发性硬化患者：关于多发性硬化与协助死亡，更多内容见 Deborah Brauser, "More Than 50% of Patients with MS Surveyed Would Consider Physician-Assisted Death," *Medscape*, October 12, 2016, https://www.medscape.com /viewarticle/870154; Ruth Ann Marrie et al., "High Hypothetical Interest in Physician-Assisted Death in Multiple Sclerosis," *Neurology* 88, no. 16 (2017); Neil Scolding, "Physician-Assisted Death Should Be Available to People with MS—NO," *Multiple Sclerosis Journal* 23, no. 13 (2017): 1679–1680; Kim Louise Wiebe, "Physician-Assisted Death Should Be Available to People with MS—YES," *Multiple Sclerosis Journal* 23, no. 13 (2017): 1677–1678。

37. 俄勒冈州的数据显示，2019 年：Oregon Health Authority, "Oregon Death with Dignity Act: 2019 Data Summary," February 25, 2020, https://www.oregon.gov/oha/PH/PROVIDERPARTNERRESOURCES/EVALUATIONRESEARCH/DEATHWITHDIGNITYACT/Documents/year22.pdf。

    关于肌萎缩侧索硬化与协助死亡，更多内容见 Leo H. Wang et al., "Death with Dignity in Washington Patients with Amyotrophic Lateral Sclerosis," *Neurology* 87, no. 20 (2016): 2117–2122; James A. Russell and Mario F. Dulay, "Hastened Death in ALS: Damaged Brains and Bad Decisions?" *Neurology* 87, no. 13 (2016): 1312–1313; Jonathan Katz and Hiroshi Mitsumono, "ALS and Physician-Assisted Suicide," *Neurology* 87, no. 11 (2016): 1072–1073。另见 James A. Russell, "Physician-Hastened Death in Patients with Progressive Neurodegenerative or Neuromuscular Disorders," *Seminars in Neurology* 38, no. 5 (2018): 522–532。

38. 同年，在科罗拉多州：Center for Health and Environmental Data, "Colorado End-of-Life Options Act, Year Three," 2020, https://www.colorado.gov/pacific/cdphe/medical-aid-dying。

39. 也有人告诉我，考虑到跟多发性硬化相关的抑郁症风险越来越高：例如，H. Hoang et al., "Psychiatric Co-morbidity in Multiple Sclerosis: The Risk of Depression and Anxiety Before and After MS Diagnosis," *Multiple Sclerosis Journal* 22, no. 3 (2016): 347–353; Anthony Feinstein and Bennis Pavisian, "Multiple Sclerosis and Suicide," *Multiple Sclerosis Journal* 23, no. 7 (2017): 923–927; Ruth Ann Marrie, "What Is the Risk of Suicide in Multiple Sclerosis?" *Multiple Sclerosis Journal* 23, no. 6 (2017): 755–756。

40. 美国多发性硬化学会的网站上写道：National Multiple Sclerosis Society, "Cognitive Changes," 获取于 2020 年 3 月，https://www.nationalmssociety.org/Symptoms-Diagnosis /MS-Symptoms/Cognitive-Changes。

41. 进入了第二进展期：Gabrielle Macaron and Daniel Ontaneda, "Diagnosis and

Management of Progressive Multiple Sclerosis," *Biomedicines* 7, no. 3 (2019)。

42. 就像 C. S. 刘易斯说的：C. S. Lewis, *A Grief Observed* (New York: HarperOne, 2001)。

43. 她终于有资格享受联邦医疗保险了：Social Security Administration, "Will a Beneficiary Get Medicare Coverage?" 获取于 2020 年 3 月，https://www.ssa.gov/disabilityresearch /wi/medicare.htm。

44. 2007 年的一项研究：L. Iezzoni and L. Ngo, "Health, Disability, and Life Insurance Experiences of Working-Age Persons with Multiple Sclerosis," *Multiple Sclerosis Journal* 13, no. 4 (2007): 534–546。

45. 我与巴里·塔伦特聊了聊："Making Health Care More Affordable: Lowering Drug Prices and Increasing Transparency," 巴里·塔伦特的书面陈述, JD, Executive Vice President of Advocacy, National Multiple Sclerosis Society, to United States House of Representatives, Committee on Education and Labor, September 26, 2019, https://edlabor.house .gov/imo/media/doc/TalenteTestimony092619.pdf; Daniel M. Hartung et al., "The Cost of Multiple Sclerosis Drugs in the US and the Pharmaceutical Industry," *Neurology* 84, no. 21 (2015): 2185–2192; Lisa Rapaport, "U.S. Prices for Multiple Sclerosis Drugs Are on the Rise," Reuters, August 27, 2019, https://www.reuters.com/article/us-health-ms/u-s-prices-for-multiple-sclerosis-drugs-are-on-the-rise-idUSKCN1VH2I5。

46. 因为药物太贵了："2019 Employer Health Benefits Survey," *Kaiser Family Foundation*, September 25, 2019, https://www.kff.org/report-section/ehbs-2019 -section-9-prescription-drug-benefits/。

47. 即使是在享受联邦医疗保险的老年人：Mark Miller, "Medicare Part D No Match for Runaway Specialty Drug Costs: Study," Reuters, February 7, 2019, https://www.reuters.com/article/us-health-ms/u-s-prices-for-multiple-sclerosis-drugs-are-on-the-rise-idUSKCN1VH2I5; Juliette Cubanski et al., "The Out-of-Pocket Cost Burden for Specialty Drugs in Medicare Part D in 2019," Kaiser Family Foundation, February 1, 2019, https://www.kff.org/medicare/issue-brief/the-out-of-pocket-cost-burden-for-specialty-drugs-in-medicare -part-d-in-2019/。

48. 自愿停止饮食：Timothy Quill, "Voluntary Stopping of Eating and Drinking (VSED), Physician-Assisted Death (PAD), or Neither in the Last Stage of Life? Both Should Be Available as a Last Resort," *Annals of Family Medicine* 13, no. 5 (2015): 208–209; Timothy Quill et al., "Voluntarily Stopping Eating and Drinking Among Patients with Serious Advanced Illness-Clinical, Ethical, and Legal Aspects," *JAMA Internal Medicine* 178, no. 1 (2018): 123–127。

49. 2016 年，有个名叫"同情与选择"的游说组织：Compassion & Choices, "The Facts: Medical Aid-in-Dying in the United States," December 2016, https://www.lwvbn.org/notices/DeathDyingConcurrence/G-Fact%20 Sheet%20Aid%20in%20Dying%20in%20US%20Compassion%20and%20

Choices%20Support. pdf。

50. 根据俄勒冈州卫生部发布的 2019 年"尊严死"数据：Oregon Health Authority, "Oregon Death with Dignity Act: 2019 Data Summary"。

51. 作家朱利安·巴恩斯的话：Julian Barnes, *Nothing to Be Frightened Of* (New York: Vintage, 2009)。

52. 2018 年 7 月，马娅发给我一个链接：Rob Kuznia, "In Oregon, Pushing to Give Patients with Degenerative Diseases the Right to Die," *Washington Post*, March 11, 2018, https://www.washingtonpost.com/national/in-oregon-pushing-to-give-patients-with-degenerative-diseases-the-right-to-die/2018/03/11/3b6a2362-230e-11e8-94da-ebf9d112159c_story.html。

53. 黛比："Debbie Purdy," BBC Radio 4, February 26, 2019, https://www.bbc.co.uk/programmes/m0002r4f; Martin Beckford, "Debbie Purdy Demands Director of Public Prosecutions Spell Out Law on Assisted Suicide," *Telegraph*, October 2, 2008, https://www.telegraph.co.uk/news/uknews/3123290/Debbie-Purdy-demands-Director-of-Public-Prosecutions-spell-out-law-on-assisted-suicide.html; Afua Hirsch, "Prison Fear for Relatives Who Assist Suicide," *Guardian*, October 29, 2008, https://www.theguardian.com/society/2008/oct/29/assisted-suicide-right-to-die。

54. 她不得不一个人上路：Martin Beckford and Rosa Prince, "Debbie Purdy Wins House of Lords Victory to Have Assisted Suicide Law Clarified," *Telegraph*, July 31, 2009, https://www.telegraph.co.uk/news/uknews/law-and-order/5942603/Debbie-Purdy-wins-House-of-Lords-victory-to-have-assisted-suicide-law-clarified.html。

55. 黛比的律师指责：Afua Hirsch, "Debbie Purdy Wins 'Significant Legal Victory' on Assisted Suicide," Guardian, July 30, 2009, https://www.theguardian.com/society/2009/jul/30/debbie-purdy-assisted-suicide-legal-victory。

56. 英国也发布了新的指导方针：Sandra Laville, "People Who Assist Suicide Will Face Test of Motives, says DPP," *Guardian*, February 25, 2010, https://www.theguardian.com/society/2010/feb/25/dpp-assisted-suicide-guidelines-starmer-purdy; Director of Public Prosecutions, "Suicide: Policy for Prosecutors in Respect of Cases of Encouraging or Assisting Suicide," *Crown Prosecution Service*, February 2010, 最后更新于 2014 年 10 月，https://www.cps.gov.uk/legal-guidance/suicide-policy-prosecutors-respect-cases-encouraging-or-assisting-suicide。

57. 黛比眉开眼笑地说：Afua Hirsch, "Victory for Debbie Purdy After Historic Ruling in Right-to-Die Legal Battle," *Guardian*, July 30, 2009, https://www.theguardian.com/society/2009/jul/30/debbie-purdy-assisted-suicide-judgement。

58. 一项提交给新墨西哥州议会审议的安乐死法没有通过：Compassion &

Choices, "New Mexico," 获取于 2020 年 3 月, https://www.deathwithdignity.org/states/new-mexico/。

59. 俄勒冈提出要扩大标准范围: Elizabeth Hayes, "Oregon Lawmakers Consider Controversial Expansion to Death with Dignity Law," Portland Business Journal, March 20, 2019, https://www.bizjournals.com/portland/news/2019/03/20/oregon-lawmakers-consider-controversial-expansion.html; "Oregon House Bill 2217," LegiScan, 获取于 2020 年 3 月, https://legiscan.com/OR/bill/HB2217/2019。

第四章 记忆

1. 布赖恩在网上做功课时发现: Final Exit Network, "What We Do," 获取于 2020 年 3 月, https://finalexitnetwork.org/what-we-do/exit-guide-services/。
2. 布赖恩读到, "最后解脱网络" 由 "毒芹协会" 发展而来: 关于毒芹协会及其历史, 更多内容见 Faye Girsh, "The Hemlock Story in Brief," Hemlock Society San Diego, 2006, https://www.hemlocksocietysandiego.org/wp-content/uploads/2019/03/brief.pdf; Richard Cote, In Search of Gentle Death: The Fight for Your Right to Die with Dignity (South Carolina: Corinthian Books, 2012); Derek Humphry and Mary Clement, Freedom to Die: People, Politics and the Right-to-Die Movement (New York: St. Martin's Griffin, 2000); Derek Humphry, The Good Euthanasia Guide: Where, What, and Who in Choices in Dying (Oregon: ERGO, 2004); Derek Humphry, Good Life, Good Death: The Memoir of a Right to Die Pioneer (New York: Carrel Books, 2017); Derek Humphry, "Founding the Hemlock Society," interview by Bob Uslander, Dr. Bob Uslander: Integrated MD Care, January 12, 2018, https://integratedmdcare.com/founding-hemlock-sociedy-derek-humphry-ep-8/。
3. 1975 年: Derek Humphry, Jean's Way (Oregon: Norris Lane Press, 2013)。
4. 汉弗莱告诉《纽约时报》的记者, 在理想情况下: Andrew H. Malcolm, "Some Elderly Choose Suicide over Lonely, Dependent Life," New York Times, September 24, 1984, https://www.nytimes.com/1984/09/24/us/some-elderly-choose-suicide-over-lonely-dependent-life.html。
5. "他们往支持堕胎者的屋子里扔燃烧弹": George Howe Colt, The Enigma of Suicide: A Timely Investigation into the Causes, the Possibility for Prevention and the Paths to Healing (New York: Simon and Schuster, 1991), 369。
6. 十年后, 毒芹协会宣布: Girsh, "Hemlock Story in Brief"。
7. 各地方分会的会议多在普救一位神教教会狭小的地下室举办: 例如 Randall Beach, "Hemlock Society Attracts Growing Attention," New York Times, July 22, 1990; Psyche Pascual, "Right-to-Die Talk Met by Understanding, Protest," Los Angeles Times, January 12, 1992。

关于普救一位神教与死亡权运动人士之间的关系，更多内容见 Elaine McCardle, "Choice at the End: In Oregon, Terminally Ill People Have the Right to Seek a Prescription to End Their Lives—Thanks in Large Part to Unitarian Universalists," UU World, April 25, 2016, https://www.uuworld.org/articles/choice-end; Unitarian Universalist Association, "The Right to Die with Dignity: 1988 General Resolution," UUA, 1998, https://www.uua.org/action/statements/right-die-dignity。

8. 汉弗莱在1991年自费出版了一本书：Derek Humphry, *Final Exit: The Practicalities of Self-Deliverance and Assisted Suicide for the Dying* (California: Hemlock Society USA, 1991)。

9. 但后来，出乎所有人意料：Lawrence K. Altman, "How-To Book on Suicide Is atop Best-Seller List," *New York Times*, August 9, 1991, https://www.nytimes.com/1991/08/09/us/how-to-book-on-suicide-is-atop-best-seller-list.html。

10. 《纽约时报》称：Trip Gabriel, "A Fight to the Death," *New York Times Magazine*, December 8, 1991, https://www.nytimes.com/1991/12/08/magazine/a-fight-to-the-death.html。

11. 杰出的生物伦理学家阿瑟·卡普兰说：Altman, "How-To Book on Suicide"。

12. 他的第二任妻子安·威基特：事后，汉弗莱声称安很久以前就患上了精神疾病，并指出她的癌症正在减轻。Gabriel, "Fight to the Death"; Robert Reinhold, "Right-to-Die Group Is Shaken as Leader Leaves His Cancer-Stricken Wife," *New York Times*, February 8, 1990, https://www.nytimes.com/1990/02/08/us/right-to-die-group-is-shaken-as-leader-leaves-his-cancer-stricken-wife.html; Garry Abrams, "A Bitter Legacy: Angry Accusations Abound After the Suicide of Hemlock Society Co-Founder Ann Humphry," *Los Angeles Times*, October 23, 1991, https://www.latimes.com/archives/la-xpm-1991-10-23-vw-283-story.html; "Suicide Note Said to Accuse Author," *Washington Post*, October 27, 1991, https://www.washingtonpost.com/archive/lifestyle/1991/10/28/suicide-note-said-to-accuse-author/f1bcba4e-7cf1-4530-a17f-101523609f60/。

13. 1998年，该组织成立了一个名叫"关爱之友"的项目：Girsh, "Hemlock Story in Brief"。

14. 在这个项目中，志愿者会受训：迪克·麦克唐纳（Dick MacDonald）医生受雇于毒芹协会，运营着"关爱之友"。他告诉我，这个组织刚开始用的是巴比妥酸。"关爱之友"的"引路人"会就如何获得可可巴比妥或耐波他等巴比妥酸向毒芹协会的会员给出建议，并在他们服下药物时坐在他们身边。他说，后来，"关爱之友"给的建议是用别的能合法开出来的药，比如抗抑郁药。

麦克唐纳还说，"关爱之友"项目是自给自足的。他说，在客户去世后，客户的亲友经常会向这个项目捐款，"因此，开启'关爱之友'项目大概4年来，我们收到的捐款有好几百万美元"。

15. 21世纪初，毒芹协会与另外几个死亡权团体合并: Derek Humphry, "Farewell to Hemlock: Killed by Its Name," Euthanasia Research & Guidance Organization, February 21, 2005, https:// www.assistedsuicide.org/farewell-to-hemlock.html。

16. 罗伯特仔细研究过这个问题: Robert Rivas, "Survey of State Laws Against Assisting in a Suicide," 2017, https://www.scribd.com/document/367153355/Survey-of-State -Laws-Against-Assisting-in-a-Suicide-2017-Update。

17. 实际上，"最后解脱网络": Jaime Joyce, "Kill Me Now: The Troubled Life and Complicated Death of Jana Van Voorhis," *BuzzFeed*, December 27, 2013, https:// www.buzzfeed.com/jaimejoyce/kill-me-now-the-troubled-life-and-complicated-death -of-jana; The Suicide Plan, season 2, episode 23, produced by Mira Navasky and Karen O'Connor (PBS, 2012), television broadcast; Robbie Brown, "Arrests Draw New Attention to Assisted Suicide," *New York Times*, March 10, 2009, https://www.nytimes.com /2009/03/11/us/11suicide.html; Paul Rubin, "Final Exit Members Going on Trial After 2007 Assisted Suicide of Phoenix Woman," *Phoenix New Times,* March 31, 2011, https:// www.phoenixnewtimes.com/news/final-exit-network-members-going-on-trial-after-2007-assisted-suicide-of-phoenix-woman-6448001; "Right-to-Die Group Fined $30K in Minnesota Woman's Suicide," Associated Press, August 24, 2015, https://minnesota.cbslocal.com/2015/08/24/right-to-die-group-heads-for-sentencing-in-womans-suicide/。撒迪厄斯·波普（Thaddeus Pope）教授的"医学无用"博客上收集了很多有关"最后解脱网络"的法律分析的内容，可参见: Thaddeus Mason Pope, "Final Exit Network," Medical Futility Blog, http://medicalfutility.blogspot.com/search?q=final+exit+network。

18. 2015年，"最后解脱网络"在明尼苏达州被判重罪: "Judge Fines Final Exit Group Convicted of Assisting Minnesota Suicide," Reuters, August 24, 2015, https://www.reuters.com/article/us-usa-minnesota-finalexit/judge-fines-final-exit-group-convicted-of-assisting-minnesota-suicide-idUSKCN0QT25920150824。

19. 该组织对这一判决提出上诉: *State of Minnesota* v. *Final Exit Network*, File No. 19HA CR-12-1718 (Dakota County District Court, 2016), https://mn.gov/law-library-stat/archive/ctappub/2016/opa151826-121916.pdf。

20. 该组织律师辩称: Final Exit Network Inc. v. State of Minnesota, "Petition for a Writ of Certiorari," 2017, https://www.scotusblog.com/wp-content /uploads/2017/07/16-1479-petition.pdf; Final Exit Network, Inc., Fran Schindler, and Janet Grossman v. Lori Swanson, in her official capacity as the attorney general of Minnesota et al., Case No. 0:18-cv-01025-JNE/SER (US

District Court, District of Minnesota, 2018), http://www.thaddeuspope.com/images/Amended_compl_D_Minn_08-2018.pdf。

21. 主席芭芭拉·库姆斯·李:"4 Assisted Suicide Group Members Are Arrested," Associated Press, February 26, 2009, http://www.nbcnews.com/id/29411514/ns/us_news-crime_and_courts/t/assisted-suicide-group-members-are-arrested/#.XoDd19NKg0o。

22. 我就想起了"简氏集体": Laura Kaplan, *The Story of Jane: The Legendary Underground Feminist Abortion Service* (New York: Pantheon Books, 1995); Clyde Haberman, "Code Name Jane: The Women Behind a Covert Abortion Network," *New York Times*, October 14, 2018, Retro Report, https://www.nytimes.com/2018/10/14/us/illegal-abortion-janes.html。

23. 这件事情发生后,珍妮特了解到: Ann Neumann, "Going to Extremes," Harper's, February 2019, https://harpers.org/archive/2019/02/going-to-extremes-elderly-assisted-suicide-caregivers/。

24. 她可以想活多久就活多久:"最后解脱网络"的"引路人"告诉我,以前他们中途放弃过痴呆患者。有位引路人回忆道,有个病人对自己说的话很迷惑,就好像她说的话都是她丈夫教她说的一样。于是,这位引路人终止了与她的合作。

25. 研究人员已经提出警告:Alzheimer's Association, "Generation Alzheimer's:The Defining Disease of the Baby Boomers," 2011, https://act.alz.org/site/DocServer/ALZ_BoomersReport.pdf?docID=521; James R. Knickman and Emily K. Snell, "The 2030 Problem: Caring for Aging Baby Boomers," Health Services Research 37, no. 4 (2002): 849– 884。

26. 德布拉大感惊讶: AARP, "Does Medicare Pay for Assisted Living?" 获取于 2020 年 3 月,https://www.aarp.org/health/medicare-qa-tool/does-medicare-cover-assisted-living/. Marlo Sollitto, "How to Pay for Assisted Living," AgingCare, 获取于 2020 年 3 月,https://www.agingcare.com/articles/how-to-pay-for-assisted-living-153842.htm。

27. 他有义务: Oregon Department of Human Services, "Mandatory Reporting," 获取于 2020 年 3 月,https://www.oregon.gov/DHS/ABUSE/Pages/mandatory_report.aspx。

28. "痴呆患者的生存体验": Sallie Tisdale, "Out of Time," Harper's, March 2018, https://harpers.org/archive/2018/03/out-of-time/3/。

29. 他们可能会离家:一位解脱"引路人"这样解释"发现尸体的计划":"一般来讲,发现尸体的计划是,那些在场的人会真的离开这栋房子 2 个小时,做一些他们平常也会做的事情,比如说吃顿午饭,买点东西,去趟酒吧,随便什么都行。他们回家后就会发现他们的亲人、他们的朋友,在他们离开的这段时间离世了。这么做有两个原因。一个是,如果他们告诉有关部门……'是这样,我们去吃了个午饭,回家就发现这个人已经死了。'这时候他们说的是真话。我们不希望让他们处于必须撒谎的境地。……另一个原因是，偶尔会有急救人员到来，如果有这2个小时，尸体已经冷了，就会很清楚已经死透了，不会还有人试着抢救什么的了。"

30. 2015年，俄勒冈州有一个名叫米奇·格林利克（Mitch Greenlick）的参议员提出了一项法律：Molly Harbarger, "Legislator's Promise to a Dying Friend: Death with Dignity Amendment to Help ALS, Alzheimer's Patients Fails," *Oregonian*, April 30, 2015, https://www.oregonlive.com/politics/2015/04/legislators_promise_to_a_dying.html; "House Bill 3337," OregonLive, 获取于2020年3月，https://gov.oregonlive.com/bill/2015/HB3337/; "Oregon House Bill 2217," LegiScan, 获取于2020年3月，https://legiscan.com/OR/bill/HB2217/2019。

31. 在比利时和荷兰：关于比利时，更多内容见 Federal Public Service, "Euthanasia," 更新于2016年1月27日，获取于2020年3月，https://www.health.belgium.be/en/node/22874; Raphael Cohen-Almagor, "First Do No Harm: Euthanasia of Patients with Dementia in Belgium," Journal of *Medicine and Philosophy* 41, no. 1 (2016): 74–89; Raphael Cohen-Almagor, "Euthanasia Policy and Practice in Belgium: Critical Observations and Suggestions for Improvement," *Issues in Law and Medicine* 24, no. 3 (2009): 187–218; Chris Gastmans, "Euthanasia in Persons with Severe Dementia," in Euthanasia and Assisted Suicide: Lessons from Belgium, ed. David Albert Jones et al. (Cambridge: Cambridge University Press, 2017)。关于荷兰，更多内容见 Government of the Netherlands, "Euthanasia, Assisted Suicide and Non-Resuscitation," 获取于2020年3月，https://www.government.nl/topics/euthanasia/euthanasia-assisted-suicide-and-non-resuscitation-on-request; Dominic R. Mangino et al., "Euthanasia and Assisted Suicide of Persons with Dementia in the Netherlands," American Journal of Geriatric Psychiatry 28, no. 4 (2020): 466–477; David Gibbes Miller et al., "Advance Euthanasia Directives: A Controversial Case and Its Ethical Implications," *Journal of Medical Ethics* 45, no. 2 (2017): 84–89; Christopher de Bellaigue, "Death on Demand: Has Euthanasia Gone Too Far?" *Guardian*, January 18, 2019, https://www.theguardian.com/news/2019/jan/18/death-on-demand-has-euthanasia-gone-too-far-netherlands-assisted-dying; Janene Pieters, "Euthanasia OK'D for Dementia Patients Who Request It When Lucid," *NL Times*, January 7, 2016, https://nltimes.nl/2016/01/07/euthanasia-okd-dementia-patients-request-lucid; Marike E. de Boer, "Advance Directives for Euthanasia in Dementia: Do Law-Based Opportunities Lead to More Euthanasia?" Health Policy 98, nos. 2–3 (December 2010): 256–262。

32. 2002年到2013年：Sigrid Dierickx et al., "Euthanasia for People with Psychiatric Disorders or Dementia in Belgium: Analysis of Official Reported Cases," BMC

Psychiatry 203 (2017)。

33. 2016年，有一篇关于比利时和荷兰的早期痴呆患者的报告：Inez D. de Beaufort and Suzanne van de Vathorst, "Dementia and Assisted Suicide and Euthanasia," *Journal of Neurology* 263 (2016): 1463–1467。

34. 安乐死在荷兰的总死亡人数中占："Euthanasia Cases Drop by 7%, Accounting for 4% of Total Deaths in NL," *Dutch News*, April 11, 2019, https://www .dutchnews.nl/news/2019/04/euthanasia-cases-drop-by-7-accounting-for-4-of-total -deaths-in-nl/; Regionale Toetsingscommissies Euthanasie, "The 2018 Annual Report Was Published Today," April 11, 2019, https://www.euthanasiecommissie.nl/actueel /nieuws/2019/april/11/jaarverslag-2018。

35. 根据荷兰安乐死审查委员会的操作指南：Regionale Toetsingscommissies Euthanasie, "Annual Report 2016," April 11, 2019, https://www. euthanasiecommissie.nl/binaries/euthanasiecommissie/documenten/jaarverslagen/2016/april/12/jaarverslag-2016/RTE_annual_report_2016.pdf。

36. 实际上，有很多医生都拒绝：Janene Pieters, "Euthanasia Rarely Approved for Advanced Dementia Patients, Despite Lucid Requests," *NL Times*, January 6, 2017, https://nltimes.nl/2017/01/06/euthanasia-rarely-approved-advanced-dementia-patients -despite-lucid-requests; Jaap Schuurmans et al., "Euthanasia Requests in Dementia Cases; What Are Experiences and Needs of Dutch Physicians? A Qualitative Interview Study," *BMC Medical Ethics* 20, no. 66 (2019); Kirsten Evenblij et al., "Factors Associated with Requesting and Receiving Euthanasia: A Nationwide Mortality Follow-Back Study with a Focus on Patients with Psychiatric Disorders, Dementia, or an Accumulation of Health Problems Related to Old Age," *BMC Medicine* 17, no. 39 (2019)。

这种缄默有一个解决办法，就是通过海牙的"生命终结诊所"。这家诊所于2012年开办，是一家独立机构，可以帮助被自己的医生拒绝了的病人。到2016年，这家诊所的医生施行的涉及痴呆病人的安乐死占到了全国的1/3左右。2017年，我前去拜访了这家诊所，其总部在一栋雄伟的砖楼里，同一条路上还有尼加拉瓜大使馆。该诊所负责人名叫斯蒂芬·普雷特（Steven Pleiter），在办公室里他承认，他跟荷兰医学会的关系"不怎么融洽"。他说，还有人鄙视"生命终结诊所"的医生，说他们是"牛仔"，只会匆匆忙忙、手忙脚乱地提供安乐死。

37. 2017年，200多名医生："Dutch Doctors Against Euthanasia for Advanced Dementia Patients," NL Times, February 10, 2017, https://nltimes.nl/2017/02/10/dutch-doctors-euthanasia-advanced-dementia-patients。

38. 雅各布·科恩斯塔姆：Pieters, "Euthanasia Rarely Approved for Advanced Dementia Patients"; Celeste McGovern, "'Horrible Picture': Dutch Woman Restrained by Family While Being Euthanized," *National Catholic Register*, February 7, 2017, https://www.ncregister.com/daily-news/horrible-picture-

dutch-woman-restrained-by-family-while-being-euthanized。

39. 2018年，荷兰有146名痴呆患者：Regionale Toetsingscommissies Euthanasie, "The 2018 Annual Report"。

40. 荷兰"自愿终结生命"协会：Pieters, "Euthanasia Rarely Approved for Advanced Dementia Patients"。

41. 有个案例堪称里程碑:Regionale Toetsingscommissies Euthanasie, "Annual Report 2016," 52–58; Miller et al., "Advance Euthanasia Directives"; "Doctor Reprimanded for 'Overstepping Mark' During Euthanasia on Dementia Patient," *Dutch News*, January 29, 2017, https://www.dutchnews.nl/news/2017/01/doctor-reprimanded-for-overstepping-mark-during-euthanasia-on-dementia-patient/。

42. "就算病人那时候突然说"：Maria Cheng and Mike Corder, "Dutch to Prosecute Doctor Who Euthanized Woman with Dementia," *Associated Press*, November 9, 2018, https://apnews.com/15805d9d1d4345dab2a657f26697a775。

43. 医生遭到了起诉："Dutch Euthanasia Case: Doctor Acted in Interest of Patient, Court Rules," *BBC News*, September 11, 2019, https:// www.bbc.com/news/world-europe-49660525。

44. 荷兰医生众说纷纭：Eva Constance Alida Asscher and Suzanne van de Vathorst, "First Prosecution of a Dutch Doctor Since the Euthanasia Act of 2002: What Does the Verdict Mean?" *Journal of Medical Ethics* 46, no. 2 (2020): 71–75; Gastmans, "Euthanasia in Persons with Severe Dementia"。

45. 就这些问题吵来吵去的人：Ronald Dworkin, *Life's Dominion: An Argument About Abortion, Euthanasia, and Individual Freedom* (New York: Alfred A. Knopf, 1993)。

46. 但有些人对德沃金的想法深感不安：Cohen-Almagor, "First Do No Harm"; Rebecca Dresser, "Dworkin on Dementia: Elegant Theory, Questionable Policy," *Hastings Center Report* 25, no. 6 (1995): 32–38; C. M. Hertogh et al., "Would We Rather Lose Our Life Than Lose Our Self? Lessons from the Dutch Debate on Euthanasia for Patients with Dementia," *American Journal of Bioethics* 7, no. 4 (2007): 48–56; Eric Rakowski, "The Sanctity of Human Life: Life's Dominion: An Argument About Abortion, Euthanasia, and Individual Freedom, by Ronald Dworkin," *Yale Law Journal* 103, no. 7 (1994): 2014–2118; Paul T. Menzel and Bonnie Steinbock, "Advance Directives, Dementia, and Physician-Assisted Death," *Journal of Law, Medicine and Ethics* 41, no. 2 (2013): 484–500; Norman L. Cantor, "My Plan to Avoid the Ravages of Extreme Dementia," *Bill of Health*, April 16, 2015, https://blog.petrieflom.law.harvard.edu/2015/04/16/my-plan-to-avoid-the-ravages-of-extreme-dementia/; Daniel P. Sulmasy, "An Open Letter to Norman Cantor Regarding Dementia and Physician-Assisted Suicide," *Hastings Center Report* 48, no. 4 (2018); Brian Draper et al., "Early Dementia Diagnosis and the Risk of Suicide and Euthanasia," *Journal of the Alzheimer's Association*

6, no. 1 (2010): 75–82; Margaret P. Battin, "Right Question, but Not Quite the Right Answer: Whether There Is a Third Alternative in Choices About Euthanasia in Alzheimer's Disease," *American Journal of Bioethics* 4, no. 4 (2007): 58–60; Dena S. Davis, "Alzheimer Disease and Pre-emptive Suicide," *Journal of Medical Ethics* 40, no. 8 (2014): 543–549。

47. 加拿大的立法者：The Expert Panel Working Group on Advance Requests for MAID, "The State of Knowledge on Advance Requests for Medical Assistance in Dying," 2018, https://cca-reports.ca/wp-content/uploads/2019/02/The-State-of-Knowledge-on-Advance-Requests-for-Medical-Assistance-in-Dying.pdf; Amanda Coletta, "Canada Debates Offering Physician-Assisted Death to Patients Who Aren't Terminally Ill," Washington Post, March 29, 2020, https://www.washingtonpost.com/world/the_americas/canada-trudeau-medical-assistance-dying-physician-suicide/2020/03/29 /bd98c4a0-5751-11ea-8efd-0f904bdd8057_story.html; Shannon Proudfoot, "The Impossible Case of Assisted Death for People with Dementia," Maclean's, May 20, 2019, https://www.macleans.ca/society/the-impossible-case-of-assisted-death-for-people-with-dementia/; Shannon Proudfoot, "For People with Dementia, a Fight for the Right to Die," Maclean's, May 3, 2019, https://www.macleans.ca/society/for-people-with-dementia-a-fight-for-the-right-to-die/; Marlisa Tiedemann, "Assisted Dying in Canada After Carter v. Canada," Background Paper, Library of Parliament, No. 2019-43-E, November 29, 2019, https://lop.parl.ca/sites/PublicWebsite/default/en_CA/ResearchPublications/201943E; Ipsos, "Eight in Ten (80%) Canadians Support Advance Consent to Physician-Assisted Dying," February 11, 2016, https://www.ipsos.com/en-ca/news-polls/eight-ten-80-canadians-support-advance-consent-physician-assisted-dying。

48. 2019年，加拿大媒体报道："B.C. Man Is One of the First Canadians with Dementia to Die with Medical Assistance," CBC Radio, October 27, 2019, https://www.cbc.ca/radio/thesundayedition/the-sunday-edition-for-october-27-2019-1.5335017/b-c-man-is-one-of-the-first-canadians-with-dementia-to-die-with-medical-assistance-1.5335025。

49. "最后解脱网络"从一开始：在美国，围绕痴呆患者临终护理的范围太窄的讨论也在进行中，虽然美国人关心的是能否停止治疗的问题，而不是积极进行临终援助。讨论的问题包括，美国成年人是否可以通过预先医疗指示，明确告诉大家，到他痴呆得太厉害、自己没法做出选择的时候，他希望可以继续或是停止某种延长生命的治疗。最激烈的争论围绕填鸭式喂食展开。痴呆患者能否提前要求，到他失去自行进食的能力时，不要被填鸭式喂食？实际上也就是说，他能否要求饿死自己？目前，填鸭式喂食被看成"舒适护理"，是要求医生向所有病人都必须提供的护理，无须考虑病人的具体情形。与之有别的就是"医疗护理"，比如饲管或呼吸机，是病人可以选择不要的。痴呆患者往往最后都会走到被填鸭式喂食这一步。即使到了他们无法（有时候也是没有兴趣）把勺子举到自己嘴边的时候，只要勺子放在他们面前，他们还是可能会自动产生反应。只有24个州有跟辅助进食相关的法律，其中很多都明确禁止让病人停止饮食。

2017年，我读到了一个名叫诺拉·哈里斯（Nora Harris）的女人的故事。她以前是图书管理员，也是研究弗吉尼亚·伍尔夫的学者，但痴呆了。她在神志还很清醒的时候写过一份预先医疗指示，要求不要用任何人工措施延长她的生命。然而，在她失去了交流能力，也认不出自己的家人后，护士开始手动喂她——把食物举到她嘴边，她会顺从地张开嘴吃下去。她丈夫比尔将此事入禀法院，但法院指定的律师认为，诺拉的预先医疗指示措辞过于含糊，无法理解，也无法按字面意义执行。法官表示同意。俄勒冈州长期护理申诉专员也认为，为了防止虐待，与强制喂食有关的规定还是有必要的。疗养院便一直给诺拉喂食，每天三顿国家规定的正餐，外加可选的零食。诺拉居住的护理中心负责人名叫琳恩·罗林斯（Lynn Rawlins），她说，在这个问题上，她别无选择："我们必须一直喂下去，直到他们不再张嘴为止。就算他们噎住了，我们也必须继续喂。"

Barak Gaster et al., "Advance Directives for Dementia," JAMA: Journal of the American Medical Association 318, no. 22 (2017): 2175–2176; Paul T. Menzel, "Advance Directives, Dementia, and Withholding Food and Water by Mouth," Hastings Center Report 44, no. 3 (2014): 23–37; JoNel Aleccia, "Despite Advance Directive, Oregon Dementia Patient Denied Last Wish, Says Spouse," Kaiser Health News, August 25, 2017, https://www.seattletimes.com/seattle-news/despite-advance-directive-oregon-dementia-patient-denied-last-wish-says-spouse/.

第五章　心灵

1. 网站上写道: Harvard Medical School, "Depression and Pain," Harvard Health Publishing, 更新于2017年3月21日, https://www.health.harvard.edu/mind-and-mood/depression-and-pain。
2. 2015年，加拿大最高法院推翻: Martha Butler and Marlisa Tiedemann, "Carter v. Canada: The Supreme Court of Canada's Decision on Assisted Dying," Background Paper, Library of Parliament, No. 2015-47-E, December 29, 2015, https://lop.parl.ca/sites/PublicWebsite/default/en_CA/ResearchPublications/201547E; Carter v. Canada (Attorney General), 2015 SCC 5 Canada Supreme Court Judgments, No. 35591, https://scc-csc.lexum.com/scc-csc/scc-csc/en/item/14637/index.do。

3. 立法者可以尽可能扩大：例如 Canadian Medical Association, "Supporting the Enactment of Bill C-14, Medical Assistance in Dying: Submission to the House of Commons Standing Committee on Justice and Human Rights," May 2, 2016, https:// policybase.cma.ca/documents/Briefpdf/BR2016-08.pdf; Canadian Civil Liberties Association, "Submission to the Standing Committee on Justice and Human Rights," May 2016, https://ccla.org/cclanewsite/wp-content/uploads/2018/09/Bill-C-75-CCLA-Submissions.pdf; Laura Wright, "Key Players in the Right-to-Die Decision and Debate," CBC News, April 14, 2016, https://www.cbc.ca/news/politics/doctor-assisted-death-key-players-1.3535912。

4. 议会和媒体几乎马上：关于加拿大这场与协助死亡和精神疾病有关的大论战，更多内容见 Canadian Psychiatric Association, "Task Force on Medical Assistance in Dying: 2016 Member Survey Results," 2017, https://www.cpa-apc.org/wp-content/uploads/CPA-MAIDTF-16Surv-Rep-FIN-EN.pdf; Skye Rousseau et al., "A National Survey of Canadian Psychiatrists' Attitudes Toward Medical Assistance in Death," *Canadian Journal of Psychiatry* 62, no. 11 (May 2017): 787–794; Canadian Psychological Association, "Medical Assistance in Dying and End-of-Life Care," May 2018, https://cpa.ca/docs/File/Task_Forces/Medical%20Assistance%20in%20Dying%20and% 20End%20of%20Life%20Care_FINAL.pdf; Canadian Mental Health Association, "Position Paper on Medical Assistance in Dying (MAiD)," August 2017, https://cmha.ca/wp-content/uploads/2017/09/CMHA-Position-Paper-on-Medical-Assistance-in-Dying -FINAL.pdf; Barbara Walker-Renshaw et al., "Carter v. Canada (Attorney General): Will the Supreme Court of Canada's Decision on Physician-Assisted Death Apply to Persons Suffering from Severe Mental Illness?" *Journal of Ethics in Mental Health*, November 2015, https://jemh.ca/issues/v9/documents/JEMH_Open-Volume_Benchmark_Assisted%20Death-Nov20-2015.pdf; Scott Y. H. Kim and Trudo Lemmens, "Should Assisted Dying for Psychiatric Disorders Be Legalized in Canada?" *CMAJ* 188, no. 14 (October 2016): 337–339; Expert Panel Working Group on MAID Where a Mental Disorder Is the Sole Underlying Medical Condition, "The State of Knowledge on Medical Assistance in Dying Where a Mental Disorder Is the Sole Underlying Medical Condition," Council of Canadian Academies, 2018, https://cca-reports.ca/wp-content/uploads/2018/12/The-State-of-Knowledge-on-Medical-Assistance-in-Dying-Where-a-Mental-Disorder-is-the-Sole-Underlying-Medical-Condition.pdf。

5. 参众两院关于医生协助死亡的联邦特别联合委员会听取了两边的证词：Canadian Parliament, House of Commons Special Joint Committee on Physician-Assisted Dying, "Medical Assistance in Dying: A Patient Centered

Approach. Report of the Special Joint Committee on Physician-Assisted Dying," 1st sess., 40th Parliament, February 2016, https://www.parl.ca/DocumentViewer/en/42-1/PDAM/report-1。

6. 他们援引的报告显示: J. L. Bernheim et al., "The Potential of Anamnestic Comparative Self-Assessment (ACSA) to Reduce Bias in the Measurement of Subjective Well-Being," Journal of Happiness Studies 7, no. 2 (2006): 227–250, 引自 Justine Dembo et al., "'For Their Own Good': A Response to Popular Arguments Against Permitting Medical Assistance in Dying (MAID) Where Mental Illness Is the Sole Underlying Condition," Canadian Journal of Psychiatry 63, no. 7 (2018): 451–456。

7. 抑郁症序贯治疗研究: A. John Rush et al., "Acute and Longer-Term Outcomes in Depressed Outpatients Requiring One or Several Treatment Steps: A STAR*D Report," American Journal of Psychiatry 166, no. 11 (November 2006): 1905–1917。

8. 在当上住院医生几年后的 2010 年: Justine Dembo, "Addressing Treatment Futility and Assisted Suicide in Psychiatry," Journal of Ethics in Mental Health 5, no. 1 (2010)。

9. 登博知道: Dembo et al., "'For Their Own Good.'"

10. 实际上，精神病学有个核心原则: Dembo et al., "'For Their Own Good.'"; Rousseau et al., "A National Survey"; D. Okai et al., "Mental Capacity in Psychiatric Patients: Systematic Review," British Journal of Psychiatry 191 (2007): 291–297; Louis C. Charland and Mark Lachmann, "1.3: Decisional Capacity," Royal College of Physicians and Surgeons of Canada, 获取于 2020 年 4 月，http://www.royalcollege.ca/rcsite/bioethics/cases/section-1/decisional-capacity-e。

11. 但在多伦多的这间会议室以外的地方: Scott Y. H. Kim, "Capacity Assessments as a Safeguard for Psychiatric Patients Requesting Euthanasia," Journal of Ethics in Mental Health (2006), https://jemh.ca/issues/v9/documents/JEMH_Open-Volume_Commentary_7_Decision_Making_Capacity_to_Consent_To_Medical_Assistance_in_Dying-Kim -Dec%202-2016.pdf; Louis Charland et al., "Decision-Making Capacity to Consent to Medical Assistance in Dying for Persons with Mental Disorders," Journal of Ethics in Mental Health (2016)。

12. "怎么才能把为了减轻疾病带来的痛苦而提出的临终医疗援助的请求，与这种疾病本身的症状之一区分开？": Mona Gupta and Christian Desmarais, "A Response to Charland and Colleagues: Science Cannot Resolve the Problems of Capacity Assessment," Journal of Ethics in Mental Health (2016), https://jemh.ca/issues/v9/documents/JEMH_Open-Volume_Commentary_1_Science_Cannot_Resolve_Problems_of_Capacity_

Assessment _Nov18-2016.pdf。

13. 把协助死亡法律的适用范围扩大: Theo A. Boer, "Does Euthanasia Have a Dampening Effect on Suicide Rates? Recent Experience from the Netherlands," Journal of Ethics in Mental Health (2016), https://jemh.ca/issues/v9/documents/JEMH%20article% 20Boer%20final%20proof.pdf。

14. 另一些人谴责这项法律: John Maher, "Assisted Death in Canada for Persons with Active Psychiatric Disorders," Journal of Ethics in Mental Health (2016), https://jemh.ca/issues/v9/documents/JEMH_Open-Volume-Editorial-Assisted%20Death%20in%20Canada-May2016.pdf; Center for Addiction and Mental Health, "Policy Advice on Medical Assistance in Dying and Mental Illness," October 2017, https://www.camh.ca/-/media/files/pdfs—public-policy-submissions/camh-position-on-mi-maid-oct2017-pdf.pdf。

15. "我们发现自己陷入了一个悖论": Justine Dembo, "The Ethics of Providing Hope in Psychotherapy," *Journal of Psychiatric Practice* 19, no. 4 (July 2013): 316–322。另见 Jocelyn Downie and Justine Dembo, "Medical Assistance in Dying and Mental Illness Under the New Canadian Law," *Journal of Ethics in Mental Health* (2016)。

16. 但要看专家的话, 等待时间可能会很长: Rachel Loebach and Sasha Ayoubzadeh, "Wait Times for Psychiatric Care in Ontario," *University of Western Ontario Medical Journal* 86, no. 2 (2007): 48–50。

17. 他也跟多伦多一位年长的活跃人士通过电话: Robert Cribb, "Death's Midwife Helps Terminally Ill Canadians End Their Lives," Toronto Star, October 21, 2012, https://www.thestar.com/news/gta/2012/10/21/deaths_midwife_helps_terminally_ill_canadians_end_their_lives.html。

18. 《环球邮报》的记者: Adam Maier-Clayton, "As a Person with Mental Illness, Here's Why I Support Medically Assisted Death," Globe and Mail, May 8, 2016, https://www.theglobeandmail.com/life/health-and-fitness/health/as-a-person-with-mental-illness-heres-why-i-support-medically-assisted-death/article29912835/。

19. 最后, 议员们还是将精神疾病排除在该法要求的资格标准范围之外: 议员们认为, 他们一直在努力达到"寻求临终医疗援助的人的自主权与易受影响、需要保护的个人及社会的利益之间最适当的平衡", 但他们也预料到一直在努力寻求对最高法院的裁决做出更宽泛解读的活动人士会很失望。他们要求一个由独立学者组成的专门委员会研究尚未包含在 C-14 法内, 但接下来很有可能会容纳进去的三类人: 18 岁以下"发育成熟的未成年人"、患痴呆的人, 以及主要疾病是精神类疾病的人。Jocelyn Downie and Jennifer A. Chandler, "Interpreting Canada's Medical Assistance in Dying Legislation," IRPP, March 1, 2018, https://irpp.org/research-studies/interpreting-canadas-medical-assistance-in-dying-maid-legislation/.

20. 埃琳·维布: Sheryl Ubelacker, "Doctors Willing to Help Patients Die May

Face Emotional Suffering," Canadian Press, December 8, 2015, https://www.ctvnews.ca/health/doctors-willing-to-help-patients-die-may-face-emotional-suffering-1.2691083; "Dr. Ellen Wiebe: 'We Should All Have the Right to Die at Our Own Choice,'" Canadian Press, March 20, 2016, https://www.macleans.ca/news/canada/dr-ellen-wiebe-we-should-all-have-the-right-to-die-at-our-own-choice/。

21. "如果我成功自杀"：Alex Ballingall, "'I Will Not Live Like This': Legal Challenge to Ottawa's Assisted Dying Law Gains Steam," Toronto Star, September 6, 2016, https://www.thestar.com/news/canada/2016/09/06/i-will-not-live-like-this-legal-challenge-to-ottawas-assisted-dying-law-gains-steam.html。

22. 2016年12月，"维斯加拿大"：Rachel Browne, "This 27-Year-Old Is Fighting for His Right to Die, Even if It Means Committing a Crime," VICE Canada, December 22, 2016, https://www.vice.com/en_ca/article/bjdwy3/this-27-year-old-is-fighting-for-his-right-to-die-even-if-it-means-committing-a-crime。

23. 但是，随着关于亚当的新闻报道和博客文章越来越多：例如《多伦多星报》转述了亚当自己的话："这总比捆住我的双手，从桥上或者楼上跳下去要好得多。" Ballingall, "'I Will Not Live Like This'"; Lisa Xing, "'My Life Is a Nightmare': Windsor Man, 27, Wants Legally Assisted Death," CBC News, October 31, 2016, https://www.cbc.ca/news/canada/windsor/assisted-dying-mentally-ill-1.3829839。

24. 在看亚当的脸书页面时：Johann Wolfgang von Goethe, The Sorrows of Young Werther (Germany, 1774)。

25. 今天社会学家仍然会说起：S. Stack, "Media Coverage as a Risk Factor in Suicide," *Journal of Epidemiology and Community Health* 57 (2003): 238–240; Thomas Niederkrotenthaler, "Association Between Suicide Reporting in the Media and Suicide: Systematic Review and Meta Analysis," BMJ 368 (March 2020), https://www.bmj.com/content/368/bmj.m575。

26. 2015年发表在《南方医学杂志》上的一篇文章：D. A. Jones and D. Patton, "How Does Legalization of Physician-Assisted Suicide Affect Rates of Suicide?" *Southern Medical Journal* 108, no. 10 (2015): 599–604。

27. 但是加拿大研究人员：Matthew P. Lowe and Jocelyn Downie, "Does Legalization of Medical Assistance in Dying Affect Rates of Non-assisted Suicide?" Journal of Ethics in Mental Health (2017), https://jemh.ca/issues/v9/documents/JEMH%20final%20Legislation-iii.pdf。

28. 她经常提到一篇研究报告：Lieve Thienpont et al., "Euthanasia Requests, Procedures and Outcomes for 100 Belgian Patients Suffering from Psychiatric Disorders: A Retrospective Study," *BMJ Open* (2015), https://bmjopen.bmj.com/content/5/7/e007454。另见 M. Verhofstadt et al., "When Unbearable Suffering Incites Psychiatric Patients to Request Euthanasia: Qualitative Study," *British*

Journal of Psychiatry 211, no. 4 (2017): 238–245。

29. 从 2002 年起：Raphael Cohen-Almagor, "Euthanasia Policy and Practice in Belgium: Critical Observations and Suggestions for Improvement," *Issues in Law and Medicine* 24, no. 3 (2009): 187–218; H. R. W. Pasman et al., "Concept of Unbearable Suffering in Context of Ungranted Requests for Euthanasia: Qualitative Interviews with Patients and Physicians," *BMJ* 339 (2009); Sigrid Dierickx et al., "Euthanasia for People with Psychiatric Disorders or Dementia in Belgium: Analysis of Officially Reported Cases," *BMC Psychiatry* 17, no. 203 (2017); David Albert Jones et al., eds., Euthanasia and Assisted Suicide: Lessons from Belgium (Cambridge: Cambridge University Press, 2017); Mark S. Komrad, "A Psychiatrist Visits Belgium: The Epicenter of Psychiatric Euthanasia," *Psychiatric Times*, June 21, 2018, https://www.psychiatrictimes.com/couch-crisis/psychiatrist-visits-belgium-epicenter-psychiatric-euthanasia。另外，关于荷兰针对精神痛苦的安乐死，相关解释见 Marije van der Lee, "Depression, Euthanasia, and Assisted Suicide," chap. 18 in Physician-Assisted Death in Perspective: Assessing the Dutch Experience (Cambridge: Cambridge University Press, 2012); Scott Y. H. Kim et al., "Euthanasia and Assisted Suicide of Patients with Psychiatric Disorders in the Netherlands 2011 to 2014," *JAMA Psychiatry* 73, no. 4 (2016): 362–368; Hans Pols and Stephanie Oak, "Physician-Assisted Dying and Psychiatry: Recent Developments in the Netherlands," *International Journal of Law and Psychiatry* 36 (2014): 508–514; Kristen Evenblij et al., "Euthanasia and Physician-Assisted Suicide in Patients Suffering from Psychiatric Disorders: A Cross-Sectional Study Exploring the Experiences of Dutch Psychiatrists," *BMC Psychiatry* 19, no. 74 (2019)。

30. 文章发表时：M. Verhofstadt et al., "When Unbearable Suffering Incites Psychiatric Patients to Request Euthanasia," British Journal of Psychiatry 211, no. 4 (2017), 238–245, https://pubmed.ncbi.nlm.nih.gov/28970302/。

31. 另一些比利时医生则承认："Belgian Helped to Die After Three Sex Change Operations," BBC News, October 2, 2013, https://www.bbc.com/news/world-europe-24373107。

32. 还有一个是因为他无法控制自己："Belgian Murderer Van Den Bleeken Wins 'Right toDie,'" BBC News, September 15, 2014, https://www.bbc.com/news/world-europe-29209459。

33. 在说荷兰语的佛兰德斯地区：Charles Collins, "Belgian Ethicist Says Euthanasia Has Become 'Sacralized,'" Crux, July 9, 2018, https://cruxnow.com/interviews/2018/07/belgian-ethicist-says-euthanasia-has-become-sacralized/。

34. 这里就是"冯克尔"，蒂安蓬创立的非营利性安乐死组织：据蒂安蓬称，到 2018 年年底，共有 1495 人来到"冯克尔"咨询相关信息，437 人提出了安乐死请求。

35. 他们指出：Maria Cheng, "What Could Help Me to Die? Doctors Clash over Euthanasia," Associated Press, October 26, 2017, https://apnews.com/4b6877fab2e849269c659a5854867a7b。

36. 蒂安蓬告诉我，由于比利时：Pablo Nicaise et al., "Mental Health Care Delivery System Reform in Belgium: The Challenge of Achieving Deinstitutionalization Whilst Addressing Fragmentation of Care at the Same Time," Health Policy 115, nos. 2–3 (2014): 120–127。

37. 没有放之四海而皆准的单一方案：加拿大临终医疗援助评估员和提供者协会做了一些工作。Canadian Association of MAID Assessors and Providers, "Final Report: 2nd Annual Medical Assistance in Dying Conference 2018," December 2018, https://camapcanada.ca/wp-content/uploads/2018/12/MAID2018eng1.pdf. 多伦多大学生物伦理学联合中心也创建了一个能力评估工具。Joint Centre for Bioethics, "Aid to Capacity Evaluation (ACE)," 获取于2020年4月，http://jcb.utoronto.ca/tools/documents/ace.pdf。

38. 她最倚重的是阿佩尔鲍姆标准：P. S. Appelbaum and T. Grisso, "Assessing Patients' Capacities to Consent to Treatment," *New England Journal of Medicine* 319, no. 25 (1988): 1635–1638。

39. 但在另外一些地方，一些加拿大医生：Alec Yarascavitch, "Assisted Dying for Mental Disorders: Why Canada's Legal Approach Raises Serious Concerns," Journal of Ethics in Mental Health (2017), https://jemh.ca/issues/v9/documents/JEMH%20article%20 MAID%20yarascavitch%20final.pdf. 另见 Samuel N. Doernberg et al., "Capacity Evaluations of Psychiatric Patients Requesting Assisted Death in the Netherlands," Psychosomatics 57, no. 6 (2016): 556–565; Scott Kim, lecture in *Physician-Assisted Death: Scanning the Landscape: Proceedings of a Workshop* (Washington, DC: National Academies of Sciences, Engineering, and Medicine, 2018), 10–12; Lois Snyder Sulmasy et al., "Ethics and the Legalization of Physician-Assisted Suicide: An American College of Physicians Positions Paper," *Annals of Internal Medicine* 167, no. 8 (2017): 576–578。

40. 反对者指出，在俄勒冈州：例如，2016年，医生开了204张临终援助的处方，但其中只有5名病人被送去做了心理/精神评估。Public Health Division, Center for Health Statistics, "Oregon Death with Dignity Act: 2016 Summary," Oregon Health Authority, February 10, 2017, https://www.oregon.gov/oha/PH/PROVIDERPARTNERRESOURCES/EVALUATIONRESEARCH/DEATHWI THDIGNITYACT/Documents/year19.pdf. 强制要求申请临终医疗援助的病人做心理健康评估的只有夏威夷州。

41. 更有说服力的证据是，怀疑论者援引：Linda Ganzini et al., "Prevalence

of Depression and Anxiety in Patients Requesting Physicians' Aid in Dying: Cross Sectional Survey," *BMJ* 337 (2008): 1682。
42. 4月17日，亚当在脸书上的最后一篇帖子：Andre Picard, "The Mentally Ill Must Be Part of the Assisted-Dying Debate," Globe and Mail, April 17, 2017, https://www.theglobeandmail.com/opinion/the-mentally-ill-must-be-part-of-the-assisted-dying-debate/article34721896/。
43. 在两天后发表的另一篇社论中：Sandra Martin, "Canada's Assisted-Dying Laws Must Be Open to Those with Mental Illness," Globe and Mail, April 19, 2017, https://www.theglobeandmail.com/life/health-and-fitness/health/canadas-assisted-dying-laws-must-be-open-to-those-with-mental-illness/article34753182/。
44. 在网上，加拿大广播公司在线发表了一篇关于亚当的文章：Lisa Xing, "After Son's Suicide, Father Pushes for Assisted Dying for Mentally Ill," CBC News, April 21, 2017, https://www.cbc.ca/news/canada/windsor/adam-maier-claytons-father-takes-on-assisted-dying-advocacy-1.4080553。

第六章　自由

1. 来参加研讨班的没几个人："Seomra Spraoi Provides Venue for Assisted Suicide Workshop," Indymedia Ireland, February 18, 2011, http://www.indymedia.ie/article /98985?condense_comments=true&userlanguage=ga&save_prefs=true。
2. 他成了名人：例如, Paul Gallagher, "Euthanasia: Arrival of UK's First Clinic Offering Advice on Ending Life Condemned as 'Unwelcome and Very Dangerous,'" Independent, October 5, 2014, https://www.independent.co.uk/news/uk/home-news/arrival-of-euthanasia-advice-clinic-exit-international-in-uk-condemned-as-unwelcome-and-very-9775803.html; "'Dr. Death' Philip Nitschke Banned from Practicing Medicine in Australia After Helping a Perth Man Commit Suicide," Australian Associated Press, July 23, 2014, https://www.dailymail.co.uk/news/article-2703405/Euthanasia-campaigner-Nitschke-appeal.html。
3. 有个脸色苍白、身穿白色毛衣的女人：Philip Nitschke and Fiona Stewart, The Peaceful Pill Handbook (Washington: Exit International US, 2010)。
4. 菲利普第一次举办"解脱国际"研讨班是1997年：Philip Nitschke and Peter Coris, Damned If I Do (Melbourne: Melbourne University Publishing, 2013); Philip Nitschke, Killing Me Softly (Washington: Exit International US, 2011)。
5. 菲利普成为世界上第一个："Australian Man First in World to Die with Legal Euthanasia," Associated Press, September 26, 1996, https://www.nytimes.

com/1996/09/26/world/australian-man-first-in-world-to-die-with-legal-euthanasia.html。

6. 他说，澳大利亚后来废除了这项法律：Gareth Griffith, "Euthanasia: An Update" NSW Parliamentary Library Research Service, Briefing Paper No. 3/2001, March 2001, https://www.parliament.nsw.gov.au/researchpapers/Documents/euthanasia-an-update/Euthanasiacorrected.pdf。

7. 4年后的2002年：David Fickling, "Australia Split on Helping Healthy to Die," Guardian, November 27, 2002, https://www.theguardian.com/world/2002/nov/27/australia.davidfickling; "Healthy Woman Thanks Dr. Nitschke, Then Kills Herself," Sydney Morning Herald, November 26, 2002, https://www.smh.com.au/national/healthy-woman-thanks-dr-nitschke-then-kills-herself-20021126-gdfvde.html; Mademoiselle and the Doctor, directed by Janine Hoskin (Australia: iKandy Films, 2004)。

8. 作为回应，制药公司发布了新药：Elena Conis, "Valium Had Many Ancestors," Los Angeles Times, February 18, 2008, https://www.latimes.com/archives/la-xpm-2008-feb-18-he-esoterica18-story.html。

9. 现在，戊巴比妥只有在兽医那里才比较容易买到：Sarah E. Boslaugh, ed., The SAGE Encyclopedia of Pharmacology and Society (London: SAGE Publications, 2016), 35。

10. 2009年，菲利普最早的一位盟友：Andrew Alderson, "Suicide Expert Turns on 'Dr Death,'" Telegraph, May 9, 2009, https://www.telegraph.co.uk/news/health/news/5299634/Suicide-expert-turns-on-Dr-Death.html。

11. 其开端是1988年发表在《美国医学会杂志》上的一篇文章：Anonymous, "It's Over, Debbie," JAMA: Journal of the American Medical Association 259, no. 2 (1988): 272。

12. 数十名读者向杂志社写信抗议：George D. Lundberg, "'It's Over, Debbie' and the Euthanasia Debate," JAMA: Journal of the American Medical Association 259, no. 14 (1988): 2142–2143; "It's Almost Over-More Letters on Debbie," JAMA: Journal of the American Medical Association 260, no. 6 (1988): 787–789。

13. "只有一个词可以描述，就是谋杀"：Sherwin Nuland, How We Die: Reflections on Life's Final Chapter (New York: Knopf, 1994)。

14. 《美国医学会杂志》的编辑：Lundberg, "'It's Over, Debbie'"。

15. 也是在这一年，一个默默无闻的病理学医生：Jack Kevorkian, "The Last Fearsome Taboo: Medical Aspects of Planned Death," Medicine and Law 7, no. 1 (1988): 1–14; Detroit Free Press Staff, The Suicide Machine (Detroit: Detroit Free Press, 1997); Michael DeCesare, Death on Demand: Jack Kevorkian and the Right-to-Die Movement (Baltimore: Rowman and Littlefield, 2015); Neal Nichol and Harry Wylie, You Don't Know Jack:

Between the Dying and the Dead (USA: World Audience, 2011); "Chronology of Dr. Jack Kevorkian's Life and Assisted Suicide Campaign," Frontline, PBS, June 4, 1990, https://www.pbs.org/wgbh/pages/frontline/kevorkian/chronology.html。

16. 然而到了1990年，出现了好多关于凯沃尔基安的新闻报道：Detroit Free Press Staff, Suicide Machine。
17. "高中生都能做出来"：DeCesare, Death on Demand, 51。
18. 按照珍妮特的丈夫罗恩的说法：Ron Rosenbaum, "Angel of Death: The Trial of the Suicide Doctor," *Vanity Fair,* May 1990。
19. 1990年6月，珍妮特自杀了：Lisa Belkin, "Doctor Tells of First Death Using His Suicide Device," New York Times, June 6, 1990, https://www.nytimes.com/1990/06/06/us/doctor-tells-of-first-death-using-his-suicide-device.html; James Risen, "Death and the Doctor: Dr. Jack Kevorkian Has Long Taken an Interest in the Dying. But Did He Go Too Far in Assisting a Suicide?" Los *Angeles Times*, June 21, 1990。
20. 密歇根州没有像美国半数州那样的法律：Isabel Wilkerson, "Inventor of Suicide Machine Arrested on Murder Charge," *New York Times*, December 4, 1990; "Doctor Cleared of Murdering Woman with Suicide Machine," New York Times, December 14, 1990; William E. Schmidt, "Prosecutors Drop Criminal Case Against Doctor Involved in Suicide," *New York Times*, December 15, 1990; "Murder Charge Dropped in Suicide Device Case," Washington Post, December 13, 1990; Catherine L. Bjorck, "Physician-Assisted Suicide: Whose Life Is It Anyway," *SMU Law Review* 47, no. 2 (1994): 371–397。
21. 但结果这个指控被驳回：《纽约时报》在一篇报道指控撤销的文章中解释："在对密歇根州克拉克斯通市的案件初步听取了两天各方意见后，奥克兰县地区法院杰拉德·麦克纳利（Gerald McNally）法官裁定，公诉人未能证明62岁的杰克·凯沃尔基安医生计划并造成了珍妮特·阿德金斯这名妇女的死亡。麦克纳利法官称，造成阿德金斯死亡的不是凯沃尔基安医生，而是阿德金斯本人。法官指出，密歇根州没有明确反对协助自杀的成文法，并呼吁州议会解决这个问题。"
22. 1991年，检察官们又试了一次：Rosenbaum, "Angel of Death"。
23. 听证会期间，检察官：Rosenbaum, "Angel of Death"。
24. "我们以为病人会被停车场里锈迹斑斑的面包车，这种没有消过毒的解决方案吓坏"：Elisabeth Rosenthal, "In Matters of Life and Death, the Dying Take Control," *New York Times*, August 18, 1991。
25. 凯沃尔基安建造了第二台自杀机器：Jack Kevorkian, Prescription Medicide: The Goodness of Planned Death (Maryland: Prometheus, 1991); Pamela Warrick, "Suicide's Partner: Is Jack Kevorkian an Angel of Mercy, or Is He a Killer, as

Some Critics Charge? 'Society Is Making Me Dr. Death,' He Says. 'Why Can't They See? I'm Dr. Life!'" Los Angeles Times, December 6, 1992, https://www.latimes.com/archives/la-xpm-1992-12-06-vw-3171-story.html。

26. 90年代初，美国人已经习惯: Alexander Morgan Capron, "Looking Back at Withdrawal of Life-Support Law and Policy to See What Lies Ahead for Medical Aid-in-Dying," *Yale Journal of Biology and Medicine* 92, no. 4 (2019): 781–791; Haider Warraich, Modern Death: How Medicine Changed the End of Life (New York: St. Martin's Press, 2017); Jessica Nutik Zitter, "How the Rise of Medical Technology Is Worsening Death," Health Affairs, November 6, 2017, https://www.healthaffairs.org/do/10.1377/hblog20171101.612681/full/; Jessica Zitter, "Pricey Technology Is Keeping People Alive Who Don't Want to Live," Wired, April 10, 2017, https://www.wired.com/2017/04/pricey-technology-keeping-people-alive-dont-want-live/。

27. 不过几十年前，美国人大部分都还是在家里死亡: Atul Gawande, Being Mortal: Medicine and What Matters in the End (New York: Metropolitan Books, 2014), 6。葛文德写道，在美国，"一直到1945年，绝大部分人都是在家里死亡的。到20世纪80年代，只有17%的人在家里去世了。而那些死在家里的人往往是死得太突然，来不及去医院——比如心脏病突发、中风、严重受伤什么的——要不就是住的地方太偏僻，没法去能提供帮助的地方"。

28. 出现了一些新病征: Alexander C. White, "Long-Term Mechanical Ventilation: Management Strategies," *Respiratory Care* 57, no. 6 (2012): 446–454。

29. 后来他解释说，他的目标: Belkin, "Doctors Tell of First Death"。

30. 凯沃尔基安是训练有素的病理医生: George Howe Colt, The Enigma of Suicide: A Timely Investigation into the Causes, the Possibilities for Prevention and the Paths to Healing (New York: Touchstone, 1991), 377–384; Isabel Wilkerson, "Physician Fulfills a Goal: Aiding a Person in Suicide," *New York Times*, June 7, 1990, https://www.nytimes.com/1990/06/07/us/physician-fulfills-a-goal-aiding-a-person-in-suicide.html; Mark Hosenball, "The Real Jack Kevorkian," Newsweek, December 5, 1993, https://www.newsweek.com/real-jack-kevorkian-190678; Maura Judkis, "Kevorkian's Macabre Paintings Caught in Auction Dispute," Washington Post, October 20, 2011, https://www.washingtonpost.com/blogs/arts-post/post/kevorkians-macabre-paintings-caught-in-auction-dispute/2011/10/20/gIQAxyOD0L_blog.html。

31. 在"桑纳管"问世前: "Kevorkian Pushes Death Row Organ Giving," Associated Press, October 18, 1993; "Biography," Jack Kevorkian Papers 1911–2017, Bentley Historical Library, 获取于2020年4月, https://quod.lib.umich.edu/b/bhlead/umich-bhl-2014106?byte=160800215;focusrgn=bioghist;subview=standard;view=reslist。

32. 有一回，他直接把一具尸体留在了医院的停车场: "Body in Auto Is

Reported to Be Kevorkian's 26th Assisted Suicide," New York Times, November 9, 1995, https://www.nytimes.com/1995/11/09/us/body -in-auto-is-reported-to-be-kevorkian-s-26th-assisted-suicide.html。

33. 创立了毒芹协会的德里克·汉弗莱: Derek Humphry and Mary Clement, Freedom to Die: People, Politics and the Right-to-Die Movement (New York: St. Martin's Griffin, 2000), chap. 9。
34. "黛安觉得很累，还在出皮疹": Timothy E. Quill, "Death and Dignity-A Case of Individualized Decision Making," New England Journal of Medicine 324 (1991): 691–694。
35. "假装对话": Timothy E. Quill, Death and Dignity: Making Choices and Taking Charge (New York: W. W. Norton, 1993)。
36. "在我们的讨论中": Quill, "Death and Dignity"。
37. 《纽约时报》发了一篇社论: "Dealing Death, or Mercy?" New York Times, March 17, 1991。
38. 生物伦理学家乔治·安纳斯: Shari Roan, "Doctor Describes Aiding Cancer Patient's Suicide: Ethics: Many Authorities Support Physician. But He Could Face Charges of Second-Degree Manslaughter," Los Angeles Times, March 8, 1991。
39. "控诉": The Kevorkian Verdict, directed by Michael Kirk and Michael Sullivan (Boston: PBS, May 14, 1996), television broadcast。
40. 去世后的8年里: Keith Schneider, "Dr. Jack Kevorkian Dies at 83; a Doctor Who Helped End Lives," New York Times, June 3, 2011, https://www.nytimes.com/2011/06/04/us/04kevorkian.html。
41. 有些人说是有精神疾病: 发表在《老年病学》上的一篇文章指出，凯沃尔基安的病人只有25%患有绝症，4%有"精神病史"。在69名做了尸检的人中，有5人"在尸检中未发现任何患病的解剖学证据"。Lori A. Roscoe et al., "A Comparison of Characteristics of Kevorkian Euthanasia Cases and Physician-Assisted Suicides in Oregon," Gerontologist 41, no. 4 (2001): 439–446; Jack Lessenberry, "Specialist Testifies Depression Was Issue in Kevorkian Case," New York Times, April 24, 1996。
42. 凯沃尔基安对自己的所作所为也几乎从来不藏着掖着: Ron Devlin and Christian D. Berg, "Long Found 'Not Close to Terminal.' Coroner Says Apparent Assisted Suicide Patient Had 10 Years of Life Left," Morning Call, December 31, 1997, https://www.mcall.com/news/mc -xpm-1997-12-31-3165984-story.html。
43. 1993年，凯沃尔基安短暂入狱: "Kevorkian Leaves Jail After 3 Days," New York Times, November 9, 1993。
44. 哈里斯咨询公司的民意调查显示，有58%的美国人: Humphry Taylor, "Doctor-Assisted Suicide: Support for Dr. Kevorkian Remains Strong and a

2-to-1 Majority Approves Oregon-Style Assisted Suicide Bill," Harris Poll, January 30, 1995, https://theharrispoll.com/wp-content/uploads/2017/12/Harris-Interactive-Poll-Research-DOCTOR-ASSISTED-SUICIDE-SUPPORT-FOR-DR-KEVORKIAN-R-1995-01.pdf。

45. 一直到1998年：Felicity Barringer, "CBS to Show Kevorkian Video of Man's Death," *New York Times*, November 20, 1998; Arthur Caplan and Joseph Turow, "Taken to Extremes: Newspapers and Kevorkian's Televised Euthanasia Incident," in Culture Sutures: Medicine and Media, ed. Lester D. Friedman (Durham, NC: Duke University Press, 2004), 36–54。

46. 杰西卡·库珀法官判他有罪：Edward Walsh, "Kevorkian Sentenced to Prison," *Washington Post*, April 14, 1999。

47. 凯沃尔基安被收监的同一年：Diane E. Meier et al., "A National Survey of Physician-Assisted Suicide and Euthanasia in the United States," *New England Journal of Medicine 338* (1998): 1193–1201。

48. 《柳叶刀》也刊登了："Kevorkian Arrested on Charge of First-Degree Murder," Lancet 352 (1998): 1838。

49. 在凯沃尔基安这篇文章下面："Australian Doctor Reveals Details of Assisted Suicides," Lancet 352 (1998): 1838。

50. 过了几年，菲利普离开医院：Nitschke and Coris, Damned If I Do; Nitschke, Killing Me Softly。

51. 荷兰就不再起诉协助死亡的医生：Gerrit Van Der Wal and Robert J. M. Dillmann, "Euthanasia in the Netherlands," *BMJ* 308, no. 6940 (1994): 1346–1349; Judith A. C. Reitjens et al., "Two Decades of Research on Euthanasia from the Netherlands. What Have We Learnt and What Questions Remain?" *Journal of Bioethical Inquiry* 6 (2009): 271–283。

此外，荷兰众议院于1993年通过了第22572号法，建立了医生向公诉人报告协助死亡和安乐死的法律机制。David C. Thomasma et al., eds., Asking to Die: Inside the Dutch Debate About Euthanasia (New York: Kluwer Academic Publishers, 2000), 11。

52. 但直到2002年，相关法律才得以通过："Dutch Legalise Euthanasia," BBC, April 1, 2002, http://news.bbc.co.uk/2/hi/europe/1904789.stm。

53. 澳大利亚的北领地成了："Australian Man First in World to Die with Legal Euthanasia," Associated Press, September 26, 1996; Australian Broadcasting Corporation, The Road to Nowhere, Four Corners ABC (ABC, 1996), television broadcast。

54. 菲利普也承认，在离开鲍勃家时：Margaret Simons, "Between Life and Death," Sydney Morning Herald, August 31, 2013, https://www.smh.com.au/lifestyle/between-life-and-death-20130826-2skl0.html。

55. 不过在宣布鲍勃死讯的新闻发布会上："The Fight to End a Life," Sydney

Morning Herald, September 27, 1996, https://www.smh.com.au/national/the-fight-to-end-a-life-19960927-gdfboi.html。

56. "医生协助死亡宣言"：Dr. Rodney Syme et al., "Melbourne Declaration on Physician-Assisted Dying, Adopted by the 11th International Conference of the World Federation of Right to Die Societies," October 15–18, 1996, http://hrlibrary.umn.edu/instree/melbourne.html。

57. 随后在1997年3月：David Kissane et al., "Seven Deaths in Darwin: Case Studies Under the Rights of the Terminally Ill Act, Northern Territory, Australia," *Lancet* 352 (1998): 1097–1102。

58. 那天，菲利普不得不告诉另一个病人：David Kissane et al., "Seven Deaths in Darwin: Case Studies Under the Rights of the Terminally Ill Act, Northern Territory, Australia," Lancet 352 (1998): 1097–1102。

59. 他在1997年成立了自愿安乐死研究基金会：Nitschke and Coris, Damned If I Do; Nitschke, Killing Me Softly。

60. 菲利普还设计了一种很小的耐波他试纸："Nembutal Sampler Kit," Exit International, 获取于2020年4月，https://exitinternational.net/product/nembutal-sampler-kit/。

61. 《安宁药丸手册》：Nitschke and Stewart, Peaceful Pill Handbook。

62. 菲利普遇到了一对夫妇：Stephanie Gardiner, "After 60 Years of Life Together, Don and Iris Die Together," Sydney Morning Herald, May 3, 2011, https://www.smh.com.au/national/after-60-years-of-life-together-don-and-iris-die-together-20110503-1e646.html; Susan Donaldson James, "Tourists Trek to Mexico for 'Death in a Bottle,'" ABC News, July 31, 2008, https://abcnews.go.com/Health/MindMoodNews/story?id=5481482。

63. 遇到奈杰尔·布雷利：Michael Safi, "Euthanasia Campaigner Dr. Philip Nitschke Suspended by Medical Board," Guardian, July 23, 2014, https://www.theguardian.com/world/2014/jul/24/euthanasia-campaigner-dr-philip-nitschke-suspended-by-medial-board; Suzie Keen, "Police Raid Nitschke's Clinic," InDaily, August 1, 2014, https://indaily.com.au/news/2014/08/01/police-raid-nitschkes-clinic/; Helen Davidson, "Philip Nitschke: 'I Wish I Had Responded Differently to Man's Suicide Email,'" Guardian, November 12, 2014, https://www.theguardian.com/australia-news/2014/nov/12/philip-nitschke-i-wish-i-had-responded-differently-to-mans-suicide-email; Helen Davidson, "Philip Nitschke Tribunal: A Clinical, Jarring Discussion on Rational Suicide," Guardian, November 18, 2014, https://www.theguardian.com/australia-news/2014/nov/18/philip-nitschke-tribunal-hearing-is-there-such-a-thing-as-rational-suicide。

64. 澳大利亚医学委员会：Helen Davidson, "Philip Nitschke Wins Appeal over Medical License Suspension," Guardian, July 6, 2015, https://www.theguardian.

com/australia-news/2015/jul/06/nitschke-wins-appeal-against-medical-licence-suspension。

65. 2015年10月，澳大利亚医学委员会：Melissa Davey, "Philip Nitschke Banned from Promoting Voluntary Euthanasia as a Doctor," Guardian, October 25, 2015, https://www.theguardian.com/australia-news/2015/oct/26/philip-nitschke-banned-from-promoting-voluntary-euthanasia; Philip Nitschke, "Medical Registration Resignation Statement," Exit International, November 27, 2015, https://exitinternational.net/medical-registration-resignation-statement/。

66. 《镜报》上的一篇文章："Fears Grow for Man Who Disappeared After Reportedly Buying 'Euthanasia Drugs' Online," Mirror, November 2, 2016, https://www.mirror.co.uk/news/uk-news/fears-grow-man-who-disappeared-9181727。

67. 菲利普说，所以他准备发起新的行动：Helen Davidson, "Philip Nitschke Launches 'Militant' Campaign for Unrestricted Adult Access to Euthanasia," Guardian, December 3, 2016, https://www.theguardian.com/australia-news/2016/dec/04/philip-nitschke-launches-militant-campaign-for-unrestricted-adult-access-to-peaceful-death。

68. "隔壁那个家伙还买了一本我们竞争对手的书"：Boudewijn Chabot, *Dignified Dying: Death at Your Bidding* (Netherlands: Boudewijn Chabot, 2014).

69. 鲍德韦因·查博特是精神科医生：Tony Sheldon, "The Doctor Who Prescribed Suicide," Independent, June 30, 1994, https://www.independent.co.uk/life-style/the-doctor-who-prescribed-suicide-was-the-dutch-psychiatrist-dr-boudewijn-chabot-right-to-help-a-1425973.html; "Doctor Unpunished for Dutch Suicide," Reuters, June 22, 1994, https://www.nytimes.com/1994/06/22/world/doctor-unpunished-for-dutch-suicide.html; Thomasma et al., Asking to Die, 76–82。

70. 2016年，安乐死者占到了全国总死亡人数的4%："Netherlands May Extend Assisted Dying to Those Who Feel 'Life Is Complete,'" *Reuters*, October 12, 2016, https://www.theguardian.com/world/2016/oct/13/netherlands-may-allow-assisted-dying-for-those-who-feel-life-is-complete。

71. 就连荷兰最大的基督教会归正会，对此也容忍了：Nuland, How We Die, chap. 7。

72. 更实用的好处，就是这台机器可以减少：Adrianne Jeffries, "Silk Road Closure Reportedly Cuts Off Supply of Drug for Assisted Suicide," Verge, October 7, 2013, https://www.theverge.com/2013/10/7/4811920/silk-road-shutdown-cut-off-crucial-source-for-euthanasia-drug-nembutal; "Euthanasia Advocate Philip Nitschke Warns of Online Nembutal Scam," ABC News, September 2, 2014, https://www.abc.net.au/news/2014-09-03/philip-nitschke-warns-of-nembutal-scam/5715408。

73. 《新闻周刊》上的文章：Nicole Goodkind, "Meet the Elon Musk of Assisted

Suicide, Whose Machine Lets You Kill Yourself Anywhere," *Newsweek*, December 1, 2017, https://www.newsweek.com/elon-musk-assisted-suicide-machine-727874。

74. 在我去荷兰时，荷兰以外已经有一些人：Scott Kim, "How Dutch Law Got a Little Too Comfortable with Euthanasia," The Atlantic, June 8, 2019, https://www.theatlantic.com/ideas/archive/2019/06/noa-pothoven-and-dutch-euthanasia-system/591262/; Scott Kim et al., "Euthanasia and Assisted Suicide of Patients with Psychiatric Disorders in the Netherlands 2011–2014," JAMA Psychiatry 73, no. 4 (2017): 362–368。

75. 《每日邮报》：Sue Reid, "The Woman Killed by Doctors Because She Was Obsessed with Cleaning: Just One of Growing Numbers of Dutch People Given the Right to Euthanasia Because of Mental, Not Terminal, Illness," *Daily Mail*, May 13, 2016, https://www.dailymail.co.uk/news/article-3589929/The-woman-killed-doctors-obsessed-cleaning-Horrifying-Yes-s-just-one-growing-numbers-Dutch-men-women-given-right-euthanasia-mental-not-terminal-illness.html; Linda Pressly, "The Troubled 29-Year-Old Helped to Die by Dutch Doctors," *BBC*, August 9, 2018, https://www.bbc.com/news/stories-45117163; "Euthanasia Clinic Criticized for Helping Woman with Severe Tinnitus to Die," Dutch News, January 19, 2015, https://www.dutchnews.nl/news/2015/01/euthanasia-clinic-criticised-for-helping-woman-with-severe-tinnitus-to-die/。

76. 那些批评者：Harriet Sherwood, "A Woman's Final Facebook Message Before Euthanasia: 'I'm Ready for My Trip Now,'" *Guardian*, March 17, 2018, https://www.theguardian.com/society/2018/mar/17/assisted-dying-euthanasia-netherlands#maincontent。

77. 精神科医生、哲学家斯科特·金：Kim, "How Dutch Law."

78. 葛文德在2014年出版的《最好的告别》中指出：Gawande, Being Mortal, 245。

79. 为葛文德这部著作写了篇书评：Marcia Angell, "A Better Way Out," *New York Review of Books*, January 8, 2015。

80. 这就是"自我解脱新技术大会"：Russel D. Ogden, "Non–physician Assisted Suicide: The Technological Imperative of the Deathing Counterculture," Death Studies 25 (2001): 387–401; Diane Martindale, "A Culture of Death," Scientific American, June 1, 2005, https://www.scientificamerican.com/article/a-culture-of-death/。

结语

1. 凯泽家族基金会2017年的一项调查显示：Liz Hamel et al., "Views and

Experiences with End-of-Life Medical Care in the U.S.," Kaiser Family Foundation, April 27, 2017, https://www.kff.org/report-section/views-and-experiences-with-end-of-life-medical-care-in-the-us-findings/。

2. 2019年10月: Robin Gomes, "Abrahamic Religions: No to Euthanasia, Assisted Suicide, Yes to Palliative Care," Vatican News, October 28, 2019, https://www.vaticannews.va/en/vatican-city/news/2019-10/abrahamic-religions-life-euthanasia-suicide-palliative.html; Tom Blackwell, "Catholics Could Be Denied Last Rites, Funerals If They Undergo Doctor-Assisted Suicide: Canadian Bishop," National Post, March 6, 2016, https://nationalpost.com/news/religion/catholics-could-be-denied-last-rites-funerals-if-they-undergo-doctor-assisted-suicide-canadian-bishop-says; "Swiss Bishop to Priests: No Last Rites for Patients Seeking Assisted Suicide," Catholic News Service, December 8, 2016, https://www.ncronline.org/news/world/swiss-bishop-priests-no-last-rites-patients-seeking-assisted-suicide。

3. "不会有别的结果": Andrew Coyne, "On Assisted Suicide, the Slope Is Proving Every Bit as Slippery as Feared," Globe and Mail, January 17, 2020, https://www.theglobeandmail.com/opinion/article-on-assisted-suicide-the-slope-is-proving-every-bit-as-slippery-as/。

4. 2020年1月,3名比利时医生: "Belgian Doctors Go on Trial for Murder for Helping Woman End Life," Reuters, January 14, 2020, https://www.theguardian.com/world/2020/jan/14/belgian-doctors-go-on-trial-for-for-helping-woman-end-life; "Belgian Euthanasia: Three Doctors Accused in Unprecedented Trial," BBC, January 14, 2020, https://www.bbc.com/news/world-europe-51103687; Bruno Waterfield, "Tine Nys: Belgian Euthanasia Doctor Was Only 'Half-Trained,'" The Times, January 21, 2020, https://www.thetimes.co.uk/article/tine-nys-belgium-euthanasia-doctor-was-only-half-trained-0wjmnc00l。

5. 但审讯开始仅仅1个月后: Elian Peltier, "Belgium Acquits Three Doctors in Landmark Euthanasia Case," New York Times, January 31, 2020, https://www.nytimes.com/2020/01/31/world/europe/doctors-belgium-euthanasia.html。

6. 据美联社报道: Raf Casert, "Belgian Court Acquits 3 Doctors in Euthanasia Case," Associated Press, January 31, 2020, https://apnews.com/bd4a489924bac998ef0af3f3e446f3b7。

7. 乔纳森·森普申勋爵: Owen Bowcott, "Ex–Supreme Court Justice Defends Those Who Break Assisted Dying Law," Guardian, April 17, 2019, https://www.theguardian.com/society/2019/apr/17/ex-supreme-court-jonathan-sumption-defends-break-assisted-dying-law。

8. 随后没几个月,法国媒体也报道称: "French Police Seize Illegal Euthanasia Drugs in Raids," Le Monde, October 16, 2019, https://www.lemonde.fr/

police-justice/article/2019/10/15/un-trafic-de-barbituriques-demantele-en-france_6015639_1653578.html。美国国土安全部发言人告诉我，她所在部门没有参与这项调查。美国海关和边境保护局介绍我去找美国食品药品监督管理局，而该局发言人通过电子邮件告诉我无可奉告。司法部发言人则在电子邮件中说："由于诉讼正在进行，我们无法就此置评。"

9. 这样的故事已经在很多地方小报上出现：Bradford Richardson, "Insurance Companies Denied Treatment to Patients, Offered to Pay for Assisted Suicide, Doctor Claims," *Washington Times*, May 31, 2017, https://www.washingtontimes.com/news/2017/may/31/insurance-companies-denied-treatment-to-patients-o/; Andrea Peyser, "Terminally Ill Mom Denied Treatment Coverage—but Gets Suicide Drug Approved," New York Post, October 24, 2016, https://nypost.com/2016/10/24/terminally-ill-mom-denied-treatment-coverage-but-gets-suicide-drugs-approved/。

10. "在这种利益驱动的经济环境中"：Helena Berger, "Assisted Suicide Laws Are Creating a 'Duty-to-Die' Medical Culture," *The Hill*, December 17, 2017, https://thehill.com/opinion/civil-rights/365326-how-assisted-suicide-laws-are-creating-a-duty-to-die-medical-culture.

11. 老龄化的时刻：US Department of Health and Human Services, Administration on Aging, "A Profile of Older Americans: 2009," 获取于 2020 年 4 月，https://acl.gov/sites/default/files/Aging%20and%20Disability%20in%20America/2009profile_508.pdf; "A Profile of Older Americans: Older People Projected to Outnumber Children for the First Time in U.S. History," US Census, March 13, 2018, https://www.census.gov/newsroom/press-releases/2018/cb18-41-population-projections.html; James R. Knickman and Emily K. Snell, "The 2030 Problem: Caring for Aging Baby Boomers," Health Services Research 37, no. 4 (2002): 849–884。

12. 2010 年，美国 65 岁及以上人口：Loraine A. West et al., "65+ in the United States," United States Census Bureau, June 2014, https://www.census.gov/content/dam/Census/library/publications/2014/demo/p23-212.pdf。

13. 2017 年，美国人在医疗保健上的支出已经：Centers for Medicare Services, "National Health Expenditures 2018," 获取于 2020 年 4 月，https://www.cms.gov/Research-Statistics-Data-and-Systems/Statistics-Trends-and-Reports/NationalHealthExpendData/NHE-Fact-Sheet; Karen E. Joynt Maddox et al., "US Health Policy—2020 and Beyond," JAMA: Journal of the American Medical Association 321, no. 17 (2019): 1670–1672; OECD, "Health Expenditure," 2018, 获取于 2020 年 4 月，https://www.oecd.org/els/health-systems/health-expenditure.htm。

14. 占到了所有医疗保险开销的 1/4：Juliette Cubanski et al., "Medicare Spending at the End of Life: A Snapshot of Beneficiaries Who Died in 2014 and the Cost of Their Care," Kaiser Family Foundation, July 14, 2016, https://www.kff.org/

medicare/issue-brief/medicare-spending-at-the-end-of-life/; Matthew A. Davis et al., "Patterns of Healthcare Spending in the Last Year of Life," Health Affairs 35, no. 7 (July 1, 2016); Ian Duncan et al., "Medicare Cost at End of Life," American Journal of Hospice and Palliative Care 36, no. 8 (2019): 705–710。

15. 凯泽家族基金会 2017 年的研究：Hamel et al., "Views and Experiences"。
16. 全国范围都对死亡这个话题如此讳莫如深：Paula Span, "A Quiet End to the 'Death Panels' Debate," *New York Times*, November 20, 2015, https://www.nytimes.com/2015/11/24/health/end-of-death-panels-myth-brings-new-end-of-life-challenges.html; JoNel Aleccia, "Docs Bill Medicare for End-of-Life Advice as 'Death Panel' Fears Reemerge," Kaiser Health News, February 15, 2017, https://khn.org/news/docs-bill-medicare-for-end-of-life-advice-as-death-panel-fears-reemerge/。
17. 2013 年，也就是《平价医疗法》通过 3 年后："Kaiser Health Tracking Poll: March 2013," Kaiser Family Foundation, March 20, 2013, https://www.kff.org/health-reform/poll-finding/march-2013-tracking-poll/。另见 Olga Khazan, "27% of Surgeons Still Think Obamacare Has Death Panels," The Atlantic, December 19, 2013, https://www.theatlantic.com/health/archive/2013/12/27-of-surgeons-still-think-obamacare-has-death-panels/282534/。
18. "以反对死亡为基础召集一个政党"：Jill Lepore, "The Politics of Death," New Yorker, November 22, 2009。
19. 《医学伦理学杂志》上的一项研究：Margaret Battin et al., "Legal Physician-Assisted Dying in Oregon and the Netherlands: Evidence Concerning the Impact on Patients in 'Vulnerable' Groups," *Journal of Medical Ethics* 33, no. 10 (2007): 591–597。
20. 临终关怀在该州的利用率：Death with Dignity National Center, "The Impact of Death with Dignity on Healthcare," December 7, 2018, https://www.deathwithdignity.org/news/2018/12/impact-of-death-with-dignity-on-healthcare/; National Hospice and Palliative Care Organization, "NHPCO Facts and Figures, 2018 Edition," revised July 2, 2018, https://39k5cm1a9u1968hg74a-j3x51-wpengine.netdna-ssl.com/wp-content/uploads/2019/07/2018_NHPCO_Facts_Figures.pdf; Linda Ganzini et al., "Oregon Physicians' Attitudes About and Experiences with End-of-Life Care Since Passage of the Oregon Death with Dignity Act," JAMA: Journal of the American Medical Association 285, no. 18 (2001): 2363–2369; Margaret Pabst Battin and Timothy Quill, eds., The Case for Physician-Assisted Dying: The Right to Excellent End-of-Life Care and Patient Choice (Baltimore: Johns Hopkins University Press, 2004), 176–180; Timothy E. Quill and Franklin G. Miller, eds., Palliative Care and Ethics (Oxford: Oxford University Press, 2014), 242–277。